문예신서
313

길모퉁이에서의 모험

파스칼 브뤼크네르/알랭 팽키엘크로

이창실 옮김

東 文 選

길모퉁이에서의 모험

Pascal Bruckner/Alain Finkielkraut

Au coin de la rue l'aventure

© Editions du Seuil, 1979

차 례

일요일

월요일

화요일

수요일

목요일

금요일

토요일

일요일

보통 사람,
집 안에 틀어박혀 있기 좋아하는
자유분방한 사람

'막다른 길'에 몰렸다고 느끼는 사람들

사람들은 너나없이 낙담하여 말한다. 저물어 가는 이 세기에 더이상 모험은 없노라고 한숨짓는다. 사실이지 가능성의 세계는 모조리 탐구되었음을 오늘날 그 누구도 부정하지 못할 것이다. 상상력은 고갈되고, 환상은 환각의 상태로나 잔존하며, 힘찬 비약과 상승의 운동도 찾아볼 수 없다. 사람들이 이미 경험하고 말하고 생각하고 상상하고 탐험하지 않은 것은 이제 하나도 남지 않게 되었다는 말이다. 어떤 국가나 개인도 이 만연한 권태로부터 도망칠 수 없다는 사실을, 저마다 깊은 심중에서 확인케 된다. 역사의 이 시점에서 사람들의 얼굴은 모두 굳어 있고, 절대 복종의 명령은 열의 없는 냉냉한 태도로 수행된다. 옴짝달싹할 수 없도록 옭아매는 진부함이 삶 깊숙이 뿌리를 박아, 삶은 원래 그런 거라고 체념하게 만드는 듯싶다.

이것이 분명 사람들의 공통된 생각이다. 우리 시대의 흐느낌, 슬픈 연가, 고상한 위안거리, 그럴듯한 애가는 바로 이런 것이다. 이 시대의 사람들은 허영심에 영합하는 근사한 설교를 들으며 김빠진 자아도취에 빠진 채 자신들은 진정 세상의 종말을 살고 있다고 믿는다. 허무주의가 심장의 박동이나 타액 혼화 작용처럼 아주 자연스런 반응이 되어 버렸다. 이제 우리는 이런 사실들을 은연중에 확인하는 데 익숙해져 있다. 우리의 무력감을 말없이 한탄하면서 말이다.

그렇긴 해도 우리의 삶에 사소한 장애물이 끼여들어, 누구나 이 비참한 처지에 동조하지 않아도 좋다고 한다. 눈에 띄지 않는 아주 미세한 장애물, 그래서 입 밖에 꺼내기가 좀 망설여지는 장애물. 그건 다름아닌 우리 각자가 영위하는 일상의 삶이다. 사적인 경험이야말로 가장 뛰어넘기 어려운 장애물이다. 누구나 그렇다고 인정하는 이 씁쓸한 생각에 매번 허를 찌르는 것이 우리가 마주치는 일상의 하찮은 사건들이다. 아무리 변변찮게 반복되는 생활을 영위하는 사람이라도 기대치 않았던 순간에 기쁨의 물결이 가슴을 쓸고 지나가는 경험을 하게 마련이다. 판에 박은 듯 흘러가는 일상의 조용한 흐름에 뜻밖의 사건이 끼여들어 그를 낚아채 간다. 일상이라고 불리는 그것이 삶의 전부는 아니다. 삶은 우리가 작은 용기로 참고 견뎌야 하는 시간, 그 이상을 늘 요구하기 때문이다. 그러나 모험은 과거지사였다고 단언하거나, 아니면 혁명이 완수되는 그날 모험심이 밀물처럼 다시 머리를 쳐들리라고 말한다면, 그건 남몰래 테러 행위를 감행하는 꼴이 되리라. 오로지 사회주의의 색안경을 끼고 세상을 바라보도록 강요하는 행동일 뿐 아니라, 사람들이 다양한 방식으로 세상을 체험할 수 있는 통로를 일거에 차단하려는 수작일 것이다. 그런데 패배주의자의 태도야말로 패배의 장본인이며, 패배가 잇달아 이런 비관적인 생각을 낳는다. 인생은 살 만한 가치가 없다고 불평하는 사람은 실제로 가치 있는 무엇도 경험하지 못하거나 점점 더 그 가능성을 잃어 갈 것이다. 사람들이 삶을 두고 한탄만 하는 독선적인 태도를 취한다면 마침내는 깊디깊은 수면의 나락으로 빠져들 수밖에 없을 것이다.

그렇다면 모험을 들먹이는 이유는 무엇일까? 케케묵은 낭만주의의 소산, 고집쟁이 아이의 무모한 짓거리처럼 보이는 이 모험을 운운하는 이유는 뭘까? 오늘날에 그런 관심은 먼 과거의 일이 되어 버리지 않았는가? 그러나 우리가 아무리 자신을 단단히 무장하더라도 삶은 우리의 숨통을 조여 오며, 우리는 보다 다채로운 삶을 열망한다. 그 누구도 삶을 포기할 수는 없다. 어떤 연령이나 계층·직업에 속해 있건 우리 모두는 삶을 원하며, 진정한 절망이 되기에는 턱없이 부족한 너무 편안한 절망을 경계한다. 우리가 무엇보다 확실히 믿는 것이 있다면 그건 불확실성이다. 그런데 단호한 선택이나 분명한 결정, 절대적인 투신의 행동을 두고 이처럼 주저하는 우리 시대에 우리가 모험에 손을 들어 준다면 온갖 비난의 소리를 감수해야 할는지 모른다. 너무도 그럴듯하게 들려 이윽고 우리도 갈피를 잡지 못하게 될 끔찍한 비난을 말이다.

그러나 비관주의나 낙관주의를 막론하고, 또 여러 체계와 그 체계가 내포하는 선입견에도 불구하고, 우리는 어떤 사건을 경험한다. 예감, 깜짝 놀랄 만한 순간들에 대한 기대, 무수한 만남을 위한 방랑의 갈망을 우리는 지녔을 뿐 아니라, 우리의 삶을 뒤집어 놓는 비이성적인 충동들에 우선권을 주기도 한다. 현대인에게도 아직 큰 사랑의 능력이 있다. 본서 역시 우리를 유혹하는 수많은 것들, 우리에게 기쁨을 주고 우리를 땅 위에 붙잡아 두려 하는 것들에 대해 이야기하는 사랑의 책이다.

"모험은 존재해. 날마다 모험과 맞닥뜨리는 사람들도 있지"라고 말하지 말자. 차라리 "모험은 놀라운 무엇이지. 그래도 우연한 사건은 누구에게나 닥칠 수 있고, 그건 행복한 소수(happy few)만의 전유물이 아니라는 걸 인정해야 해"라고 말하자. "요즘 세상에도 영웅, 스턴트맨, 세력가, 개척자들은 넘쳐나지. 그래도 소수의 특정 인물들만이 위업을 달성한다는 생각은 버려야 해"라고 말하도록 하자. 정열적이고 개성이 뚜렷했던 시대의 종말을 한탄하는 자들은 1960년대가 그 강렬했던 시대의 민주주의적인 반복은 아니었는지 아쉬워한다. 또 양차 대전 사이에 소수의 사람들에게만 허락되었던 것이 오늘날에는 대중의 영역이 되었음을 아쉬워한다. 무언가를 미처 시도해 보기도 전에 싫증을 내며 노인처럼 되어 버린 청년들이 내뱉는 말을 들어 보자. 그들은 더 이상 발견도 새로운 체험도 없다는 어리석고 천박한 생각을 갖고 있는데, 우리는 이런 생각이 매번 머리를 쳐들 때마다 그 숨통을 눌러야만 한다. 실제로 어떤 분명한 표지와 고귀한 명분을 지녔던 과거의 모험은 오늘날 사람들로부터 외면당하게 되었다. 영원히 지속되리라고 믿었던 시대가 막을 내리면서 사람들은 온갖 형태의 소요가 바야흐로 쇠락의 길로 접어들었다고, 성급한 결론을 내린다. 현재의 삶은 과거의 잔재에 불과하다는 듯이 사람들은 과거를 그리워하며, 현재보다 더 소중한 가치를 과거에 부여한다. 요컨대 우리는 모험에 대해, 지나간 시대들을 보존·확장시킨다는 전제를 기반으로 한 고루한 생각을 갖고 있다. 한낱 편견과 우울한 반추에 지나지 않는 이러한 생각은 우리 앞에 새로운 것이 닥쳐도 알아보지 못하도록 끊임없이 무지를 부채질한다. 여기서 우리가 하고 싶은 말은, "혼돈을 기뻐하라"는 것이다. 똑같은 징후도 퇴락 혹은 소생을 의미할 수 있으며, 오늘의 약점이 내일은 새로운 힘이 될 수도 있는 법이다. 이 사실이야말로 우리 시대에 기회로 작용할 수 있다.

모험이 사라진다면, 그와 더불어 범용도 사라진다. 이 둘은 바늘 가는 데 실 가듯, 떼어 놓을 수 없는 사이이기 때문이다. 그렇다면 어떤 법정이 감히 평범과 비상을 구별해 가를 수 있을까?

전쟁은 얼마나 근사했던가!

현대에 이르러 사람들은 왜 전쟁을 미워하게 되었을까? 누구나 전쟁을 비난한다. 전쟁이 대학살을 야기하고 인명을 앗아가기 때문일까? 그런 이유 때문일 수도 있다. 자신의 이웃을 죽이는 행위에 대한 불안감 때문이라고 생각할 수도 있다. 그러나 전쟁의 명분이 단지 적을 죽이는 데 있었던 적은 한 번도 없었다. 그보다는 교활한 전략을 세워 적을 파멸시키고 무릎 꿇리는 데 있었으며, 죽음은 그에 따르는 필연적인 결과였을 뿐이다. 우리가 오늘날 전쟁을 비난하는 이유라면 차라리 혐오스러운 것에 대한 인내심이 사라졌다는 데서 찾아야 하지 않을까? 우리 시대가 전쟁을 역겨워하는 이유는, 전쟁이 다른 행위들과 마찬가지로 권태롭고 진부하며 맥빠진 행위가 되어 버렸기 때문이 아닐까? 그런 행위에 대해서는 더이상 아무도 희생을 치르려 하지 않는다. 이처럼 사람들이 전쟁에 대해 냉냉한 태도를 취하게 된 데에는 두 가지 사건이 큰 기여를 했다. 즉 1917년 베르덩과 솜에서 있었던 대살육과 1945년의 히로시마 원폭 투하이다. 참호전에서부터 원자 폭탄의 버섯구름에 이르기까지는 불가피한 발전 과정이 이어졌으며, 결과적으로 전쟁의 수훈을 기리는 온갖 신화가 활기를 잃고 사양길에 접어들게 되었다. 전쟁은 이미 거대한 대중의 충돌, 비개인적인 무엇이었고, 더이상 움직일 필요조차 없는 행위가 되고 말았다(총포는 냉정한 대량 살상을 위한 발명품이라고 헤겔은 말했다). 과거에는 교전에서 영웅적 무훈이 존재하는 한 사람들은 학살도 눈감아 주었으며, 죽음과의 당당한 대결은 끔찍한 살육에 대한 보상물로 작용했다. 그런데 이제 공격이 오리무중의 상태에서 적과 마주하는 데 지나지 않게 되었다면 무슨 명분을 찾을 수 있을까? 거기서는 무수한 환영들이 상대방의 얼굴을 보지도 못한 채 서로 죽이고 죽는다(제1차 세계대전 당시 프랑스군의 전열 배후에는 헌병대의 비상선이 대기하고 있어, 후퇴하는 병사들을 향해 방아쇠를 당겼다. 프랑스 병사의 몸은 가슴에는 독일군의 기관총이, 등에는 프랑스 헌병대의 권총이 겨누어진 채 총을 맞고 튀어 올랐다). 최신식 무기와 군시설, 군중을 소유하게 된 전투는 이제 경직되어, 과거에 필수 조건이었던 운동 능력을 필요로 하지 않게 되었다. 1914년은 사회적 상상력이 대파국을 맞은 해이다. 그후 4년이 지났을 때, 군대를 모험 내지는 위험과 결부시켰던 연대감은 아득한 태곳적 일이 되고 말았다. 그리하여 프랑스에 패배주의의 바람이 불기 시작했다. 잇달아 일어난 탈영 선동, 리프(Rif)전에서 발생한 병사들의 태업, 페탱에 대항하고 나선 바르다뮈[레지스탕스의 일원으로 활약한 인물]를 예로 들 수 있겠다(군대를 동원하여 힘차게 전진토록 만든 유럽에서의 마지막 시도는 나치즘이 아니었을까? 나치즘은 정지 상태에 대한 속도의 보복이었고, 끝없이 지루하게 이어지는 대립에 대한 기계화의 승리였다).

1914년은 영웅주의의 종식을 고했고, 폭탄은 전쟁 자체를 종결시켰다. 즉 폭탄은 충돌이 돌파구를 찾도록 몰아갔을 뿐 아니라, 교전의 종결에 부적합해져 버린 기존의 군사 수단들이 사라지도록 했다. 전쟁에 수반되는 일부 우연성이 폭탄의 발명으로 인해 제거되고 전략적인 결정이 다른 범주들로 넘어가게 됨으로써, 폭탄은 전쟁에 대한 전쟁을 개시했다. 단 수초 내로 어떤 목표물에도 도달할 수 있는 폭탄은 공간에 대한 시간의 승리를 의미했으며, 전쟁 수행에 있어서 전략적 가치를 지니는 지리적 분포 연구를 무의미하게 만들었다. 폭탄 앞에서는 이제 후퇴가 불가능했다. 폭탄은 적의 운동 능력을 마비시켰으며, 그 속도로 인해 역설적으로 세상은 부동의 자세로 굳어 버렸다.

요컨대 폭탄은 소수의 정예 집단(극단적인 경우에는 몇몇 국가 원수)이 인류의 폭력성을 아주 교묘한 방법으로 장악함을 의미했다. 결과적으로 이제 군인들이 전쟁에서 영웅적 행위를 과시할 수 있는 가능성은 사라졌다. 아우스터리츠 수용소에 포로로 갇혀 한 줄기 햇살을 바라볼 수 있는 기회조차도 잃게 되었다. 그들은 적의 침공에 대비한 '억제력'의 역할을 담당하는 단순한 공무원에 지나지 않기 때문이다. 수비대 병사들 사이에서는 권태감이 싹트기 시작한다. 전사의 휴식은 더 이상 사랑이 아니고, 그는 전략 미사일 기지의 그늘 속에서 끝없이 하품만 해댄다.

낭만성을 상실한 전쟁은 이제 위험한 게임이 아닌 참혹한 노역으로 전락했다. 그러나 기존의 전략들이 발이 묶인 상태에서도 다행히 기댈 곳은 아직 남아 있다. 즉 게릴라전이다. 나폴레옹 군대를 제압한 스페인 유격대에서부터 잡목숲에 숨어 습격을 가한 베트콩에 이르기까지, 그리고 3천 명 베두인들의 선두에 서서 아라비아 사막을 가로질러 터키 군대를 분쇄한 로렌스 대령, 대장정을 감행한 마오쩌둥, 그리스와 유고슬라비아의 저항 단체들, 알제리의 FLN(민족해방전선)을 예로 들 수 있다. 기존 군대가 지녔던 지식과 비효율성에 도전장을 내거는 게릴라병의 신화적 형상이 이들을 통해 모습을 드러낸다. 그렇다면 게릴라의 정체는 대체 무엇일까? 군사 전문가들이 무슨 수를 써서라도 제거코자 하는 우연성, 불확실성, 충동성이 게릴라의 특성이다. 상위에 대한 하위로부터의 공격, 전문가에 대한 아마추어의 공격, 이방인에 대한 토착인의 공격을 의미하는 게릴라는 죽음과의 게임이기 이전에, 조직화된 기구와 비효율성에 도전하는 게임이다. 또한 군사 전문가들에게 맞서는 무지한 자들의 축제이며, 강자들에 대한 약자들의 반격이다. 이 상황에서 후자가 승리를 거두지 못하더라도 최소한 전자를 마비 상태에 이르게 할 수는 있다. 종횡무진 공간을 가로지르며 나아가는 기술을 정체성으로 삼는 그들에게는 여하한 안정화도 금지되어 있다. 치밀한 덩어리를 이루는 기존 군대를 와해시킴이 그들의 운명이다. 게릴라가 정면 충돌을 피하고 우회를 택함도 이 때문이다. 매복, 테러 행위, 선별적 공격, 이동식 야영을 주특기로 삼는 그들은 무한대의 공간 속에 잠입해, 사막이나 정글 혹은 산악의 풍경 속으로 녹아든다. 그들의 주요 임무는 한 지역을 장악하기보다 불안에 빠뜨리는 것이다. '정복은 곧 전진이다'라고 프러시아의 프레데리크 대제는 말했다. 그러나 게릴라병에게 정복은 적을 해체시킬 뿐 아니라 자신도 해체됨을 의미한다. 남몰래 잠복하여 행동을 개시하는 그는 공개적인 대결로 이루어지는 기존 게임의 법칙을 뒤집어엎는다. 그는 육지의 잠수부이다. 그에게 있어 변치 않는 것은 꾸준한 변화뿐이다. 따라서 그에겐 가벼운 장비가 필수이다. 그가 소지하는 무기는 조작과 분해가 간편하고, 등에 질 수 있어야 하고, 사정거리가 짧더라도 효율적이어야 한다. 그들의 공격에서는 각자의 용맹성에 큰 비중이 주어진다. 가장 중요한 점은 어떤 흔적도 남겨서는 안 된다는 것, 짐이 없는 전사여야 한다는 사실이다. 요컨대 게릴라가 전쟁에서 거부하는 것은 학살이나 죽음이 아니라, 보이지 않는 장벽을 사이에 둔 부조리한 대립이다. 그들은 무거운 장비와, 배치된 부대의 취약성을 거부한다. 힘의 과시처럼 보이는 것이 동시에 최악의 약점이 될 수 있음을 알기 때문이다. 게릴라는 절대로 적이 있는 전쟁에 모습을 드러내지 않고, 적군이 예상치 못한 순간에 허를 찌름으로써 전쟁의 법칙을 일차적으로 위반한다. 이차적인 위반은, 그들의 목적이 정복이나 힘의 쟁취가 아니고 기동성의 끊임없는 부추김이라는 점에 있다. 그들에게 승리는 모두 부질없는 것이다. 나폴레옹이 19세기 내내 산 전설로 남아 있었음

군복무

전통적으로 반군국주의는 전쟁옹호론 외에도 군대에서 적용되는 모든 진부한 규율을 비난한다. 일자무식의 상사, 발맞추어 하는 행진, 공동 침실 검열, 박박 깎은 머리, 군법 재판소, 이 모두는 상전에 대한 헌신과 복종의 의무에 기반을 둔, 여전히 건재하는 전설이다. 그런데 오늘날의 군대에서는 가혹 행위가 과거의 영웅적인 무훈을 대체하고 있다. 위기에 처한 조국이라는 주제가 효력을 상실한 터에 오로지 임의적이고 좀스러운 잔인성만이 병사에게 지속적인 경각심을 심어 줄 수 있게 되었다. 군대는 서로 모순되는 두 가지 형태의 지배력을 행사코자 하는 이중성을 지닌 기관이다. '강인한 정신의 훈련'이라는 명목에다 '정신의 마비 상태에 이르게 하는 훈련'이라는, 보다 해로운 강제권이 겹쳐진다. 실제로 군대는 진부한 일상의 삶을 순수하게 집약시켜 놓은 형태가 아니고 무엇인가? 사건의 절대적인 부재 상태를 견딜 수 있게끔 만드는 데 바쳐진 세월이 아니고 무엇인가? 시민 생활을 박탈당한 그들은 1백 년 전의 낙후한 생활로 내던져짐과 동시에 공상과학의 공간 속으로 들어온다. 이곳에서는 바깥 사회의 주된 분위기를 이루는 존재의 추상화를 향한 움직임이 완성된다. 이같은 잠정적인 자아 분열의 체험은, "군대에서 보낸 한 해는 공상과학 소설 속의 한 해"라는 말로 요약될 수 있다!

군대 생활을 일시적인 고통으로 감수하며 세뇌당하지 않도록 스스로를 방어할 수는 있다. 하지만 텅 빈 생활, 똑같이 반복되는 나날의 마취 상태에 저항할 방도가 있을까? 군대에서는 병사들뿐 아니라 그 생활 자체가 제복을 입는다. 텅 빈 시간의 이 기계적인 흐름이야말로 병사가 받는 훈련보다 그에게 더 큰 영향력을 미친다. 군대에서 권태를 느끼는 일은 없다. 권태를 자연스런 현상으로 체득해 거기에 길들여질 따름이다. 무겁게 짓눌러오는 그 특유의 분위기 속에서 개인은 최면 상태에 들며, 일체의 사고가 정지되어 무개성의 인간이 된다. 짓 궂은 장난, 구보, 동료들…… 이런 것들이 군대 생활을 통해 만들어진 추억이지만, 이야깃거리나 기억을 넘어서서 군복무자의 머릿속에 영원히 각인되어 남는 것은 이 미니멀한 삶이다. 오그라든 권태와 현실의 이 결합이다.

도 이 때문이다. 워털루 전쟁은 제국의 경찰을 복권시키는 한편, 역사의 진실을 거슬러 독재 군주를 영원한 게릴라병으로 만들어 놓은 것이다. 승리자로서 국가 원수가 된 피델 카스트로보다 패배당한 체 게바라를 우리가 더 좋아하는 것도 마찬가지 이유에서이다. 오늘날에는 게릴라도 군사 전략의 일부 가르침을 수용하게 되었고, 반대로 기존의 전쟁 역시 특공대나 테러리스트 파견 같은 게릴라전에 기댐으로써 운신의 폭을 넓히고 있음이 사실이다(이스라엘군은 아랍 연맹(Tsahal)에 대항한 세 차례의 전쟁에서 유사한 방법으로 최종적인 결과를 도출해 내었다. 전세계적으로 이스라엘은 국가 수호라는 신조가 아직도 모험의 의미를 내포할 수 있는 유일한 국가라는 점을 기억하자). 그렇긴 해도 전쟁과 게릴라전이 혼동될 가능성은 없다. 전쟁이 합리적인 계획의 실천, 즉 하나의 기도(企圖)라면, 게릴라전은 여전히 급습을 목표로 하며 인간적인 요소의 우위를 강조한다. 게릴라전은 이중의 항의이다. 즉 전투 부대의 군거성에 대한 개인의 저항이자, 참모 본부의 정교한 기술에 맞서는 즉흥성의 저항이다. 손자는 게릴라를 '순수한 기동성과 결합된 순수한 힘'이라고 표현했다. 규율에 얌전히 복종하는 정착민의 세계인 직업 군대 속에서 게릴라는 노마디즘의 온갖 유혹을 자체 안에 담고 있다.

카우보이 속에 내포된 모험가의 초상

전쟁에 대한 이같은 무관심의 최종적인 화신은 게릴라병의 심미적 형상인 모험가이다. 그러나 모험가는 게릴라에게서 관객이 서부 영화로부터 취하는 것 이상을 취하지 않는다. 즉 기동성과 삶의 양식이다. 20세기의 이 모험가는 두 가지 전통의 경계 지점에 위치한다. 첫번째는 생존을 위해 결투를 벌이며 정처 없이 방황하는 중세 기사의 전통, 그리고 두번째는 변덕스런 운명이 이끄는 대로 따라나선 하층 계급 출신의 피카로이다. 말하자면 그는 신화의 인물인 전사 아킬레우스와 방랑자 오디세우스의 복사판이다. 사회주의 혁명과 함께 태어난 모험가는 물론 이 두 유형을 무조건 답습하는 데 만족할 수 없으며 나름대로 새로운 형상을 만들어 낸다. 그는 어김없이 어떤 근사한 신조(민족주의 혹은 공산주의)에 생명을 바치며, 그의 투쟁에 수많은 사람의 미래가 걸려 있다. 다시 말해 "그들 세대에 있어서 가장 큰 의미와 희망을 내포하는 그 무엇"(앙드레 말로)[1]을 위해 싸우는 것이다. 하지만 탐험과 정의 구현, 자유와 종속이라는 전투적인 범주에다 그는 질서와 무질서라는 심미적인 범주를 겹쳐 놓는다. 결코 해소될 길 없는 욕구에 사로잡힌 이 모험가는 어떤 신조를 믿어서 위험을 무릅쓰는 것이 아니다. 그는 행위의 궁극적인 목적이 무엇인가보다는 행위 자체에 관심을 갖는다. 설령 어떤 혁명이나 민족주의 저항 단체에 가담할지라도 그

---

1) 말로, 상드라르, 말라파르테, 헤밍웨이, 로렌스 같은 이들을 '모험가'의 형상으로 축소시킬 수는 없다는 사실을 분명히 해두자. 이들은 모두 이런저런 면에서 이 형상을 넘어서기 때문이다. 또 설령 모험가에게 비판이 가해지더라도, 그들의 작품·문체·삶 앞에서 터져 나오는 우리의 개인적인 감탄은 조금도 흔들림이 없다.

는 동지들 사이에서 영원한 이방인으로 머물며, 자기 자신을 지키면서 동지들의 투쟁을 부단히 빗나가게 하고 변질시킨다. "투쟁은 물론 훌륭하다. 그러나 모든 결말은 어리석으며 새로운 난관의 원천이다"라고 로렌스는 말했다. 그런데 사르트르가 '혁명의 식객'이라고 부른 이 현대판 용병이 사리사욕으로부터 완전히 자유로운 적은 없다. 그는 돈이나 영광을 위해 일하며, 찬란히 빛나는 희망찬 내일을 위해서만 일하는 것은 아니다(말로 역시 훗날 문화부 장관이라는 직책을 맡기 전 젊은 시절에 캄보디아의 사원들을 약탈한 경력이 있다는 사실을 주목하자). 복잡한 사회적 · 정치적 요소와 개인적인 삶의 여정이 맞물리던 20세기 초반의 모험은 어떤 신조에 대한 사랑과 자기애 사이에서 지혜로운 균형을 유지한다. 모험가는 속임수에 능한 도박꾼과도 같다. 한마디로 표현하자면 그는 냉소적인 인간이다. T. E. 로렌스는 터키군에 대항해 아랍 부족들을 결집시키며 그들에게 국가와 영토를 약속한다. 아랍 부족들에게 국가와 영토를 내어줄 생각이 연합군 참모들에게는 조금도 없다는 사실을 뻔히 알면서 한 행동이었다. 그러나 냉소주의를 영웅적 행위로 극복했다는 데, 또 영웅적 행위를 냉소주의로 상쇄시켰다는 데에 그의 독자성이 있다. 그는 내적으로나 외적으로 철저히, 전쟁을 결코 결과가 있을 수 없는 게임, 그저 승리나 패배의 선행 조건으로서 체험한다. 그는 패배를 비웃는다. 승리를 목표로 삼는 투사나 혁명가의 입장에 있지 않기 때문이다. 어떤 신조가 실패로 끝났다고 해서 아름답지 않은 것은 아니며, 신조는 그것이 지향하는 미래의 상태나 권력의 쟁취 여부에 상관없이 그 자체로서 아름답다고, 그는 생각한다. 그러므로 어떤 전략이나 투쟁이 자체의 목적에 눈이 멀게 될 경우, 로렌스는 그것들을 조롱했다. 우리가 그를 사랑하는 것도 이처럼 '전쟁의 법칙을 무시하는' 그의 태도 때문이다.

"사람들은 존재하지 않는 것을 위해 죽는다"라고 말로는 말했다. 이 위대한 전쟁 애호가들에게는 전쟁이 내포하는 대학살이나 거짓——반드시 행복해야만 한다는 행복의 교리에도 수반되는——에 대한 예지력이 있었던 듯싶다. 모험가의 이 회의적 태도야말로 그가 절대로 광신적인 행동가일 수 없음을, 또 자신이 옹호하는 신조에 완전히 투신할 수 없음을 보증한다. 매춘이 아직 묵인되듯이 모험가에 대해서도 사람들은 눈감아 준다. 모험가의 매춘 행위는 역설적으로 그의 맑은 통찰력을 증명해 주기 때문이다. 우리는 그에게서 이상에 대한 배신을 간파하는데, 이것이 바로 우리 마음에 드는 점이다. 아마도 그럴 수밖에 없을 것이다. 정치적 관점에서 볼 때 오늘날 우리는 너무도 많은 실패의 경험과 이루어지지 못한 꿈, 좌절된 희망을 안고 살아가니 말이다. 모험가는 투쟁에 대한 혐오와 아이러니를 통해, 제20차 소련 공산당 대회에서 드러난 사실들이나 강제 수용소, 인종 학살 등의 역사를 초월한다. 그가 쓴 책을 읽거나, 냉소적이고 고독하며 고문당하는 그의 삶의 역정을 보노라면, 배신이야말로 20세기에 가장 부족한 무엇이지 않나 하는 생각이 든다. 좀더 많은 배신 행위와 배반자, 탈영자가 있었다면 많은 인간의 생명을 구할 수 있었을 것이다. 말로의 초기 작품들, 즉 《왕도》에서 《희망》에 이르기까지의 작품들이 동시대 사람들에게는 정치적 참여에 대한 옹호로도, 더없이 신랄한 비난으로도 읽힐 수 있었다는 사실은 우연이 아니다. 모험가는 결코 딱 잘라 말하는 법이 없다. 대안의 가능성을 열어 두고 견디기 힘든 긴장 상태를 유지하는 데에 그의 힘이 있다. 그는 큰 대의명분에 목숨을 거는 단순성을 보이며 오늘의 불의에 대항해 싸우지만, 그렇다고 내일의 승자들은 정의 편에 서리라는 환상을 품지는 않는 타락한 나르시스이다. 그는 에고이스트처럼 군중에게서 기쁨을 맛보지만, 그것이 가면임을 스스로 폭로한다. 그렇다고 그를 투사로 보기보다 회의주의자로 본다면 잘못이다. 그는 이 둘 다이기 때문이다. 모험가라는 말은 다름아닌 이 불가능한 양립성이다.

영웅들은 귀찮은 존재들이다

모험가는 통찰력 있는 인간이지만 더이상 우리를 필요로 하지 않는다. 그는 이미 위대한 인간들로 이루어진 부동의 반열에 올라 있다. 1950년 로제 스테판과 사르트르는 모험가를 두고 충분히 투쟁적이지 못한 인간이라고 비판했지만, 우리에겐 이 말이 이해되지 않는다. 우리는 그가 좀 지나치게 투쟁적이라고 책망하는 것이다. 우리는 그의 들뜨고 거친 분위기, 잠정적인 배신자의 면모, 활동적인 회의주의, 한마디로 말해 그의 부도덕성을 사랑한다. 하지만 그 스스로 다른 사람들보다 훨씬 많은 은총을 입은 자, 영원히 흐르는 시간의 절대적 증인임을 자처하며 '역사'를 환기시키고자 하면 우리는 더이상 그의 말에 귀기울이지 않는다. 투사와 마찬가지로 그는 역사를, 자신이 어디로 가고 있는지 모르는 무지한 여자로 여긴다. 오직 과학만이 그 방향을 알 수 있다고 보기 때문이다. 그의 생각에는 혁명이야말로 역사가 자체의 진실과 만나는 소중한 순간으로서, 이것은 과학 이론과 사회적 특권 계층의 결속을 통해 이루어진다. 요컨대 혁명가는 유혹과 위협이라는 이중의 관계를 맺고 역사의 비위를 맞추는 자이다. 그는 역사에 호소하는가 하면, 역사를 돌파하고, 앞장서 가고, 또 역사를 구현한다. 피뢰침이 번개를 끌어당겨 안정화시키는 것과도 같은 이치이다. 한편 대중보다 앞서 이 변덕스런 여주인인 역사와 만남을 가지는 모험가는 국가도 땅도 정복하지 않는다. 그는 자신의 모습을 그려 나가며, 변덕스런 시간의 흐름을 보다 확고히 고정시키기 위해 시간으로부터 벗어날 줄 아는 인간의 예외적인 운명을 스스로 만들어 간다. 신이 된 그는 인간 존재의 비참한 타락을 피해 간다.

그러므로 무엇이 이런 인물들을 혼란에 빠뜨리는지 우리는 이해한다. 단지 그들에게 끊임없이 닥치는 놀라운 사건과 일화들, 사건의 현장에 있고자 하는 충동적인 갈망만이 아니다("제가 그곳에 가 있을 수만 있다면!" 1941년 페르시아에서 발생한 폭동의 소식을 전해 들은 말로는 지드에게 이렇게 말했다). 이같은 신교도적 열광을 통해 그들은 자신들이 산업 사회의 지배적 윤리와 청교도 도덕에 걸맞는 자손임을 드러낸다. 그렇다고 그들이 사후 명성에 관심을 갖고 자신들의 삶을 종말의 관점에서 바라보며 인파 속에서 두드러져 보이려고 고군분투한다는 말은 아니다. 우리가 비판하는 건 그들의 이기심이나 허세가 아니라(오히려 정반대이다!) 그들의 지나친 남성다움이다. 특히 호전적인 인간의 남성성에 사색가의 남성성이 더해질 때 그렇다. 그들의 남근은 다리 사이에 얌전히 남아 있지 않고 가슴을 향해 쳐든다. 실제로 그럴 수 있는지 없는지가 헤밍웨이의 소설에서 뚜렷이 이야기되는 주제이기도 하다(그렇다면 그럴 용기가 없거나 그런 용기를 원치 않는 이들은 무슨 희망을 가질 수 있을까? 뚜렷한 남성성의 윤리에 비위가 상한 이들——위대한 인물들도 예외가 아니다——은 말이다). 이 분야의 전문가들에게 중요한 것은 무엇이 그들에게 닥치느냐가 아니고, 그들 덕분에 세상에 무슨 일이 닥치느냐이다. 그러므로 그들은 혁명가의 동지(적일 수도 있지만)이다. 이 둘은 세상과 자연의 정복이라는 공동 계획을 갖고 있기 때문이다. 흘러가는 나날의 혼돈을 다스리기, 그리고 돌연한 개입으로 이 날들에 기적처럼 질서와 형태를 부여하기, 이것은 대단한 기술이다. 전문적인 모험가는 역사와 순리에 능욕을 가한다. 전쟁이 정다운 땅에 대한 능욕이듯이 말이다. 그는 탈취하고 흔적을 남긴다는 이중의 의미에서 땅을 능욕한다. "나는 세계 지도상에 수술 자국을 남기고 싶다"라고, 《왕도》에서 페르캉은 말한다. 전통적 의미의 모험가는 자신이 우연히 겪는 방황을 역사적 필연성으로 바꾸어 놓는다. 즉 그는 우연히 거기에 있었지만 그 순간 자신이 부름받았고 더없이 고귀한 사명을 위해 선택받았음을 느꼈다고 나중에 말하게 된다.

아마도 이렇게 해서 그는 일반 대중에게 위협적인 존재로 비칠지 모른다. 그는 무엇보다 변설을 늘어놓지 말아야 한다는 사실을 안다. 평범한 인간들에게 그는 아주 고고한 모습으로 비친다. 그는 오직 침묵을 지킬 뿐 그들에게 아무 할 말이 없기 때문이다. 그의 첫번째 과업은 이 사람들과 거리를 유지하는 것이다. "자신이 양떼들 사이에서 헤매는 일각수라는 느낌을 받아 본 적이 있습니까?"라고 로렌스 대령은 묻는다. 이해가 가는 말이다. 하지만 우리 같은 미천한 양떼가 없다면 그가 자신을 일각수로 느낄 수 있었을까? 그는 자신을 무엇과 비교하겠는가? 우선 그는 일반 대중이 무두질로 단련된 특별한 재질로 만들어지기라도 했다는 듯 다음과 같이 선포하기에 이른다. "모험은 여러분에게 오직 외부로부터 닥칠 테니, 그것을 규율처럼 습득하십시오. 고인 물 같은 여러분, 이 동요의 가르침에 귀기울이십시오." 이 점에서 모험가는 테러리스트이다. 그가 폭탄을 설치해서가 아니라, 일상의 자질구레한 사건들을 경멸한다는 의미에서이다. 그는 물론 자유로운 인간이지만 그렇다고 하찮은 자극을 추구하는 일상사를 피해 가거나 받아들일 자유는 없다. 그러므로 그는 쉴새없이 방어 태세를 취하며, 스스로에 대해 무장되어 있고, 자아의 영원한 수호자로서 경계심을 잃지 않는 예리한 눈으로 자신이라는 요새를 끊임없이 강화해

나간다. 사제는 미래의 천국을 위해 지상의 삶을 멸시하며, 혁명가는 계급 없는 사회를 위해 자본주의 사회를 멸시한다. 그리고 모험가는 모든 것을 내건 승부의 몇몇 순간을 위해 일상의 삶을 짓밟는다. 그러므로 그는 전사이다. 심지어 글을 쓸 때조차도 말이다. 억압적인 규율의 짐을 지지 않는다 해도 영웅이기 위한 일체의 특권을 부여받은 그는 군인임을 이 사실이 훌륭히 뒷받침해 준다.

그러나 오늘날에는 우리가 바라보는 역사와 진실의 관계가 달라진 만큼, 더이상 모험가의 초상을 그릴 수 없게 되었다. 이제는 그 모범을 찾아볼 수 없게 되었기 때문이다. 개구리가 비를 기다리듯 혁명을 기다리던 세상에서 모험은 힘과 에너지의 대결이 되고자 했었다. 그러나 월급이 보장되고 안전이 필수인 세상에서 모험이란 하나의 중단, 다시 말해 막간 휴식이자 펑크로서, 이때 연극은 멈추고 탈구 현상이 일어난다. "나는 컨솔리데이티드 에디슨〔뉴욕의 전력 가스 공급업체〕에 감사의 편지를 쓰겠다. 정말 재미있었으니까"라는 말을 우리는 1977년 7월 14일 뉴욕에서 듣는다. 정전으로 밤새 도시 전체가 마비되어 전대미문의 약탈과 환희의 광경이 벌어진 날이다. 이 사례를 통해서도 알 수 있듯이, 철저히 합리적인 우리 시대는 온전히 마술적인 사고 방식을 기반으로 살아간다. 우리 모두는 끊임없이 예측 불허의 상황에 맞서 싸우며, 질서 정연한 우리의 삶을 임의적인 방법으로 교란시킬 수도 있는 무질서의 표지들을 살핀다. 사건은 우리를 매혹시킨다. 삶을 화석화시키는 한편 삶에 유용한 과업을 부여하는 집단적인 습관들의 파열을 사건은 늘 내포하기 때문이다. 그것이 야기하는 불안정의 상태, 일상의 장벽을 찢고 새로운 현실을 열어 보이는 방법, 이것이 우리의 마음을 끌어당긴다. 요컨대 우리는 이런저런 파국이나 균열을 통해 미지의 것과 교감을 갖는가 하면, 유치한 행동으로 기울며 집단적으로 퇴보하고, 색다른 것을 마주하고 마치 기적을 목격한 어린아이처럼 경탄의 눈을 뜬다.

제2차 세계대전 이후로 서구 역사가 체험한 중요한 사실들 가운데 하나는, 우리 사회가 이중으로 봉쇄당하고 있다는 점이다. 자체의 프로그램뿐 아니라 스스로를 초월코자 하는 프로그램에 있어서 그렇다. 즉 전반적으로 보아 자본주의든 사회주의든 양편 모두 미래가 없는 환상이라는 것이다. 예전에 모험은 국경을 다투는 모험이었다. 전쟁, 식민지 정복, 시장의 획득, 출세제일주의, 그 무엇이든 간에 말이다. 한계에 도달해 그것을 뛰어넘고 새로운 영역을 밟는 것이 관건이었다. 그러나 과거에 전선에서 일어났던 일들이 오늘날에는 인간의 내면에서 이루어진다. 바야흐로 퇴각의 시대가 온 것이다. 사회는 이제 외적인 부의 정복 대신 삶의 다양한 양식들을 실험하는 데에 힘을 쏟는다. 더이상 집단적 모험이나 공동의 전략이 존재치 않게 된 순간에 이제 모험은 개인적인 차원을 띠게 되었다. 우리는 어찌 보면 앞서 말한 병사들처럼 오리무중의 처지에서 길을 잃은 채 소규모 전투를 벌이고 있다. 하지만 주변의 총체적인 상황을 파악할 수 없음은 다행스럽고 유익한 일인지도 모른다. 우리의 경험 영역은 제한되고 미립자화되었다. 전체라는 의식은 우리를 벗어나 우리와는 상관없는 것이 되었다. 금세기에 닥쳤던 큰 불행들이 우리를 그렇게 단련시킨 것이다. 요컨대 예전에 전쟁이나 정복, 혁명을 통한 변혁에 바쳐졌던 에너지가 우리 시대에는 사생활의 열정들로 변모되었다(우리 서구 사회는 아마도 동시대인들에게 전쟁의 환상도, 정치적 투쟁의 환상도 제공하지 않는 최초의 사회인지 모른다).

여기서 두 가지 결과가 초래된다. 첫번째는, 각자가 '역사'와 개인적인 만남을 갖는 경우가 늘어난다는 것이다. 전체주의 시대 다음에 파편들의 시대, 서로 겹쳐지는 일화들의 시대가 이어지기 때문이다. 그리고 부르는 자가 없으므로 모든 이가 부름을 받는다. 두번째는, 알 수 없는 것 외에는 아무것도 가르치지 않는 '모험에 대한 교육'이 더이상 없다는 것이다. 전통적으로 영웅들은 모두 어떤 메시지를 전달했으며, 삶의 공허 혹은 모든 행위의 부질없음 같은 심오한 교리를 전수코자 하였다. "최대한의 광범위한 체험을 의식(意識)으로 변환시키기"라는 말로의 고백을 통해 우리는 어떤 앎의 욕구가 그를 충동질했는지 짐작하게 된다. 그런데 부당하게 상석을 차지해 온 앎, 즉 영웅의 속성인 이 지혜는 매우 부차적인 특질에 불과함을 알 수 있다. 어떤 현상이 체험해 볼 만한 가치가 있다고 여겨지기 위해 반드시 이해가능해야 할 필요는 없기 때문이다. 오히려 모험이란 남에게 전달될 수 없는 경험의 일부이자, 우리에게 닥쳐 우리와 함께 죽는 이 물리칠 수 없는 어둠이라 하겠다. 그리고 보면 적극적 행동주의자들이나 별난 인물들은 모두 자신들에 대해 착각에 빠져 있다. 그들은 마치 삶이 한 차례 언어유희라도 된다는 듯, 의미나 부조리 같은 실존주의 용어로 자신들의 문제를 제시하는 것이다. 그럼에도 불구하고 우리가 그들에게 매료당하는 이유는 에너지의 과시와 힘의 변환에 있다. 여기서 우리를 사로잡는 것은 의미론적 열정이 아니라 호전적인 열정이다(그러므로 모험에서 박물관으로 건너간 말로는 이미 박물관 속에 있듯이 모험 속에 존재했다. 즉 사건에 대한 끊임없는 해석과 독서의 해설 체계 속에 들어 있다는 말이다).

우리가 전쟁을 미워하는 한 가지 이유는, 결정적인 사건(죽음)과 사건의 완전한 부재(기다림)가 공존한다는 데 있다. 즉 존재와 삶을 묵시록의 얼어붙은 변덕에 내맡기는, 양극단을 오가는 이 공포이다. 그런가 하면 파업이 조합의 중재로 막을 내리듯이 게릴라전은 외교술에

불확실한 모험

매순간 우리를 휩쓸어 갈 수 있는 영원의 갑작스런 개입, 치명적인 위험이야말로 전통적으로 일상의 궂은 일과 위업을 구분짓는 것이었다. 하지만 위험이 돌발 사고라는 어이없는 모습을 띠게 된 오늘날에 이르러 모험은 어떤 도전에도 응하는 일 없는, 증명 불가능한 것이 되어 버렸다. 과거에는 죽음을 무릅쓰는 행위 앞에서 너나없이 경의를 표했지만, 이제와서 우리는 이런 일치된 태도를 보일 수 없게 되었다. 위험이 진부해지면서, 과거에 모험가와 보통 사람을 구분짓던 차별이 제거되었다. 영웅적인 죽음이 사라진 이제 우리는 무엇이 사건인지도 알 수 없게 되었다. 그리하여 이처럼 불분명한 상황을 소중히 여기다가 때론 저주하기도 한다. 눈살을 찌푸리게 만드는 우스꽝스런 짓과 진정한 행위가 마찬가지가 되어 버렸기 때문이다. 그렇다면 모험의 삶을 살기 위해 우선 물리쳐야 하는 것은 내가 현재 겪고 있는 모험에 대한 나 자신의 회의이다.

의해 끝장을 보도록 되어 있다. 게릴라는 강권이 행사되는 협상이자, 대사관이나 관청의 흑막에서 벌어지는 게임의 연막에 불과하다. 전쟁은 더이상 미래가 없다. 그러나 이 말은 위험으로 작용한다. 즉 열국이 차례로 공격성과 호전성을 띨 수 있다는 말이다. 또 중국에서처럼 만장일치의 공공연한 열광의 이면에는 치명적인 적의 존재 및, 배반의 소지가 있는 주민에 대한 끊임없는 밀고가 나란히 할 수 있다(황화론(黃禍論)이 바로 이런 것이다. 즉 무장된 국가라는 중국의 모범이 자유민주주의 국가를 포함해 세상을 물들인다는 것). 전쟁이 없을 때 호전적인 평화는 시민들을 '연장된 휴가' 상태에 둔다. 68년 5월 혁명 당시의 한 낙서는 "사회가 일체의 모험을 파괴했을 때 유일하게 남는 모험은 이 사회를 파괴하는 일이다"라고 말한다. 사회주의적 희망들이 생명력을 잃게 될 때 전쟁은 자동 현상이 되어 전사의 덕목들이 경찰 내부로 녹아들면서 전사의 위엄을 모두 회수하게 된다.(돌격대·강력계) 시민 국가에 군기관들이 넘쳐나며, 전술가와 장성들이 지도자의 소명을 떠맡는다. 그리고 군대가 국민과 혼동되며 국민의 교육을 담당한다. 그리하여 시민군이라는 끔찍한 괴물을 만들어 낸다.

전쟁은 더이상 미래가 없다. 이 말은 또한 기회로 작용하기도 한다. 군인이나 투사처럼 탈의식화된 우리는 모험가의 기동력에 그 어느 때보다 가까이 다가갈 수 있을지 모르기 때문이다. 자아에 대한 지속적인 배반 및, 자기 모순에 빠지거나 다양성을 취할 수 있는 권리를 전제로 하는 기동력이다(정치나 전쟁에 참여하려면 자기 자신에게 꾸준한 성실성을 보여야 하며 균일한 삶의 태도를 유지해야 하지만 말이다). 모험가는 일상 생활을 평화와 동일시하며 전쟁을 좇아다닌다. 그러나 오늘날의 우리 모두를 의미하는 이 탈영병들은 역추론을 한다. 즉 자신들은 평화의 탈영병들이며, 지루한(따라서 호전적인) 일상을 탈출하여 보다 속도감 있고 덜 공격적인 삶을 추구한다는 것이다. 오늘날의 보통 사람들은 무기력한 전쟁도 끔찍한 평화도 더이상 원치 않는다. 그들은 장애물에 부딪치거나 예측치 못한 사태들을 우연히 해결하면서 물결치는 대로 살아간다. 무엇보다 스스로의 대변인인 그들은 오로지 이 물결에 적응하기 위해 경험을 획득하며, 스스로를 시민이라기보다 개인이라고 느낀다. 그들은 특히나 잠정적으로 평가되는 존재이기에 더더욱 '보통' 사람이다.

사소한 일상의 서사시

《나자 Nadja》 첫머리에서 앙드레 브르통은 잡다한 일련의 경험을 나열하는데, 거기에는 공통점이 있다. 즉 예측 불가능하다는 것, 수수께끼 같은 운명처럼 보인다는 것, 행위에 의해 획득되지 않고 우연히 주어졌다는 점이다. 그는 자신의 관점을 변호하기 위해 이렇게 쓴다. "이같은 일련의 관찰들을 잇달아 진술함으로써 어떤 인간들을 거리로 뛰쳐나가도록 부추길 수 있었으면 한다." 거리란 말하자면 통제할 수 없는 것, 예기치 못한 사건이 발생하는 혼돈의 공간, 우연한 만남의 무대 장치이다. 브르통은 일상을 그 균일한 흐름으로부터 벗어나도록 하는 사건에 대한 감각과 욕구를 우리에게 주고자 한 것이다. 예측 불허의 것들에 대한 이같은 선전은 우리가 현재 지닌 욕구, 즉 우연성에 대한 갈망을 은연중에 규정짓는다. 역사적인 관점에서 볼 때 하나의 신조인 초현실주의는 이중의 거부로부터 탄생했다. 즉 적나라한 비관론을 제시하면서 전쟁을 거부하며, 사실주의를 비난하면서 소설을 거부하는 것이다. 이 정치적·심미적 태도에는 공통점이 없는 듯 보이지만, 모험의 현대적 개념을 제시한다는 점에서 공통점을 찾을 수 있을지 모르겠다. 우선 사실주의 소설을 살펴보자. 그것은 논리적 비약 없는 연속성과, 최종적인 결말에 이르기까지 매끄럽게 전개되는 이야기를 특징으로 한다. 실제로 우리는 지금도 존재의 직조에 대해 말한다. 마치 삶이란 사람들 및 세상과 함께 동요하는 긴 줄거리를 꾸준히 짜 나가는 일이라는 듯이 말이다. 그리하여 사건은 숨은 신과도 흡사해졌다. 가정과 일을 중심으로 단선적으로 프로그램화된 초라한 삶의 표면으로부터는 모습을 감추었기 때문이다. 봉급생활자의 규칙적인 삶은 만남이나 불확실한 모험의 가능성을 제거한다. 일을 할 때에는 아무 사건도 일어나지 않는다. 그런데 이 아무것도 아닌 것을 갖고 이야기한다는 건 그것이 무슨 의미 있는 일인 양 꾸미려는 술책이 아니고 무엇인가. "더이상 느낄 수 없게 된 사람들이라면 입이라도 다물었으면 좋겠는데 말이다." 하지만 우리가 영위하는 있는 그대로의 생물학적·사회적 삶이 이따금 여기저기서 이 삶을 교란시키는 섬광보다 더 진실된 것은 아니다. 요컨대 잘 짜여진 직조보다 터진 흠집이 더 중요하다는 뜻이다.

그러면 전쟁에 대해 말해 보자. 우리는 제1차 세계대전을 혐오했었다. 4년 동안 수많은 사람들을 막다른 지경으로 내몰았기 때문이다. 어찌 보면 죽음은 그 고통이 감해지지도 않은 채 의미가 쇠퇴되어 갔다. 그러나 초현실주의의 비관론은 이런 지치고 우울한 분위기와는 전혀 상관이 없다. 오히려 그것은 전쟁이 휩쓸어 가는 에너지를 휘두르며 전쟁을 비난한다. 전쟁은 그릇된 길로 들어선 활기임을, 또 보다 강렬한 감동 대신 천박한 강렬함을 선택했다는 점을 비난한다. 이같은 초현실주의가 오늘날에는 사라졌지만, 어떤 의미에서 우리는 아직 초현실주의자들이다. 우리를 감동시키는 것은 시간표가 아니라 우리의 삶 속에 불쑥 들이닥치는 사건이기 때문이다. 그리하여 우리는 불길한 형상을 벗어던지고 일시에 빛나는 형상을 입는다. 우리를 지배하는 건 일상이며 칙칙한 재색 하늘이 햇빛을 가리고 있다 해도 상관없다. 모든 시간이 동일한 가치를 지니지는 않으며 특별히 기억에 남아 이야깃거리가 될 수 있는 시간들이 있고, 이런 시간들 속에 일말의 영원이 깃들기 때문이다. 우리 시대는 생활을 안정화시키고 사람들을 얌전하게 길들이는 한편, 건설적인 행위와 절대적 혼돈을 상반되는 양상으로서 대치시킨다. 또 지속적인 평화와 임박한 전쟁이 서로를 견제

하면서 상대에게 협박을 가해 온다. 그보다는 양자의 혼합, 평화도 전쟁도 아닌 소규모 교전의 상태가 바람직할 텐데 말이다. 사실 절대적 질서의 끔찍한 상황들을 예방하기 위해 약간의 무질서는 필수적이다. 시민 사회는 또한 전술·접근·분열·공격 등 온갖 전쟁의 가치들을 자체의 동력으로서 흡수할 필요가 있다. 이제는 방향이 전환된 전쟁으로부터 과거에 전쟁 자체로부터 으레 기대했던 것, 비인간적이었던 면모를 기대해야 한다. 큰 내기를 수많은 작은 내기로 대체시키고, 위험을 운명의 주사위 놀이 한 판에 거는 대신 분산시키는 것이다. 이제 모험은 최면 상태에서 깨어난 우리 삶 속으로 유입되는 우발적인 에너지와도 같다. 그것은 탈선한 전쟁으로서 성스러움을 부여받는다. 여기서 말하는 성스러움이란 가정적이고 개인적인 것으로서, 쾌적함을 인정하기보다 추방한다. 오늘날의 남녀는 꼼짝 않고 고여 있는 물과도 같다. 하지만 첫 태풍이 불어닥치면 그들은 잠에서 깨어나 천재성을 발휘하며 종교적인 망아지경에 이른다.

우리 시대는 그 어느 때보다 사소한 일들을 사건의 위상으로까지 높일 줄 아는 시대가 된 듯싶다. 평범한 사람들의 삶에 발언권이 주어졌을 뿐 아니라 모든 이가 영위하는 일상도 의미를 부여받는다. 일상이 삶에 부과하는 엄청난 좌절의 보상으로서 말이다. 우리의 행동 영역은 크게 축소되었는데, 그렇게 해서 사소한 몸짓에 엄청난 밀도가 부여되고, 소수의 숭고한 위업에 맞서 작은 꽃들로 이루어진 일상의 다채로운 꽃다발에 눈길이 주어지게 되었다. 사소한 사건을 대상으로 하는 모험이 시작된 것이다. 이 사소한 사건은 누구에게나 일어날 수 있으며, 역사는 미시적 차원에서 탐구된다. 세상은 이제 무한한 파편화의 과정을 밟게 되었다. '작은 것들'에 대한 애착이 모험에 대한 기존의 생각들을 뒤집어 놓는다. 그리하여 하찮은 사건들이 일화의 매력과 위상을 누리고, 지극히 보잘것없는 대상들이 자신의 영웅적 무훈을 노래하게 되었다. 정예 집단의 현란한 신화들은 과거사가 되고, 이제는 누구라도 연루될 수 있는 신화(오토바이 탈주, 세계 유랑, 마약·음악·춤을 수단으로 한 일탈)의 시대가 닥쳤다. 이렇게 우리 모두는 이제 미시 세계의 탐험에 나서게 되었으며, 미시 세계의 모험가가 되도록 초대받는다. 요컨대 모험과 수동성은 상호 배제적이지 않고 타협 가능한 성격을 띠게 되었다. 이같은 타협을 인정하고 연약함에 동의함은, 어떻게 사건이 우리를 창조하고 흔들어 놓는지를(우리 스스로 주체가 된다기보다) 보여주는 것이다. 또한 우리의 자유에 가장 큰 비중을 둠이다. 이것은 '우연'이 차지하는 비중이기도 하다. 어떤 이들은 쾌락을 노동의 범주에 넣어, 사건들을 생산하는 자아의 공장이 어떤 구속도 받지 않고 폐기물 하나 없이 최고의 생산성을 기록할 수 있기를 바란다. 우리의 요구는 좀더 소박하다. 그것은 변화와 전율에 만족한다. 그것은 모든 것에 동의할 수 있는 힘이요, 떠나고자 하는 묘한 욕구, 사소한 위반들에서 맛보는 감미로움이다. 아마도 오늘날 우리는 기회를 찾아나서기보다 기다리는지 모른다. 운을 시험하기보다는 자신을 내맡기는 편인지 모른다. 행동의 제일가는 덕목인 용기보다는, 잠재적인 것들에 대한 섬세한 이해이자 보이지 않는 환대인 수용성에 더 민감한지 모른다. 영웅은 지나치게 정돈이 잘 된 삶에 비장감을 부여하기 위해 절박한 분위기에서 산다. 반면에 보통 사람은 사소한 일상사들과 평범한 상황들 속에서, 눈에 띄지 않는 국부적인 미세한 균열들을 묵묵히 통과해 나간다. 그리고 일상 생활에서 마주치는 온갖 단절의 틈새로 자신의 상상력을 슬그머니 밀어넣는다.

이제 모험가가 되는 것은 오직 우연에 달렸다. 그들은 자신을 모험가라 부르지 않으며, 승리냐 패배냐를 묻는 대신 이탈과 추방을 논한다. 그를 군인이라고 부를 수 있는 건, 그가 보초를 선다는 의미에서가 아니라, 우연의 문전에서 망을 본다는 의미에서이다. 선택받은 자도, 죽음을 선고받은 자도 아닌 그는, 이미 정열이 식은 세상에 자신은 언제나 너무 늦게 도착한다는 사실을 알 뿐만 아니라, 이 시간적 격차가 내포하는 풍성한 의미도 알고 있다. 그 스스로 원하지는 않았어도 자신의 행동 논리에 이끌려 그는 일상사에 대해 매우 '정열적인 관점'을 유지하며, 따라서 평범한 것도 비범한 것으로 보게 된다. 요컨대 존재를 설명하는 어조가 바뀌어서, 삶이 더이상 허구의 양식에 기대지 않는다는 말이다. 그리하여 그가 쓰는 소설은 한 운명에 대한 연대기가 아닌 무질서한 관계에 불과하다. 서로 아무 연관성이 없는 미시적 상황들의 이 혼란스런 관계에 질서를 부여해 총체적인 면모를 파악한다는 것은 순전한 환상에 지나지 않는다. 우리가 사건에 대하여 간접적인 접근밖에 하지 않는 것은, 더이상 삶이라는 단어를 손 안에 넣어 소유할 수 없게 되었기 때문이다. 삶은 너무도 다양한 모순되는 순간들로 분산되어 있고, 해체된 현실에 의해 온통 지배당하기 때문이다. 결정적인 무엇에 대한 열의가 이 해체된 현실을 집결시킬 수도 없게 되었다. 이제 이 삶을 바꾸어 보겠다는 야심은 가질 수 없게 되었으며, 대신 사방으로 꾸준히 흔들어 대어 그것을 조금 움직여 보거나 영향을 미칠 수 있을 뿐이다. 이따금의 미친 듯한 경련의 순간들, 그밖에는 긴긴 적막한 해변이 이어질 뿐이다.

전통적으로 모험은 확연히 눈에 띄는 반대 세력들을 서로 대치시키곤 했다. 즉 한편에는 순응적인 부르주아·유력자·지도자들이, 다른 한편에는 일반이 믿는 고정관념에 등을 돌린 채 기존 질서에 도전하는 강인한 몇몇 개인이 있다는 식이었다. 모험가는 군중의 찬탄을 받거나 증오의 대상이거나 했지만, 절대로 그들 무리 속에 들어가지는 않았다. 삶이란 그에게 '초연한 존재'를 의미했으며, 자신의 위상을 박탈당하지 않으려면 절대로 다른 이들과 섞여서는 안 되었다. 그러나 오늘날(특히 60년대 이후로) 우리는 흑과 백이 분명하던 세계(히피와 근면한 회사 간부, 질서와 범죄, 은둔자와 도전적인 인간)에서 절충적인 세계로 넘어가고 있다. 통화 제도만큼이나 불안정하게 동요하는 세계이다. 떠돌이 광대 가족의 가장, 생활이 견실한 예술가, 진보적인 사업가, 평화주의자 외인부대 병사, 질서의 수호자인 갱단, 방랑자 부부, 거지 부르주아 등, 모두가 정체 불명으로 뒤섞여 있어 신(神)도 누가 자신의 자녀인지 알아보기 힘들 지경이다. 개개인의 운명이 자신의 직업이나 사회적 신분과 직결되는 확률이 점점 줄어들면서, 순응주의도 예전처럼 굳은 뿌리를 내리지 못한 채 사라져 가고 있다. 이제 그 무엇도 서로 연결짓기가 어렵게 된 것이다. 그러므로 우리는 일상을 형성하는 의존·금지·의무의 망 내부에서 모험을 찾지 않으면 안 된다. 우리의 이해력을 벗어나며 퇴폐적이라고 간주되는 세계——출현하는 모든 현상에 우리가 충분히 민감할 수 없기에——에 우리는 살고 있다. 한 인물 혹은 동일한 연령이나 직업의 사람들에게서도 다양한(심지어 서로 대립되는) 정체성이 공존한다. 그리하여 우리는 더이상 열거나 분류가 불가능한 일종의 '불량한 공간'으로 돌입하고 있다. 이제 우리가 그리는 모험의 이미지는 매우 다채롭다. 이 이미지는 축적된 여러 신화를 토대로 형성되었으며, 다양한 시대가 뒤범벅되어 나선을 그리며 부활하여 다른 장소로 회귀한 것이다. 요컨대 관료주의가 지배적인 자본주의 세계에서 우리는 구체제의 혼란한 상황을 살고 있다. 그 결과, 우리는 너무 기름진 식사를 토해 내듯이 '역사'를 토해 낸다. 더이상 우리는 어깨를 한 번 들썩 하거나 경멸의 미소를 띠며 일상을 쫓아버릴 수는 없게 되었다. 사소한 일들을 유치하다고 규정지을 수 없게 된 것이다. 오늘날에는 우리가 평범하다고 부르는 일체를 포함해 평범의 위상 자체가 문제시되고 있다. 모험은 사라지지 않으며 대중화될 따름이다(모험이 만인의 것이 되었다고 해서 임종을 맞고 있다고 볼 수는 없다). 모험이 줄거리 있는 이야기가 아닌 이상, 그 속에서 무가치한 사건들을 찾을 수는 없으며, 앞으로도 그럴 것이다. 우리가 무언가를 즐기려면 반드시 특별한 것(희귀한 산물, 먼 나라 여행, 고급 의상, 퇴폐적인 우아한 삶)이어야 한다는 생각은 한물간 편견으로서 호소력을 잃어 가고 있다. 그와 더불어 왕가나 명문가, 귀족의 영광도 끝이 났다. 모험은 모두 누군가가 이미 겪은 것, 뻔한 것, 프로그램화된 것이다. 잘 된 일이다. 차라리 잘 된 일이다. 녹슬지 않는 강철의 영웅들, 이글거리는 눈으로 위풍당당한 위업을 펼쳐 보이는 개척자들, 이들은 더이상 우리의 관심을 끌지 못한다. 진리의 이름을 내건 테러 행위, 충실한 삶을 사는 자들과 그냥 그렇게 삶을 이어가는 자들의 구분도 이제 의미가 없다. 구체적인 인물이 나오지 않는 요정 이야기나 전설은 더이상 우리를 유혹해 오지 않는다. 그보다는 어떤 장소와 강, 부분적인 대상들과 관련된, 좀더 확실한 경험이 가능하고 집단성을 띤 허구들이 우리의 마음을 움직인다. 정복이나 지배를 위해 더이상 투자되지 않는 에너지가 이제는 사회의 변두리로 파고들어 동요와 술렁임을 불러일으키고, 거짓을 만들어 내는가 하면, 내일의 진리가 될 가식(假飾)을 구축한다.

정말로 중요한 질문은 단 하나이다. 모험가들이 사무실에 나가 일하고, 하루 여덟 시간 수면을 취하고, 콧잔등이나 긁고 있겠느냐는 것. 아, 애석하게도 우리는 이 물음에 대답할 수가 없다. 통계 자료가 부족하기 때문이다. 하지만 한 가지 분명한 사실이 있다. 모험가들도 누구나 평생에 한 번은 사무실에 나갔고, 수면을 취했고, 콧잔등을 긁었다는 사실이다.

너무도 자주, 그리고 지금도 여전히 우리는 오지 않는 모험을 기다리느라 시간을 보내며, 사건이라곤 이 기다림뿐이다. 모험은 마치 변덕스런 애인처럼 자신을 인색하게 내어주며 우리를 감질나게 만들면서 투정하는 것 같다. "절 보러 오지 않으면 전 존재하지 않는다는 걸 모르시겠어요?"라고 말이다. 이제는 진짜 모험, 근사한 모험에 대한 환상에서 벗어나야 할 때이다. 쓰라린 자기 비방을 멈추어야 한다. 우리의 일상을 불명예스런 보류 상태로 취급하면서 언제나 다른 곳에 존재하는 진짜 삶, 근사한 삶을 그리기만 해서는 안 된다. 진짜 보류 상태로서 조롱거리가 될 만한 유일한 모험은 머릿속에서 이상적인 삶을 꿈꾸는 모험이다. 죽은 자들에 대한 이 우스꽝스런 제사는 우리를 조상들에 대한 무한한 채무 관계에 들도록 한다(모험에 대한 호전적인 집착은 더한층 우스꽝스럽다. 나무 창을 댄 구두와 전투복 차림에다 상냥한 예수의 모습을 한 히피족은 어떤가? 군대 타도, 그러나 군의 상징인 기동성과 특출함 만세!라는 식이다. 어딜 가나 사람들은 더이상 존재할 방도가 없는 듯한 모습이다. 그들은 모험으로부터 번쩍이는 요란한 껍데기만 빌려온다. 그들은 개에게 줄 먹이와 성냥을 사러 랜드로버를 타고 장을 보러 가며, 청바지를 꿰어 입고 카우보이 흉내를 낸다. 몸치장에 열중하다가, 혹은 유격대원의 복장을 하고 모호한 위엄을 과시하다가 우스꽝스런 모습, 변장한 모습이 된다).

음악이나 문학처럼 삶의 장르 역시 결코 고갈되지 않는다. 모든 것이 여전히 가능하다. 먼 나라 게릴라전에서 포성이 울릴 수도, 미지의 땅이 발견될 수도 있다. 스펀지를 타고 대서양을 건널 수도 있고, 사냥꾼이나 도적이 되거나 황금을 찾아나설 수도 있다. 아니면 요오드와 구운 생선, 해적선의 냄새가 나는 바다의 모험가가 될 수도 있다 (유럽이 권태와 위조물의 땅이라면, 그밖의 세계는 역사의 온갖 잠재력이 여전히 살아 숨쉬는 보존된 공간이다). 그러나 모험이란 원래 비교해 볼 만한 본보기가 없는 대상으로서, 어떤 실체도 과정도 우연한 사건도 아니다. 거기에는 내용물도, 미리 정해진 소유자도 없다. 그렇다면 모험을 의무로 보거나 참고 견뎌야 하는 무엇으로 보는 관점에서 탈피해야 하지 않을까? 그 거칠고 비장한 과거의 이미지를 제거해야 하지 않을까? 그리하여 이 말을 좀더 가볍고 경박하게 만들고, 그 의미를 분산시켜야 하지 않을까 말이다. 안락을 추구하는 이 시대에 모험은 하나의 명목에 불과하며, 우리로선 그것에 대해 아무것도 알 수가 없다. 그래도 모험이라는 말은 우리를 꿈꾸게 한다. 그리고 우리가 어떤 사건을 두고 "이건 내게 성스러운 영역이고, 저건 속된 영역이야"라고 말할 수 있도록 한다. 오늘날에는 성스러운 것도 나와 함께 태어나고 죽으며, 내 자신의 수명과 일치하는 수명을 갖기 때문이다. 사건과 우연이 지닌 힘은 유익한 불확실성의 상태를 내포한다는 데 있다. 그것은 표현할 수도 한정지을 수도 없는 신(神)을 닮았다. 바로 우리가 이런 불확실성을 감내할 때에만 시끄럽고 수다스런 예언자들의 무리가 소멸할 것이다. 그리고 불규칙적이고 단속적인 경이로움을 전하는 메신저인 오늘의 보통 사람들이 일어설 것이다.

일요일에 대한 소사(小史)

사람들이 교회를 가며 주일을 지키던 시대에 권태를 느끼는 일은 좀처럼 없었다. 프랑스 혁명을 논하고자 하면, 당시 일요일 오후의 열기에 대해서도 빠뜨릴 수 없다. 주일은 삼중의 의미에서 축제의 날이었기 때문이다. 주일은 무엇보다 사방에 기도의 분위기가 감도는 종교적인 축제였다. 또 놀이와 춤으로 채워진 이방인의 축제였으며, 역법 개혁에 대한 민중의 저항을 의미하는 위반의 축제였다. 그러나 프랑스 혁명에 의해 주간(週間)의 개념이 폐지되고, 해와 달을 분명히 구분지을 수 없게 되었다. 일요일은 더이상 휴식의 날이 아니었고, 사람들은 공화력의 10일째 되는 날, 즉 매열흘마다 쉬게 되었다. 옛 역법을 따르거나 한 주간의 리듬에 따라 일요일에 성장(盛裝)을 하는 행위는 금지되어 있어서, 이 규정을 어기면 벌금을 물어야 했다. 하지만 이 모든 노력은 수포로 돌아갔다. 일요일이 되살아난 것이다. 심지어 구체제 때 이 축일을 멸시하던 이들조차 다시 일요일을 지키게 되었다. 이는 10일을 단위로 한 공화력의 규정에 대한 반발 때문이었을 수도 있다.[2]

로마 역법과 파브르 데글랑틴 역법 역시 혁명의 시기가 막을 내림과 동시에 사라져 버렸다. 그리고 모든 것이 제자리를 찾게 된다. 열흘 단위로 한 공화력은 역사와 함께 망각 속에 묻히고, 일요일이 예전의 위상을 회복한다. 그러나 일요일은 과거의 이 특권을 되찾기 무섭게 다시 새로운 공격에 맞서게 된다. 자본가들로부터 가해진 공격이었다. 일요일은 하느님 자신이 쉬기 위해 정한 날이었지만, 자본가들은 노동자들에게 단 하루의 휴식도 줄 생각이 없었던 것이다. 한 세기 내내 박애주의자들과 사회 개혁자들은 산업 혁명이 1789년의 프랑스 대혁명보다 더한층 신성모독적이라고 비난했다. 급속한 경제 성장과 사회 질서를 화해시키려면 일요일을 복원시켜야 한다고 그들은 주장했다. 하지만 여기서 주목해야 할 점이 있다! 복원된 일요일은 제1공화국 때처럼 들뜨고 은밀한 일요일이 아니었다. 그것은 간소하고 가족적이며 친밀한 일요일, 절도 있게 가족과 함께 휴식을 취하는 조용

2) Mona Ozouf, *La Fête révolutionnaire*, Gallimard.

한 일요일이었다. 흥분으로 술렁이는 시간이 아니라 단식의 시간이었으며, 오로지 노동의 부재로 정의될 수 있는 소극적인 시간이었다. 평일의 노동으로 되돌아가기를 바랄 정도로, 너무도 적막한 공백이었다.

우리는 이같은 마비 상태를 물려받은 사람들이다. 우리가 특별히 일요일에 서글퍼진다면, 그것은 속고 있는 애인의 반응과도 같다. 과거의 성스러운 주일은 세속적인 노력과 긴장의 중지를 의미했지만, 이제 우리는 '일하지 않는 밋밋한 시간'이라는 괴물에 직면해 있다. 일과 휴식, 존재의 이 두 양태는 서로의 가치를 드러내는 대비물로 작용한다. 이 둘은 절망스러울 정도로 예측 가능하다는 진실, 이 공동의 진실을 감쪽같이 은폐할 수는 없지만 말이다. 일요일(혹은 나중에 확장된 형태인 주말)은 이처럼 매주 되풀이되는 절망이다. 일상이 도처에 침투해 균일한 리듬을 형성한다. 이 리듬은 확연한 대비를 제거하는 한편, 금욕과 축제라는 대조적인 양상을 초월한다. 무미건조한 호환성이 온통 지배한다. 삶의 모든 영역이 대체 가능해지며, 차별의 의식은 단색의 무차별성 속에서 사라진다.

그러나 그날이 그날이라는 생각이 지금처럼 완벽하게 자리잡았던 적도 없으며, 이같은 상황 속에는 놀랍고 불투명한 순간들이 끼여들 여지가 없다. 그런데 알지도 못하고 믿는 우리가 오늘날 무언가를 신성시한다면, 그건 바로 이 분류될 수 없는 현상들이다. '성스러움'은 과거로의 회귀라는 느낌과는 상관 없이 오직 불규칙성에서만 생겨난다. 즉 지루하게 되풀이되는 우리의 행위를 저지시키며 혼란에 빠뜨리는 돌연한 움직임들이다. 이제 초현실의 특권을 누릴 수 있는 것은 과거로부터 되풀이되는 사건이 아니라 급작스레 우리를 습격하는 사건이다. 그것은 반복의 질서를 벗어난, 섬광처럼 닥치는 사건이다. 요컨대 이제 성스러운 것이란 '주일에 반(反)하는 것'이 되었다. 물론 신(神)이 배제된 성스러움이다. 신이 일에 전념하게 된 순간부터, 성스러움은 원래의 종교적 의미를 포기하고 신에게서 돌아섰기 때문이다.

월요일

여행은 젊은이를 성장시키지만
바지를 망가뜨린다

관광객, 그는 타인이다

"휴가를 그는 가족과 함께 보낸다. 토레몰리노스, 라 그랑드-모트, 혹은 팔라바-레-플로에서 말이다. 그는 자기 집의 축소판인 널찍한 캠핑 트레일러나 캠핑카를 갖고 있다. 캠핑장이 만원이든 자동차들로 붐비든 쓰레기가 널려 있든, 일단 익숙해지기만 하면 그는 아랑곳하지 않는다. 그는 이따금 여행도 하지만, 항상 여행사를 통해서 한다. 피라미드를 방문하면서 그는 나폴레옹을 생각하고 탄성을 지른다. 화면으로만 보던 인기 스타를 직접 보고는, "아, 생각보다 작네!" 하며 신기해 하는 식이다. 그는 이국적인 느낌을 좋아한다. 그래서 중동에 머무를 기회가 생기면 행복으로 얼굴이 발갛게 달아올라 단봉낙타 위에 올라타고서는 배를 불쑥 내민 채 시장이나 해안가를 한 바퀴 돈다. 멕시코에서는 공장에서 제조된 인디언 인형과 홍콩제 판초를 사 가지고 온다. 그리고 새 카메라를 들고 다니며 일출 광경을 수집하는 한편, 각 고장의 자질구레한 특산품들을 모아 파노라마를 만들어 나간다. 그는 짐짓 게으른 자를 자처하며 선탠에 몰두하는가 하면, 또 민속적인 것을 좋아한다. 게이샤나 태국 마사지 같은 아시아적 이국성과 맛난 음식(특히 고향 생각이 나게 하는), 햇빛, 가슴을 드러낸 해변의 예쁜 여자들을 좋아하며, 저녁에 친구들과 블로트 게임하기를 좋아한다. 그는 관광객이라 불린다. 그는 속옷과 팬티 차림의 프티부르주아이면서, 여름이면 자신의 휴양지를 찾아 떠나는 일반 대중이다. 이 사람이야말로 전형적인 바캉스족이다. 무리 속에 섞여 사는 이 사람은 잿빛 일상을 코발트색 진부함과 맞바꾼다. 자기 상실의 극치를 보여 주는 그는, 스스로 만족하다고 느끼는 한 해마다 같은 것을 요구한다.

반면 나로 말하면, 미지의 길을 찾아 떠나는 사람이다. 나는 관광 일주에 전쟁을 포고하며, 고객이 되기를 거부한다. 또 별 넷짜리 유적지 앞에 멍청한 고객들을 쏟아 놓는 냉방 장치가 된 버스를 혐오하며, 그들이 으레 터뜨리게 마련인 탄성을 역겨워한다. 카탈로그에 소개된 근사한 내용물도 나와는 상관이 없다. 나는 단독 행동자이며, 개척자이고, 일체의 위험을 무릅쓰는 자, 고독한 사람, 일탈자이다. 나는 손쉽게 얻어지는 쾌락과 안락한 모험을 거부한다. 나는 사람들과 진정한 관계만을 맺으며, 샤이엔 부족 속에서는 인디언이고, 말리에서는 도곤족이다. 당신이 카트만두에서 열대 나무를 보고 선크림을 바르고 다녔다면, 나는 그곳에 완전히 매료되어 기진맥진해서 돌아온다. 내가 베나레스와 고아를 안 시기는 이름 없는 피서객들의 무리가 그곳에서 뒹굴며 일광욕을 즐기기 전의 일이다. 아이슬란드건, 마투그로수건, 이스터 섬이건, 아르데슈의 급류건, 나는 당신이 한 번도 가 보지 못한 곳에 간다. 당신은 규정대로 예방 접종을 맞았고, 위생적이며, 보호받고 있다. 하지만 나는 설사병에서부터 학질, 황색 포도상구균, 말라리아는 물론 바이러스성 간염에 이르기까지 온갖 먼 나라의 병을 앓은 경력이 있다. 당신은 운송되어 왔지만, 나는 '여행자'이다. 무리 속에 끼어 맹목적으로 좇아다니는 기계적인 여행, 프로그램화된 천박하고 순응적이며 얼빠진 이 관광 여행과 나의 무모한 모험 사이에는 아무런 공통점이 없다. 우리는 불가피하게 적이 될 수밖에 없다."

물론 아무도 이 분노의 장광설 속에서 자신의 모습을 보지는 못할 것이다. 그러나 실제로 오늘날의 여행은 모두 공격적인 어조를 띠게 되었다. 자리를 옮긴다는 것은 무엇보다 스스로를 구분지음이다. "누구로부터 구분지음인가?"라고 묻는다면, "관광객으로부터"라고 대답할 수 있다. 오늘날에 이르러 사람들은 최근까지 '유급 휴가'를 들먹이며 그랬듯이 '관광객'의 의미를 이해한다. 그들은 '바캉스를 떠나는 이 촌뜨기'를 가리키며 경멸의 태도로 입을 비죽거리는 것이다.

인민전선의 정책이 실효를 발휘하면서 국가에 관광 여행 분납금을 납부한 사람은 누구라도 1년에 한 차례 쌍두마차를 타고 바닷가에 나타날 수 있게 되었다. 이처럼 노동자들이 여가 활동에 참여할 수 있게 됨으로써, 그때까지 부르주아 계급이 자신들만의 것으로 여겼던 특권이 의미를 상실한다. 이 특권이야말로 그들을 타인들로부터 구분짓는 기준이었는데 말이다. 그리하여 가진 자와 갖지 못한 자가 갑자기 똑같은 곤경에 처하면서, 양자의 이같은 잡거(雜居)는 견딜 수 없는 일이 되고 만다. 하지만 그것도 잠시였으며, 유급 휴가 대상자는 상대방을 돋보이게 하는 인물의 역할을 맡게 된다. 정예 집단과 군중을 구분짓는 기준은 더이상 백사장의 고운 모래가 아니었으며, 그보다는 그들의 몸가짐과 태도였다. 유급 휴가를 받은 자는 물 속에 발을 담근 채 도시락을 까먹었고 동류의 사람들과 붙어다녔다. 또 프롤레타리아의 똥으로 바닷물을 오염시키는 한편, 셔츠에 기름때를 묻히고 다녔다. 따라서 그들은 자연히 여가 활동을 즐기는 계층으로부터 배척당한다. 이렇게 해서, 은밀히 잠재되어 있던 인종차별주의가 머리를 쳐들고 예전에 피서객들과 노동자들을 격리시켰던 자리로 침투해 들어온다. 바캉스 자체가 더이상 특권일 수 없게 되었을 때, 저속한 바캉스 인파가 해변에 넘쳐나기 시작한다.

지금에 와서는 유급 휴가의 범위가 아주 확장되어, 이 말은 효력을 잃고 말았다. 우리 대부분이 봉급생활자가 된 터라, 나 역시 이 말을 경멸적인 의미로 사용하기 어렵게 되었다. 유급 휴가는 나를 포함한 모두에게 적용되는 말이기 때문이다. 타인, 열등하고 형태가 없고 나 자신은 예외인 이 규정은 이제 관광객을 겨냥한다. 서민에 대한 혐오 다음에 일반 대중에 대한 경멸이 뒤따르게 된 것이다. 물론 이 두 가지 형태의 반감은 서로 관련이 없다. 반동적(反動的)인 성향의 전자는 일정 계급의 증오심처럼 들리는 반면, 진보주의적이며 반순응적인 후자는 현재 권력을 잡고 있는 이데올로기의 의기양양한 우둔함을 나무란다. 하나는 우파요 다른 하나는 좌파로서, 각기 《샤를리 엡도》와 《누벨 옵세르바퇴르》를 읽는다. 그러나 두 가지 반감 모두, 자신은 다르다는 감미로운 쾌감을 선사한다. 대중의 어리석음을 꾸짖으면서 씁쓸하고 자기 만족적인 쾌락을 맛보는 것이다. 이것은 군중 심리에 맞서는 귀족적인 오만과도 일맥상통한다. 내가 뒤퐁−라주아〔영화의 등장인물로서, 무식한 인종차별주의자〕를 필요로 하는 이유는 그와 맞서 싸우기 위해서라기보다 나의 가치를 확고히 하기 위해서이다. '관광객'이라는 이 군거성의 굼뜬 동물들이 없다면 나는 내 자신의 독자성에 대해 무엇을 알 수 있으며, 나의 여행에서 어떤 영예를 끌어낼 수 있겠는가? 꽃무늬 반바지를 입은 이 행복한 바보가 없다면 모험가도 없을 것이다. 나는 규범을 어기면서 규범에 아첨하고 있는 것이다. 어리석은 관광객에게 모욕을 주면서 실제로 나는 그가 나의 모험을 공인하고 기록으로 남기도록 그에게 나 자신을 일임한다. 바캉스족이 사라진다면, 탐험가는 자신을 돋보이게 하는 대상을 잃은 채 존재 이유를 상실하고 말 것이다.

그런데 '반역자'와 '특권을 부여받은 자'에게는 적어도 한 가지 공동의 표적이 있다. 보통 사람에 대한 이 증오심과 반민중적인 오래된 편견은 캠퍼의 형상에게로 집중되는 것이다. 우리 시대의 진정한 반(反)영웅이자, 관광객과 유급 휴가의 경멸스런 종합인 이 인물에게 말이다. 우선 캠퍼는 남들과 동일한 것을 좋아하며, 혼란을 야기하거나 낯선 느낌을 주는 모든 것을 미워한다. 그런가 하면 사람들이 북적대는 질퍽한 땅이나 지저분한 장소에 마음이 끌리는 미개한 성향을 물려받고 있다. 텐트촌 애호가들이 집에서 누리는 안락함을 재생한다고, 또 불쾌한 혼잡을 견디며 이 안락함을 동시에 포기한다고, 우리는 그들을 나무라지 않는가? 이 모순된 한탄에 두 가지 경멸이 보태진다. 첫째, 자아를 상실한 이 대중은 자신들이 노예 상태로 보내야 하는 시간과 똑같은 도식에 따라 자유로운 시간을 소비한다는 것. 둘째, 이 혐오스런 대중은 자신들의 배설물에 잠기듯 진창 속에서 뒹군다는 사실이다. 이들에게 좀더 호의적이고자 하는 사람들은 친절을 베풀어 혐오감을 누그러뜨린다. 이 가련한 캠퍼들은 진부한 삶으로 인해 완전히 무화(無化)되어, 1년에 단 한 차례도 이 진부함을 벗어나기가 불가능하니 말이다!

이처럼 대부분의 사람들은 평균 수준의 프랑스인들이 즐기는 휴가에 대해 매우 비관적인 생각을 갖고 있다. 때문에 그들은 수직적인 계급 사회의 원칙을 필사적으로 옹호한다. 그러나 잠시 생각해 보자. 보통 사람의 바캉스에도 어느 정도 기발한 점이 깃들어 있다면, 선한 여행가와 악한 관광객을 구별할 방도는 없을 것이다. 혼란이 만연하고, 세상은 더이상 질서 정연하게 분류·정리되어 해독될 수 없을지 모른다. 그렇게 되면 거칠고 조야한 취미를 지닌 군중의 허구를 포기하기보다 판단력을 잃게 될 수도 있다.

그러나 '보통 사람'이란 존재하지 않으며, '자아를 상실한 캠퍼'의 이야기는 엘리트주의가 낳은 신화에 불과하다. 사람들이 해마다 혼돈과 떠들썩한 무리, 튀김 냄새를 찾아 생-트로페에 가는 이유는 이 몹시도 낯선 느낌을 선택해서이다. 담벼락이 더 적고 고층 빌딩이 없는 수평적인 도시, 어수선하고 붐비는 고장, 새로운 감각의 도회지 삶을 선택해서이다. 요컨대 캠퍼는 유랑자의 놀라운 가벼움 대신에, 어딜 가나 집을 등에 지고 다니는 거북의 우직함을 지니고 있다. 이런 그를 비난한다면 어리석은 짓이다. 실제로 피서를 위한 그의 여름 집은 신기한 기능을 부여받고 있어서, 울타리 없는 거주지이자 불확실하고 모순적인 내부이다. 이 내부는 사적인 세계를 외부로부터 갈라 놓지 못하기 때문이다. 이런 안락을 누리는 그에겐 무엇 하나 부족함이 없다. 그에게서 이득을 챙기려는 자들을 멀리 떼어 놓을 수 있는 가능성을 제외하고 말이다. 자연보호론자 로빈슨 크루소는 일반 캠퍼에게 귀감이 된다. 그렇긴 해도 절벽 꼭대기의 외딴 텐트보다는 천막촌이 보다 유토피아적인 공간을 형성한다. 현대 주거 밀집 지역의 해악은 내밀함의 결핍보다는 지나친 내밀함에 있기 때문이다. 수돗물이 없는 후미진 곳을 찾는 행위는, 도시의 번잡을 피한다는 핑계로 모범적인 하숙생의 역할을 자청함이며, '각자 자기 집에서'라는 현대의 요구를 극단적으로 내면화시킴이다. 여러 가구가 모여 사는 아파트건 단독 주택이건, 오늘날의 집은 이웃집과의 만남의 기회를 일절 차단시키려는 의도로 설계되었다. 그러나 이같은 분리의 원칙이 여전히 흔쾌히 받아들여지지 않고 있음이 사실이다. 대다수의 사람들이 이 원칙을 좌절시키는 데 자신들의 휴가를 송두리째 바치고 있으니 말이다. 물론 고독한 여름 휴가를 선호하는 자들은 위생 규칙에 철저해서, 혼잡은 애당초 그들의 선택에서 벗어나 있다. 그러나 내밀함에 대적하는 바캉스는 앞서 말한 바와 같다. 이 경우 이웃과의 관계에 있어서 온갖 잊혀진 관행과 행동, 느낌의 방식이 온전히 되살아난다. 이같은 형태의 공생은 사하라 원정만큼이나 놀라운 일들로 가득하다. 이 둘 사이에 차이가 있다면 경험의 강도가 아니라 그 위상에 있다. 즉 후자는 우리를 영예롭게 하는 반면, 전자는 우리를 진부한 인간으로 격하시킨다는 점이다. 사막을 횡단하는 자는 자신의 이미지를 돋보이게 할 것이다. 하지만 북적대는 캠프촌——한 술 더 떠 시립 캠프촌——에서 한 달을 보낸다면 당신은 관광객이 될 것이다. 즉 시시하고 보잘것없는 이 사람들 가운데 한 명, '특별한 표지는 무(無)'라고밖에 할 수 없는 사람이 될 것이다.

거만한 소수의 바캉스

관광 여행은 여행의 역사에서 최근에 등장한 사건이다. 사람들이 쾌락을 위해 자리를 옮기기 시작한 것은 두 세기도 채 안 된다. 1800년에서 1830년 사이에 유럽의 귀족들은 먼 나라를 향한 동경에 사로잡혔으며, 황혼녘의 폐허 혹은 좀더 소박하게는 온천장의 유혹에 굴하기 시작했다. 1811년은 영국에 '관광 여행'이라는 단어가 처음으로 등장한 해이다. 실용성과 우연성을 동시에 내포하는 여정, 노동과 수고의 의미를 지닌 'travel'에 이어, 여가 활용과 일주 여행의 의미를 지닌 'tour'가 등장한 것이다. 후자는 원하는 시간에 제자리로 돌아올 수 있다는 확신과 깊은 만족을 준다는 점에서 훨씬 유쾌한 말이기도 했다. 도로 포장 기술을 발명함으로써 도로 구축에 혁신을 가져온 존 매커덤 덕분에, 또 더 나중에는 철도와 증기선이 발명됨으로써, 여행은 우연성에서 벗어나 안전을 우선시하는 현대적 개념을 도입하게 되었다. 이것이 바로 관광 여행이다. 장사나 강제 이주, 순례, 원정과 같은 목적이 아니더라도 먼 곳으로 이동할 수 있게 된 것은 바로 이 최소한의 편안함과 예측 가능성이 주어진 덕분이었다. 이제 사람들은 자기 자신을 위해 여행을 하게 되었다. 즉 오로지 쾌락을 위해, 자신의 이미지를 위해 여행을 떠나게 된 것이다. 관광 여행이 생겨나면서 한가롭고 이기적인 목적의 편력이 생겨났다.

19세기 자본주의 사회는 두 가지 상반되는 원칙을 동시에 숭배한다. 즉 노동을 존중하는 부르주아의 원칙과, 일체의 노동 행위를 경멸하는 귀족의 원칙이다. 저축과 부의 축적이라는 금욕적 이상을 받드는 기업의 우두머리가 경제 생활을 지배하는 한편, 봉건 영주의 최종적 변형인 금리생활자가 세속의 삶을 지배한다. 후자는 아무 일도 하지 않으면서 호사스럽게 살며, 그렇기 때문에 그의 취미나 습관, 태도가 모범으로 작용한다. 혁명의 단계 다음에 잇달아 별개의 두 세계가 등장한 것이다. 하나는 노동의 기치 아래 온전히 속해 있는 사회요, 다른 하나는 생존에 필요한 활동에 대한 냉정한 경멸을 드러내는, 소위 말하는 '상류 사회'이다. 후자에 속한 한가한 정예 집단 속에서 관광, 즉 자기 과시적인 일주 여행이 탄생한다. 그리고 변함없이 사회적 우월성을 증명해 온 '무위도식'이 새로운 내용물을 부여받는다. 즉 여가의 특권은 이제 여행의 특권으로 정의내릴 수 있게 된 것이다.

관광 여행이 탄생한 이 첫 시대에 여행가였던 작가들은 스스로를 관광객이라 부르며 아무 수치심도 느끼지 않았다. 일부 프랑스어 옹호론자들은 스탕달이 그의 작품 제목〔1838년에 발표된 《Mémoires d'un touriste》〕으로 영어의 이 아니꼬운 신조어를 사용한 사실을 꾸짖지만 말이다. 절대적인 낭만주의자였던 네르발조차도 칩거의 의미가 철저히 배제된 이 괴상한 용어를 부끄럼 없이 사용했다. 그러나 이 말은 대중화되면서 쇠락의 길을 밟기 시작한다. 이 무용한 이동이 더이상 행복한 소수(happy few)의 독점물이 아니며, 또 전통적으로 집 안에 틀어박혀 있기 좋아했던 부르주아지가 여행의 욕구에 사로잡히게 되면서 의기소침해진 정예 집단은 여행의 종말을 선언했다. "예전의 모험들은 어디로 갔는가?"라고 이들은 묻는다. 모든 것이 진부해지고 되풀이되고 일률화되었으며, 개인의 충동에 따른 모험이 이제는 집단적인 이동으로 타락했다. 그리고 새로운 것의 발견 대신 가이드를 동반한 방문이 이어지고, 도처에 평준화와 권태가 자리잡게 되었다. 무슨 일이든 먼저 시작해야지, 늦게 시작해서 서둘러 보아야 소용없기 때문이다. '좋았던 옛 시절'에 대한 이런 낭만적인 탄식은 19세기 중반 경에 시작된다. 사실 관광 산업이 발전하던 초기부터 이런 탄식이 함께했었다. 1백50여 년에 걸쳐 위대한 작가들은 끈질기게 펜을 놀려 우리의 떠나고자 하는 욕구를 좌절시키는 한편, '너무 늦었다'와 '무슨 소용인가?'라는 두 가지 주제를 두고 끝없이 다양한 글들을 써왔다. 또 이같은 불평의 대상은 최초의 여행사들로 거슬러 올라가, 영국의 귀족들은 쿡(Cook) 여행사를 신랄히 비난했다. 그들은 사회의 중간 계급이 이런 고상한 쾌락을 접할 수 있다는 사실을 용납하지 않았던 것이다. 이렇게 해서 관광객이라는 말은 정예 집단의 명예를 상실하고 경멸의 대상으로 전락하는 긴 과정을 밟게 된다. 오늘날에는 이 변형이 극에 달해서, 소수의 사람들만을 위한 세련된 여행을 의미했던 이 말이 이제는 무감각한 대중의 대대적인 이동에 적용되고 있다. 그리하여 반(反)관광 여행이 새로운 유행으로 등장하게 되었다.

따라서 관광 여행의 논리에 충실하려면 관광 여행에 침을 뱉어야 한다. 스스로 예외적인 존재가 되고 싶다면, 즐거움을 위한 일주라는 여행의 본디 소명이 지속되도록 해야 한다. 규범이 지켜지는 경로들은 역설적이다. 규범이 그 어느 때보다도 존중받는 것은 훼손과 위반이 저질러지는 순간이기 때문이다. 오늘날 낭만주의——지속적인 차별화 노력——는 관광 여행의 이데올로기 자체이다.

우리 모두는 평범한 피서객이다. 관광 여행에 대한 경멸감을 떠들썩하게 늘어놓는 이들은 더더욱 그렇다. 이 모험의 기사들은 이중의 의미에서 관광객이기 때문이다. 즉 그들은 자신들의 쾌락을 위해 이동하는 한편, 독자성에 대한 절대적인 욕구를 지녔다는 점에서 그렇다. 경합을 벌이는 이 여행자들은 휴식을 취하기 위해 휴가를 보낸다는 사실을 견딜 수 없다. 과시적 경향을 덜 따르는 여행일수록 진짜가 아니라고 그들은 선포한다. 저항자들로 변장한, 시대의 이 수호자들이 진정한 여정이라 부르는 것은 눈길을 끄는 화려한 여정이다. 그렇다면 캠퍼나 바캉스족에 대한 이같은 경멸은 무엇 때문일까? 이유는 단순하다. 아무라도 갈 수 있는 해변에 밀집된 사람들이 호사를 과시해 보일 수는 없다는 것이다. 물장구를 치거나 처음으로 모래성을 쌓는 어린아이만큼이나 그들은 자신들의 이미지에 무관심해 보인다. 그들은 오로지 쾌락의 가치에 몰두해, 여가가 내포하는 위계질서의 소명을 망각하고 있는 듯싶다. 바로 이런 망각이 그들을 단죄한다. 아무도 외적 표지들로부터 자유롭지 못하며, 그것들에 무관심할 권리가 없기 때문이다. 이것이 관광의 법칙이며, 반(反)관광객들이야말로 이 법칙의 적용을 담당한다. 한가로운 피서객에게 밋밋하고 침울한 무위도식의 어리석음을 꾸짖는다면, 그를 이미 등급의 체계——우리 자신이 그 맨 앞줄을 차지하고 있는——속으로 밀어넣는 셈이 된다. 그에겐 아무 이미지도 없는 것일까? 그러나 이 공백은 곧 관광객의 경멸스런 이미지로 채워진다. 그리고 정체성의 부정은 부정적인 정체성으로 해석된다. 그럼에도 불구하고 휴가는 사람들의 마음을 사로잡고, 사람들은 여전히 관광 여행을 떠난다. 이처럼 관광 여행이 지속될 수 있는 것은 그 모든 대리인들 덕분이다. 실제로 비난은 구멍을 메우고, 틈새를 막고, 무관심한 사람들을 사로잡고, 도망자들을 우리로 데려오는 한편, 어떤 여행이라도 여행자의 위상을 높여 줄 수 있도록 세심한 주의를 기울인다.

오늘날 우리 사회에서는 정예주의가 사람들의 뇌리를 사로잡고 있다. 수많은 정예 집단이 우월성을 다투기에 더더욱 그러하다. 특정 계급의 행동 방식이 확고부동한 특권을 보유하지도 않는다. 부자들 역시 여러 모범 가운데 하나의 모범에 불과할 뿐, 더이상 위광을 발하지 못한다. 베블런(1857-1929, 미국의 사회학자이며 경제학자)이 《유한계급론》을 쓸 당시만 해도 그는 부자들의 이 보편적인 위광을 전제로 삼았지만 말이다. 그러나 귀족의 개념은 사라지지 않고 단지 세분화되었을 뿐이다. 속물성도 만장일치의 모범을 제시하지 못한 채 복수성(複數性)을 띠게 되었다. 두각을 드러냄은, 영예의 표지들을 제공하며 경합을 벌이는 이 공국들 중 어느 하나에 가입하는 것이다. 그들 모두가 같은 자격으로 위상을 부여해 주기 때문이다. 그러므로 방황하는 귀족 계급은 이제 하나가 아니라 여럿이며, '멋진 인간들의 경합'이 여행 시장을 지배한다. 관광 여행이란 이제 휴가객들이 자신들을 다른 사람들로부터 구별짓기 위해 넘을 수 없는 간극을 넓혀 가는 일련의 척도와 방법에 지나지 않는다.

'총명한 휴가객'은 단 하나의 강박 관념을 갖는다. 즉 피부를 그을리는 멍청한 일은 없도록 하기. 요컨대 선탠이나 멋진 음식은 그저 쾌락에 지나지 않기에 어리석은 쾌락이다. 거기에 아무리 몰두해 보아야 구원은 없는 것이다. 이 쾌락을 변모시키고 미화하기 위한 문화적 은총이 작용하지 않기 때문이다. 예컨대 섬세한 선탠 애호가는 세련된 사람들의 집단에 가입하면서 쾌락의 물질성 자체를 거부한다. 늙은 청교도인 그는 여하한 방식으로든 이상화되고 승화되고 정신화된 쾌락만을 용납한다. 해변의 행복한 사람들을 보면서 그는 불쾌한 듯 얼굴을 찌푸린다. 포르노 영화를 마주한 부르주아의 늙은 엉덩이처럼 말이다.

누더기를 걸친 왕자인 무전여행가는 복합적인 인물이다. 절반은 귀족, 절반은 방랑자인 그는 18세기 젊은 귀족들이 누리던 사치스런 여행 및, 떠돌이들의 방랑 기질을 동시에 물려받고 있다. 이제는 사멸한 두 전통이 그에게서 되살아나 합쳐진다. 그는 극도의 초췌함과 눈부신 사치가 한데 만나는 지점이다. 특권 계층인 금리생활자들처럼 그는 거의 한 해 내내 철따라 이동을 하며 매우 긴 여행을 한다. 그것은 궁핍한 여행으로서, 그는 19세기 정직한 인간들의 꿈속에서 출몰했던 정처 없이 떠다니는 부랑자들처럼 불운과 유희를 벌인다. 옛 여행가들의 한가로움과 방랑자들의 반란, 양쪽 모두에 충실한 그는 바캉스에 대한 거부를 소리 높여 선포한다. 실제로 바캉스가 존재하는 사회란, 하찮은 방랑자도 대단한 기식자도 존재하지 않는 근면한 사회이다. 유급 휴가란 무엇인가? 그건 아마도 노동자들의 승리라기보다, 바야흐로 전체 삶을 지배하게 된 노동의 승리라는 편이 옳다. 시간의 비생산적인 소비는 달력에 들어 있고, 시간표에 예정되어 있다. 노동이 한가로운 생각으로 오염되지 않도록, 무위에 대한 욕구는 규칙적으로 일정 기간 동안으로 집중되어 있다. 여가 활동이 등장한 것도 실상은 이 욕구를 길들이기 위해서이다. 그러나 그저 발길 닿는 대로 걷기를 좋아하는 사람들은 준엄하게 교체 반복되는 사이클에 반기를 든다. 그들은 노동-여가라는 메트로놈을 망가뜨려 버린다. 그리고 노동에서 벗어나 휴식을 취할 수 있는 권리가 외부로부터 결정되어 자신들에게 주어짐을 거부한다. 그것이 의미하는 '강요된 자유 시간'은 용어 자체가 모순을 내포하기 때문이다. 구시대 정예 집단의 생각에는, 아무것도 하지 않음이 고상한 일이며, 노동은 천박한 것이었다. 누더기를 걸친 정예 집단은 여행이 바캉스와는 별개의 것이기를 원했다. 바캉스는 여가를 단지 노동의 부정이 되게 함으로써 그 의미를 희석시키기 때문이다. 고분고분하고 부지런하며 절약가인 휴가 여행객은, 원기를 되찾고 휴식을 취하고 마음껏 즐기기 위해 여행을 떠난다. 일상의 삶에서 맛볼 수 없는 온갖 쾌락을 한 달 동안 다른 곳에서 음미하기 위해 떠난다. 그런데 무전여행가들이 바캉스를 두고 비난하는 이유는, 그 이면에 노동이 존재한다는 바로 이 사실에 있다.

　장기 여행자는 부의 축적을 정주성(定住性)을 강요하는 협박으로 여겨, 자신이 원하는 때 언제라도 자리를 뜰 수 있도록 무일푼으로 떠난다. 그리하여 히피족은 자신들의 여정과 일반인들의 유람 사이에 이중의 장벽을 세운다. 즉 바캉스와 돈의 장벽이다. 그들 생각에 관광객이란 정해진 날짜에 즐기기로 되어 있는 사람이다. 집 안에 틀어박혀 있기 좋아하는 이 사람들이 이국의 땅을 밟기로 한다면, 그건 거기서 동향인을 만날 수 있고 집에 있을 때와 똑같이 편의 시설을 이용할 수 있다는 보장이 되어 있기 때문이다. 그러나 무전여행가에게 여행길은 고행이며, 동류 집단에 가입하려면 고생을 해야 한다. 여린 사람, 노천에서 자기를 꺼리는 사람, 냉방 시설이 갖추어진 호텔을 애호하는 사람, 깨끗한 시트가 아니면 안 되는 사람, 나이트 클럽의 번쩍이는 쾌락을 구하는 사람은 가차없이 이 집단으로부터 따돌림당한다. 무전여행자 집단은 위조물을 사냥하며, 협잡꾼들을 모두 추방한다. 브뤼지루는 《대로와 소로들》이라는 책에서 영웅주의적 여행을 규정하면서, 더없이 강경한 어투로 진정성을 요구하고 고통을 강요한다. 자신들의 여정에 우연이 끼여들지 못하도록 가이드에게 자신을 일임하거나 프로부아야(Provoya)를 이용하는 사람들에게 왕관을 씌워 주기를 그는 거절하는 것이다. 요컨대 그의 마음에 드는 자는 아무도 없다. 그는 진정한 여행자 종파의 유일한 구성원이요 난공불락의 성을 지키는 고독한 거주자로서, 성 꼭대기에서 겁쟁이들과 초라한 인간들과 역겨운 냄새 나는 뚱보들로 이루어진 무정형의 군중을 고고히 내려다본다. 이같은 정예주의는 편집증으로 귀착된다. 나를 제외한 당신들 모두는 관광객이다, 나는 고통스런 경험을 충분히 했으므로 최종적인 발언권을 가졌으며 당신들보다 우월하다라는 식이다. 그런데 여행에 관한 한, 상호 모순되는 두 가지 욕구, 우리가 똑같은 강도와 열정으로 동시에 바라는 욕구가 공존한다. 즉 소속되려는 욕구와, 절대적으로 구별되기 바라는 욕구이다. 말하자면 분명한 정예 집단에 속하고자 원하는 동시에, 비길 데 없는 어떤 개성에 힘입어 이 정예 집단으로부터 빠져나오기를 원하는 것이다. 이것이 현대식 군집 본능이다. 이 본능은 군중 심리와 거리가 멀며, 두세 가지 모델을 맹목적으로 모방하지도 않는다. 반대로 아주 작은 차이를 신봉하며, 우리를 다른 모두로부터 구분짓는 이 근소한 차이를 필사적으로 구한다. 우리는 봉건 시대와 낭만주의 시대를 동시에 살고 있다. 다양한 귀족 집단이 서로 대립하고 있다는 점에서, 또 너나없이 독창성의 개념에 충성을 바친다는 점에서 그렇다.

전문적인 여행가는 '미국'에서의 체류에 한껏 매료당해서 돌아온다. 그는 프리스코[샌프란시스코]에서 조깅을 했으며, L.A.에서 마음껏 즐겼다. 그가 뉴욕에서 무엇보다 사랑한 것은 소호족의 작업실과 빌리지(Village)였다. 그에게 있어 여행담은 코드명을 늘어놓는 것이며, 암호화된 언어로부터 맛볼 수 있는 흐뭇한 쾌락에 몸을 맡기는 것이다. 그는 미국을 절친한 친구인 양 허물없이 언급하여 청중인 우리로 하여금 그가 미국을 아주 잘 아는 자, 심지어 본토인인 듯한 착각이 들도록 한다. 이 점에서 그는 관광객들보다 훨씬 우월한 위치에 있다. 그는 거울을 통과했으며, 수많은 방문객들이 그저 무심코 스쳐 갔을 뿐인 이 나라를 깊이 있게 체험한 사람이기 때문이다. 이민의 시대에 사람들은 미국으로 건너갔지만, 오늘날 관광 여행이 대중화된 시대에는 미국으로부터 돌아온다. 독점의 욕구가 집단적 신화에 대해 승리를 구가한다. 우리는 유토피아가 아니라 두각을 드러내려는 꿈을 신세계에 투사한다. 과거에 미국은 아이가 꿈꾸는 환상이었지만, 이제 미국화는 어른의 교만이 되었다. 우리는 소수의 전문가 집단, 향수를 뿌리고 다니는 사람들의 집단에 통합되는 것이다. 과거에 우리는 프랑스인으로서 미국으로 떠났지만, 이제는 대사가 되어 미국에서 프랑스로 돌아온다.

관광 여행은 하나같이 '누가 더 본토인에 가까운가'를 따지는 경쟁심의 부추김을 당한다. 주말에만 시골 별장을 찾는 도회지 사람조차도 그곳 주민들과 허물없이 지내는 관계임을 자랑스러워한다. 그가 주민들에게 관심을 보이고 주민들이 그에게 다정한 모습을 보이게 됨으로써, 그는 그 지역 사람이나 진배없어진다. 완전한 도회지 사람도 농촌 사람도 아니라는 점이 바로 그의 특권이다. 이 사람 역시 이중국적 소지자이다. 이러한 새로운 형태의 속물 근성은 관광 여행이라는 현실에 대한 거부(즉 전도된 인정)에 불과하다. 본토인들의 눈에는 이 방인도 전문가도 없으며 오직 관광객만이 존재하는 만큼, 우리는 양자(養子)의 역할을 더욱 열심히 수행한다고 볼 수 있다. 다정하거나 그렇지 않거나, 일시적인 관계를 맺을 수 있거나 없거나, 모사꾼·아첨꾼·바람직한 자·거만한 자·우스꽝스러운 자 등 모습은 가지각색이지만 그 어떤 관광객도 이 필연적인 본질을 피해 가지는 못한다.

하지만 '교활한' 여행자를 우롱할 수는 없다. 그는 무사히 속여넘길 수 있는 그런 사람이 아니다. 그는 멍청한 관광객의 우스꽝스럽고 수치스런 이미지에 절대로 일치되지 않도록 온갖 함정을 피해 간다. 그리고 남몰래 흡족한 냉소를 지으며 다른 여행자들이 끔찍한 함정에 빠져 속수무책으로 당하는 모습을 본다. 그는 전형적인 관광객의 순진한 어리석음을 비웃으며, 끝없는 불신에 시달리며 초조해하는 사람의 역할을 맡는다. 뛰는 놈 위에 나는 놈 있다고, 그는 말한다. 싸구려 상품을 마주하고 그의 불신은 더욱 커진다. "이 쿠스쿠스가 5디람이면 이곳보다 덜 붐비는 관광지에서는 4디람이면 먹을 수 있을 거야. 그러니 배가 고프더라도 좀 참고 어디 다른 데를 찾아보지. 우릴 순진한 바보로 착각하고 속여먹지 못하도록 말이야"라고 그는 말한다. 이 꾀바른 사람은 새로운 방법, 즉 '의심'으로 자신의 우월성을 증명한다. 그리하여 변비증 환자, 의심 많은 사람, 수전노라는, 폐쇄된 계급에 속하게 된다. 자기 자신과 일반 관광객 사이에 그는 끝없는 편집증이라는 거리를 둔 것이다.

라 브뤼에르라면, 사회적 신분 상승을 노리고 동양으로 떠나는 여행자에게 따끔한 훈계를 가할 수 있었을 것이다. 이 여행자는 1년에 한 달간 가난한 자들 사이에서 부자로 행세하기 위해 떠나지만, 이 꿈의 나라에 일단 도착하는 순간, 절약, 오직 절약이라는 강박 관념에 사로잡히고 만다. 휴가 기간 동안 이 사람은 그 어느 때보다 더 셈에 신경을 쓰며, 속아넘어가지 않도록 조심한다. 이 기간 동안 단 한 차례도 바보 취급당하지 않고 의기양양하게 집으로 돌아오겠다고 굳게 다짐했기 때문이다.

지금까지 열거한 사항이 전부는 아니다. 관광객에 대해서는 오만가지 방식의 빈정댐이 가능하며, 관광 여행은 곧 이 모든 부정적인 언급의 종합을 의미하게 될는지 모른다. 여행의 원리를 딱 꼬집어 설명할 수는 없다. 원리를 부정하는 온갖 이설(異說)에서 그 내용물을 빌려 왔다고나 할까. "무리 밖에서 여행하십시오"가 이미 제트 투어(Jet Tour)의 광고 문구였다. 이 시스템의 힘은 유연성에 있다. 비판은 즉시 혁신으로, 거부는 모두 변형물로 표출된다. 그러나 아무리 순수하고 진정한 모험이라 해도 관광 여행의 반대로 볼 수 있는 모험은 없다. 더 없이 단호한 거부도 눈깜짝할 새에 분류되어 목록에 오르게 마련이다. 관광 여행과는 다른 여행이라고 해도 결국 또 다른 관광 여행이 되고 만다. "그런 더러운 일에 가담하지 않겠다"고, 세련된 지식인, 가난한 방랑자, 깨어 있는 자, 전문적인 여행가는 마음속으로 다짐한다. 관광 여행의 소화 능력을 고려치 않음으로써 가능한 다짐이다. 실제로 관광 여행은 반란자나 취향이 까다로운 사람을 특별히 편애하는데 말이다. 여행사에서 제공하는 여가 활동들이 하나의 법이라면 얼마나 좋을까. 그러면 우리는 이 법을 어기거나 이 법에 거슬러서 우리 자신의 여행이 지니는 독창성과 힘을 과시할 수 있을 것이다! 하지만 어떻게 관광 안내서를 무시하고 행동할 수 있을까? 접어서 포개진 관광 안내서는 원칙적으로 무한한 공간이다. 거기에는 늘 또 다른 한 페이지가 첨가될 수 있다. 모든 사람이 따라가는 무미건조한 여정에 등을 돌리고, 대신 고독하고 용감한 여행자를 위한 그림 같은 또 다른 여정을 택할지라도, 실은 그렇게 믿으면서 앞서 말한 여정에 한몫 끼는 것이다. 트랙에서 벗어나려다가 오히려 트랙을 더 넓히는 셈이 되고 만다. 진짜 여행자는 자신을 지키기 위해 관광 산업의 탐구자가 된다. 그는 보다 광범위한 탐험의 길을 닦는 자발적인 개척자가 되는 것이다. 그리하여 오늘 그가 정처없이 떠난 고독한 여행길이 내일은 대중이 즐기는 모험이 된다. 세계는 메뉴이며 시식장이라는 것, 이것이 관광 여행의 철학적 메시지이다. 그리고 거드름 피우는 소수가 이 메뉴에 끊임없이 자극적인 새로운 요리를 첨가한다. 반순응적인 여행자들이 지도를 갱신하며 피서 사업을 일종의 레스토랑으로 만든다. 사람들이 이 레스토랑에 다시 오고 싶어하는 이유는 거기서는 매번 다른 음식을 먹게 되리라는 사실을 알기 때문이다. 요컨대 관광 산업의 번성은 그 반대자들의 상상력에 크게 힘입고 있다. 어떤 여행도 특권을 부여받지 못하고 일률화되는 시스템과, 여행을 위계질서화하는 개인들 사이의 대비는 확연하다. 반면 여행 안내서는 특권을 비웃는 자들을 몰아내는 한편 교과서적인 분류 대신 병립의 원칙을 도입하여 유머를 발휘한다.

"모든 사람이 관광객이다." 이 말을 불평으로 간주해서는 안 된다. 이같은 일괄적인 규정을 두고 한탄할 필요가 있을까? 관광 여행이 보편화된 이래로 모험은 한정 불가능한 것이 되어 원래의 불확실성을 되찾았다. 이제 모험은 그 무엇의 반대도 아니며 어디서나 가능한 것이 되었다. 자전거로 아프리카를 횡단하든, 트루빌에서 한가로운 한 주간을 보내든 간에 말이다. 반기를 드는 자들의 교만은 신성모독적 체계에 의해 늘 허가 찔리게 마련이다. 이 체계는 겁쟁이 부르주아나 용감한 영웅을 나란히 '고객'의 범주에 몰아넣는다. 그들의 기호는 모두 카탈로그화되어 있는 것이다.

여행자: 늙은 구경꾼

이제 우리는 자신이 한 여행에 대해 이야기하지 않게 되었다. 우리는 수많은 고유 명사와 감탄사, 그리고 필름을 갖고 여행에서 돌아오지만 막상 남에게 들려줄 만한 경험은 변변찮다. 최초의 이야기꾼들로는 유목민이나 상선을 탄 뱃사람들을 들 수 있다. 이야깃거리를 만들려면 자리를 옮겨다녀야 하기 때문이다. 그런데 관광 여행이 생긴 이래로 여행은 이야기와는 상관없는 것이 되어 버렸다. 인간의 이동 이야기는 소설의 이야기처럼 점차 일화가 소멸해 가는 방향으로 진행된다. 여행에 있어 작은 로브그리예(1922- , 사물에 대한 시각적 기술을 강조한 누보로망 작가)라 할 만한 관광은 세상에서 오직 시야에 들어오는 광경들만을 좇아 자리를 옮겨다니는 인간에 해당한다. 그가 지닌 힘이라고는 시각의 힘뿐이다. 우리는 실론 섬 혹은 그리스를 보게 된다. 관광이란 여행이 '주시(注視)'로 정의된 순간을 가리킨다. 이야기에 대한 시각의 승리, 사건에 대한 풍경의 승리이다. 예전에 사람들은 여행자에게 "여행중에 무슨 일이 있었어요?"라고 물었다. 그러나 이제는 여행에서 돌아온 사람에게 "여행중에 무얼 보았나요?"라고 묻는다. 세상과의 소설적인 접촉을 시각의 관계가 대체했다. 그리고 그림 같은 정경이 득세함으로써 필연적으로 서술의 쇠퇴가 잇따른다.

지칠 줄 모르는 순례자였던 카사노바는 장님이나 다름없는 여행자였다. 그의 《회고록》에는 어떤 묘사도 들어 있지 않다. 동양의 한 도시에서 황혼녘의 희열을 맛본다든지 어떤 유적지의 아름다움 앞에서 감동을 느끼는 일도 없다. 요컨대 그 어떤 정경도 교과서적인 묘사의 대상이 되지는 못한다. 베네치아의 피카로들이 지나는 그림 같은 장소도 단지 그의 모험을 위한 공허한 배경에 불과하다. 이야깃거리가 없는 공간은 그저 무의미할 따름이다. 풍광들은 보여지지도 알려지지도 않은 채 소멸되어 죽은 시간 속에 흡수된다.

"나는 어떤 부인이 타고 있는 사륜마차에 올랐다. 그녀는 딸의 병을 고치기 위해 성모님께 드렸던 맹세대로 이제 완치된 딸을 데리고 감사의 기도를 바치러 노트르-담-드-로레트에 가고 있는 중이었다. 딸은 못생긴 여자였고, 나는 지루한 여행을 해야 했다."

관광 여행 시대의 후예인 우리에게 이같은 실명(失明)은 흉물스럽게 여겨진다. 우리의 눈은 보기 위한 것이며, 여행 역시 눈으로 하는 것이기 때문이다. 카사노바는 여자들을 정복하기 위해 세상을 휘젓고 다녔지만, 새로운 유형의 수집가인 우리는 "이곳저곳을 관광한다." 호전적이거나 성적인 양태가 결여된 시각적 포착이다. 우리 안에 내재된 포식성은 온전히 시각에 집중된다. 나는 누구인가? 하고, 방종한 카사노바는 때로 자신에게 묻곤 했다. 이 순간, 그의 염복(艶福)을 말해 주는 수첩 속의 '숫자화된 목록'이 그의 형이상학적 근심을 곧 잠잠케 했다. 이탈리아, 오베르뉴, 혹은 키클라데스로 향하는 자 역시 자신의 여행을 이 '유혹자의 모델'에 맞추어 설정한다. 그의 정체는 그가 지나가는 여정의 총합이다. 매번 지역 경계선을 넘을 때마다 그는 새로운 정복으로 자아가 확대되는 것을 느낀다. 이 사실에 대한 부인할 수 없는 증거인 소인을 세관원이 무심한 몸짓으로 그에게 허락하는 순간 그가 동요하고 감동받는 것도 이 때문이다.

"이날 그들은 이런저런 지역을 자신들이 지나왔음을 확인해 주는 소인을 마치 짐처럼 갖고 다닐 것이다. 그들은 자신들을 구별짓는 이 표지를 소중히 여길 테며, 글자가 지워져 희미해진 레테르를 가방 위에 부착하고 다닐 것이다. 이 레테르들이야말로 그들의 획득물을 말해 주는 단 하나 지속되는 흔적이자 문서상의 증거이다." 콘라드, 《로드 짐》.

그러므로 관광객은 마케도니아의 알렉산드로스와 돈 후안이라는 표준화된 모델의 계승자이다. 그가 어떤 지역을 통과할 때면, 그 지역은 눈에 들어오는 순간 그의 삶 속에 통합된다. 그 자신이 아닌 대상과의 갑작스런 만남의 충격은 시각적인 광경 속에서 완화된다. 주시를 통해 그는 외부의 사물들을 탈취하며 그것들의 항복을 얻어낸다. 우리가 지나온 모든 고장이 우리 뒤에 있다는 듯, 우리가 이 긴 행렬의 선두에 있다는 듯, 오늘 우리는 우리의 여행에 대해 이야기한다. 본다는 것은 소유의 상징적 행위이다. 관광객들은 악의 없는 평화로운 모습을 하고 있지만, 실제로는 가상의 정복을 일삼는 자들이다.

떠남은 어떤 의미에서 돌아옴을 의미한다. 더없이 무모한 출발 역시 모두 귀향을 전제로 한다. '귀향자'가 아닌 관광객은 없으며, 아무리 태평한 여행자일지라도 자신의 괴로운 체험에서 이득을 취하려 하게 마련이다. 하지만 보기=소유하기=존재하기라는 은연중의 논리가 성립하지 않고서는 어느 누구도 자신이 지나온 여정을 자랑하지 못할 것이다. 내가 바라보는 것을 나는 소유하며, 내가 소유한 것은 나 자신이다. 외관상 불명확해 보이는 '관광하다'라는 표현이 의미하는 바가 이것이다.

눈앞에 펼쳐져 보이는 이 아름다운 정경도 실상은 과거의 군사 기지가 아닌가? 그 꼭대기에서 우리는 마치 봉건 영주가 자신의 영지를 한눈에 훑어보듯이 세상을 관조한다. 시각의 특권은 심미적 욕구이기에 앞서 감시 기능이라 할 수 있다. 관광객이란 평화 시의 전사에 해당한다. 관광 여행의 호전적 버전이 전쟁일 수 있듯이 말이다. 헤르만 괴링은 영국에 폭격을 가하면서, 베데커(Baedeker) 여행 안내서에 명시되어 있는 별 하나둘짜리 역사적 명소들을 모두 파괴하도록 명했다고 한다. 이 공격이 소위 말하는 베데커 공습이다.

본다는 것은 그러므로 취한다는 것이다. 모험의 고전적 도식에 따르면 '타자' 가 '자아' 에 흡수되는 것이다. 그것은 즉각적이고도 아무 문제 없이 이루어진다. "버튼을 누르세요. 나머지는 기계가 저절로 해결해 줍니다"라고 코닥 광고는 말한다. 실제로 셔터를 살짝 건드리는 것만으로도 소유가 이루어진다. 세상은 우리의 시선에 자신을 내어주며, 늘 먼저 양보한 상태이다. 따라서 눈으로 하는 여행, 사진 촬영처럼 순전히 시각적인 여행은 권태롭기 짝이 없다. 시각적 경험은 지나치게 즉각적이라 진정한 경험을 할 수 없도록 가로막는다. 이 시대의 관광객들이 분열된 존재인 것도 분명 이 때문이다. 관광 여행을 떠나는 그는 자신이 찾는 고장이 순순히 자신을 내어주지 않기를 남몰래 희망한다. 학구적인 그는 아크로폴리스나 우피치 미술관, 은자(隱者)의 처소나 나이아가라 폭포를 보러 가지만, 예기치 못한 사건이 이 관광 프로그램을 뒤죽박죽으로 만들어 놓기를 바란다. 그런데 언제부터인가 '풍경 보기(country seeing)' 가 '삶 보기(life seeing)' 로 발전되어 나갔듯이, 사람들과 그들의 생활 방식, 풍습에 대한 민족학적인 호기심이 순전히 심미적인 호기심을 대체하게 되었다. 그러면서 여전히 우리는 시각의 왕국 안에 남아 있었다. 차라리 이 왕국을 재정비하면서 '보기(seeing)' 의 지배를 시인했다는 편이 옳다. 그런데 여기서 중요한 점은 아마도 세상을 바라보는 시점의 질을 높인다든지 더 잘 본다는 데 있지 않고, 더이상 관조 행위를 모험의 요체로 보지 않는다는 데 있다. 요컨대 사진기로 무장한 순수한 방문객들은 우스꽝스럽다기보다 체념한 자들이다. 그들은 애당초 외부 세계와 호기심의 관계밖에는 맺을 수 없는 자들이기 때문이다. 그 사람들은 뚜렷한 고통 없이 추모 행위에 몰두한다. 즉 우리는 항시 모험이 전개되었던 장소로 이끌리기에, 관광 여행은 죽음과 결탁 관계에 있다. 그것은 세상을 박물관으로, 유령의 도시로 만들며, 우리를 방문객으로, 다시 말해 유물 수집자로 만든다. 그렇다면 사진기를 들고 다니는 휴가객은 정말로 무언가를 보고 있는 것일까? 그는 애당초 떠나고 싶다는 욕구를 부추긴 사진이나 그림 속 웅장한 자연을 재발견할 따름이다("그래, 타지마할은 정말 아그라에 있구나. 네커만[독일 최대의 여행 도매업체]을 믿은 게 옳았어"라고 말하며, 그는 흡족해한다). 그러면서 그는 동시에 귀향의 순간을 그리며, 잇달아 자신이 한 여행을 증명하기 위해 사진을 찍어댄다. 이처럼 다시 보기와 미리 보기 사이에 몰린 관광 여행은 절대로 현재 시제에서 이루어질 수 없다. 그런데 이러한 관광객이 얌전한 관람자의 역할을 맡는 데 대한 인내심을 차츰 잃어 가고 있는 듯싶다. 그가 여행길에 오르는 이유는, 이미 죽은 모험을 찾는 방문객이 되는 동시에 그 자신이 사건의 은총을 입기 위해서인 경우가 많기 때문이다. 그는 아름다운 정경을 보게 되리라는 확실한 기대와 함께, 어떤 근사한 소설 혹은 있을 법하지 않은 사건이 일어나 그를 뒤흔들어 놓으리라는 바람을 갖는다.

앞서 말했듯이, 본다는 것은 소유함이며, 또한 거리를 둠이기도 하다. "눈은 세상과 변질되지 않는 나눔을 갖는, 신체의 유일하게 뚫린 구멍"임을 예수회 수사들은 확신했다. 권태와 시선 사이에 심오한 공모가 존재한다면, 그건 분명 시각의 속성인 순수함과 정결의 필사적인 추구로부터 기인한다. 일찍이 육욕의 유죄 선고를 받았던 눈은 차츰 법의 상징이자 도구 자체가 되었다. 시각은 일석이조의 효과를 발휘한다. 즉 눈은 세상과 몸을 살피는 동시에, 우리 내면에 있는 동물을 거세하고 외부 세계를 소독하는 것이다. 그런데 애초에 얌전하고 부지런한 관람객이었던 여행자가 바야흐로 지각의 요구에 대한 순종적인 태도를 점차 잃어 가고 있다. 감각의 위계질서에서 태어난 관광 여행이 이제 이 위계질서를 파괴하는 중이다. 휴가야말로 육체가 눈을 사용치 않고도 살 수 있는 축복받은 시간이 된 것이다. 이 기간 동안 우리는 모두 휴면 상태의 표피이며, 1년 중 가장 화창한 날들을 아름다운 정경을 소비하며 보낸다. 우리는 휴가 동안 판에 박은 일에서 해방되는 동시에, 볼거리 및 그것이 우리 내면에 초래하는 황폐화로부터도 해방된다. 이 점에서 클럽 메드(le Club Méditerranée, 휴양 리조트 체인)의 회원과 바람의 구두를 신은 인간보다 서로에 대해 더 완강한 적수는 없다. 무위의 욕구와 피로 혹은 방랑의 욕구는 모두 자신의 육체를 시험하고 세상과 살갗이 닿는 접촉을 하고 싶다는 같은 욕구에서 비롯되지만 말이다.

자연은 이제 방문객들의 감탄 어린 탄성을 유도해 내는 그림일 수 없게 되었다. 여행에 관한 한, 무한히 전개되는 그림 같은 자연의 황홀경만을 구하는 심미가들은 달콤한 시대 착오에 빠져 있다고 하겠다. 세상을 '그림처럼 바라본다'는 태도는 이제 쇠락의 길을 밟고 있다. 관광 여행은 품위를 상실하여, 비속하고 물질적이며 현실적이 되어간다. 또 그것이 추구하는 이국 취미는 쾌락을 주시에 제한시키는 데 대한 거부를 내포한다. 관광객들이란 새가 모이를 쪼듯 세상을 맛보고 눈길로 세상을 더듬는 데 싫증이 난 사람들이다. 그들은 연회에 열등한 감각들을 초대하고 싶어한다. 그곳에도 소비가 있다고 하자. 그러나 이 소비가 순전히 비물질적인 희열만은 아니다. 미학, 이 추상적인 황홀경은 우리로 하여금 천사가 되도록 했다. 하지만 오늘날엔 '몸'이 자신의 권리를 되찾고자 한다. 우리는 물론 어떤 지방을 보기 위해 여행하지만, 그보다는 더이상 관람자에 머무르지 않고 일찍이 시각이 지녔던 힘을 분발시켜 너무 일찍 늙어 버린 우리의 몸에 전달키 위해 여행한다. 관광객이란 바로 이런 사람이다. 그는 피서객인 동시에 순례자로서, 바라보기에 싫증이 나 세상에 호기심을 느끼는 자이다. 자전거 일주나 도보 여행, 혹은 말이나 단봉낙타 여행이 그처럼 성행하는 이유는 무엇일까? 그건 여행자 안에 깃든 관람자의 면모——예전에는 당당한 위세를 과시했던——가 끊임없이 쇠퇴해 가고 있기 때문이다. 눈으로 하는 여행은 없다. 이것이 오늘날 우리가 터득한 단 하나의 지혜이다. 더없이 아름다운 경치도 위로와 휴식을 줄 수는 없음을 아는 아이들의 지혜이다.

조개와 갑각류: 되찾은 순진무구의 유토피아

그는 마르크스 · 엥겔스 · 레닌 · 마오쩌둥 이후 이 시대의 가장 위대한 정치 사상가요, 사회 현실에 대한 천재적 해석가이다. 그런데 그가 선임자들에 비해 훨씬 유리한 입장인 것은, 혼자 힘으로 전세계에 완전한 공산주의를 이미 실현시켜 놓았다는 사실에 있다. 이 위대한 사회주의 영웅의 이름은 질베르 트리가노이다. 그리고 그가 구축한 체계는 클럽 메드이다. 즉 주 1회, 계급도 돈도 노동도 없는 사회를 만들려는 시도이다. 1년 열두 달 주야로 가동되는 구체적인 유토피아, 진정한 유토피아인 그것은 새로운 인간과 황홀한 자연이 이상적으로 결합하는 장소이기도 하다. 그 자체만으로 현대 봉급생활자들의 온갖 희망과 모순이 침전하여 끓어오르는 도가니, 즉 서구를 상징하는 소우주가 되겠다는 것. 이것이 바로 바캉스 문명의 정수이자 희화(戲畵)이기도 한 이 클럽이 추구하는 바이다. 그것은 전통적 의미의 관광 여행을 극도로 정교화시켰으면서, 이 여행의 모든 결점을 드러내 보인다. 단 한 가지, 양심의 가책을 제외하고 말이다. 클럽이 그토록 인기가 있는 것도, 또 특히 좌파로부터 미움을 받는 것도 이 때문이다. 세상 사람들이 빈사 상태의 자본주의로 인해 하나같이 냉혹하고 침울하기를 바라는 좌파는 행복한 사람들이 있음을 알고는 분통이 터지는 것이다.

피난처이자 공동체인 성벽

클럽의 바캉스촌은 무엇인가? 물신 숭배적 관행일까, 아니면 이국의 한 지역이 식민지로 잘려 나간 것일까? 모로코인이 없는 모로코, 아랍인이 없는 아랍, 흑인이 없는 세네갈에 비유할 것인가? 아니면 몹시도 겸손하고 부유하고 특징 없는 토착민들이기에, '백인화' 되고 내놓을 만한 사람들이 되었다고 할까? 휴가객들의 행복을 위해서는 빛과 아름다움과 매혹적인 환경이 원주민들의 저항 없이 여과되어 주어져야 한다. 거기에 무례하고 부적합한 인간 존재가 끼어들어 상냥하고 품위 있는 회원들의 달콤한 휴식에 그림자를 던져선 안 된다. 클럽은 하나의 섬이어서, 그들은 육지를 향해 축포(산책·모험·탐험의 형태로)를 쏘아올린다. 이 섬은 그 가장자리로, 또 이 섬이 제외시킨 것으로 정의된다. 현지 출신의 고용인들, 그 지역의 특산품, 태양, 야자수 등 다소의 이질성이 허용되는 것은, 자기 집이 선사하는 아늑함에 이것들을 보다 잘 통합시키기 위해서이다. 요컨대 그곳은 아무데도 아닌 장소인 동시에 보편적인 장소이며, 편협한 애향심의 화신이자 이국 취미와 국수주의의 완벽한 결합이다. 사람들은 자리를 옮기지만 움직이지는 않았으며, 무더운 고장에서 한기를 느끼며 체류한다(그럴 바에야 차라리 인위적으로 기후를 조작하고, 자신이 사는 본국에 발리·콩고·알제리·태국·페루의 영토를 조성하고, 그 원주민들을 수입하고, 건축물을 모방하고, 식물과 식생을 그대로 들여놓는 것이 더 바람직할지 모른다). 국민이 없는 국가, 궂은 날씨가 없는 기후, 민속으로 실추된 문화, 이것이 바로 관광 여행의 전제이다. 실제로 관광 여행은 애당초 역사와 과거라는 전설적 토대를 준거로 삼고 있었다. 특권 계층이 지닌 여행의 꿈은 사람들로 하여금 가능하면 보다 먼 옛날로, 시간 너머의 신화로 거슬러 올라가 찾도록 부추겼으며, 역사적 간격이 벌어질수록 비현실감도 강화되었다.[1]

클럽 메드는 여행에 대한 이런 관능적 욕구——신중하게 여과된 이국 취미——를 부추겼다. 그렇긴 해도, 같은 용도로 만들어진 이전의 기관들과 클럽 메드는 별 차이가 없으며, 그 독창성은 오히려 다른 데서 찾아진다. 즉 여행의 전통적 욕구에다 진보적 요소, 혹은 보다 사회주의 성향을 띤 요소들이 결합된다는 것이다. 우선 그것은 여행자의 고고한 섬나라 근성을 단체의 얌전한 부족성으로 대체시킨다. 큰 호텔들에는 군주가 누리던 삶의 향기가 배어 있다. 아름다운 바닷가와 호반 도시에서 귀족 계급이 세심히 관례를 준수하며 몰락해 가던 19세

---

1) 아주 오래된 동양, 영원한 중국. 관광 여행은 이처럼 역사를 전설화하고, 삭제하고, 부활시키기 위한 심오한 소명을 담당한다. 이것은 풍습과 그림 같은 생생함이라는 회화적인 양태를 토대로 삼아 이루어진다(여기서 그림 같은 생생함이란 허영심과 자만에 차서 타인의 열등성을 바라보는 태도를 의미한다. 타인의 경제적 불안이 불평등으로 전환되는 것이다). 관광객은 평화가 회복된 세계를 꿈꾸지만, 그의 앞에 드러나는 것은 잔혹한 체제, 정치적 분열, 내전이다. 요컨대 전시용 주민들을 찾기가 점점 더 어려워지고 있다. 먼 나라의 이 잡다한 주민들은 날마다 정치와 밀접히 연관된 삶을 영위하고 있는 것이다. 낙원과도 같은 향토색을 자랑하는 이 지역들 역시 다른 지역들과 똑같이 국가로서의 현실을 드러낸다. 국가는 절대로 이국적일 수 없는데, 세계는 바로 국가들로 이루어져 있다. 세이셸도 하나의 정부를 두었으며, 코모로에서도 쿠데타가 일어났고, 파푸아뉴기니도 인도네시아에 맞서 게릴라전에 들어갔다는 사실을 생각해 보자! 이같은 현실로 인해 서구의 수많은 여행자들은 도피에 혐오감을 느끼는 한편, 전세계에 만연한 독재를 경험하며 역겨워한다. 그런데 이 의사(擬似) 무정부 상태는 향수에 젖은 신식민주의에 불과하다. 움직이는 서구의 주변, 이 부동의 세계에 대한 향수이다. Claude Courchay의 *Les Matins célibataires*(Gallimard, 1978)를 참조할 것.

기말, 이 당시에 태어난 호텔들은 옛 관습의 엄격한 예절과 구시대의 취한 꿈을 정해진 기간 동안 되살려 놓는다. 대부르주아들이 그곳에 수주 동안 왕처럼 섬김을 받으러 와서는, 자신들과는 무관한 환경을 찬탈한다. 즉 시간 속으로의 여행, 자신들이 속한 계층 밖으로의 사회적 여행이다. 고객들의 고독은 천박함이 아닌 특권의 표지인 동시에, 그들의 시중을 드는 고용인들은 절대로 다가설 수 없는 사회적 신분을 의미한다. 이 한 주간의 주민들에게는 부지런하고 숙달된 하인들이 필요하다. 이제 막 숨을 거둔 귀족 계급에 대한 망상에 사로잡힌 부르주아 변절자들은 노예를 필요로 하는 것이다. 반면 클럽 메드의 천재성은 바로 대호텔의 이 귀족적 유토피아를 청산하고 공동체를 택한 데 있다. 노동이 없는 키부츠, 감자를 재배하지 않는 콜호스이다. 관념적인 우리 사회에서 사람들이 느끼는 최악의 위협은 착취가 아니라 고독임을 이해했기 때문이다. 공산주의는 아마도 제한된 기간 동안 용인되는 피서기의 충동에 지나지 않음을 그들은 이해한 것이다. 그 불편한 점들에는 등을 돌리고 이점만을 누리면 되는 것이다. "참여의 꿈을 푸리에(1722-1837, 프랑스의 공상적 사회주의자)가 말한 풍요의 유토피아와 결부시키기." 이렇게 해서 관광 여행은 정치로부터 거부당한 공식을 전수받는다. 아니, 그보다는 정치적 각성이 휴가객의 열정이라는 형태로 되살아난 것일 수 있다. 고객들의 내밀한 사생활을 철두철미 보호하면서 그들을 분리시키는 것이 대호텔의 역할이라면, 클럽은 날마다의 칸막이식 생활을 저지하는 공동 생활을 선호한다. 이 점에서 GO(gentle organizer, 빌리지 내의 상주 직원)의 역할은 시사하는 바가 크다. 그것은 고객과 고용인의 부르주아적 구분을 철폐하기 때문이다. 이 기관에서 주인의 몫은 고용인들 역시 다른 사람들처럼 휴가를 누리도록 하는 것이다. 즉 고용인은 당신의 시중을 든다기보다 당신과 함께 체류한다는 편이 옳다. 물론 그는 당신의 행복을 위해 일하지만, 그래도 아주 편안한 상태에서 노고가 느껴지지 않을 정도이므로, 그걸 노동이라고 부를 수는 없다. 구릿빛 피부에 탄탄한 근육, 미소짓는 얼굴의 GO는 자신의 몸으로 휴가의 의미에 대한 완벽한 실현을 증명한다. 즉 그는 욕망의 자극제인 동시에, 도피를 부추기는 유혹자, 그리고 활력과 육체적 안락에 대한 약속이다. 그의 헌신적인 눈길은, 매우 엄격하면서도 전혀 감지되지 않는 조직으로 나를 위해 세상을 정돈한다(요컨대 쾌락은 조직적일 때 훨씬 더 강렬하다는 푸리에적인 생각을 그대로 구현한다). GO야말로 새롭고 완전한 인간이며 인기 집단이자 모든 의미에서 하나의 척도로서, 피서의 신화에서 수영 코치와 맞먹는 매력적인 특권을 물려받고 있다. GO, GM〔gentle members, 클럽 메드에 온 고객〕은 한 글자를 제외하고는 동일하다. 조금만 지나면 변신이 일어나며, 그건 한두 주간으로 족하다. 탄탄한 근육의 상냥한 안내자, "무엇을 즐길까?"를 묻는 전문가들의 분명한 역할, 이것이야말로 양자가 동일화되는 대규모의 과정을 부추기기 때문이다. 자체의 주민들을 분비하기. 요컨대 자급자족 체계가 너무도 완벽한 클럽인지라, 정말이지 감탄하지 않을 수 없는 이런 기적이 가능하다(다른 사람이 우리에게서 훔쳐 간 것을 간단히 우리에게 되돌려주는 이 시스템의 숙련된 솜씨에 경의를 표하자. 자본가는 고용인과 간부, 비서에게 일을 시키기 위해 개인의 공동체적 주변 환경, 즉 개인이 누리는 안정된 관계를 해체시킨다. 요컨대 개인이 주변 환경과 맺고 있는 전통적 관계들로부터 개인을 '해방'시키는 것이다. 이렇게 해서 1년 내내 타인과의 관계에 등을 돌리고 산 우리는 휴가 때 휴식보다는 사람들과의 만남을 찾는다. 다시 말해 월급쟁이 생활이 우리에게 허락지 않았던 동아리를 찾는 것이다. 공장이나 사무실에서는 고독에 의한 착취가 이루어지는 반면, 휴가에서는 새로운 유형의 기업인 만남의 산업을 통해 고독이 착취당한다. 몹시도 냉소적인 이 사회는 사슬의 양끝에서 자신이 퍼뜨린 질병을 보살피는 한편 그 병으로부터 이중의 이득을 취한다).

바캉스촌은 낙원처럼 보이는 은혜로운 자연 환경으로 둘러싸여 있다. 이같은 혜택은 두세 가지 형태를 취한다. 첫째, 클럽의 부지가 완벽하다는 것. "세상에서 가장 푸르고 따뜻한 물가에 자리잡은 더없이 아름다운 곳." "바다는 푸르고, 모래 사장은 눈부시고, 식물들이 무성하게 자라고, 고요한 평화가 숨쉬는 곳." 마치 보험에 들기라도 한 듯, 그곳에서는 화창한 날들이 보장된다. 낱낱의 고려가 배제된 일사불란한 체계를 위해, 온갖 가능한 기후의 다양성은 아예 무시된다. 빛과 열기는 모두 좋고 유쾌한 것으로서 행복과 아름다움의 원천인 반면, '햇빛이 나지 않는 날' 은 전적으로 부정적이고 적대적이다. 클럽은 1년 내내 작동하며 바캉스가 단지 여름이라는 한정된 기간에 제한되지 않도록 하면서 알베르 시몽(라디오 프랑스의 인기 기상 통보관)의 죽음을 선포한다("클럽에서는 여름이 지나도 여전히 여름입니다"). 이처럼 어설픈 신탁의 예언은 5월에서 10월까지 프랑스 전역을 술렁이게 하며, 유럽인들의 마음속에 자리잡은 영원한 남쪽 지방에 대한 동경을 겨냥한다. 또한 클럽은 필요한 물자를 적절히 공급할 줄 안다. 엮은 대나무로 만든 그 유명한 폴리네시아 전통 가옥에 '풍성한 뷔페' 가 함께하며, 그곳에서 사람들은 '화려한 모자이크'[2]라 할 만한 음식을 마음껏 먹는다. 만남과 교제를 도울 목적으로 만들어진 '회전 테이블' 시스템으로 인해 끊임없이 테이블의 자리를 바꾸어 가며 말이다(푸리에의 공동 생활체도 이만한 시스템을 생각해 내지는 못했다!). 식사 시간에도 얽

---

2) 클럽 메드의 안내 책자에서 발췌된 인용문.

매일 필요가 없어서, 심지어는 해변에 앉아 식사를 할 수도 있다. 돈역시 비열함의 표지가 아니라 땀과 노력의 표지이다. 사람들은 부랑자가 되도록, 호화로운 토착민이 되도록 성대한 초대를 받으며, 멋진 이국 정서에 빠질 수 있다. 요컨대 휴식·섹스·온기 외에도 스포츠·문화·수공예 활동이나 선택 항목 등, 모든 것이 완벽하고 접근이 용이하다. 광고가 말하는 것도 이것이며, 이같은 완벽함이 우리를 기분 좋게 만든다. 열대 지방의 환경을 조성함으로써 바캉스촌은 보들레르가 말한 관능적인 섬의 꿈을 실현시킨다. 그것은 분명 육체의 휴가이다(전통적 의미의 관광처럼 눈의 휴가가 아니다). 눈으로 볼지라도 만질 수 없고 숨쉴 수 없고 맛볼 수 없다면 아무것도 아니기 때문이다. 풍경과 풍경에 대한 관조 사이에는 더이상 거리가 존재하지 않는다.

모든 고장은 세상이라는 초연한 나무에 열린 탐스러운 과실과도 같다고, 클럽은 믿는다. 클럽 덕분에 바캉스는 유급 휴가가 내포하는 불쾌한 이미지를 벗고 우아한 매력을 획득한다. 이런 이상적인 체류는 당신이 구입하는 것이 아니고, 당신에게 부여되고 주어지는 것이기 때문이다.

"당신이 하고 싶지 않은 일은 모두 클럽이 책임집니다. 실질적인 세부 사항들이나 조직 생활의 난점 등, 당신을 걱정시키는 모든 것을 말입니다." 시간을 잃는 사치를 온전한 의미에서 경험하기 위해 단 1초도 잃지 않는 것이다. 시간이야말로 분에 넘치는 자본이자 부(富)이기 때문이다. 그런데 체류가 주 단위로 분할됨으로써 시간을 재미나게 사용할 수 있게 된다. 한 주 한 주는 애석하게도 너무 짧아 피서객에게 지루해질 틈을 주지 않으며, 벌써 떠나야 한다는 아쉬움만 들게 할 따름이기 때문이다(이런 상태가 내포하는 모순은 바로 사람들이 매순간 이득을 보아야 한다는 점, 쾌락과 즐거움을 위해 전력을 다해야 한다는 점이다. 휴가의 특성인 무사태평과는 상반되며, 일을 할 때와 마찬가지로 정성을 다해야 한다. 이렇게 해서 여가마저도 이익 산출이라는 생산성의 논리를 벗어날 수 없게 된다). 요컨대 바캉스촌 전체가 친절과 상냥함, 다정함으로 넘쳐흐르며, 누구나 친구처럼 허물없이 대화를 나누어야 한다. 클럽의 우두머리 역시 그저 친숙한 이름으로 불리고, 예의범절이나 격식은 필요없으며, 솔직성과 자연스러움이 절대적으로 요구된다. 어쩌다 분위기가 가라앉기라도 하면——분위기란 설명 불가능한 모호한 산물이므로——GO가 나타나 냉냉한 관계를 사람들간의 접촉으로 달아오르게 하며, 유쾌한 기분과 웃음이 번지게 만든다. 휴가 기간 동안 슬프고 우울하다는 건 있을 수 없는 일이기 때문이다.[3] 중요한 건 분위기이다. 즉 사람들 사이의 관계와 따스함, 거기 모인 집단에 의해 형성된 노련한 거리감의 막연한 혼합이다. 그러려면 성실성과 개방성을 꾸준히 요구함으로써, 자아에 대한 방어 및 저항을 제거시켜야 한다. 즉 당신은 다정다감하고 상냥하고 상대방의 말을 경청해야 하는 것이다. 아름다운 세상을 위한 이런 소집단 형성주의는 구두·촉각을 통한 히피족의 의사소통을 부활시키는 한편, 보편적인 우정이라는 달콤한 물 속에 잠긴 채 꽃목걸이와 조가비 장식으로 둘러싸여 있다. 이것은 고작 한두 주간 지속될 뿐이므로 이 그룹을 집단 생활의 긴장으로부터 지켜 준다.

그러므로 클럽이 제시하는 진짜 삶이란 일상 생활에 반(反)하는 것이다. 요컨대 죽은 시간 없이 살기, 아무 구속 없이 즐기기, 이런 케케

---

3) 예를 들면 '메니 그레구아르와 채털리 부인의 혼합물'이라 할 만한, 마음의 GO가 존재한다. GM 여권을 소지한 그녀는 서로 교제를 나누었으면 하는 남녀 사이에서 중개인 역할을 맡는다. 이 남녀들이 그녀에게 붙여 준 이름이 바로 미스 케케트 (Miss Quéquette)이다.

묵은 상황주의적 상투어가 클럽의 슬로건이자 약속이 되었다. 클럽은 현대 산업 사회가 기피하는 원칙들을 적극적으로 바람직한 요소들로 바꾸어 놓는다. 말하자면 게으름·관능·무위 안일·충동적 영양 섭취, 그리고 모든 이가 평등하게 누릴 수 있는 풍요와 범람 등이다. 클럽은 일과 실적을 중시하는 세상과는 반대되는 이미지를 내세운다. 사람들이 클럽을 찾는 이유는 단지 일상의 사소한 사건들에서 해방되기 위해서일 뿐 아니라, 한두 주간 동안이라도 온전히 살아 있는 자신의 존재를 되찾고 싶어서이다. 그들은 자신이 사는 장소를 더이상 견딜 수 없기 때문이다. 그리고 보다 보편적으로는, 현대 산업 문명에 의해 현실적 공간과 꿈의 공간 사이의 돌이킬 수 없는 결렬이 생겼음을 관광 여행이 확인해 주기 때문이다.

클럽은 공장과 사무실의 성곽 대신 꿈의 성곽을 제공하며, 근면한 사람들의 감옥을 백사장과 야자수의 게토로 대체한다. "당신이 영위하는 시민 생활을 당장 벗어던지고 싶다면, 또 지금까지 아름다운 풍광을 실컷 즐기지도, 새로운 얼굴들을 마주치지도 못했다면……" 이상이 클럽이 내거는 모토이다. 당신이 바캉스촌에서 보내는 주간은 대안의 가치를 지닌다. 즉 일상의 투쟁에 찾아드는 휴전 상태라고나 할까. 클럽은 스스로 부정하는 것에 의해 규정되는 섬이다. 속임수에 넘어간 천국이다. 클럽은 출신 고장의 생활 방식보다 현재 속해 있는 고장을 더 잘 수용한다. 이 고장의 경치와 기후의 아름다움을 내세우는 한편 출신 고장의 추한 모습들을 부각시키면서 말이다(요컨대 주변 기후와 다른 국지성 기후의 그리스 섬들, 이 섬들의 작은 마을들, 그곳에는 구불구불한 길들이 있고, 상대적인 자급자족이 이루어지며, 날마다 피서객들이 도착하고 떠난다. 즉 역사와 인간적 골칫거리들과는 무관한 아름다움을 지닌 곳으로서, 이 모두가 클럽의 완벽한 모델이다. 여기서 두 가지 사실이 유추된다. 첫째, 클럽 메드가 그리스에서는 발붙일 곳이 없다는 점. 둘째, 키클라데스와 스포라데스 제도 애호가들이야말로 클럽 메드의 고객이라는——스스로를 모르거나 그 사실을 인정하고 싶지 않을지라도——점이다). 그들은 호텔에 박혀 있는 것보다 공동 생활을 좋아하며, 이국 취미에다 식별력을 겸비하고 있다. 클럽은 관광객을 피서객으로 대체하며, 백인을 원주민으로, 푸른 눈의 아랍계 외국인으로, 그 자신의 피조물로 만들어 놓는다. 거북함과 두통거리가 있는 곳에 클럽은 순진함과 유쾌함, 장난기가 깃들게 한다. 전통적 의미의 관광 여행이 한두 가지 충동에 좌우된다면(이국 취미·문화적 접촉), 클럽은 서너댓 가지 충동을 늘어놓는다. 그것은 유인력과 매력을 다원적으로 결정지으며, 광대로 분장하고, 화려한 옷과 요란한 장신구로 치장하며, 가입자에게 무궁무진한 매력을 지닌 복합적인 쾌락을 제공한다. 여러 개의 모순된 유토피아가 그 안에서 합쳐진다. 아담이라는 원천으로의 복귀를 의미하는 메시아주의, 한없는 사치를 포함하는 푸리에주의, 완전한 자유라는 히피의 꿈, 자급자족이 이루어지는 이상 도시 등. 클럽의 힘은 단지 이것들을 병치시키는 데 있지 않으며, 상반되는 노선들의 교차로에 자리잡고 이 모두가 양립 가능토록 만드는 데 있다(구속과 규율의 힘을 빌려 꾸준히 즉흥성을 유지한다는 느낌에 도달함이야말로 완벽한 성공이 아닐까?).

이 기구에 가해지는 온갖 비판이 불편하고 편파적이고 불공평하게 보이는 것은 이런 이유들 때문이다. 의외의 사건을 증발시켜 버리는 클럽의 조직적이고 본능적인 면을 지적하면서 비판을 가한다면 클럽은 이렇게 대답한다. 고행보다 편안함을 선호한다고 해서 모험을 포기하지는 않으며, 단지 그 영웅주의적·기독교적·엄격주의적 측면만을 배제하는 것이라고 말이다. 가볍고 편안한 여행 역시 처음부터 고통과 위험, 노력이 요구되는 여행과 다름없이 어느 정도 무모한 성격을 띠게 마련이다. 엄격한 조직은 극단의 혼란 상태와 마찬가지로, 본질적으로 소멸해 가는 무언가를 붙들기 위한 푸닥거리에 불과하다(모험이 도래하려면 희생을 치러야 한다는 생각은 어리석다는 걸 우리는 안다. 보이스카우트식의 이 케케묵은 생각은, 청교도 시대의 얌전한 모범생인 무전여행가에 의해 열정적으로 재현되었지만 말이다). 좀더 심술궂은 태도로, 클럽은 갖가지 저속하고 천박한 쾌락을 제공한다고 말할 것인가? 하지만 아무리 동물적인 쾌락일지라도 쾌락은 모두 쾌락에 대한 비난보다 우월하다. 기쁨은 모두 정당화되어야 할 필요가 없는 힘으로서, 일체의 가치 판단을 비웃는다. 마시고, 헤엄치고, 성 행위를 하고, 달리고, 햇빛에 몸을 그을리는 사람들이 있는가? 그들의 행복이 인위적이고, 조작되고, 부서지기 쉬운 것이라고 의심할 권리를 가진 자는 아무도 없다. 그런 사람이 있다면, 그는 권태로운 인간, 흥을 깨는 인간, 먹보 사제의 역할을 떠맡고 있음이 틀림없다. 고통받고 싶지 않은 사람들에게 무슨 명목으로 비난의 화살을 돌릴 것인가? 행복이란 본질적으로 우리가 논할 수 없는 것, 일체의 설명을 무효화시키는 것이 아닌가? 나는 행복하다. 이 사실은 자체로서 족하며, 증명되거나 하지는 않는다. 바보처럼 검게 그을리지 말자고, 좌파 여행자는 자신을 다그친다. 그러면서 자신의 문화적 타바르카(튀니지 북서부에 위치한 해수욕장)에서 해변에 누워 보낸 여덟 시간을 세 시간 동안의 박식한 무료 강연을 들으며 벌충한다. 반면 클럽은 피서객이 맛보는 온갖 사소한 행복들——선탠·물놀이·햇빛·유혹——의 가치를 일깨워 준 장본인이다. 순진무구하고 어리석고 단순한 그것들에는 어떤 위대함이 깃들어 있다. 선탠을 한 사람들은 멍청한 인상을 주게 마련이지만, 이런 멍청함을 부끄러워할 필요는 없다. 물론 사람들은 입을 모아

되널지 모른다. 이 광막한 병영은 거대한 갈보집이요, 의무적으로 맛보아야 하는 기쁨과 키스와 요리가 있는 집단 수용소라고 말이다. 요컨대 그것은 외부로부터 주어지고 부추김받는 모험인 것이다. 그러나 클럽은 성적 소비를 조장하지 않으며, 연예의 조건들을 결집시키는 것으로 만족한다. 이 유토피아는 제때에 멈출 줄 알고, 자발적 행동을 가로막지도 않으며, 원칙에 따른 접촉을 규정해 놓지도 않으면서, 사람들의 자기애를 안전하게 보존해 준다. 닫힌 공간이라고 해서 반드시 우리를 가두는 공간은 아닌 것이다.

클럽이 존재함으로써 여타 다른 형태의 관광이 배척받게 되었노라고 말할 수 있을지 모른다. 그러나 클럽이 존재치 않는다면, 발명해 내기라도 해야 할 것이다. 그것은 서구 여행자들의 자책감과 수치심을 모두 떠맡고 있기 때문이다. 우리는 그것을 비난하지 않을 수 없지만, 이 비난은 허공 속에 흩어지고 만다. 비난의 말을 발설한 자가 비난의 대상 못지않게 비난받을 만하기 때문이다. 가짜 모험가와 가짜 즉흥시인, 가짜 걸인, 가짜 부자, 가짜 원시인인 클럽의 우아한 멤버들은 분명 사기꾼 여행자들이다. 하지만 오늘날의 관광 여행은 모조리 가짜와 모조로 물들어 있으며, 어쩌면 사기꾼들의 거대한 축제인지도 모른다. 모두가 사기를 치는 터라, 그나마 자신에게 거짓말을 덜 하는 곳이 여기일 수도 있다. 이 성인용 하기 디즈니랜드는 여행용 가방 내지는 커다란 광주리로서, 온갖 노스탤지어와 두려움, 저속함과 이 시대의 이데올로기가 그곳에 챙겨져 들어가 있다. 세계 방방곡곡에 퍼져 있는 흐물거리는 모호한 장소, 순응성과 우연, 진지함과 경박함이 독특하게 얽혀 들어가 있는 곳이다. 또한 응석둥이 모험가들과 근면한 향락가들이 득실대는, 콜럼버스와 파뉘르주(라블레의 《팡타그뤼엘》에 나오는 인물로서, 교활하고 재치 있는 건달)의 결합이다. 이 열대의 영지는 현대 봉급생활자들이 꿈꾸는 바로 그곳이다. 또한 근면한 연옥의 중독자들이 에덴의 중독자들로 변모되고자 하는 희망 자체이다. 질베르 트리가노의 통찰력은 자신의 창조물을 다양한 방식으로 작동하는 유동적인 유토피아로 인식했다는 데 있다. 그것은 변조와 선택의 다양한 전략을 취하며, 그로 인해 각자의 서로 다른 욕구에 대한 적응이 가능해진다. 조심성과 경솔함, 이국 취미와 국수주의, 성실성과 변덕스러움 등. 그런가 하면 클럽의 가장 두드러진 특징은 넉넉함과 자유로움이다. 그리하여 클럽은 다양한 가족들, 심지어 적들까지 한데 모으고, 쉽사리 한 칸에서 다른 칸으로 이동한다. 그리하여 고전적 의미의 관광 여행은 도저히 합치시킬 수 없었던 절대적인 전제들을 한 지붕 아래서 화해시킨다. 복된 자의 고독과 탐욕스런 집단주의가 공존하는 이 한 주간의 텔렘 수도원(라블레의 《가르강튀아 이야기》에 나오는 수도원)은 참을 수 없는 무엇인 동시에 우리를 한없이 매료시킨다. 하지만 그것은 우리 자신의 그림자요 찡그린 가면이기도 하다. 거기서 서구는 스스로를 손가락질하는 한편, 찬미와 비난을 동시에 퍼붓는다. 설령 우리가 클럽을 찾지 않는다 해도 우리는 모두 클럽의 얌전한 식구들이다. 또 클럽에 대한 우리의 증오는 우리 자신의 충동에 대한 증오가 전가된 것이다.[4]

---

4) 클럽 메드에 대해 우리가 가할 수 있는 진정한 비판은 단 한 가지, 사회주의적 성격을 띤 비난이다. 말하자면 비용이 많이 든다는 것. 콩코드기 이용이나 접이식 덮개 메르세데스 구입이 노동자 계급에게는 불가능하다는 점을 두고 공산주의자들이 이 거대 독점 기업들을 꾸짖듯이 말이다. 트리가노 역시 그 고객층이 비교적 정예 집단이라는 점을 두고 최근 텔레비전 인터뷰에서 유감을 표시한 바 있으며, 조속한 시일 내로 이같은 현상을 시정하겠다고 약속했다.

지방에 따라 습관도 다르다

보다 일반적으로 우리가 여행이라고 부르는 것은, 열광적인 노마디즘과 소심한 이국 취미 사이에서 망설이는 현대인의 초상이다. 해소될 길 없는 이 동요가 타지(他地)와 도피를 그토록 동경하는 것은 좀더 용이하게 자신의 작은 울타리 속에 움츠리고 칩거하기 위해서이다. 고대의 범세계주의는 흔치 않은 탄력성을 지닌 인간들을 배출해 내곤 했었다. 복합적인 인격의 소유자인 그들은 모든 환경 · 언어 · 관습에 적응하는 한편, 열방들 사이에서 진정한 사회적 조커로서 어떤 상황에도 대처할 수 있는 인간들이었다. 반면 새로운 범세계주의는, 균일한 유형의 요구들과 언제나 천편일률적인 개인들에게 여하한 장소 · 국가 · 지역이라도 적응하는 기능을 드러내 보인다. 오늘날 우리는 자신의 생활 양식이 침해받지 않으리라는 조건하에서 자리를 옮긴다. 우리는 오로지 돈의 힘을 빌림으로써 범세계주의자가 될 수 있다. 국제적인 이 거대한 복합 단지에서, 호화로운 모텔에서, 레스토랑에서, 나이트클럽에서 말이다. 아르항겔스크 · 잔지바르 · 요하네스버그 · 발리 · 타만라세트는 물론 아마존에서도, 도처에 고속도로를 벗어나기 무섭게 눈에 띄는 것들이다. 여행은 정주(定住)의 에피소드가 되고, 사람들은 자기 집을 떠나지 않는다. 그들은 아무 데도 가지 않기 때문이다. 게다가 이제는 세계의 정치적 상황이 전처럼 투명하지 않다. 10년 전까지만 해도 사람들은 정치적 상황을 분명히 이해했고, 따라서 참여나 연대가 용이했다. 60년대에 남미나 아시아로 여행을 떠나는 무전여행가라면 누구나 분명한 소식통을 통해 다음의 사실을 알고 있었다. 브라질 도시 빈민가의 참상, 흑인들의 만성적 빈곤, 베트남이나 캄보디아 농촌 지역의 황폐화가 누구 때문인지를 말이다. 불평등, 노예화, 세상의 불의에서는 모두 햄버거와 코카콜라의 냄새가 났었다. 비열함의 대명사는 백악관이었으며, 그 도구는 국방성과 CIA(미중앙정보부)라 불렸었다. 일부에서는 유럽과 미국의 죄를 스스로 떠맡아, 가난한 자들 사이에서 가난한 자, 미천한 자들 사이에서 미천한 자이기를 자청했었다. 그들은 조상이 지은 과오의 대가를 치르러 인도와 모로코로 가는 새로운 그리스도들이었다. 가르치러 오는 대신 배우러 왔던 그들은 종교가 없는 선교사들로서, 당시의 선교사들처럼 제3제국에 와서는 공장에서 일하며 프롤레타리아의 조건을 발견했다(많은 이들, 특히 미국과 영국의 젊은이들이 구원자 동양을 이처럼 광적으로 추구하다가 영영 종적을 감추었음을 우리는 안다).[5]

이처럼 세계를 둘로, 즉 주인과 노예, 빈자와 부자, 미국과 그밖의 지역으로 나눌 수 있었으므로 만사가 단순했다. 이 흑백 논리의 시대에 죄의식에 시달리던 좌파는 지상의 모든 악의 책임이 우리에게 있다고 말했다. 북아프리카 해안 지대에서 어린아이가 죽거나, 콜레라가 태국을 휩쓸거나, 태풍이 필리핀을 덮치거나, 우리는 영원히 암살자들이었다. 베트남은 고문과 B52 네이팜을 견디며 저항하면서 길을 제시했으며, 전세계에 걸친 반란을 촉구했고, 양키를 전복시키기 위해 핍박받는 자들의 국제적인 단결을 호소했었다. 이 순간 "타히티 사람들의 정당한 게으름 만세! 파푸아뉴기니 사람들의 멋진 무사태평 만세!"라고 외칠 생각은 그 누구도 하지 못할 것이다. 그런데 오늘날에

---

5) 이것이 바로 정신적 모험의 방법 자체였다. 서구는 경제적인 승리를 거두었지만 정신적인 측면에서 후퇴하고 말았기 때문이다. 카스타네다, 싯다르타 등, 서구는 자신이 파괴한 문명 앞에서 굴욕을 맛보고 있다. 페요테[환각제를 추출하는 메시코산 선인장], 선(禪), 요가 입문을 통해 사람들은 이방 신비주의자들의 세계에 쏠리고 있다.

는 제국주의만이 일사불란한 도구가 아니며, 다국적 기업들이 얼굴도 이름도 없는 힘을 행사한다. 소련과 중국은 최악의 서구 자본주의와 마찬가지로 경제적·재정적 공포를 야기할 수 있는 힘을 증명하고도 남았다. 그 후로는 모든 국가가 '자국제(made at home)' 부패와 폭정을 요구할 수 있게 되었으며, 타국의 간섭을 받거나 강대국들에 종속되지 않고도 고문·감금할 수 있는 자체의 방법을 발견했다(그런데 이제는 반대로 그 경향이 뒤바뀌고 있다. 예를 들어 소련은 1980년 모스크바 올림픽을 준비하기 위해 아르헨티나 비밀 정보 기관에 자문을 구할 것이다)(본서는 1979년에 발행되었음을 기억할 것). 무엇보다 우리는 더이상 서구 세력의 극단적 형태들과 자신을 동일시하지 않으며, 스스로를 자국 정부의 대리인으로 여기지도 않는다. 그리고 빈곤과 계급분열, 억압의 원인이 누구에게 있는지, 그 원인을 어디서 찾아야 할지 모르게 되었다. 떳떳하다고도, 양심의 가책을 느낀다고도 할 수 없으며, 그저 양심의 눈이 멀어 무지할 따름이다. 더이상 아무것도 알 수 없게 된 상황에서 우리는 길을 잃고 있다. 모든 것이 뒤죽박죽이 되어, 좌파는 새로운 혼란을 맞고 있으며 세상은 다시 이해 불가능하게 되어 버렸다.

예전처럼 뚜렷하게 교활한 신(新)식민주의의 표현일 수 없게 된 관광 여행은 이제 신성모독 행위로 남고 말았다. 국경은 물론 관습과 문화를 철폐하고, 시간과 리듬을 균질화시킬 위험이 있기 때문이다. 이런 근시안적인 경향 속에 사람들은 이제 피부색과 이름, 시간표, 가격, 비행기 편, 인파가 몰려드는 달만 구별할 수 있을 따름이다(오늘날 우리는 방문국의 언어나 관습을 거의 모르고서도 전세계를 누비고 다닐 수 있다. 어느곳을 가든지 같은 통화인 달러화와 동일한 방언인 영어를 사용하면서, 실수를 저지를까 봐 두려워하지 않아도 된다. 관광 여행은 전세계에 서구의 생활 방식을 유포하면서 어디를 가나 내 집에 있는 것처럼 느끼게 해주기 때문이다). 차이를 구분할 줄 모르는 우리에게는 어느 고장이나 그게 그것이 되고 만다. 외관상 서구 사회는 이주의 갈망과 국경선을 벗어나고자 하는 불안에 싸여 도주하는 듯싶다. 이 사회가 스스로에게 부여하는 합리적 구조 밖에서만 진실과 아름다움이 존재한다는 듯이 말이다. 이국 취미는 무엇보다 서구 사회가 여전히 자신에게 가하는 간접적인 비판처럼 보인다. 그렇더라도 행복한 타지(他地)에 대한 이 향수는 적극성을 띤다기보다 일종의 호기심이다. 우리는 미리부터 우리 자신이 큰 혼란을 겪지는 않을 것임을 안다. 우리가 어떤 얼굴이나 이방의 고장을 좋아하는 것은 그것들이 우리를 위태롭게 하지 않기 때문이다. 요컨대 여행은 세계에 대한 두 가지 관점 사이에서 끊임없이 동요한다. 우선 우리가 아무 탈 없이 옮겨 놓거나 바꿀 수 있는 사물들의 본질과 어떤 내밀한 관계도 맺지 않는 균일한 공간으로서의 세계이다. 그런가 하면 가장 닮지 않은 공간들을 병치시켜 놓은 살아 있는 복잡한 조직으로서의 세계이다. 다시 말해 매우 흡사한 공간들일 수도, 매우 독특한 공간들일 수도 있다. 우리는 자신의 내적 존재의 변모와 재생을 의미하는 여행을 꿈꾸는 한편, 동시에 우리 자신의 생활 양식이 탁월하다는 증거를 세계 저편에서 재발견하고 싶어한다. 설령 그곳에서 맛보게 될 이국 정서가 현격히 줄어드는 한이 있더라도 말이다. 우리는 다른 이들에게 속한 성스러운 것을 세속적이고 진부한 일상을 통해 접하고자 한다. 또 동일함이 주는 안도감과 차이가 주는 현기증을 태연자약하게 결합시키고자 한다. 우리의 도피는 무엇보다 우리 삶의 재평가라는 모습을 하고 있으며, 우리를 부추겨 대는 것은 타자에 대한 관심이 아니라 타자를 침묵시키는 데 대한 관심이다.

서구로 하여금 길을 닦도록 만든 한 가지 특징이 있다. 즉 불손한 태도이다. 종교, 금기, 전통 예절에 대한 세심한 규정 등, 그 무엇에 의해서도 저지당하지 않는 태도이다. 그것은 더없이 단단히 자리잡은 지혜도 무시해 버리며, 자체의 팽창에 눈이 먼 채 발전해 나간다. 하지만 이런 파괴적인 무관심은 모든 불행의 원천이 될 수도 있다. 여행은 승리를 구가하는 문화의 희비극을 완벽히 보여준다. 이 문화는 자신이 파괴한 문명과 멸종시킨 민족에 대한 향수 어린 꿈을 간직하고 있는 것이다. 국외로 추방당한 백인들이 원주민의 관습을 그대로 모방하는 것도 이 때문이다. 세련된 피정복자에 대한 미개한 정복자의 관행이라고나 할까. 우리는 승자이지만 그래도 무언가가 영원히 소실되어 되찾을 수 없게 되었노라고 느낀다.[6] 여행은 이같은 승리의 이름인 동시에 승리의 허영심에 대한 의혹, 패배에 대한 간절한 소망이다. 그런데 국가와 인간의 보편적인 표준화를 방지하려면, 견딜 수 없는 차이의 고통을 감수하고 우리 문화와 타문화들 간 격차의 소중함을 즐길 줄 알아야 한다. 결국 여행자들은 모두 문명의 차원에서 출신 국가에 대한 변절자들이다. 여러 대륙과 시대를 오가는 그들은 자신의 모험담을 들려주며, 놀랄 수밖에 없는 이유 및 스스로를 상대적 관점에서 보아야 할 이유를 제시한다. 모든 문명은 하나의 막다른 골목이며, 그들은 그 사실을 알기 때문이다. 그런데 여러 종족과 사고방식을 뒤섞고 혼합함으로써, 또 두세 개의 막다른 골목을 합침으로

---

6) 서구 문명은 물론 온갖 결점을 안고 있다. 그렇다고 서구 문명의 승리가 경제적 우월성만으로 설명되지는 않는다. 그 안에는 모든 다른 문명을 능가하는 자력이 있기 때문이다. 서구, 특히 미국은 보편적인 신화를 수출하는 가장 큰 국가이다. 이 세상에 "깊이 없는 즐거움, 동요를 향해 몰아대는 어떤 힘이 있다면"(앙리 미쇼), 다름아닌 자본주의의 광기이다. 자본주의야말로 어떤 다른 체제도 감히 겨룰 수 없는 매력과 유혹의 힘을 발휘한다.

써, 그들은 독창적인 종합, 하나의 도정, 시원한 한 줄기 바람을 생각해 내기에 이른다. 삶의 또 다른 이유들을 찾아내기에 이르는 것이다. 최대한의 다양성은 상호 교류에 이르며, 이 교류로 말미암아 서로의 어쩔 수 없는 차이를 확인케 된다는 점이 중요하다.

"떠나는 것, 그것은 습관에 대한 소송에 이기는 것이다"[7]

"떠나지 마시오"라고, 현대의 지혜는 가르친다. 이미 모든 것이 보여졌고, 모든 것이 헛되기 때문이다. 지구상 어느곳이라도 단숨에 도달할 수 있다는 사실로 말미암아, 가장 먼 나라들조차 그 매력을 상실하게 되었다. 더없이 독창적인 문화조차 문명화되면서 타락했으며, 이 문화들이 활기차게 전파되던 시대도 이제 끝나고 말았다. 아, 허영심 많은 순례자여, 어떤 여정도 당신을 당신 자신으로부터 치유하지는 못할 것이다. 그러니 각자가 자기 집에 머물며 이 모든 것을 애도해야 할 것이다. 현대의 회의주의자들은 "오직 현세뿐"이라고 주장한다. 지구라는 새장에 갇혀 질식당하고 있다는 느낌은 금세기말 사상가들이 입을 모아 토로하는 유일한 후렴구이다. 이에 대한 비길 데 없는 모델인 《슬픈 열대》[클로드 레비 스트로스의 저서]가 씌어진 이래로 지난 20년 동안 훌륭한 여행담은 각성의 이야기였다. 요컨대 이 문학 장르가 숭고한 문체를 획득하려면 눈물과 회한이 있어야 하는 것이다. 행복한 도주란 의심스러운 행위이며, 실제로 행복한 도주는 없다는 것

---

7) Paul Morand.

이, 모든 책이 말하는 바이다. 이 남자들과 여자들이 매 주말마다 여행을 떠날지라도, 유쾌한 여행을 약속하며 이들을 속어먹을 수는 없다. 카불 · 캘커타 · 홍콩 · 니아메로 여행을 떠나든, 아니면 런던이나 파리의 지사로 가든, 달라지는 것은 아무것도 없다. 보들레르의 말대로, 저마다 자신들의 탈출을 통해 "권태라는 사막 속의 끔찍한 오아시스"를 발견할 따름이다.

그렇다고 여행의 욕구를 꼭 치유의 욕구로 보아야 할 필요가 있을까? 도피는 비겁하다고, 책임을 질 줄 알아야 한다고, 도덕주의자들은 말한다. 실제로 도피는 무용하다는 것이 현대 심리학의 주장이다. 우리는 항시 자신의 어둠과 신경증, 불안에 다시 목덜미를 잡히게 마련이기 때문이다. 자아는 감옥이며, 땅은 이 감옥의 빈틈없는 간수이다. 이 모두가 사실이라고 하자. 그렇더라도 세상은 한없이 풍요롭고 그 자체로서 충분한 유인력이 있어, 우리에게 그곳을 두루 돌아다니고자 하는 욕구를 심어 준다. 그 끝없이 샘솟는 다양성을 음미하는 것 외에 다른 것을 구하지 않고 그 속으로 뛰어들게끔 말이다. 우리는 홀로 내면에 칩거해 사는 존재가 아니라 외부 세계 및 타인들과 공존하는 존재이며, 또한 낯선 것을 맛보기 좋아한다. 그런데 오로지 자기 자신과의 문제를 해결하기 위해 도피한다면, 그것은 외부 세계를 단지 우리가 겪는 신경증의 원인으로 취급함이다. 또한 보잘것없는 자신의 존재를 우주적 차원으로까지 확대시키는 어릿광대의 천박한 짓거리일 수도 있다. 떠난다는 것은 무엇보다 자기 자신과 결별하고, '나'라고 부르기를 잊어버리고, 과거도 미래도 없이 순수한 현재에 사는 무개성의 인간, 기억하고 놀라고 감동하거나 혹은 분개하는 인간이 되는 것이다.

여행은 진부한 일이라고 당신은 말하겠는가? 그 어떤 장소도 대도시로부터 비행기로 몇 시간이면 가닿을 수 있고, 이제 지도책에 나와 있지 않은 지역은 하나도 없지 않은가? 그러나 이런 말은 또 하나의 궤변에 불과하다! 우리는 더이상 부갱빌[1729-1811, 프랑스의 항해가] 일 수 없기 때문이다. 우리는 옛 여행가들의 체험을 되살릴 수 없을 뿐 아니라, 현대적 사고로부터 태어난 이 중요한 순간을 그들의 체험을 통해 다시 살 수도 없다. 스스로 완전하다고 믿어 왔던 인류는 몇 가지 대발견으로 인해 갑자기 반(反)계시처럼, 자신이 혼자가 아니라는 사실을 전해 들었지만 말이다.(레비 스토로스) 그렇다고 여행이 아무 놀라움도 내포하지 않는 단순한 이동으로 전락할 수 있겠는가? 수천 년 전부터 사람들이 이미 걷고 탐험하고 해독한 고장을 찾아보면서 내가 여전히 기쁨을 느낀다면, 그건 한 사람이 전체 인류는 아니며, 경험은 전수될 수 없다는 사실 때문이다. 경험은 개인과 더불어 죽고 다시 태어난다. 나는 콜럼버스와 함께 서인도 제도에 가지 않았고, 마젤란과 함께 세계 일주를 하지도 않았다. 중국까지 마르코 폴로와 동행하지도 않았고 지스카르를 따라 기니에 간 적도 없다. 모든 것을 다시 시작해야 하며, 자기 자신이 직접 체험해야 한다. 부엌에서 욕실에 이르는 통로를 포함해 가장 하찮은 것까지도 말이다. 이 땅은 탐험되고 측정되고 수량화되고 분석되고 사진으로 촬영되어 있다. 하지만 그것이 우리와 무슨 상관이 있는가? 과학적 정보와 주관적 체험, 앎과 행동 간의 혼동이 바로 이 점에 있다. 어떤 이미지나 전제도 개인의 생생한 체험담을 대신할 수는 없다. 어떤 고장을 돌아보거나 탐사하는 방식을 근거로 여행을 평가해 보아야 소용없는 일이다. 그런 평가는 식민지 정복이나 인류학적 차원의 연구처럼 오늘날 시대착오적이고 유행에 뒤떨어진 현상이 되었기 때문이다. 또 원시적인 고장으로 독창적인 여행을 하겠다는 생각 역시 포기해야 한다. 우리에게 진정으로 낯선 마지막 민족, 그리고 사람의 발길이 닿지 않은 마지막 문명이 사라지고 만 시점에서 우리는 세상과의 낯선 관계를 재발견하기 시작하며, 가까운 것이 우리에게는 가장 멀게 느껴진다. 나의 기쁨과 호기심, 일상의 모험, 삶의 사소한 행복들이, 정복자의 모든 공훈이나 지상의 모든 자료보다 더 중요하다. 우리가 후회 없이 살았다고 생각하는 1분은, 더없이 숭고하고 강렬한 삶을 살았던 영웅들의 운명과 맞먹는 가치를 지닌다. 사소한 우리 자신의 경험, 보잘것없는 우리 자신의 에고이즘을 당당하게 요구해야 한다. 비길 데 없는 행복의 순간을 위해서라면 온 세상을 내어주어도 좋다. 모험이란 모험은 누군가에 의해 이미 체험되었다. 우리의 유일한 노력은 그것을 새롭게 체험하는 것이며, 이렇게 말하는 것이다. "잇따르는 영겁 속에서, 잇따르는 주기 속에서 우리가 다시 이곳에 와서 우리 자신이 될 수 있게 해다오. 당신들이 앞 세대에 이르러 당신들 자신이 될 수 있었던 것처럼." 진정성과 강도를 왜 아직도 혼동하는 것일까? 모험가가 선구자를 의미하지는 않는다. 어떤 사건이 다른 사람들에 의해 이미 체험되었다고 해서 그 신선함이 약화되는 것은 아니다. 수백만의 입이 음식을 먹어삼키고, 성징(性徵)이 싹트고, 사람들이 코를 골아댄다는 점을 생각하면, 태어나고 죽고 먹고 짝짓기하고 잠자는 행위가 다 부질없어 보인다고 할 것인가!

이처럼 권태롭게 되풀이되는 말, 그리고 현대의 회의주의를 그대로 드러내는 호화 부유층의 속물 근성은 아주 오래된 형이상학적 설명에 기초하고 있다. 즉 한 개인이 전체 인류요, 우리는 지구의 나이만큼 늙었다는 것, 앎은 대대로 전수되며 영속화되어 지식의 총합인 보편 인식이 자라나게 했다는 가정이다. 하지만 창시자에게만 모험가의 명칭을 부여하겠다는 사람은 누구인가? "어린아이 같은 민족"(레비 스

트로스)이나 처녀지가 존재했던 적은 한 번도 없는데 말이다. 크리스
토퍼 콜럼버스는 아메리카를 발견한 것이 아니라 발명해 내었으며,
우리는 항상 누군가의 자취를 따라가는 제2인자이다. 요컨대 시작은
언제나 재개에 지나지 않았다. 실제로 여기서 우리는 기억의 두 가지
기능을 혼동하고 있다. 하나는 미몽에서 깨어난 낭만주의적인 어른의
기억으로서, 이 기억에 따르면 우리는 너무 늙은 세상에 늘 너무 늦게
도착한 셈이 된다. 또 다른 하나는 영감을 받은 몽상적인 어린아이의
기억으로서, 과거의 연대기적 사건들 속에서 모험에 대한 욕구를 길
어 올린다. 이 기억이 과거를 사랑하는 것은, 어떤 장소나 어떤 길의
교차점에 녹아 있는 신화들 때문이다. 쓸모없는 과거와 발판이 되어
주는 과거 사이에 오늘날 두 가지 나르시시즘, 즉 프로메테우스적 나
르시시즘과 공상적인 나르시시즘이 대치된다. 즉 독창성과 정복만을
꿈꾸는 허영심 많은 에고이즘과, 최초이고자 하는 생각을 비웃는 고
집센 에고이즘이다. 후자는 자기만의 것에 대한 집착에 무관심하며,
역사로부터 꿈과 변화를 부추기는 환상적인 자취, 묘한 일화, 이상한
사건들만을 높이 평가한다. "사랑은 의미 없는 행위이다. 그것은 무한
정 반복될 수 있기 때문이다"라고 자리〔Alfred Jarry, 1873-1907, 프랑
스의 극작가이며 시인〕는 말했다. 그러나 반대로 이 반복이야말로 여행
이 본질적인 행위가 되게끔 한다. 오직 현재 시제와만 결합할 수 있는
것, 언제나 최초인 동시에, 최초라고 믿어지는 순간마저 이미 수천번
째인 것이다. 사건의 차원에서 인간 공동체란 존재치 않으며, 그 무엇
도 영구히 획득되지는 않는다. 사건은 다음 차례에, 늘 새로운 형태로
되풀이되고 다시 시작된다. 모험은 별안간 중지되며 움츠러들어서는,
모험이 닥쳤던 인간과 함께 사라진다. '나'라고 말하며 일인칭으로 살
고자 마음먹은 사람의 결연한 개인주의에 저항할 수 있는 이론은 아무

것도 없다. 그 누구도 당신을 대신해서 말하고 행한 적이 없다는 사실을 당신도 안다. 그러므로 라 볼에서 바캉스를 즐기는 사람이든, 보름-레-미모자의 피서객이든, 팔라바스에서 유급 휴가를 보내는 사람이든 상관없이 영웅들의 시대를 회고하면서 "크리스토퍼 콜럼버스, 그건 나야"라고, 부끄럼 없이 외칠 수 있다. 한 손엔 파라솔을, 다른 한 손엔 아니스 술을 든 채 코를 벌름거리면서 말이다.

두세 달, 아니면 한 주일 동안 이리저리 여행을 했다고 하자. 그동안 당신은 두세 차례 잊을 수 없는 순간을 경험했으며, 옐로스톤 공원의 펄펄 끓는 수원(水原)에서 감자를 익혔고, 리파리 섬의 유황수에 몸을 담갔고, 로잔에서 탱고를 추었다. 하지만 이런 근사한 순간들과 멋진 풍경들은 당신에게 깊이 각인되지 않은 채 스쳐 지나가지 않았을까? 당신 삶의 바닥까지 침투함으로써 당신의 모습을 바꾸어 놓지 않은 채 말이다. 모든 여행은 반드시 끝없는 적응을 전제로 하기 때문이다. 적응한다는 것은 부유(浮游)한다는 것이다. 언어, 화폐, 음식, 사랑의 관습에 이르기까지, 모든 것을 다시 배워야 한다. 음식을 받아들이는 위와 정신에 똑같은 날렵함이 요구된다(변비와 설사, 이것이 자기 집을 그리워하는 두 가지 이유라면, 우리의 장(腸)이야말로 외출을 꺼리는 장본인이라 하겠다). 미지의 언어, 먹어 보지 못한 음식, 기후의 변화, 다양한 풍습과 얼굴들은 이 평범한 인간에게 완전히 색다른 모습으로 비친다. 떠나기 위해 닻을 올린다는 것은 타지의 평범한 일상을 보러 가고, 예외자로서 이 일상을 영위한다는 것이다. 이처럼 새로운 눈으로 볼 때에는 가장 평범한 일상조차 돋보이게 마련이다. 미지의 세계에 대한 신뢰감을 안고 떠날 때 우리는 유익한 만남의 충격을 통해 이제껏 몰랐던 자신의 모습을 발견한다. 습관과 단조로운 일상에

묻혀 알 수 없었던 모습들이다. 또한 여러 가능성의 강도가 증가한다. 여행자의 무위는 '순진무구로의 회귀'로서, 그로 인해 그의 전인격이 부분적으로 새로워지는 길이 열린다. 그는 꼭 필요한 것이 아니면 놓아 버리고 자신이 살던 환경을 떠나는 한편, 땅과 친지들에게 그를 붙들어 매고 있던 관계들을 하나씩 끊어 나간다. 그가 그때까지 영위했던 정착 생활이 갑작스레 해체되고 마는 것이다. 그러므로 이런 방랑은 일종의 경박성을 내포한다. 오래된 이 개인주의적 충동은 오이디푸스의 몸짓을 반복하지만, 그렇다고 예전처럼 그럴듯한 이유가 있는 것은 아니다. 여행자인 나는, 새로운 조상을 찾는 사생아도, 가족을 버린 탕자도 아니다. 그보다는 고정 관념에 매이지 않은 고독한 자요, 운명을 속인 채 자신의 모습을 잊고 자아로부터 벗어나기 위해 방황하는 할 일 없는 자이다. 여행은 개인에게 혈액을 공급하는가 하면 개인을 용해시켜 버리는 '터진 틈'이다. 그런가 하면 늘 두 가지 화석화 사이에 매달려 있는 그로 하여금 무중력 상태의 고아가 되게끔 하는 근사한 탈출구이다. 그는 여행자, 혹은 짐을 벗어던진 인간이다.

여행에는 관광객이라는 정체성을 이방인의 정체성과 맞바꾸는 심오한 기쁨이 있다. 이 경우, 무명의 큰 호텔과 공식적인 구경거리를 대신하는 것은 그들을 맞는 그 고장 사람들이다. 나는 손님이 된다. 그 지역 언어를 조금 구사하는 나는 그곳의 틈새로 미끄러져 들어가, 애초에 나에게 맞섰던 무관심의 벽에 균열이 가게 한다. 즉 처음에 나를 무능하고 불편하게 느꼈던 사람들에게 내가 조금이나마 필요한 존재가 되는 것이다. 이곳에서 나는 아무 할 일이 없었던 데다 잉여물이기까지 했지만, 일련의 교묘한 마술과 다행스런 만남으로 인해 이곳을 빠져나올 수 없게 되며, 없어서는 안 되는 존재가 된다. 이상적인 타입의 여행자는 '체류 외국인' 이다. 해당 국가의 국민과 관광객의 중간에 위치한 이 사람은 영원과 불확실성의 혼합으로서 이 두 가지 시간의 경계, 두 가지 절박한 요구 사이에서 산다. 그는 자신이 사는 장소를 복합적인 실체로 변모시킨다. 체류 외국인이라는 사실은 그로 하여금 분류할 수도 규정지을 수도 없는 존재가 되게끔 한다. 출생국과 선택한 국가. 이렇게 그는 도처에 한 발을 디디고 있는 것이다. 그는 움직이지 않지만, 그래도 외국인이라는 위치 때문에 끊임없이 추방당한다. 요컨대 '격차의 쾌락' 이랄 수 있는 달콤한 정신적 허세를 경험한다. 나는 외국인이지만 아랍계는 아니며, 내겐 확실한 신분과 이동의 특권이 있다. 나는 부동(不動)의 유망선으로서, 진정으로 내 집에 있는 건 아니지만, 그렇다고 방황하는 것도 아니다(그러므로 자기 땅에서 강제로 내몰린 정치적 망명자나, 이 나라 저 나라를 방황하는 국외 추방자와는 대조적인 위치에 있다. 또한 너무 오랫동안 열대의 식민지 땅에서 살아 조국 땅이 오히려 낯설어진 사람과는 더더욱 대조적이다).

여행에 관한 한, 온갖 방향에서 교육이, 아니, 반(反)교육이 이루어져야 한다. 최종적인 탈출, 즉 단번에 우리 자신에 대한 확신을 심어주는 탈출은 있을 수 없으며, 또한 통과 의례적인 여행만을 믿을 수도 없다는 말이다.[8] 예기치 못한 일들과 사건만 이어질 뿐, 우리에게 아무런 가르침도 주지 않는 방랑도 있다. 그것들은 어떤 계기나 파트너 혹은 쾌락을 제공하지만, 여하한 해석도 배제하는 수많은 에피소드에 불과하다. 그리고 젊은이를 교육하기는커녕, 노인을 초췌해지거나 영악

---

8) 이 문제를 Marcel Brion은 그의 감탄할 만한 저서 *Allemagne romantique*(Albin Michel) 제1,2권에서 다루고 있다.

해지도록 만든다. 그렇다면 이같은 방랑을 '반(反)통과 의례'라 이름 짓도록 하자(오늘날의 여행담은 더이상 교화를 목적으로 하지 않는다. 그것들은 경박한 데다, 최선의 경우에도 유혹의 기능만을 담당하여 그릇된 이동벽만을 부추길 따름이다). 현대의 모험담은 그 자체가 모험을 부추기는 무상의 부름이다. 스무 살 청년도 이미 노인이 되어 떠난다. 참으로 살아 있는 삶의 순간들을 망치는 무감각을 피해야 한다는 강박 관념에 쫓겨 도피한다. 순례를 떠난 우리 영혼은 새로운 생명으로 태어나기 위해 번데기를 뚫고 나오는 나비가 아니다. 여행길에 나선 나는 예기치 못한 사건, 일화, 만남에 의해 창조된다. 내 자신이 더없이 불안정한 개인으로서 준엄한 운명과 중력에 누구보다 철저히 맞서고 있다는 환상을 나는 즐긴다(모험은 본질이 우연보다 우위인 것도, 존재가 본질을 앞서는 것도 아니며, 어떤 계기나 우연에 힘입어 이 모두를 잊어버림이다). 교육학이나 인격 형성에 대해 운운하느니 차라리 여행이 지닌 치료 효과를 논해야 할 것이다. 떠남의 사건은 우리의 불행을 거리를 두고 볼 수 있게끔, 충격으로 작용한다. 우리는 습관을 벗어던지지만, 그렇다고 새로운 사람으로 태어나지도 않으며 양자 사이에서 혼란을 겪는다. 이런 은총의 상태에서 더이상 따라야 할 관행이 없는 나는 아직 어떤 습관도 몸에 배지 않은 상태이다. 탈출은 존재의 비장감을 새롭게 하는 목욕재계와도 같다. 새로운 세계가 나의 낡은 자아에 침투하여 우리의 부적절한 기계적 행동을 현장에서 포착한다. 그리고 이 행동을 웃어대는 듯, 삶이라는 혼돈 속으로 끝없이 우리를 되돌려보낸다. "내가 이유 없이 자리를 옮긴다면, 그건 발 밑의 단단한 땅을 잃기 위해서이다"라고 상드라르는 말한다.

그러므로 여행의 상징은 시작과 끝이 맞물리는 원이 아니라 여러 개의 궤도를 그리는 소용돌이이다. 그것은 제자리로 돌아오면서도 다른 지점에 와 있고, 비약을 통해서가 아니라 조가비의 무늬처럼 빙글빙글 돌면서 창조한다. 절반은 미래를, 절반은 과거를 바라보는 한편, 반복의 힘과 탈출의 힘, 죽음의 힘과 삶의 힘을 동일한 도약 속에 담고 있다. 여행자는 여러 세상과 사건들로 화환을 엮는다. 덧없이 물결치며 소멸해 가는 여행자의 전진은, 짜여지면서 동시에 풀려나가는 씨실이다. 이처럼 일관성 없는 변신의 주기 속에서 편력하는 그는 조숙한 아이이며 노인, 성숙한 여인이며 까다로운 인간, 바나나잎, 처마 밑으로 떨어지는 물방울, 이 모두인 자기 자신을 발견한다. 방황한다는 것은 현재도 작동중인 신화를 끊임없이 발산하는 것이다. 하늘의 호수에 흠뻑 적셔진 스펀지처럼 수많은 신(神)들로 젖어드는 것이다. 이 덧없는 신들은 힘의 절정에 도달해서는 죽고, 자신들의 향기로운 제단을 다른 신들에게 내어준다. 전세계를 일주하는 여행자는 자신 속에 어릿광대를 키우며, 이 어릿광대 속에 과학과 지혜를 새겨넣는다. 태어나기 무섭게 죽음을 준비해야 하는 이 과학과 지혜는 덧없는 순간의 지속성만을 지니는 것들, 그러기에 더욱 부서지기 쉬운 것들이다.

우리를 무겁게 짓누르고 붙드는 것과 결별코자 하는 의지, 모든 방랑벽의 기저에 있는 이 충동을 시차(時差)보다 더 잘 설명해 주는 것이 있을까? 그것은 파장이나 타원형의 달걀만큼이나 시적이며 매혹적인 수수께끼이다. 묘한 혼돈을 야기시키는 이 마법에 누가 저항할 수 있겠는가? 덕분에 우리는 통상적인 시간에서 하루를 번다. 화요일 저녁에 잠자리에 들었는데, 깨어나 보니 화요일 아침이라면 말이다. 그러니까 세상에는 두 번의 화요일과 두 번의 목요일, 혹은 두 번의 일요일이 존재한다. 요컨대 추가로 주어진 하루가 세상을 떠돌면서 경선과 위선을 따라 방황하며, 우리를 위해 어디선가, 일본과 샌프란시스코 사이쯤에서 떠다니고 있는 것이다. 공식적인 달력에 나와 있지 않은 하루, 예를 들면 80일간의 세계 일주에서 필리어스 포그가 내기에 이기게끔 해준 하루이다. 이 비물질적인 도깨비불, 흘러가는 시간의 착란은 우리로 하여금 미지의 세계를 건드리도록 하며, 신들의 특권인 편재성을 우리에게 스물네 시간 부여한다.

시간의 포개짐, 가장 먼 과거와 가장 가까운 미래의 병치랄 수 있는 오늘날의 여행은 공상과학 소설의 온갖 속성을 지닌다. 이 시대의 행운, 그 특이한 망상과 독특한 색채는 이 시대가 이미 그 자체로서 공상과학의 세계요, 중세에서 원폭 시대에 이르기까지(파푸아뉴기니의 석기 시대까지 포함하여) 여러 시대가 공존하는 세계임을 말해 준다. 그러므로 여행을 한다는 것은 여러 과거와 여러 현재를 살며, 끊임없이 모래시계를 거꾸로 놓으면서 시간의 사다리를 오르락내리락하기이다. 그것은 18세기나 봉건 시대 혹은 태초의 시간으로 순식간에 거슬러 올라가기, 존재와 사물 간의 악마적 충돌을 체험하기, 세계 각 지역 사람들의 대조적인 행동 양식을 보며 예술가로서 감흥을 받기이다. 실제로 서기 1978년 9월 28일이 이란에서는 페르시아 왕국 2537년 mehr 4일이며, 헤지라(회교 기원) 1357년 mehr 7일이기도 하다. 이처럼 복잡한 연대기적 구분이 우리에겐 황당한 일처럼 보이지만 말이다. 요컨대 여행이란 불안정성을 지속적인 상태로 유지함을 의미한다.

성공적인 여행이란 어떤 것일까? 까다로운 질문이다. 어떤 여정도 관광 여행의 논리를 벗어날 수 없음을 우리는 알기 때문이다. 이 영역에서 어떤 기준치를 정한다는 것은 음흉한 테러 행위를 완수함이다. 그렇긴 해도 집을 떠난 사람의 주관적 관점에서 볼 때——자기 집에서 20킬로미터밖에 떨어지지 않은 곳일지라도──그는 어떤 사건이나 짜릿한 경험에 의해 자신의 꿈이 예기치 못한 방향으로 이끌려지는 것을 보면서 특별한 느낌을 받는다. 계획이 이루어졌을 때 이상으로 (예컨대 남모로코인이 된다든지) 계획이 빗나간 데서 기쁨을 맛본다. 추가적인 요소가 끼여들어 여정을 예상치 못한 엉뚱한 곳으로 몰고 가는 것이다(아니면 관광 여행에는 동조하면서 그에 따르게 마련인 결과들은 거부할 수도 있다). 모험은 우리가 계약의 조건들을 넘어서는 순간 시작된다. 모든 모험은 가공의 신화적 시간과──아프가니스탄·카슈미르·소말리아 연안·티에라 델 푸에고·마르키즈 제도 등 행복감을 자아내는 푸짐한 고유 명사의 마술──출발과 대면이라는 현실적 시간의 갈등으로부터 생겨나기 때문이다. 일부 국가들의 '선택 친화력'과 이 국가들을 방문하는 '특정한 순간' 사이의 갈등이다. 이같은 대결 속에서 두 체계는 은연중에 서로 연결된다. 그것들은 저마다 자신의 우월성을 확신하며, 스스로를 상대방에 대한 충분한 반증이라고 믿는다. 양자가 충돌하는 순간까지 말이다. 풍요로운 충돌이 있는 한편, 그 확연한 반증에도 불구하고 절대로 애초의 꿈들에 대한 뉘우침을 불러일으키지 않는 충돌도 있다. 이 육탄전은 시시각각 새로운 국면이 전개될 수도 있는 이중의 게임이다. 그것은 현실이 우리에게 돌려주는 아름다움의 양이 상상의 약속을 초월하는지 아닌지를 측정할 수 있도록 해준다.[9] 일체의 가치 평가가 존재하기 이전에 충돌이 발생하는 곳이라면 그 어디서나 우선 다양성의 가치가 표출된다. "나는 망

---

9) 왜 우리가 찾는 것은 발견되지 않는가? 놀라움을 추구하면서 우리는 우연을 갈구하게 되는데, 우연은 바로 그렇기 때문에 우리에게서 달아난다. 우리의 꿈에 정확히 일치하는 대상을 찾는다면 우리는 실망하고 말 것이기 때문이다(균형 속에는 어떤 소설적인 것도 들어 있지 않으니까). 결국 우리는 우리가 찾지 않은 것만을 발견하게 된다. 바로 우리가 찾기를 잊어버린 순간, 그것은 예기찮게 우리에게 다가온다.

치와 종 사이에서 갈팡대며 내 생각을 피력해야 했었다. 이제 나는 무엇보다 음향을 모아들였음을 고백한다." 빅토르 세갈렌의 말이다. 기대와 그 실현 간에 균형이 이루어질 때마다 실망이 따른다. 그러나 조롱당한 상상의 기대가 현실 앞에서, 또 낯선 상황의 기쁨과 희열 앞에서 갑자기 무너져 내릴 때, 찬란한 패배와 행복감이 넘치게 된다. 좌절이 극에 달하고 환상이 완전히 실현되는 순간에 바로 승리가 있다. 이때 우리가 더이상 기대치 않았던 일이 도래한다. 있을 법하지 않은 일이 생겨나는 것이다. 혼란이야말로 여행의 상징이다(그리고 풍향계는 여행자의 상징이다). 멋진 여행이란 다름아닌 근사한 실망이다.

현대의 순례자가 겪는 두 가지 실패라면 다음과 같다. 우선 그는 앞으로 있을 탐험을 세심히 준비하며, 챙 달린 모자, 반바지, 여행 가방, 기차 시간표, 하인, 소총을 산다. 또 해당 지역의 지형과 기후를 찬찬히 공부해 둔다. 그런 다음 여행을 떠나서는 수개월을 사우나의 뜨거운 열기 속에서 몸을 단련하고 동물원의 사자 우리 앞에서 맹수들을 보며 지낸다. 그리고 사파리에서 모기와 바퀴벌레를 죽이면서, 또 베란다에서 미지근한 위스키를 홀짝거리면서 체류 기간을 보낸다.

또 어떤 이는 더운 나라로 떠나기 전날 보험을 들고 예방 주사를 맞고 약을 복용하는 등 신중을 기하지만, 막상 여행을 떠나서는 샤워를 하다가 비누에 미끄러져 어이없는 죽음을 당한다.

> 한 여행사의 광고 문구:
> "만사가 우울해 보인다면 떠나십시오."
> (변발을 하든지, 머리에 총알을 박아서 말입니다.)

여행 동안 맺어지는 관계들로부터 오는 행복, 이것은 두 가지 상황의 결합, 즉 큰 숫자와 속도로부터 온다. 우리는 많은 사람들과 매우 짧은 접촉만을 가지며, 이것들은 오직 시작의 아름다움이 지니는 추억으로만 마음속에 각인된다. 우리는 일상으로부터의 해방 못지않게 의존의 관계를 재빨리 바꾸어 나가는 데 집착한다. 여행의 강렬한 매력은 끊임없이 다시 시작한다는 데 있기 때문이다. 또한 여행은 우리가 일상 생활에서 마주치기 어려운 사람들을 만나게 해준다. 인도 왕후에서 프리마돈나에 이르기까지, 혹은 인도인 농부에서 무료 편승자, 혹은 당신의 아파트 같은 층 이웃에 이르기까지 말이다. 같은 건물에 살 때보다 차라리 집에서 1만 킬로미터 떨어진 곳에서 오히려 이 이웃을 재발견하게 될 확률이 더 높다고 하겠다. 점점 더 늘어나는 우연과 꾸준한 계시 속에서 나는 단속적인 고독을 맛본다. 더운 물, 찬물 속에 번갈아 들어가는 세례처럼 이 고독은 끊임없이 부서지고 재창조된다. 유쾌한 바자회, 느린 접근과 신속한 결말의 결합, 그리고 일체의 부차적인 사항이 배제된 무한히 소중한 만남의 기회. 이 노상의 방랑자에게 그것은 기대이며, 행복하고 복된 에고이즘이다. 얼키고설킨 이들 삶에 경탄을 금치 못하는 그는, 사람들 사이에 관계가 지속될 때 필연적으로 뒤따르는 습관과 적개심, 서로에 대한 비방을 경험할 사이가 없다. 모험은 지속되고자 할지 모르지만, 그렇게 된다면 습관으로 전락할 수밖에 없다. 이런 모순된 특성으로 인해 모험은 뜨겁게 절정으로 치달렸다가 마침내 불가피한 종말을 맞고야 만다. 이런 일련의 강렬한 순간들은 절대적인 성격을 띠지만, 파괴와 수태의 상호 관계 속에서만 살아남는다. 때문에 그 자체로서 존재하는 고장은 없으며, 인간의 경험들만이 있을 뿐이다. 그리고 이 경험들이야말로 진정한 풍경이다.

> 근사한 게이들(travelos chics)은 항상 여행자 수표(traveller's chèques)
> 를 이용합니다.

바캉스 차량들이 열을 지어 움직이는 고속도로를 타거나 혹은 어디
가 어딘지 알 수 없는 구불구불한 아름다운 길을 따라, 화려한 무도
회 아니면 지중해 해안의 뮤직홀에 간다고 하자. 당신은 이집트의 찬
란한 하늘이나 그리스의 빛나는 바다, 캉브레의 안개를 보며 한숨짓
는지 모른다. 이 순간 기억해야 할 것이 있다. 사랑의 올바른 사용법
이 없듯이, 세상의 올바른 사용법도 없다는 사실이다.[10] 이 부분에서
우리는 어쩔 수 없는 다양성에 부딪치기 때문이다. 사람들의 수만큼
이나 이 사람들이 여행을 하는 방법도 다양한 것이다. 모험이라 불리
는 악습, 그것을 여행이라는 마약의 정열적인 과다 복용으로 볼 수는
없다. 모험이라 불리는 악습은 제한 구역이 아니어서, 아프리카의 큰
강이나 인도양의 섬들, 티벳의 고원 지대 못지않게 메닐몽탕가(街)를
지나는 버스 안에서도 일어난다. 범용을 진정으로 혐오하고 일상 생
활과의 타협이 근본적으로 불가능한 사람은 위험의 표적이 되기 때문
이다. 초연한 태도, 먼 고장에 대한 관능적인 그리움, 결정적인 추방
(하늘을 나는 자의 진지한 태도이기도 한)을 꿈꾸는 위험이다. 실제로
집에서 할 일 없이 뒹구는 것만큼이나, 방랑 생활에 정착하는 데에도
중력이 작용할 수 있다. 여행이 제기하는 질문에 결정적인 대답을 한
사람은 아직 아무도 없다. 여행 자체가 무한한 다양성을 지녔기 때문
이다. 문제는 동양, 낯선 느낌, 이국 정서와 같은 이 모든 환상들이 마
침내 상상의 세계를 벗어나 현실을 잠식하며 예기치 못한 동요를 초

---

10) 본서의 저자가 쓴 *Le Nouveau Désordre amoureux*(Edition du Seuil)를 읽을 것.

래한다는 사실이다. 한 사람 한 사람의 출발은 예전에 사람들이 지나간 자취를 무효화하며, 불확실한 영역들로 이루어진 자체의 지도를 만들어 낸다. 길이란 길은 모두 늘 새롭게 지나가야 하는 공간으로 열려 있으며, 세상의 넘쳐나는 길들을 사람들은 멈추지 않고 걸어간다. 최후의 말은 없으며, 근사한 도피를 위한 확실한 비결도 없다. 여행이 선사하는 다양한 행복만이 있을 뿐이다. 그리고 이 행복의 수도 여행자의 수만큼이나 많다.

일상적이며 납득 가능한 소수의 경험들을 상대방에게 재빨리, 조금이라도 더 빨리 이해시킬 수 있게끔 해주는 단축의 과정. 이것이 바로 여행의 새로운 국제어이며, 복잡한 관용어가 초래하는 비극을 해결해주는 언어이다. 미니멀한 영어, 빈약한 영어, 'poorlish,' 4,5백 개 단어로 최대한의 정보와 감정·경험을 교환할 수 있도록 해주는 방언. 이 말은 덫에 걸린 언어, 통속적인 언어, 우둔한 자들의 언어라는 의미와는 거리가 멀다. 여기서 우리는 묘한 사실을 발견하게 된다. 즉 영어의 보편성은 초강대국이 지닌 권력의 매체라는 점에서 찾아지는 한편, 오늘날 전세계 수많은 젊은이들에게 영어는 자유의 동의어로 간주된다는 사실이다. 지구의 동의어라고도 할 수 있는, 아무 곳에도 없으면서 도처에 있는 언어이다. 제국주의의 상징인 동시에, 탕자들에게는 이국 정서의 상징이며 움직이고자 하는 갈망, 타인들에 대한 개방이기도 하다.

여행이 약속하는 모든 경이로움 가운데서, 사소한 암거래를 통해 맛보는 기쁨을 누가 노래할 것인가? 세관의 검사가 강화되고, 국경이 부활하고, 남북미와 아시아 지역에서 마약 퇴치 운동이 활발히 전개되면서 도처에서 밀매가 되살아나고 있다. 헤로인이나 아편, 코카인을 외국에서 유럽으로 보내며 순식간에 부를 축적하는 일이 그 어느 때보다 용이해졌다. 낙원을 파는 상인이자 딜러라는 이 이중의 직업을 오늘날 누구라도 꿈꾸어 볼 수 있게 되었다(일례로 미국에서 밀매는 범죄 행위가 아니어서 밀매자는 정상인으로 간주되며, 아무라도 흡연과 흡입에 손을 대고 밀매에 가담한다. 이 직업은 현 주민들 사이에서 일상화되어 확산되고 있다). 웬만한 담력과 상상력을 발휘해 경찰의 조사를 피해 갈 수만 있다면 내깃돈이 열 배로 불어나게 할 수도 있다(이란 국경에서 발견된 젊은이들 가운데 소량의 하시시라도 몸에 지녔을 경우 경고도 받지 않고 즉석에서 총살당했던 일이 엊그제인데 말이다). 먼 나라에서 성행하는 수두룩한 술책들은 말할 것도 없다(발리에서는 학생증이 매매되고, 동유럽 국가들에서는 화폐나 의복, 공산품이 거래된다. 또 아메리칸 익스프레스 여행자 수표도 거래되는데, 배서가 없는 수표는 절반 값에 팔리고, 이 수표에 전문가가 사인을 감쪽같이 위조해 넣어 해당 액수가 지불되도록 한다. 그밖에 보험 사기, 훔친 여권 변조, 조각품·미술품 절도, 비자·소인·검인의 전매(轉賣), 지역 부유층을 상대로 한 남녀 매춘, 버뮤다 삼각 지대 세 각의 총합에 대한 음흉한 계산을 들 수 있다). 매번 이국 땅에 발을 들여놓을 때마다 우리는 전대미문의 수상쩍은 거래, 위법 행위의 가능성을 엿본다. 이런 기도는 '불법'이라는 말이 담고 있는 위험과 매혹의 향기를 지녔기에 더더욱 마음을 끌어당긴다.

> "여러 종족과 민족, 타인을 융화시킬 수 있다고 자신하지 말자. 반대로 절대로 그럴 수 없음을 기뻐하자. 그렇게 함으로써 우리는 '다양성'을 느끼는 즐거움을 지속적으로 간직할 수 있게 된다."(빅토르 세갈렌)

‘세계 일주를 하다(faire le tour du monde)’라는 말은, ‘문제를 한 차례 훑어보다(faire le tour de la question)’라는 말만큼이나 바보스럽다. 이 표현에는 ‘소진(消盡)’과 ‘계산’의 의미가 함축되어 있기 때문이다. 우리는 세상을 샅샅이 보았고, 끝까지 읽은 책들을 서가 위에 따로 정리해 두듯이 자신이 아는 나라들을 지워 나간다. 우리는 지나온 긴 여정과 이미 방문한 나라들의 수를 흡족한 마음으로 헤아려 보며, 아직 가보지 않은 나라들의 수를 세어 본다. 이미 이루어진 것은 더이상 시도할 필요가 없으며, 기정사실로 남는다. 그러나 따지고 보면 이 모두는 우스꽝스럽고 어리석은 생각이 아닐 수 없다. 우리가 여행을 떠나는 이유는 이 땅이 다시금 황홀한 마법에 들고, 그 구석구석까지 깊이가 부여되고, 그곳을 가로지르는 모든 자기장이 다시 활기를 띠도록 하기 위해서이기 때문이다. 방랑자가 아침에 걷는 길은 관광객이나 정착자가 기계적으로 걷는 길과는 다르다(우리가 가본 나라들은 그 신비를 잃기는커녕 어떤 모순적인 운동에 의해 더욱 풍부해지고 생동감을 띠지 않는가. 결국 그 나라는 깊이 파고들수록 알아야 할 것들이 더 많이 생긴다. 한 국민과 문화의 복잡성은 오랜 시간의 접촉을 통해 풍부히 표출되기 때문이다). 둔한 인간들, 소심한 인간들에게만 세계는 작고 보잘것없어 보인다. 한 끝에서 다른 한 끝까지 사람의 인적이 닿지 않은 곳이 없고, 혁대의 버클을 채우듯이 버클이 채워질 수 있다고 그들은 생각한다. 한술 더 떠, 사하라는 완전히 분양되었고 히말라야는 해발 7천 미터까지 임대 아파트가 들어차 있다고, 그리고 2030년에는 마지막 1천5백 미터까지 임대 아파트가 들어설 거라고, 그들은 우리로 하여금 믿게 만들지 모른다. 우리는 애초에 세상과 끝장을 보겠다고, 세상을 손 안에 가두고 소유하겠다고 마음먹고 떠난다. 그러나 막상 길을 떠난 우리 앞에는 새로운 세계와 창조의 수수께끼가 눈을 뜬다. 여기에 바로 닻을 올리는 엄청난 기쁨이 있다. 일주 여행자는 손수건의 광활함을 발견하는 릴리푸트 사람이다. 그는 세상을 현미경의 눈으로, 잔가지 하나도 확대시켜 본다. 그것은 저 아래 모든 것이 작아 보이게 만드는 비행기의 눈이 아니다. 그가 '작은 보폭의 논리'를 선택하는 데에는 이유가 있다. 무한과 광활함, 그리고 힘과 세력만이 존재하는 공간들은 작은 장소들보다 훨씬 압박감을 줄 수 있기 때문이다. 장애물이나 한계가 보다 큰 자유를 약속해 주듯이 말이다. 대초원, 사막, 대양은 그 광활함 자체로 인해 감옥이 될 수도 있다. '바람의 구두를 신은 사람'은 작은 섬의 아늑한 구석처럼 사소한 것의 위대함을 기린다. 오늘날의 색다른 모험은 미세한 것들, 극소(極小)의 무한한 복잡성 속으로 피신해 들어간다. 광활함이 탐험이나 정복의 공간이었던 반면, 미세함이야말로 모험의 에피소드들이 자리잡는 공간이다.

> "가장 견디기 힘든 건 내게 모험이 닥치지 않는다는 점이다. 아, 내가 뭐든 이야기할 수 있게 이런 모험이 닥치려면 어떻게 해야 하지?"
> (루이스 캐롤)

화요일

신경질적인 로맨스들

감정의 망설임

> "우리가 어떤 운명을 소유해야 한다는 의무에서
> 도망칠 때에만 우리는 지나가는 날들에서 맛을 발견
> 한다."
>
> 시오랑.

현대의 커플들은 사랑을 장난삼아 한다. 그들은 자신들의 불멸을 바라는 대신, 이것도 저것도 아닌 미확정의 상태를 즐긴다. 일생을 거는 약속의 엄숙함보다는 그날그날을 즐기는 삶의 자발적인 무분별을 선호한다. 세련된 멋을 부리는 묘한 시대가 바야흐로 닥친 것이다. 예전에 연애의 서곡을 이루었던 특징들, 즉 모호함과 긴장의 기술이 이제는 부부의 영역으로 넘어왔다. 오늘날에는 유혹의 전략들보다 가정 생활에서 더 많은 교태가 발휘된다. 요컨대 상대방에 대한 접근의 방법이 점점 가속화되고 단순화됨에 따라서, 합법적인 부부야말로 자체 안에서 세련된 멋부리기에 몰두한다. 서로에 대한 애정이야말로 아양으로 표출되며, 수많은 핑계와 가정을 통해 조화를 이루는 것도 바로 부부이다. 이 순간 두 사람 중 한 명은 "우린 언제까지나 함께할 수 있을까?"라는 치명적인 질문을 던지고야 만다. 그렇다면 커플이란 무엇일가? 퇴색의 위험을 쫓아내기 위해 애정이 우연과 희롱을 벌이는 복잡한 술책.

그런데 무지의 욕구는 우리 모두가 하나의 운명을 소유하고 있을 때 더욱 절실해진다. 여기서 운명이란, 하나의 삶이 전개되는 내내 그 삶에 대한 책임을 지는 것이다. 세분화된 시간표의 구속과 봉급 생활자가 감수해야 하는 총체적인 통제에 얽매인 시간이다. 이처럼 변함없는 의례에 우리가 집착하는 것은, 진정한 삶을 살기에 우리는 너무 겁이 많기 때문이다. 그러나 이것이 우리를 서서히 질식시킨다. 이처럼 초라하고 별볼일 없는 삶을 살기에 우리는 지나치게 기력이 왕성한 것이다. 우리 자신의 삶을 운명으로 바꾸어 놓아야 한다고 어떤 위대한 사람이 설파할 때 우리는 이 말에 찬사를 보내지만, 거기에는 거리를 둔 존경심과 예의가 깃들어 있다. 실제로 어떤 사람이 자기 자신에게 소설을 들려준다면, 이 소설에 활기를 부여하는 것은 운명을 삶으로 바꾸고자 하는 정반대의 꿈이다. 계획된 프로그램을 박차고 나와 불확실성에 접근코자 하는 모순된 욕구이다. 그러므로 커플들의 결단성 없는 태도는, 미리 계산된 불확실성의 전략으로 보아야 한다. 두 사람은 자신들이 맺고 있는 환한 관계의 빛에 약간의 그림자를 드리우기 위해 일부러 머뭇거리며 더듬는다. 좀더 깊이 있게 말하면, 사랑을 안전의 저주받은 부분이 되도록 하기 위해서이다. "거봐, 하나같이 결과가 뻔한 일들이야"라고 절대로 우리가 말할 수 없는 존재의 영역이 되게끔 하기 위해서인 것이다.

발터 벤야민의 말대로 유대인들에게는 미래에 대한 예견이 금지되어 있었다. "유대인에게 매초는 그 순간 메시아가 지나갈 수도 있는 좁은 문이기 때문이다." 최악의 상황, 즉 권태가 어김없이 그들을 기다리지 않도록 하기 위해, 오늘날 수많은 연인들이 자신들의 미래를 두고 '의도적인 무지'를 택한다. 종교적이라 할 만한 태도로, 그들은 사랑의 종착지를 미리 예측해 보는 일을 스스로 금하는 것이다.

부부 생활의 위기. 정신과 의사들이나 메니 그레구아르[라디오 프랑스에서 상담역을 맡았던 여성] 같은 이들이 사용하는 이 애매모호한 말에는 한없는 어리석음이 깃들어 있다. 욕구를 병적 증상으로 보는 진단이 실제로 무슨 의미가 있는가? 부부 관계에서 튀어나오는 경솔한 언행 같은 온갖 형태의 불안정을 병리학과 무질서의 범주 속에 집어넣는 분석을 어떻게 보아야 할까? 위기에 대해 말한다는 것은 영구성의 편에 서서 불안정성을 판단함이다. 그것은 매번 삶이 균형과 질서를 거부할 때마다 이 삶을 질책하고 심하게 꾸짖는 것이다(치료라는 명목으로 도움을 주는 척하면서). 위기라는 말은 영원으로부터 탈주한 자들을 고질적인 사회적 불안의 원인으로 추궁한다. 또한 결혼은 평생 동안 지속되는 것이 당연했던 시대를 감성적으로 기웃거리며 무기력한 노스탤지어를 드러낸다. 하지만 무책임성은 가정 생활의 질병이 아니다. 부부란 희생자도 타락한 자도 아니요, 물결치는 삶의 추종자들이다. 그럼에도 불구하고 기필코 동요와 소요라는 말을 쓸 생각이라면, 위기를 맞고 있는 것은 질서라고 해야겠다. 안정화되어 있었던 태도들이 위기에 처한 것이 아니다.

결혼을 성사(聖事)로 간주함은 단 한 차례의 서약으로 부부 관계의 영속성을 신성화시킴과 동시에 그 관계가 지나치게 강렬하지 않도록 감시하는 것이었다. 과거 사회에서는 정열적인 사랑과 지나친 육욕은 부부 관계에서 추방되었다.[1] 이런 이중의 배제를 눈 먼 몽매주의의 소치로 돌린다면 잘못이다. 격렬한 사랑과 관능성에 대한 거부는 본능과의 결렬이라기보다는 그런 사랑이 지니는 비현실성에 대한 불신이다.

---

1) "종교적이며 헌신적인 관계, 이것이 결혼이다. 그러므로 결혼 생활이 우리에게 주는 기쁨은 신중하고, 진지하고, 엄격함이 섞인 기쁨이어야 한다. 어느 정도 조심스럽고 성실한, 그런 관능적 쾌락이 되어야 한다는 말이다."(몽테뉴)

사람들은 자신들의 애착이 해소되지 않기를 바라면서 그 애착을 느슨하게 만들었다. 충분히 절제된 애정만이 거리를 유지할 수 있다고 판단되었기 때문이다.

몇몇 예외를 제외하고는 가족 단위의 생산 방식이나 경제 활동은 오늘날 존재하지 않는다. 사회 질서를 위해서도, 개인의 생존을 위해서도, 안정된 부부 관계가 꼭 필요한 것은 아니다. 이렇게 해서 세속적인 전통에 의해 경계선 밖으로 밀려났던 것이 가정이라는 공간의 중심으로 파고들게 된다. 예전에는 비밀스런 사랑의 전유물이었던 육욕과 정열이 이제는 부부 관계에서 중시되고 있는 것이다. 부부는 불륜의 욕정들을 자신들을 위해 요구한다. 그렇게 해서 세속적인 사랑과 신성한 사랑이 완전히 뒤바뀌고 말았다. 이제 신성시되는 것은 격렬한 열정인 반면, 지속성은 일상적이고 권태롭고 세속적이라 간주된다. 영원의 개념은 사람들의 머릿속에, 아무 일도 일어나지 않고 지속되는 우울하고 무미건조한 시간만을 떠오르게 할 뿐이다. 이제 자신들이 언젠가는 죽을 것임을 아는 우리 커플들은 침울한 마비 상태에서 영원히 살기보다는 죽음의 위험을 무릅쓰기를 택한다. 그런데 모험과 영원성을 동시에 숭배할 수는 없으므로, 우리는 자신들의 감정에 충실하고 시간과의 관계에서 경박해지기를 택한다. 사랑의 영역에서는 지속되는 시간을 사는 비상식적인 방법이 지배적이다. 시간을 총체적으로 파악하기를 주저하는 것이다. 달리 말해, 오늘날 사랑한다는 것은 함께 같은 방향을 바라보는 것이 아니라, 사랑하는 두 사람의 시야가 점점 짧아지는 것이다. 즉 사랑은 장님이 아니라 근시이다. 그는 자신의 코 끝보다 멀리 내다보지 못하며, 장기간에 걸친 계획을 세우는 데 대해 거의 맹목적인 거부 반응을 보인다. 미래에 대해 노심초사하지 않을수록 관계는 더욱 견고하게 지속될 수 있다는 듯이 말이다.

우연이야말로 만사에 고결함을 부여한다. 부부가 된 커플들이라고 해서 절대로 파손되지 않는 이글루 속에 자신들의 열정을 피신시키고자 하지는 않는다. 부부 관계란 더이상 시간에 대한 도전이 아니며 선험적인 전제들이 배제된 모험 가득한 기도라는 조건에서, 그들은 부부가 되는 데 동의한다. 두 사람은 자신들만의 이중창을 부르지만 이제 그들에게 악보는 없으며, 은밀히 대사를 속삭여 주는 프롬프터도 쫓겨난 상태이다. 물론 때로는 대수롭잖은 일시적 만남이 영구히 지속되기도 하고, 시작된 관계가 인생의 동반자 관계로 이어지기도 한다. 하지만 더이상 이런 장수(長壽)가 사랑의 관계에서 반드시 지켜져야 할 소명은 아니다. 그것은 차라리 덤으로 주어지는 것이며, 기대치 않았던 보상, 깜짝 선물과도 같다.

동성애자들은 정상적인 사람들인가? 설문 조사에 응한 미국의 심리학자들은 다음과 같은 놀라운 판결을 내렸다. 즉 동성애자를 육체의 욕구에 반(反)하는 관습의 소유자로 볼 수 없으며, 단지 그의 내면에 있는 영원한 청년이 병들어 있다는 것이다. 동성애자는 남색가가 아니며, 비역 행위 역시 눈감아질 수 있는 것이다. 정신 치료요법의 새로운 도전은 불안정이라는 악덕에 더 큰 주의를 기울이며, 성도착자보다는 방황하는 자에게 관심을 갖는다(후자는 그의 성적인 문제로 인해 그 누구와도 지속적인 관계를 맺을 수 없는 사람이다). 한 개인의 성숙도는 그가 표준 생활에 얼마나 일치하는가와 동의어이며, 성인이란 정착할 줄 아는 사람을 의미한다. 그러나 사랑에 관한 한, 미성숙의 경향이 점점 더 확산되어 가고 있다. 사람들은 서른일곱 살이 되어도 진지해질 줄 모르며, 그들이 처음 사랑에 눈뜨기 시작했을 때 그랬듯이 '단번에 모든 것이 결정되는 것'에 대해 어린아이 같은 두려움을 품고 있다. 미확정의 시간이 확장되어서, 거의 평생에 걸쳐 사춘기의 위기를 겪게 된다. 그리고 성인들은 자신들이 일찍이 자만심에 젖어 '반항기'라 지칭했던 이 시기에 좀더 오래 머물기 위해 간혹 술책을 쓰기조차 한다. 성적인 조숙과 정서적인 미숙. 이렇게 사랑의 자연스런 연보는 이중의 혼란에 빠져 있다. 누구 할 것 없이 호모에다 청춘기 남녀이다. 대다수 사람들의 태도가 서서히 변칙성으로 물들어 가고 있다. 보호 장치가 없는 사랑이 이 전형적인 어린 성인들에게 무의식적인 기준으로 작용한다. 세상이 바뀐 것이다. 이제 남녀 커플들은 지속되는 청년기에 붙잡혀 달콤한 질병을 앓고 있다.

재산은 개인에게 지속성을 부여하는 반면, 봉급생활자의 존재는 불안정하다. 주머니와 손 안에 든 것이 없는 우리는 지참금 없는 신부들이어서, 구체제 시대의 리넨 제품 제조공들이나 고본 장수들을 이상할 만큼 닮아 있다. 그녀들은 지참금이 없었던지라 혼인의 길에서 배제되어 있었던 것이다. 소위 말하는 현대 부부들은 과거에 세탁부들 사이에서 유행하던 관습을 따르고 있다. 즉 그들은 더이상 협력자가 아니요 자신들의 생존을 확보하기 위해 서로에게 의존하지도 않는 만큼, 변덕스런 사랑을 질책하지도 않는다. 봉급생활 제도가 일반화되면서, 커플들은 이제 가족의 재산을 보호하고 증식하는 데 열중하지 않게 되었다. 그런가 하면 많은 여성들이 경제적 독립을 쟁취함으로써 애정과 항구성이 자동적으로 짝을 이루지도 않게 되었다. 공중인들이 주도하던 문화가 이제 사멸해 가고 있는 것이다. 그런데 이 문화와 함께 사라진 것은 부르주아의 지배가 아니라 부르주아 계급이 늘 자신과 동일시했던 이 항구성의 이상이다. 도덕 질서는 이중의 차원에서 평가절하당하고 있다. 즉 점점 늘어나는 자유분방한 사랑, 그리고 어린 시절의 한계들을 훨씬 넘어서는 젊은이다운 경박함이다.

과거의 시간은 진지성을 띤 단일화된 시간이자 성숙함을 지닌 유기적 시간이었던 반면, 잇달아 '악당'의 시간이 등장한다. 즉 일관성 없는 연속성과 헛된 축적을 의미하는 동시에 여러 경험이 부조리하고 지리멸렬하게 이어지는 삶의 양식을 말한다. 물론 사랑의 기억은 존재한다. 하지만 상처입은 기억이든 영광스런 기억이든, 그것은 어김없이 무용한 기억일 뿐이다. 우리는 성숙하기도 전에 늙어간다. 우리의 사랑을 통해 아무것도 배우지 못하기 때문이다. 일련의 혼란스런 경험 뒤에 최종적으로 어떤 감정 교육이 이루어지는 것도 아니다.

우리의 사랑에 무엇이 남아 있는가?

문학 작품 속에 등장하는 임종의 고통들 가운데 《춘희》〔뒤마 피스의 소설〕의 여주인공이 겪는 고통이 아마도 가장 감동적이라 하겠다. 그녀의 죽음에는 이 죽음을 초래한 불치의 병 외에도 무언가가 있기 때문이다. 마르그리트 고티에가 걸린 병은 정확히 말해 폐결핵이 아니다. 그녀의 병은 사람들이 걸리는 그런 병이 아니다. 그것은 신체 기관의 쇠약 이상인 하나의 표징이며, 그녀가 연류된 사랑의 강렬함과 불가능성이 동시에 기록되어 있는 유언장이다. 자포자기적이며 이례적인 폐병이 그녀를 소진시킴과 동시에 그녀의 모습에 빛과 변화를 부여한다. 대속의 고통을 의미하는 성스러운 병에 의해 다시 한번, 어쩌면 마지막으로 사랑과 죽음의 매혹적인 결합이 엄숙히 확인된다.

한 세기가 지나서 《러브 스토리》가 등장한다. 줄거리가 단순하고 명료한 이 사랑의 이야기는 전설의 차원에 도달한다. 비극과 감동을 연결짓고자 하는 우리의 끈질긴 욕구에 희생되어 여주인공이 죽기 때문이다. 그러나 이 둘의 결합은 보이지 않는 실로 꿰매어져 있으며, 치명적인 정열의 아름다운 신화는 사랑에 빠진 여자와 동시에 숨을 거둔다. 그러므로 리메이크처럼 보이는 이 영화는 사실 신성모독이다. 용납될 수 없는 죽음에 의해 제니퍼는 돌연 가정의 행복으로부터 단절된다. 누구도 부인 못할 조용한 행복의 실을 잣던 그녀는 자신의 생명이 몇 달 안 남았다는 사실을 알게 된다. 갑작스레 그녀는 양극단에 놓이게 되는 것이다. 무엇 하나 부족할 것 없는 완벽한 존재인 동시에, 눈앞에 죽음을 앞둔 병자. 넘쳐흐르는 젊음과 동시에 창백하게 소진되어가는 생명. 그녀는 정체 모를 악에 의해 삶을 박탈당하는 부조리에 직면한다. 그녀에게 있어서 암과 정열은 절대적인 대치를 이룬다. 춘희는 식별되지 않는 감상적이고 병적인 열병으로 타올랐지만 말이다. 마르그리트 고티에는 모든 사람들로부터 비난의 화살을 받아야만 했었다. 사회적 심판이라는 견지에서 볼 때, 창녀에 대한 부르주아 청년의 사랑과 맹목적인 질투는 용납될 수 없는 것이었다. 또한 그 시대의 논리에 따르면, 창녀의 미덕과 역설적인 순결 역시 불가능한 일이었다. 요컨대 그녀는 죽기 위해 사랑한 것이다. 반면 제니퍼의 경우에는, '희생'의 의미를 부여해 그녀의 죽음을 무의미로부터 구해낼 수는 없다. 이 죽음의 사건은 의미가 불투명하며, 우리를 완전한 혼란에 빠뜨린다. 이제 사랑으로 인한 죽음은 없으며 우발적인 죽음들만이 있을 따름이다. 《러브 스토리》에서 백혈병은 기왓장이나 바나나 껍질과 같은 역할을 맡아, 작가 에릭 시걸은 여주인공이 이 병에 걸려 미끄러지도록 한다. 불길한 정열의 종말이다. 과거에 사회 질서나 운명이 떠맡았던 역할을 현대판 이야기에서는 '불운'이 담당한다. 과거의 사랑 이야기는 모두 한 쌍의 남녀와 집단 간의 갈등으로부터 탄생했다. 그러나 오늘날의 슬픈 로맨스에서는 '재난'(병이나 사고)이 '갈등'의 역할을 대신한다.

우리가 세상을 바꾸어 놓은 것이다. 센티멘털한 모험에서는 중심 인물들이 셋으로 구분되었다. 즉 로미오, 줄리엣, 그리고 타자들이다. 그런데 이제 남은 것은 한숨짓는 두 사람뿐이다. 눈에 띄게 시대착오적인 상황이나 예외적인 경우를 제외하고는, 타자가 두 사람 사이에 끼여들어 그들의 관계가 전개되는 데에 결정적인 역할을 맡지는 못한다. 그러기에 충분한 힘과 응집력을 이 타자는 더이상 갖고 있지 않기 때문이다. 사랑으로 인한 죽음은 한물간 개념이 되었다. 두 연인 사이로 간섭해 들어올 만큼 위협적인 집단이나 전능한 아버지는 존재하지 않는다. 우리의 짧은 정열은 온갖 형태의 재난을 겪게 되는데(방부·냉방 처리된 비가시적인 무향무취의 암, 즉 백혈병이 특별히 선호된다), 그것은 공동체의 와해를 상징하는 '소설적 파국'을 뒷받침하기 위해서이다.

우리의 사랑에서 남은 것이 무엇인가? 감정이 남았다. 하지만 사회는 사라졌다.[2] 이처럼 제삼자가 사라지고 나서 최근에 생겨난 것이 '만남'이다. 낯선 두 운명의 우연한 교차는 익명의 세계에서만 가능하다. 나와 타자 사이에 아무도 끼여들지 않으며, 우연이 공동체의 개입을 대신한다. 모험에 대한 우리의 생각에 깊은 변화가 일어난 것도 이 점에 있다. 온전히 일체화되어 있던 사회에서 우연의 장소는 항상

---

2) 남색적인 사랑을 추구할 때에만 옛 방식의 질서가 되살아난다. 한 젊은 화가와 어린아이 간에 생겨난 순진무구한──그러나 규탄받는──열정을 그린 *Quand mourut Jonathan*을 읽어보라. Tony Duvert가 이처럼 철저히 '고전적인' 애정 소설을 쓸 수 있었던 것은, 그가 철저히 파렴치한 작가이기에 가능했다. 소아성애 도착자인 이 작가야말로 위대한 사랑의 신화들을 전수받은 자이다. 신앙이 사랑에 폭력을 휘둘렀던 먼 옛날 이 미개했던 시절을 당신은 그리워하는가? 당신은 이루어질 수 없는 강렬한 열정을 알고 싶은가? 그 유일한 방법은, 어린아이와 사랑에 빠지는 것이다.

'다른 곳'에, 도시의 벽 너머에 존재했었다. 즉 죽음의 세력이 느슨해져 있는 곳, 더이상 공동체의 규율과 요구가 지배적일 수 없는 곳에 있었다. 사람들은 모험을 찾아 떠났으며, 모험은 낯선 지방들만이 확보하고 있는 특권이자 위험이었다. 그러나 오늘날에는 우리가 알고 있는 것과 미지의 것 간의 경계가 지리적인 문제가 아니다. 우연은 어디에나 있는가 하면, 또 아무데도 없다. 그 가능성은 그저 미확정의 상태로 군중과 고독을 가리지 않고 모든 장소를 배회한다. 이국 정서나 그림처럼 아름다운 먼 고장들, 그런 것들도 우리가 일상에 빠져들지 않도록 지켜 주지는 못한다. 반면 매우 평범한 가정 생활도 모험으로부터 우리를 보호해 주지 못한다. 우리에게 있어 모험이란 예기치 못한 만남이요, 우리의 운명과는 상관없는 존재의 출현이다.

그런데 커플을 규정짓던 사회의 쇠퇴는 과거에 통용되던 '유혹의 관례'에 변화를 가져온다. 과거에는 상대방의 환심을 사는 데 두 가지 언어가 사용되었다. 하나는 주변 환경에 건네는 언어요, 다른 하나는 욕구의 대상에게 건네는 언어였다. 유혹의 대가는 전문적인 사기꾼인 동시에 마음을 사로잡는 재주꾼, 즉 아도니스와 아르센 뤼팽의 결합이어야 했다. 그러나 오늘날에는 사랑의 접근이 집단의 감시를 벗어나 예의범절이 단순화되었다. 유혹은 한 가지 언어면 족하고, 수신자도 한 명뿐이다. 예전에는 남녀 간의 사랑에 가족의 잔인한 계산이 따랐으나, 이제는 유혹이 또 다른 잔인성의 지배를 받는다. 즉 거절당한 상처의 책임을 공동체의 편견에 돌림으로써 이 상처를 극복할 수 있는 가능성이 차단된 것이다. 우리는 서로에 대해 더이상 실제 배우자나 집단의 역할을 떠맡을 수 없게 되었다. 때문에 유혹과 폭력 간의 유사성이 아주 뚜렷해졌으며, 격렬한 증오가 때로 낙오자를 사로잡는다. 이들이 당한 '거부'가 더한층 가혹하게 와닿는 것도 그 책임을 외부의 법정에 떠넘길 수 없기 때문이다. 두 사람이 등장하는 이 드라마에서는 오직 상대방만이 보상이자 심판관이다.

통상적으로 유혹을 위한 장소로 통하는 디스코텍이나 토요일 저녁 댄스 파티에서조차 외부 세계가 지닌 무인격성으로 인해 우리의 만남은 무섭도록 사적인 사건이 된다. 외부 세계의 중립성으로 인해 이제 간접적인 접근은 효력을 상실했으며, 두 사람이 대면할 때 그 자리가 바로 유혹의 공간이다. 첫 만남에서 이미 그들은 커플이 된다. 즉석에서 너와 나 둘만 남으며, 두 사람은 곧장 커플의 관계로 들어간다. 그 무엇도 둘이라는 숫자가 지니는 당당함과 절대성으로부터 벗어날 수 없다. 비틀거리는 최초의 감정적 결합 역시 마찬가지이다. 남녀 관계에서 사회는 이제 효력을 상실하고, 어딜 가나 커플이 그 자리를 대신한다. 사회라는 존재가 사라지면서 부부라는 형태가 과장되리만큼 뚜렷한 위상을 과시하게 되었다.[3] 결혼이 취소 가능한 것이 된 터에, 이제 취소 불가능한 것은 커플이다. 자체의 힘에 넘겨진 사랑이 우리가 보는 앞에서 나침반도 없이 부유하는 우연의 세계와, 부부 관계가 의무적이며 영속화되어 있는 세계. 한 세계의 매력과 다른 한 세계의 적개심에 동시에 굴복하면서, 애정 생활은 예외 없이 이 두 세계 사이에서 갈팡댄다. 그곳에서는 설령 파트너가 바뀔지라도, 너와 나 둘만의 관계라는 점은 영원히 변치 않는다. 우리는 위기의 시대를 사는 것이 아니라, 커플이 등장하고 둘이라는 숫자가 탄생한 시대에 산다.

가정주부, 이 말은 더이상 자명하지 않다. 공적인 삶은 이제 남성들

---

3) 부부라는 형태가 빛을 잃어간다고 할 수 있는가? 오늘날 우리가 목격하고 있는 현상은 오히려 부부만의 도주이다. 우리는 부부가 됨으로써 낙오자가 되는 것을 면할 수 있다. 대부분의 경우, 가정이야말로 단 하나 가능한 사회가 되었기 때문이다.

의 전유물이 아니다. 이에 대한 저항도 만만치 않지만 말이다. 그런데 공적인 삶이라는 게 아직 존재하는 것일까? 18세기 중엽에 시작된 또 다른 현실이 지금 절정에 이르고 있다고, 역사가들은 말한다. 즉 사회의 지나친 '민영화' 움직임이다. 그것은 최소의 인간 집단, 즉 커플이라는 형태를 취한다. 여성들이 가정에서 나올 수 있게 된 순간부터, 예전에 여성들이 그랬듯이 모두가 가정으로 들어와 그곳에 틀어박힌다. 우리는 가정에서, 혹은 적어도 부부끼리 자유로운 시간의 대부분을 보낸다. 물론 과거에 아내들이 남편의 집에서 그랬듯이, 혹은 매춘부들이 홍등가에서 그랬듯이, 우리가 자신의 거처에 갇히게 되었다는 말은 아니다(내밀함과 칩거 생활은 어머니와 매춘부에게 주어지는 공동의 운명이었다). 아무도 우리가 집에 머물도록 강요하지 않으며, 그것은 그저 일상사가 되었을 따름이다. 사랑하는 사람과 함께 있는 기쁨, 피로와 휴식에 이끌려서이다. 또 밤에는 외부 세계에서 벌어지는 범죄로부터 보호받는다는 소심한 안도감이 작용하며, 텔레비전 또한 은밀한 매력으로 우리를 끌어당긴다. 여러 이질적인 힘이 영향을 미쳐, 집은 우리 삶의 중심이 되었다. 그러나 결혼 생활이라는 말은 언젠가는 불필요한 말이 되어 쓰이지 않게 되는지 모른다. 결혼 생활, 이 폭군적인 생활 양식은 민담이나 코미디 영화에서나 찾아볼 수 있게 될 것이다.

평범한 사랑의 수명이 이처럼 짧았던 적은 없었다. 또 이렇게까지 빨리 시들해지거나 성관계로 이어졌던 적도 없었다. 성생활의 비참보다 더 음흉하고 속수무책인 일상의 비참이라고나 할까. 이같은 상황은 결핍이 아니라 포만으로부터 오기 때문이다. 권태야말로 치료가 불가능한 병이다. 일상 생활(완만한 부식)을, 점점 더 미쳐 가고 무모해지는 속도와 대치시킨다면 잘못일 것이다. 일상 생활에도 속도가 붙은 것이다. 우리의 사랑에 있어 모든 것이 더 빨리 진행된다. 심지어, 아니 특히 이 사랑이 통속화되는 과정이 그렇다.

정열은 한 쌍의 커플 사이에서, 혹은 커플과 커플 사이를 오가며 시들어 간다. 벌집 모양의 내밀한 자기 집, 그리고 서로를 방문하는 부부들 사이에 형성되는 관계. 부부 생활 혹은 부부들 간의 생활. 존 업다이크의 《커플들 *Couples*》이 5백여 쪽에 걸쳐 우리에게 들려주는 이야기도 바로 이런 지옥과도 같은 반복적인 왕래에 관한 것이다. 소설의 등장인물들은 뉴저지의 교외 녹지대에서 부르주아 생활을 하는 사람들이다. 그들은 브리지 게임이나 테니스, 사교 생활뿐 아니라 배우자 교환을 실천한다는 점에서 현대적이다. 성 해방을 주창하는 그들은, 삶이 지루해지는 것은 성적인 자극이 없어서라고 믿으며, 친구 관계에 성적인 요소를 부여코자 한다. 하지만 이 섹스 파티는 그들이 벌이는 브리지 게임만큼이나 지루하고 냉랭하기만 하다. 이 '개방적인' 커플들은 점잖은 배우자들처럼 부부라는 자신들의 정체성 속에 굳어 있다. 이같은 커플들이 모인 사회는 설령 거기에 에로틱한 교환이 가미될지라도 더없이 생기 없고 경직된 사회 형태로 남는다.

부부가 자신들의 그림자에 불과한 꼭 닮은 사람들과만 교제를 나누어야 한다면, 이보다 더한 재앙은 없다. 대등한 커플들로 이루어진 관계에서 중상과 비방이 무성한 것도 이 때문이다. 험담을 한다는 것은, 희망이 절망적으로 부재하는 저녁 파티에 대한 책임을 아무개에게 전가함이다. 우리에게는——우리 역시 아무개이다——죄가 없다. 비방을 하는 커플들은 부부 생활에서 오는 모든 갑갑함의 책임을 서로에게 돌린다. 그들은 상상의 재판을 위해 더 많은 증거를 늘 확보해 둔다. 마치 주변에서 끈끈이에 걸려 바둥대는 하찮은 커플들과 자기들은 다르다는 사실을 끊임없이 증명하지 않으면 안 된다는 식이다.

연인들은 그들에게 걸맞는 세계 속에서 시들어 간다. 예전에 부르주아 처녀들이 아버지의 명령에 순종하며 집 안에 칩거해 살면서 고통받았듯이 말이다. 오늘날 결혼 생활에는 일종의 보바리즘(불만에 의한 공상으로의 도피)이 존재한다. 도처에서 자신들의 이미지를 마주치면서 유혹과 강간·납치를 꿈꾸는 부부들도 있다. 때로는 자신들도 모르게 제삼자의 등장을 기다린다. 조용한 마비 상태와도 같은 결혼 생활에서 그들을 구해 줄 누군가의 갑작스런 출현을 고대하는 것이다. 부정(不貞)을 꿈꾸는 것은 배우자가 아니라 부부 관계 자체이다. 이 관계야말로 자체의 무질서를 꿈꾸며 혼란을 기도한다. 그러므로 돈 후안은 자신의 최종적인 변신이 무엇인지 안다. 즉 그는 더이상 가정의 안전을 위협하는 방탕아가 아니라 익명의 구원자이자 이방인이며, 무기력한 상태에 빠져 있는 커플을 구해 주는 구속자이다. 새로운 몽환증을 겪는 두 사람은 또 다른 얼굴의 침입을 기다리며 제삼자——남자건 여자건 그건 중요치 않다——를 그리워한다. 이 침입자야말로 일상의 삶을 뒤집어 놓을 테며, 시작의 특권인 상실 없는 충만함과 지속적인 강렬함을 시간에 다시 부여할 것이다.

이렇게 해서 둘이라는 숫자가 승리를 거둔다. 아무리 멀리까지, 선사 시대까지 거슬러 올라간다 해도 부부는 이미 거기서도 자신들을 발견한다. 아무리 대담하게 세상을 향해 자신들을 개방할지라도, 그건 쌍둥이 분자들에 들러붙어 그 분자들과 함께 부부라는 집합체를 형성하기 위해서이다. 그러나 아무리 전통에 충실코자 해도 커플은 더이상 앞으로의 일을 내다볼 수 없다. 더이상 가족이라는 합목적성의 도구가 될 수는 없다는 말이다. 그들에게는 과거도, 빠져나갈 구멍도, 미래도 없다. 모든 존재 이유를 벗어던진 채 그들은 불확실성 속에서 표류하며, 자신들의 닫힌 방에서 침울한 무감각 상태에 빠져 있다. 완전히 낯선 자유를 누리면서도 무풍 지대의 갑갑함에 대해서는 무방비 상태인 커플은 바야흐로 독립을 쟁취하게 된 것이다.

이제 자녀를 갖는 것도 커플들의 운명일 수 없게 되었다. 예전에는 아이를 갖기 위한 성생활이 표준이었고, 유희적 에로티즘은 왜곡된 성생활이었다. 이제는 상황이 뒤바뀌었다. 오늘날 임신을 거부한다고 누가 그것을 자연에 역행하는 행위라고 비난할 것인가? 성관계는 그 자체로서 자연스러우며, 자녀를 갖기 위한 성관계가 인위적으로 간주된다. 가장 기본적인 형태인 초기 단계의 산아 제한을 '성교 중절'이라고 부른다면, 부부가 아이를 갖고 생명을 탄생시키기로 결심하는 이례적인 순간은 '에로티시즘 중절'이라고 부르지 않을 수 없게 되었다. 파트너들은 자신들의 아이를 갖는 수고를 더이상 자연에 떠맡기지 않는다. 그들은 본능이라는 익명의 타오르는 힘에 굴하지 않는 것이다. '아이를 갖고자 하는 욕구'는 '있는 그대로의 욕구'와의 마지막 연결선을 잘라 버린다. 요컨대 피임이 자연의 법칙을 위반하는 게 아니라, 오히려 생식이 비자연스러운 행위로 규정된다.

이제 출산은 전적으로 통제 가능한 것인 한편, 순전한 선택의 문제가 되었다. 우리는 준비가 되었는가? 함께 있으면서 행복한가? 충분히 안정되어 있는가? 우리의 자유로운 시간을 모두 아이에게 희생할 각오가 되어 있는가? 이런 모든 질문 가운데 우리의 욕구는 어디에 있는가? 오늘날 종의 번식이라는 법칙을 맹목적으로 따를 수 없게 된 시점에서, 커플들은 망설이며 자신들의 결정을 보류할 만한 수많은 이유를 발견한다. 그들은 장단점을 저울질해 보며, 혹시라도 자신들의 생각이 틀렸을까 봐 또다시 저울질해 본다. 그리고 풀리지 않는 미묘한 문제들이 해결되고 나서야 아이를 갖기로 한다.

그러나 문제의 관건은 여기에 있지 않다. 이제 이 시대는 자연으로부터 떨어져 나온 만큼, 전체 상징의 체계가 무너져 내린다. 커플의 관계는 더이상 기능적·잠정적 형태로 체험될 수 없다. 종의 지속을 위해 보다 고등한 힘에 의해 선택된 형태로는 이루어질 수 없다는 말이다. 그렇다면 부부가 무슨 소용이 있는가? 아무 쓸모가 없다는 것이 대답이다. 그것은 무용한 대상이요, 임의적인 관계이다. 피임약 발명 이후 시대를 사는 우리는 모두 불임이며 남색가이다. 가정에 아이가 있건 없건, 아이는 더이상 가정의 목적도 완성도 될 수 없다. 커플은 이제 자체 외에는 아무런 소명도 가질 수 없게 되었다. 우리에게 자녀가 있을 수도 없을 수도 있지만, 우리에게 더이상 후손은 없다. '자연'은 우리 손에서 달아나 사라진다. 그리하여 가정의 원칙을 더이상 생식에서 찾을 수 없게 되었다.

부부 생활은 이제 거부할 수 없는 독립적인 영역이 되었다. 그것은 과거의 보호막들로부터 벗어났으며, 이 관계에 존재 이유를 부여했던 목표들, 즉 생산·경제·가족 중심의 목표들을 철회하게 되었다. 커플은 그 자체로서 우선적인 욕구의 대상이며, 궁극적인 관심거리이다. 또한 그 자체로서 하나밖에 없는 자식이요, 애지중지하고 노심초사하는 마음의 대상이다.

그렇게 해서 이제 우리의 사랑은 순진무구와 고립 사이에서 분열을 겪고 있다. 과거에는 혼인과 결합의 원칙들 및 집단 생활의 요구로 말미암아 미심쩍은 눈총을 받았던 정열이 이제는 최고의 권위를 행사하며 어떤 도전도 감수할 필요 없이 자체의 우연에 몸을 맡기게 되었다. "나는 나의 삶을 살겠다"라고, 사랑은 선포한다. 몇몇 화석화된 유물들만이 남아 여전히 그 권리를 내세우곤 하지만 말이다. 동시에 부부는 이중적인 의미에서 자체 안에 갇혀 있다. 우선 그들은 '부재하는 사회'

를 대신하고 하나의 세계를 형성하기에 충분한 풍요로움과 다양성을 자신들의 존재 속에서 찾아내지 않으면 안 된다. 그런가 하면 성공적인 애정 생활을 하는지 정열적으로 스스로의 상태를 진단하며, 자신들의 민감한 관계에서 건강과 쇠퇴의 온갖 표징을 살펴야 한다. 그러므로 우리 커플들은 절뚝거리며 앞으로 나아가지 않으면 안 된다. 한 발은 모험에(서로에 대한 우리의 애정은 날마다 새롭게 창조되어야 한다), 다른 한 발은 일상에 들여놓은 채 말이다(우리는 부드럽고도 준엄한 질서에 의해 서로에게 매여 있다. 그리하여 삶은 사적인 것이 되며, 사회는 해변의 조약돌들처럼 나란히 공존하는 미세한 공동체들의 집합이 된다).

사생활의 변화들

최근까지만 해도 쾌락과 습관은 별개의 것, 서로 등을 돌리고 선 상반되는 세계였다. 합법적인 관계에서는 그저 그런 감정들밖에는 끌어낼 수 없다고 사람들은 생각했었다. 부부라는 말만큼 유희의 개념에 적대적인 것도 없었다. '자리를 잡은 커플'이라는 말에서는 접착제와 슬픈 정액의 냄새가 났다. 또 이 말은 위생적인 최소한의 성관계, 수정을 위한 도식적인 제스처를 모방한(이 제스처가 출산으로 이어지지 않을 경우) 얌전한 포옹을 상기시켰다. 유혹의 대가들과 품위를 잃지 않았던 화류계 여자들을 가리켜 푸리에는 "이례적인 이 소수의 행복한 인간들은 부부 관계라는 덫에 걸린 다수의 불행을 증명한다"라고 적고 있다. 독신자들만이 사치스런 향락을 누릴 수 있었다. 반면 다정한 남편들에게는 평온한 생활의 대가로 싱거운 교미가 주는 초라한 쾌락만이 허락되었다. 안전과 강렬함 사이에는 어떤 타협도 불가능했다.

그렇다면 부부라는 2인 관계는 오늘날 무엇을 의미하는가? 그것이 의미하는 바는 이렇다. 즉 집 안에 광기를 들여놓기. 지속성이 쾌락을 섬기도록 하는 한편, 지금까지 가정 생활과는 양립 불가능하다고 여겨졌던 온갖 감각들을 다시 획득하기이다. 부부들이 영위하는 협소한 삶을 경멸했던 방탕자라면 분명 어리둥절해질 것이다. 이제 부부 관계에서 방종이야말로 가장 자명한 관행이 되었음을 발견하면서 말이다. 동반자는 자유분방함을 함께 누린다. 사생활이란 이제 단지 커플들이 혹독한 세상으로부터 피난처를 찾도록 해주는 평화의 공간만은 아니다. 그것은 이들이 자신들만의 포르노그래피를 만들어 가는 실험과 창조적인 몽상의 공간이기도 하다.

연인들이 목적 없이 쾌락을 위해 사랑의 성행위를 하려면 엄청난 친밀감이 전제되어야 한다. 그들이 서로의 몸을 환히 알고 그 몸 구석구석을 함께 더듬고 나서야, 바로 그러고 나서야, 그들은 서로를 판단하거나 재지 않고 힘껏 껴안을 수 있다. 이들이 보다 자유롭게 자신들만의 사랑의 여정을 개척해 나갈 수 있는 것은, 더이상 무언가를 증명해야 할 필요도, 어떤 이미지를 옹호해야 할 필요도 없게 되었기 때문이다. 이제 그들은 머리를 써야 하는 지적 개념인 '소유'라는 추상적 쾌락을 탐하지 않게 되었다. 습관이 그들에게 베푸는 혜택이라면, 말이 필요 없는 포옹, 순전한 육체의 움직임이다. 거기에는 어떤 협상도 의미도 있을 수 없다.

묘한 2인무이다. 미래가 없는 만남(혹은 흔히 말하는 연애 사건)이 흔히는 더없이 체계화된 교미의 장소이자, 부부 관계에서보다 더 긴밀한 성교가 이루어지는 장소이다. 사랑의 광기가 전대미문의 공모를 요구하게 되었음이 사실이기 때문이다. 자신을 잊고 스스로 길을 잃으려면 '타인'의 온정에 힘입어 자아에 대한 걱정에서 해방되어 있어야 하기 때문이다. 광기는 긴 인내이다. 에고가 줄어들수록 에로스가 늘어난다. 그리고 시간이 흐르면서 욕구는 정해진 프로그램을 벗어나, 일상의 성생활을 구성하는 몸짓들을 포함해 무수한 몸짓을 향해 개방된다. 부부의 열정은 기억이라는 특권을 누린다. 즉 초안과 수정, 잇따르는 반복에 의해 배타적이고 복잡한 사랑의 의정서를 서서히 구축해 나가는 것이다.

"괜찮아요?" 이런 짤막한 몇 마디를 제외하면, 함께 처음 성행위를 하는 커플들은 대개 말이 없다. 두 사람의 유희를 지배하는 것은 깊은 침묵이다. 그들은 지나치게 수줍어함과 동시에 서로에게 할 말이 너무 많아, 감히 이 향락의 장면을 큰 소리로 논할 수 없다. 그들은 포옹을 통해 대화를 하며, 계제에 맞지 않는 말들로 이 육체의 메시지를 흐려 놓지 않도록 조심한다. 그리고 사랑의 결합이 되풀이되면서, 그들은 징조를 살핌으로써 끼어드는 근심으로부터 차츰 벗어난다. 그리하여 두 사람은 새로운 쾌락을 향해 개방된다. 즉 성행위를 하며 이야기를 나누는 것이다. 성교가 하나의 메시지였을 때 벙어리였던 연인들이었지만, 이제 포옹이 말을 않게 되자 그들 자신이 말을 하고 심지어 수다스러워지기까지 한다. 마치 공적 담화에서처럼 강세를 주어 가며 서로를 애무했던 그들이 이제는 말에 기대며, 말을 추가적 쾌락으로 삼는다. 대화는 사랑의 행위를 돕는 외설적인 동시에 다정한 첨가물이 되는 것이다.

더이상 연인과 부부의 구분은 없다. 정숙한 부부의 외관 아래 점점 더 많은 커플들이 에로틱한 탐구를 진행중이다. 음란의 절정에 이르기까지 말이다.

그렇다고 이 커플들을 고집스레 반란을 추구하는 자들로 몰아붙여서는 안 된다. 그들의 사생활을 광적인 외설성의 이미지——그것이 영광스럽든 엄숙하든 간에──로 고정시켜서는 안 된다는 말이다. 실제로 둘이 함께하는 이유가 무엇인가? 그건 바로 일체의 근엄한 태도(욕구가 부추기는 태도를 포함해)를 떨쳐 버리기 위해서가 아닌가? 친밀감이란 무엇보다 어리석을 수 있는 자유이다. 성숙한 연령에 기대되는 여러 요구 사항들로부터 사랑의 공간을 떼어 놓을 수 있는 자유이다. 사생활은 유치한 행동을 할 권리를 요구하는 한편, 성인의 이성이라는 것이 실제로는 나이라는 숙명을 핑계로 내세운 규범에 대한 절대적 요청임을 폭로한다. 단둘이서 머리와 머리를 맞대고 있는 커플들은 위반의 행동을 하는 자들이 아니라 다정한 속삭임을 나누는 자들이다. 그들은 함께 재잘대며, 즉석에서 떠오르는 재미난 이름들로 서로를 부르며, 애무를 하고, 자신들만의 방언을 쓰며, 앞다투어 방귀를 뀌어댄다. 이런 것들이야말로 때묻지 않은 그들만의 보물이다. 하찮은 것을 갖고 노는 대가인 그들은 바로 이런 유치한 행동들에 자신들이 나누는 사랑의 대부분(그리고 가장 은밀한 부분)을 바친다.

누군가로부터 사랑받음이 자기 자신을 위해서라면 서글픈 일이다. 부부(혹은 연인)는 더이상 자기 자신으로 남아 있지 않기 위해 서로 사랑하며 함께 산다. 개체로서의 자기 자신을 잊고 스스로의 이미지를 떨쳐 버리기 위해 함께하는 것이다. 애정이 다정한 어루만짐으로, 키스가 뽀뽀로, 육감적인 애무가 어리광스런 애무로 바뀌며, 연인들은 심지어 결렬을 도모하게까지 된다. 그들은 동류가 되어 유희를 벌인다. 그리고 자신들의 자아로부터 해방되어 휴식을 취하기 위해 단둘만의 은밀한 공모로 들어간다. 그들이 부리는 교태는 종교에 가깝다. 실제로 두 사람이 나누는 하찮은 짓거리들은 외부 세계의 유혹을 몰아내며, 그들 커플의 마멸과 성(性)의 차이를 추방한다. 친밀감은 정화의 노력으로 인식되어야 한다. 이 노력을 통해 두 사람은 서로를 낯설게 만드는 것들로부터 벗어난다. 둘이라는 숫자의 매력이 이것이다. 그것은 개체로서의 삶이 불러일으키는 공포를 정지시키고, 우리를 포용하는 행복한 본질에 우리가 일시적이나마 참여할 수 있도록 한다.

모성애? 아버지가 되고자 하는 욕구? 안전을 보장해 주는 가정의 필요성? 프로이트의 양분을 섭취하고 자란 세대에게 오이디푸스 없는 근친상간은 상상하기 어렵다. 하지만 사랑의 친밀성이란 다음과 같은 것이다. 우리가 어린아이처럼 행동하면서 찾는 것은 엄마가 아니라 우리 안의 어린아이이며, 이 유치한 짓을 함께할 공모자이다. 물론 어떤 연애 소설도 바보 같은 행동들에 대해 말하지 않는다. 문학을 참고 삼는다면, 진지한 낭만주의야말로 모든 열정적인 사랑을 감싸고 있는 배경이다. 하지만 내기를 해도 좋다. 각각의 트리스탄과 이졸데 속에는 로렐과 하디[미국의 무성 영화 시대 코미디언 콤비의 이름]가 도사리고 있으며, 그들은 독자가 등을 돌리기 무섭게 본성을 드러낸다는 사실을 말이다.

그렇다면 무엇 때문에 부부가 되는 것일까? 그 무엇 때문도 아니라는 것이 대답이다(이번에야말로 변명 따위는 집어치우도록 하자). 어쩌면 '빨간 모자'[그림 형제의 이야기에 나오는 주인공]가 보복을 가해 오는 건지도 모른다. 어른인 당신을 보다 쉽사리 먹어치우기 위해, 그리하여 마음내키는 대로 통통한 아기나 침 흘리는 살진 아이, 아니면 수양버들이 되기 위해서라고나 할까.

적어도 서양의 경우, 교육은 최근까지도 오로지 두 가지 차원에서 이루어졌다. 즉 직업 교육과 세상사의 습득이었다. 그래서 일에 대한 적응력과 사회에서의 처세술이 가르쳐졌다. 사생활은 어떤 교육도 감히 다루어 볼 생각을 못한 성역이었다. 그것은 소리내어 발설할 수 없는 영역이었다. 하지만 오늘날에서는 상황이 뒤바뀌고 말았다. 예의 범절 교본은 진부한 것이 되어 효력을 잃고 말았으며, 사생활 교본이 대신 인기를 얻고 있다('후작 부인 댁에 초대되어 갔을 때 방귀를 뀌지 않기 위한 스무 가지 훈련법' 같은 제목의 책을 요즈음 누가 읽겠는가?). 점잔 빼는 태도는 웃음거리가 되어 버렸지만, '근사한 키스법' 따위의 제목은 우리의 주의를 낚아채고 노력을 기울이도록 만든다. 바야흐로 처세술이라는 말은 규칙적인 성관계를 갖는 상대와 동시에 오르가슴에 이르기 위한 수많은 방법을 의미하게 되었다. 어떻게 처신할 것인지가 여전히 문제시되고 있지만, 'how to?'라는 물음은 사교 생활을 위한 예의범절로부터 효율적인 성생활의 규범들로 옮아갔다. 그렇다면 사회적 공간이 가정이라는 내밀한 공간과 혼동되기에 이른 것일까? 아무튼 사생활이 공표되고 있는 반면, 공적인 생활은 자취를 감추고 있다.

다양한 미디어가 커플들을 공략하며 두 가지 언어로 말을 건다. 즉 설문과 처방이라는 언어이다. 요리법을 모델로 한 두 사람의 에로티시즘은 그라탱을 만들 때처럼 우선 재료가 준비되고, 그런 다음 성공적으로 만들어지거나 실패하고 마는 것이다. 그런가 하면 학교에서 시험을 치르듯이 커플의 행복 역시 시험이 **치러진다**. "당신의 결혼 생활에 대해 체크해 보십시오." 《코스모폴리탄》 최근호는 이런 제목을 달고 있다. 행복은 유럽에서 오랫동안 이야기되어 온 관념이다. 거기에 새로운 무엇, 예전에 없던 사실이 생겨났다면, 그건 이제 이 행복을 증명할 필요가 있다는 점이다. 설문지를 매개로 해서 말이다. 이 설문에 (물론 컴퓨터로 작성된) 응답해 주십시오. 그러면 당신이 얼마나 행복한지 말씀드리겠습니다. 이렇게 해서 행복은 양적인 여건이 되었다. 그리고 사적인 것과 본능적인 것은 예전의 정체성을 잃게 되었다. 우리는 자신의 감정들에 무지하며, "어떻게 지내세요?"라는 물음에 혼자서는 대답할 수가 없다.

　이같은 변화의 책임을 사악한 자본의 광기——늘 임전 태세를 갖추고서 새로운 시장을 찾아 헤매는——에 돌리는 것이 손쉬운 방법인지 모른다. 분명 우리는 자신의 존재를 도난당했으며, 이것은 처세술의 형태로 다시 팔리고 있다. 하지만 자본의 이런 묘기만으로 '가정성의학'이라는 문학 장르의 놀라운 성공을 설명할 수는 없다. 이런 책의 수요자들은 기만당하고 있는지 모르지만, 그렇더라도 무심코 걸려든 이 함정들에 대해 그들이 결백하다고만은 할 수 없다. 자기 상실에 대한 담론과 더불어 시작된 정치적 이성의 훈련은 끊임없이 수요자들의 결백을 밝히기 위해 공급자들을 비방해 왔지만 말이다. 하지만 루소에게 속한 것을 루소에게 돌려주도록 하자. 우리가 더없이 정교한 각성의 작업에 임할 때 함께하는 이는 루소이다. 루소야말로 인간의 선한 본성, 즉 깨끗한 백지와 같으며 늘 속임수에 넘어가는 이 본성을 자본주의라는 악마로부터 끊임없이 구분짓고자 했기 때문이다.

　그렇다면 둘이 함께 산다는 것은 무엇을 의미하는가? 일상이라는 부담을 떠맡는 것, 이것이 대답이다. 달리 말해, 사랑이 싹틀 때 우리가 느끼는 당혹스러운 동시에 의심의 여지가 없는 행복을 일상 생활이라는 애매모호한 상태 속에 잠기게 하는 것이다. 그런가 하면 시간이 자체의 작업——파괴의 작업뿐 아니라, 때로는 둔화의 작업을 하는——을 완수토록 내버려두는 것이기도 하다. 일상이란, "괜찮아요?"라는 물음에 더이상 분명하고 확실하며 즉각적인 대답을 할 수 없는 상태이다. 도취가 낳은 단조롭고 무미건조한 상태인 부부 생활은, 눈뜨기 시작한 열정의 갑작스런 계시 대신에 막연한 감정들을 들여놓는다.

　이것이 오늘날 부부의 모순이다. 그들은 자신들의 유일한 이상이 행복감임을 확인하며, 예전에 자신들이 맡았던 역할에서 오직 행복의 소명만을 간직한다. 그러나 다른 한편으로 그들은 계속 함께 있음으로써 자신들의 감정을 뚜렷이 알 수 없게 되어 버린다. 그리하며 명백한 쾌락주의와 잠재된 당혹감 사이에서 점점 깊어져 가는 심연을 설문과 처방으로 채우게 된다. 부부는 스스로를 걱정하며 자신들만의 완전한 행복을 위해 노심초사하면서, 이제 새로운 신탁이 되어 버린 섹스에 대고 잘 되어가고 있는지 묻는다. 요컨대 에로스는 사랑을 '계산 가능한 것'이 되도록 하는 한편, 연인들 사이에서 덧없이 오가는 강렬한 순간들을 기념할 만한 수량으로 바꾸어 놓는다. 그것은 섹스가 두려운 것이 아니라고 한다. 미화의 기능을 지니는 소설에서 볼 수 있듯이. 또한 섹스는 끈질긴 생명력을 지니기에 우리를 안심시키는 한편 우리의 열정을 측정토록 해준다고 본다. 한 번의 섹스에서 도달하는 오르가슴의 횟수, 섹스의 체위, 혹은 여러 변태적인 시도들 등으로……

그러기에 가정에서의 성생활은 애매모호한 관행이다. 적극적인 실험이, 그 완성도를 높이려는 욕구와 맞물리는 것이다. 신중한 계산이 발견이나 우연과 끊임없이 경합을 벌인다. 오늘날 에로티시즘은, 부부가 자신들에게 제기하는 문제들에 대답하지 않을 수 없기 때문이다. 은밀한 침실에서 부부는 행복의 시험을 치른다는 것. 현대인의 역설이 이것이다. 그들은 내면의 법정에서 자신들이 정말로 행복하다는 사실을 증명한다. 성적인 만족도가 부부 관계의 성공을 측정하는 기준이 되었다.

"영웅이란 일상을 두려워하는 자이다. 일상 속에서 너무 편히 살까봐 두려워하는 게 아니라, 거기서 가장 무서운 적을 만나게 될까 봐 두려워한다. 즉 해체의 힘이라는 적이다."(블랑쇼) 섹스야말로 커플들의 영웅적 행위인지 모른다. 섹스는 그들이 열정적으로 추구하는 영광스런 행위이다. 그들은 감정의 마모나 비연속성, 막연한 상황을 용납하지 않기에, 이 열정은 더욱 체계적인 성격을 띠게 된다.

또 다른 가벼운 치료법이 부부들의 수요에 응하고 있다. 성의학자들이 육체가 주는 즐거움을 가르친다면, 부부 생활 조언자들은 불행한 부부들에게 마음을 솔직히 개방하라고 충고한다. 실의에 빠진 부부들이 서로 대화를 나누도록 부추기는 새로운 가르침은 이렇게 말한다. "모든 것을 털어놓으십시오. 당신의 감정·기벽·문제점들, 또 당신을 실망시키는 것들이나 은밀한 욕구 등을. 그리고 대화를 시도하십시오"라고 말이다. 요컨대 의견을 말하라는 것이다. 그러나 소리지르지 말고, 또 가정 생활에서 마주치는 두 개의 암초를 피해 가면서 말이다. 즉 불투명한 침묵과 불성실한 언쟁이라는 암초이다. 내가 침묵을 지킨다면 상대방과의 관계는 깨어지고 만다. 그의 곁에 계속 머물러 있으면서도 말이다. 그렇게 해서 어려움이 쌓여 간다. 그것은 곁에 있어도 헤어진 것이며, 아무 친밀감 없이 그저 함께하는 것이다. 반대로 내가 화를 낸다면, 나는 상대방에게 내 고통의 책임을 돌리며, 내가 이렇게 된 것이 상대방 때문이라고 책망하는 셈이다. 나는 상대방을 덜 사랑하게 되었을 뿐 아니라, 이처럼 사랑이 식은 원인을 상대방에게 돌리고 싶어한다. 나는 기필코 내 감정의 정당성을 인정받고자 한다. 부부간의 격렬한 언쟁은 어찌 보면 문제를 '재판에 회부하는 것'이다. 상대를 죄인으로 지목하기 위해 나는 이런 말다툼을 벌이기 때문이다.
심리학은 우리 마음속에 깃든 편집증을 제거하며 감정(고통·불안·분노)을 정화시키도록 한다. 그것은 일종의 절제로서, 더이상 잘잘못을 따지는 것이 그 지표가 될 수 없는 대화의 공간을 마련토록 한다.

상대방을 비난하지 않고 말하기. 상대방을 책망코자 하는 유혹에 저항하기. 그렇게 해서 사랑이 궁지에 몰린 이 어둠의 순간들(브르통)에 부부 관계의 새로운 장이 열린다. 자신들이 맞닥뜨린 어려움이 누구때문인지를 묻는 대신, 이 위기의 원인을 찾는 것이다.

갈등에서 대화로 나아가며, 또 문제의 해결을 위해 원한의 감정을 버림으로써 그들은 부부 싸움의 목적을 상실하고 만다. 즉 자신이 옳다고 느끼는 데서 오는 쾌감을 상실하는 대신 보다 지속적이고 공유할 수 있는 쾌감을 얻는다. 실제로 가정 생활을 적절히 설명해 주는 관능적인 쾌락이 있다. 즉 진실한 관계를 맺는 쾌락, 그리고 이 진실을 함께 드러내면서도 그것을 결코 완전히 알 수는 없다는 사실에 매료당하는 쾌락이다. 상호 대화를 통해 문제를 파악해 가는 지속적인 쾌락이다. 그러나 서로에게 지친 커플들은 자신들의 문제에 모든 에너지를 집중시켜, 더이상 함께 무언가를 실험하거나 사랑하는 데 쏟을 에너지가 없다. 새로운 발상이 고갈될 때 두 사람은 심연 속으로 추락한다. 그렇다면 문제에 대한 해명의 외관을 한 분석과, 히스테리를 닮은 서로에 대한 비난은 꼭같은 기능을 담당한다. 즉 지나치게 침체된 관계에 자극을 주어 휘청거리게 만드는 한편, 무기력해지려는 찰나에 놓인 관계를 혼란에 빠뜨리는 것이다. 이것을 하나의 우화로 설명하면 다음과 같다. "두 마리 비둘기가 정답게 사랑을 나누고 있었다. 둘은 가정을 이루기로 마음먹었다. 그런데 차츰 그들의 애정은 두 가지 순간으로 나뉘었다. 즉 공동 생활이라는 단조로운 순간과, 예측불허의 단속적인 마음의 순간이었다. 객관적으로 보면 하루하루가 이어지며, 이런 일직선상의 시간을 혼란에 빠뜨리기 위해 끼여드는 방해물은 없었다. 그러나 주관적으로 보면 이야기가 달랐다. 부부는 서로의 시야에서 사라졌다가 다시 만났으며, 또 서로를 잊었다가는 다시 찾아내곤 했다. 서로에게 절대적으로 성실한 그들 사이에 끼여들어 몹쓸 장난을 치는 것은 다름아닌 그들의 열정이었다. 그래서 그들은 변덕을 부리고, 예고도 없이 자리를 뜨곤 했다. 꾸준한 사랑의 화창한 나날은 없었다. 대신 섬광 같은 사랑이 있어 그 위세가 쉴새없이 커지거나 작아졌다. 둘은 아직 사랑하고 있었을까? 아니면 더이상 사랑하지 않았던 것일까? 아무튼 그들은 지속과 중단 사이에서 찢기며 괴로워했다. 결국 그들은 자신들을 죽게 만드는 것이 무엇인지 알기 위해 공백 시간들을 철저히 문제삼기 시작했으며, 그리하여 차츰 의문의 상태에서 살기 시작했다. 그런데 이런 끊임없는 분석은 그들을 변덕스런 감정들로부터 지켜 주었고, 관계가 단절되지 않도록 도와주었다. 말하자면 그들은 애초의 도취감을 해석의 기쁨과 맞바꾼 것이다. 물의를 일으키는 대신, 또 소동을 피하기 위해 그들은 설명을 시도했으며, 마침내 이 두 마리 비둘기는 자신들의 불확실한 삶 속에 흡수되고 만다. 그것이 삶이라서기보다, 이 삶이 불확실하기 때문이었다. 그들은 불안정하게 살면서 수많은 설명을 체득했다."

가장 잔인한 불성실은 우리가 저지르지 않은 불성실이다. 상대방을 전보다 덜 사랑하게 된 것을 나는 용납할 수 없기 때문이다. 그러나 우리의 문제를 깊이 파고듦으로써 나는 사랑의 공백들을 채우고, 열정이 저물어 가는(혹은 요동치는) 부조리한 상황을 극복할 수 있다. 사랑이 이유 없이, 그저 흐르는 시간 때문에 해체되어 가는지도 모른다는 사실. 내가 기어이 몰아내고자 하는 의심이 이것이다. 설령 내가 옳다는 생각을 버린다 해도 반드시 그 이유를 찾아야 하며, 우리의 사랑이 경직화된 동기가 무엇인지 알아내야 한다. 시간은 모든 것을 휩쓸어 간다고 하지만, 내 자신을 시간의 흐름 속에 방치할 수는 없는 일이다. 여러 감정은 자체의 생명을 살고 소멸하며, 내 안에는 내 자신도 마음대로 할 수 없는 강력한 힘들이 존재한다는 뜻일 수도 있다. 그러나 사랑이 저절로 떠나 버렸을 수는 없으며, 우리 자신이 이 사랑을 쫓아냈음이 틀림없다. 이런 위기는 어떤 의미를 지닐 테며, "널 전만큼 사랑하지 않아"라든지, "더이상 널 사랑하지 않아"라고 말할 때에는 분명 이유가 있을 것이다. 그렇다면 해석이란 무엇일까? 그것은 불연속적인 마음과 퇴색되어 가는 일상을 문제삼아 치유코자 하는 믿음의 행위이다. 지속되지 못하고 올이 풀려 나가거나 지루하게 반복되는 상황으로부터 사랑을 구해 낼 수 있다고 가정하는 것이다. 문제점. 문제점들. 반복되어 떠오르는 이 말은 또한 해결책이 존재함을 전제하기에 우리에게 안도감을 주기도 한다.

관습과 예의범절을 거부하면서 구축되는 내밀한 부부 관계는 자체의 전례를 만들어 낸다. 성적인 실험을 시도하고, 어린아이처럼 재잘대고, 격한 말다툼을 하고, 문제점들을 곰곰이 따져 보는 등, 이런 다양한 관행들은 의식에 비견할 만하다. 부부는 그렇게 하면서 자신들의 불필요한 지방질을 제거하며, 시간의 횡포를 벗어나려고 애쓴다. 이러한 기도는 환상인가? 물론 그렇다. 하지만 문제의 본질은 거기에 있지 않다. 현대의 낭만주의는 바로 이처럼 일상 속에서의 해체를 거부하는 데 존재한다. 이제 감정은, 더이상 자라기를 원치 않는 아이처럼 처신하게 되었다. 커플들은 자신들의 열정이 화롯가에서 사그러들도록 내버려두지 않으며, 자신들의 운명이 가정이라는 편안한 울타리 속에 갇혀 버림을 용납하지 않는다. 친밀감은 이제 사랑과 동의어로 이해되며, 감정적인 울림이 사라졌을 때에는 차라리 혐오의 대상이 된다. 우리는 지옥 같은 부부 생활의 생생한 이미지를 떠올릴 수 있게 되었다. 두 사람의 격렬한 충돌보다는, 함께 기계적으로 영위하는 무사안일한 생활이 더 끔찍하게 여겨진다. 최악의 상황은 서로에게 퍼붓는 비난이 아니라, "여보, 병따개는 어디에 뒀지?"라고 묻는 무심한 어투이다. '여보,' 다시 말해 애정 생활에 부부라는 메커니즘이 들러붙어, 애정의 표시가 '소유물에 대한 표시 작업'이 되어 버린다. 그리하여 너는 내 것이며, 나는 네 것, 우리는 '너와 나'라는 이 괴물이 된다. 두 사람 사이에는 공백을 채워 주는 순수한 연결어인 '와'가 있다! 우리 사이가 이보다 더 가까울 수는 없다. 그런데 바로 이 점에 비극이 있다. 의사소통을 위해 불가결한 '거리'가 없기 때문이다. 부부라는 정체성 속에 굳어져 버린 이 한 쌍은 일체의 차이점을 상실하고, 이름까지 같아진다. 그렇다고 그들이 근친상간을 범하는 것도 아니다. 상호 대체 가능한 존재가 되어 버린 두 사람은 서로에게 너무도 투명해서 이미 오래전부터 서로를 보는 것조차 잊고 있다. 그들은 한 번도 남이 아니었던 것처럼 그렇게 산다. 여보, 이것은 감정이 배제된 채 습관으로 포위된 감상적인 말, 욕망의 동면이다. 조용하고 한가로우며 정돈된 생활을 하는 필레몽과 보시(라퐁텐의 《필레몽과 보시》에 등장하는 인물들)는 가정이라는 그들의 작은 조국에 심어진 나무들이 된 것이다.

기계적인 피조물인 이 '여보'는 오로지 권태나 에너지의 부재나 무기력으로 정의된다. 이런 피로는 가혹할 뿐 아니라 어리석기 그지없다. 거기에는 권태의 우울한 서글픔에 그릇된 지식의 교만함이 결합되어 있다. 우리는 더이상 놀라움을 주지 않는 배우자를 두고, '난 그 사람에 대해 안다'고 생각한다. 상대방이 신비를 잃어 갈 때 우리는 자신이 점점 총명해지는 거라고 믿는다. 기력이 다한 욕구는 자신이 이제야말로 통찰력을 갖게 되었다고 상상한다. 무기력하고 피로한 자신을 보면서 마침내 진실을 발견했다고 생각하는 것이다. 그러나 이런 환멸이야말로 기만이다. 환상이 사라졌다고 해서 반드시 지식을 획득한 것은 아니다. 상대방의 진부한 태도를 나는 그의 성격 탓으로 돌리지만, 실제로 그러한 태도는 우리가 함께 갇혀 있는 상황에서 비롯된다. 무심한 상대방의 태도는 내면의 진실을 열어 보인다기보다, 차라리 우리가 함께 있음으로써 생겨나는 인위적인 산물이다. 부부 관계의 통속성은 아무것도 드러내 보이지 않으며, 오직 '멋진 사랑에 대한 비천한 삶의 승리'를 기릴 따름이다. 그리하여 10년 동안의 결혼 생활을 통해 내가 얻은 것이라고는 얼빠진 통찰력뿐이다. 나는 상대방의 태도를 예측할 수 있다. 그의 기분을 미리 점칠 수 있고, 또 그의 모든 괴벽을 꿰뚫고 있다. 그런데도 내 손 안에 든 것은 그릇된 그의 형상이다. 우리가 함께 삶으로써 태어난 비정상적인 열매이다.

부부 관계가 결렬된다는 생각에는 신성한 두려움이 따랐던 시대가 있었다. 그러나 오늘날 이별보다 더 무서운 것은 피로이다. 관능적인 쾌락들이 습관적인 가정 생활에 적응하고 길들여짐으로써 무엇을 잃게 되는지 우리는 사전에 알고 있다. 되풀이되는 일상은 그 무엇으로도 정당화될 수 없는 타락이다. 결혼 생활의 이 감지되지 않는 파탄과 비교하면 이혼은 훨씬 작은 불행이라 할 만하다. 음모나 속임수, 전략의 행위들(스스로 통속화되는 것을 막기 위해 부부들이 사용하는 무기)도 이처럼 변화된 관점에서 볼 때 설명이 된다. 그들은 이런 일들에 전력을 기울인다. 자신들의 내밀한 결합을 극단적인 형태를 띤 유치한 행동과 욕구, 의사소통이나 폭력으로까지 몰고 감으로써 말이다. 부부의 삶을 경직되게 만들었던 모든 금지 사항 및, 부부로 하여금 조심스런 거리를 유지토록 했던 관습들이 이렇게 해서 제거된다. 남편과 아내는 서로 존칭을 쓰지 않고, 어둠 속에서 사랑을 나누기 위해서라면 프랑스 전력 공사의 파업이나 한 지역 전체의 정전이라도 요구하게 되었다. 이제는 어떤 금지나 예법, 도덕 원칙으로도 두 사람이 서로에게 자신을 내맡기는 것을 막을 수 없다. 비인간적이고 냉혹하다고 우리가 서슴없이 일컫는 우리 시대는 특별히 '내밀함'의 시대이다. 그런데 동시에 또 다른 욕구가 탄생하고 있다. 즉 비밀과 불투명성 속에 머무르려는 무언의 의지, 정면충돌을 피하려는 욕구이다. 커플들은 서로에게 솔직하면서도 점점 영악하고 교활하고 계산적이 되어간다. 그들은 비밀이 지니는 가치들을 다시 배워 가고 있으며, 부부라는 중성적 대상의 산물인 '서글픈 여보들'이 되지 않기 위해 온갖 음모를 꾸밀 준비가 되어 있다. 충만함을 추구하는 심리는 그들에게 말의 올바른 사용법을 훈련시킨다. 그러나 그들은 또한 공허함을 추구하는 열정을 갖고 있기에, 도피의 용법을 통해 정착의 유혹을 물리치고자 한다. 그렇다면 커플들은 무엇을 원하는 것일까? 이 응석둥이들은 비모순의 원칙이 자신들의 욕망을 훈육시키도록 내버려두지도 않는다. 그들은 한없는 친밀성과 동시에 최대한의 자율성을 요구하는 것이다.

자기만의 방

> "나는 언젠가 뢱상부르 부인이 어떤 남자에 대해 빈정대며 하는 말을 들은 기억이 난다. 그 남자는 애인과 헤어졌는데, 그건 그녀에게 편지를 쓰기 위해서였다는 것이다. 그 말을 듣고 나는 아마도 나 역시 그 남자처럼 했을 거라고 부인에게 말했다. 나 또한 그 남자처럼 했다는 말을 덧붙였을 수도 있었을 것이다."
>
> 루소.

둘이 함께 살고 싶다는 욕구와 부부가 된다는 두려움. 연인들은 곧바로 이런 불가능한 모순 속에 자리잡게 된다. 우리는 함께 살기를 원하지만, 아직은 아니다. 완전히 원하는 것은 아니다. 또 결정적으로,

돌이킬 수 없이 그러고 싶다는 것은 아니다. '나'가 '우리'보다 우선시된다. 개인은 부부라는 정체성 속에 완전히 흡수되고자 하지 않는다. 가정이라는 제국주의에 맞서 개인은 '자기만의 방'을 지키려 한다. 이제 커플들은 각자의 완고한 에고이즘을 고려하지 않으면 안 된다. 그들은 대략 다음과 같은 생각을 가지고 있다. 즉 둘이 함께하는 삶은 어떤 이유로도 포기할 수 없는 모험이다. 단 그 삶이 우리에게 어떤 다른 모험도 금하지 않는다는 조건하에서 그렇다. 우리가 남몰래, 어떤 의식도 치르지 않고 부부가 되는 이유도 이렇게 해서 설명이 된다. 피로연을 벌이며 음악과 떠들석한 분위기 속에서 올렸던 성대한 결혼식은 하나의 균열을 의미했는데, 오늘날 우리는 이 모든 것이 눈에 띄지 않도록 한다. 어떤 변모를 축하하는 대신, 우리는 결혼을 선택하면서도 그 안에 독신 생활의 특성들을 끌어들인다. 과거에 혼인은 '둘이 함께하는 세계'로 들어가기 위한 불가피한 관습이어서, 노처녀로 남고 싶지 않다든지 총각 생활을 접는다든지 하는 의미를 지녔었다. 그러나 이제 서서히 '절충적 세계'가 뒤를 이어, 연인들은 부분적인 변화들밖에는 인정하려 들지 않는다. 이것임과 동시에 그 반대의 것, 혼자임과 동시에 결혼한 상태이기를 바라는 것이다. 통과 의례들은 이제 돌이킬 수 없는 평가절하의 길을 밟고 있다. 이런 의례들보다는, 여러 유형의 혼합과 계속 제자리 걸음하는 나이, 여러 생활 양식의 상호 침투를 선호한다. 결혼, 동거, 독신, 이런 3등분은 폐지되었다. 그리하여 공식적인 부부이면서도 독신자들처럼 살거나, 내연 관계이면서 평범한 남편과 아내처럼 사는 경우가 늘어나고 있다. 그런가 하면 세 가지 형태에 동시에 속해 있기 때문에 어떤 카테고리로도 분류될 수 없는 사람들이 많아지고 있다.

그리하여 가정은 회의주의자들과 변절자들이 점점 더 늘어나는 교회가 되었다. 이제 사람들은 미몽으로부터 깨어나고 있다. 연인들은 부부가 되면서도 더이상 이 관계에 대해 믿음을 갖지 못하며, 반대로 둘의 작은 세계는 태어나자마자 자족(自足)의 위협 아래 놓이게 됨을 안다. 커플에게 치명적인 것은 불화가 아니라 폐쇄성이다. 결국 그들은 자신들의 사랑이 지속되도록 하기 위해 모든 것을 외부에 맡길 수밖에 없다. 절대로 문을 닫아서는 안 되며 조금 열어 두어야 한다고 그들은 생각한다. 그렇다고 그들이 질투심을 초월했다는 의미는 아니다. 사실 이런 말은 하나 마나 한 것이 아닐까? 거추장스럽고 위험하고 애매모호한 것이라면 모두 사랑에서 제거되기를 원해야 할까? 당신이 때로 사랑 때문에 고통받거나 강한 독점욕에 사로잡힌다는 사실을 고백한다고 하자. 욕망에 대해 전위적 사고를 가진 자들은 그런 당신을 경멸의 눈으로 바라볼 것이다. 이 '해방된' 부부들은 몽매주의적인 열정을 거부한다. 건전한 감정의 소지자인 그들은 사랑의 해악들에 맞서 싸운다. 이런 해악들이 자신들에게는 필요치 않다는 듯이 말이다. 실로 어리석은 테러 행위가 아닐 수 없다.[4] 이것은 진정한 변화가 무엇인지 모르는 행동이다. 우리가 부조리한 소유욕의 종말을 맞고 있는 것은 아니기 때문이다. 우리의 사랑에는 아직도 심술궂은 면이 있다. 우리는 단지 모순되는 두 가지 집착 사이에서 분열되어 있을 뿐이다. 즉 우리 자신의 독립성에 대한 집착과 상대방에 대한 집착이다. 이런 적대적인 충동들 사이에서 우리는 불확실하고 일시적인 절름발이 절충안들을 쌓아올려 간다. 그리고 모험에 문을 열어 두는 '대

---

4) 실제로 자유 사상이야말로 최악의 테러 행위가 될 수 있다. 상대방의 질투를 질책하면서 말이다. "뭐요? 내가 그 여자(남자)랑 함께 있으며 즐거워하는 모습이 싫었다구? 고리타분한 말은 집어치워요. 그건 병적인 독점욕이야……." 독점욕을 비웃는 이런 이상한 논리 속에는, 지적인 커플들의 오만과 한심한 어리석음이 잘 드러나 있다.

수롭지 않은 독점욕'을 생활 양식으로 삼는다. 이것을 지혜라 할 것인 가? 그렇지 않다. 이처럼 관용심이 늘어난다 해도 고통이 사라지지는 않으며, 협박이 제거되지도 않기 때문이다.

절대적인 동시에 매우 타협적인 소유욕. 끊임없이 자체의 의미를 조정해 나가는 성실성. 안전의 욕구와 모험의 욕구를 절충시키고자 하는 화해의 노력. 이것이 오늘날 질투의 현황이다. 그렇다고 연인들의 불성실을 일찍이 보드빌〔가벼운 희극〕이 부여했던 비좁은 의미로 축소시켜 해석할 수는 없다. 부부는 간통이라는 외적인 현실 외에도 수많은 다른 현실을 안고 사는 것이다. 다양한 불성실의 관행이 배제된 두 사람의 삶은 가능하지 않다. 그렇다면 왜 두 사람은 함께 사는 것일까? 상대방으로부터 우리를 갈라 놓는 극단적인 감정을 무디게 하고, 그리하여 탈주가 가능토록 하기 위해서가 아니라면 말이다. 내가 상대방의 현전을 원하는 것은 그의 부재로 인해 불편해지지 않기 위해서이다. 내가 상대방을 영원히 내 곁에 두고 싶어하는 것은 그를 잊을 수 있는 여유를 갖기 위해서이다. 더없이 견고한 부부 사이라도, 어떤 말로도 메울 수 없는 구멍이 있다. 사랑의 묵계에는 근접과 분리가 똑같은 비중을 차지하기 때문이다.

그렇다면 연인들에게 그들의 연애 지침서는 무엇을 가르치는가? "자신의 힘에 기대기보다는 세상에 기대시오. 각자의 자율성을 존중하십시오. 당신들이 맺고 있는 부부 관계가 배신당할 수도 있다는 가능성을 염두에 두면서 서로를 사랑하십시오." 이것은 과거 마오쩌둥이 인민 대중에게 가르쳤던 내용과는 정반대이다. 결혼을 한다는 말과 자리를 잡는다는 말은 흔히 동의어로 쓰인다. 그러나 함께 머물면서도 자신들의 공동 생활에 수많은 외부 요인들이 끼여들도록 하는 커플들에게 주목하지 않으면 안 된다. 부산하고 생기가 넘치는 그들은 자신들의 사랑을 내세우며, 사회가 규정한 부부상에 저항한다. "사생활에는 동의한다. 하지만 단지 그 안에 움츠리고 살기 위해서라면 반대한다"라고 그들은 말한다. 이처럼 이중성을 띤 연인들은 방수 처리가 안 된 고치 속에 산다. 그들은 자신들이 맺은 관계에 신비로움과 예측 불허의 측면을 보존키 위해 '부부 아닌 자들'로 이탈해서 부부 생활을 한다. 이 '너와 나'의 관계를 이탈한 자들, 작은 빌라 속의 행복을 버린 이들은 자신들의 욕구의 집결체인 부부 관계는 더더욱 원치 않는다. 그들은 시민 사회의 소멸을 감수하지 않는 한편, 공적인 생활과 부부 생활 간의 의무적인 선택도 거부한다. 그들은 외부에 있는 동시에 내밀한 관계 속에 머무르는 이중 국적 소지자들이다. 집 안의 은둔자인 동시에 방랑자, 소심한 사람인 동시에 경박한 변덕쟁이인 그들이 부부가 될 필요성을 느끼는 것은, 세상으로부터 스스로를 보호하려는 의도는 물론 세상 속에서 모험에 뛰어들기 위해서이다.

> 소설 속에는 삶을 포착하거나 묘사하려는 갈망이 들어 있다. 이것을 우리는 사실주의라 부른다. 반면 삶에는 문학적인 것에 대한 갈망과, 소설을 닮고 허구의 강렬함에 접근코자 하는 추구가 들어 있다. 이것을 우리는 모험이라 부른다.

이상한 일이지만, 연인들이 전통적 부부상을 포기하는 순간, 바로 이런 부부상이 모든 힘을 부여받고 대대적인 승리를 거둔다. 말하자면 공격적이고 책임감이 강한 노조와 고용주의 결합, 여야의 결합, 미국과 소련의 결합, 반체제적인 학생들과 학교의 결합, 부모와 자녀의 결합이다. 권력자들이 반란보다 더 무서워하는 것은 변절이다. 그러므로 그들은 군주제나 가부장제에서처럼 '종복'을 요구하는 대신 '파트너'를 요구한다. 최근까지만 해도 절대적인 권위의 상징이었던 아버지 역시 이제는 자녀들의 친구이자 건설적인 대화의 파트너라는 이미지를 지니게 되었다. 신의 역시 더이상 맹목적인 복종일 수 없으며, 군대식이기보다는 부부의 관계를 닮는다. 그들은 서로 사랑하고, 미워하고, 충돌하며, 해명을 한다. 중요한 점은 단 한 순간도 감정이 둔화되지 않고 함께 머무르는 것이다.

이렇게 커플은 도처에 존재하지만, 모순되게도 커플 안에는 존재치 않는다. 또 커플의 모델은 배신(아동 가출, 학생들의 태만, 근로자의 무단 결근 등)의 위험을 물리치기 위해 구축되지만, 커플이야말로 가장 먼저 이 모델을 배반하는 기구이다.

푼틸라는 술김에 자신의 하인인 마티에게 깜짝 선물을 약속했다. 자기 딸을 마티의 신부로 주겠다는 것이었다. 이 말을 듣고 마티는 우쭐해졌지만 동시에 미심쩍어 하며 신부감이 시험을 치르기를 원한다. 이 요구는 받아들여진다. 첫번째 시험은 귀가 시간에 관한 것이다. 여느 남편들처럼 남편이 하루 일과를 마치고 지친 모습으로 귀가했을 때 아내는 어떻게 할 것인가? 사랑에 빠진 이 생기발랄한 젊은 상속녀는 마티를 기쁘게 해줄 셈으로 그에게 달려와 껴안고 키스를 퍼붓는다. 하지만 그것은 마티가 원하는 답이 아니었다! 일을 마치고 돌아온 남편의 피로를 조심스레 살피며 조용히 그의 발에서 신발을 벗겨 주는 것, 그것이 정답이었다.[5]

전사의 휴식, 이것이 과거에 우선시되었던 부부 생활의 이미지였다. 빈곤층에서만 그랬던 것이 아니다. 가정이란 무엇보다 휴식의 장소였

---

5) Bertolt Brecht, 《주인 푼틸라와 하인 마티》.

다. 애정 생활은 노동 생활에 긴밀하게 종속되어 있어서, 노동과 그 요구 사항에 따라 사생활의 역할이 규정되었다. 그러나 이제 우리는 노동이 왕이었던 시대로부터 벗어나고 있는 듯싶다. 노동은 예나 다름없이 우리를 지치게 하지만, 더이상 우리의 호전적인 에너지를 전부 앗아가지는 않는다. 우리 삶의 침해할 수 없는 일부가 사랑에 투입되며, 둘이 함께하는 삶은 이제 일체의 충격을 완화하기 위한 솜뭉치라기보다는 그 자체로서 동요와 강렬한 감정, 사건의 장소가 되었다. 물론 사람들이 타오르는 정열을 옹호하며 가정에서의 평온한 순간들——아양을 떨거나 거드름 피울 필요가 없는——을 경멸한다는 말은 아니다. 그러나 주일의 편안함과 위로만으로는 충분치 않다. 우리는 지난 세대의 사람들보다 더 행복한가? 이 질문에 대한 모든 긍정적인 답변은 천진난만하다고도, 교만하다고도 할 수 있다. 오늘날 사람들이 신봉하는 성장의 논리가 바로 이같은 양적인 비교를 부추기지만 말이다. 그러나 커플이라는 문제에 대해 우리가 해결책을 발견하지는 못했다. 편안한 자세를 찾기 위해 뒤척이는 불면증 환자들처럼 우리는 또다른 막다른 길들을 택해, 무미건조한 생활보다는 가슴 찢어질 듯한 비통함을 선호한다. 우리의 유일한 확신이 부정적이기 때문이다. 즉 우리는 가정에 대한 부르주아적 개념을 포기한 것이다. 개인들이 사생활을 영위하기 위해 일요일의 평온과 고요함을 이상적인 모델로 삼을 수는 없게 되었다.

과거의 부부 생활은 늘 '다음에' 오는 것이었다. 성실한 사람에게는 일 다음에, 출세제일주의자에게는 성공 다음에, 투사에게는 '역사' 다음에 오는 것이었다. 그런에 이제 역사가 돌이킬 수 없는 퇴락의 길을 걷고 있다. 우리의 작은 문젯거리들, 하찮은 우여곡절이나 사소한 욕구를 어떻게 보다 고상한 요구들보다 하위에 둘 수 있을까? 정치를 마치 축구 경기처럼 논하는 우리가 말이다. 이기주의가 발동한 것일까? 그럴는지도 모른다. 그러나 어찌 보면 애정 생활보다는 선거 토론에서 보다 견실한 부부 관계가 실현되고 있으며, 남편과 아내 사이보다는 당의 총수들 사이에서 더 격렬한 부부 싸움이 벌어진다. 정치가 개인보다 나중에 오는 것이지, 우리가 예전에 생각한 대로 개인이 정치보다 나중에 오는 것이 아니기 때문이다. 노부부의 싸움이란 무엇인가? 그것은 혼란에 빠진 커뮤니케이션으로서, 대화는 그 폭력성으로 인해 내용이 제거된다. 이 히스테리의 순간에 두 사람은 사전에 준비된 대답을 확신에 차 늘어놓는다. 그렇다면 텔레비전 토론이란 무엇인가? 그것도 마찬가지이다. 코드화된 언어로 서로를 질책하는 두 사람으로부터 우리가 건질 수 있는 것은 오직 격렬한 어투뿐이다. 우리는 보드빌 국가의 시대를 산다. '부부 싸움.' 여야의 관계(혹은 좌파의 두 주요 정당 간의 관계)를 주제로 한 영화의 그럴듯한 제목이 아닐 수 없다.

68년 5월 혁명 이후 우리는 이같은 변화에 대해 정치적 진단을 내리고자 했다. '일상'과 '역사'가 자신들의 영역을 서로 교환했다. 전통적인 의미의 정치가 하찮은 자리로 격하된 반면, 일상 생활이 역사의 진정한 쟁점이자 혁명의 유일한 공간이 되었다. 이처럼 단순한 이전을 통해 정치적 논거가 보존된다. 다시 말해 우파의 커플들은 보수주의로 빠져든 반면, 좌파 공동체들은 돌멩이 하나로 사회주의의 세 가지 요소(생산, 분배, 성(性))를 때려잡으면서 미래의 인간성을 예시한다. 그러나 커플들은 공동체의 약진보다 더 오래 살아남는다. 그리고 사생활은 혁명의 요구들에는 무관심한 채 지속된다. 어떤 위임장도 받지 않고 일체의 서임에 저항하는, 평범을 끈질기게 고집하는 사람들. 더이상 자신들의 역할이 무엇인지 알지 못한 채 그때그때 무슨 역할이든 해내는 역사의 주역들. 이들이 바로 오늘날 역사의 아이러니이다. 그런가 하면 혁명의 주체들이 차례로 자리를 내놓고 있는데, 이같은 사임을 우리는 기뻐해야 한다. 더이상 어떤 논리도 사건들의 후견인 역할을 맡을 수 없으며, 어떤 초월적 존재도 우리가 경험하는 기이한 순간들을 해명하거나 바로잡을 수 없기 때문이다. 바야흐로 사생활은 모두 하나의 실험이며, 어떤 시도도 스스로를 모범으로 자처할수 없게 되었다. 정열적인 아방가르드들의 시대도 막을 내린 것이다. 그리하여 부부의 관계를 사랑의 영원한 진리로 볼 수도 없게 되었다. 그렇다고 그룹이 커플의 대안일 수는 없으며, 종종 맹목적 숭배로부터 야기되는 커플의 문제들을 악화시킬 따름이다. 일부일처제를 극복하기 바라면서 그들은 스스로 이 제도의 왜곡된 모습을 드러낸다. 공동체는 꽉 찬 공간, 날마다 심리적인 사건이 발생하는 공간이기 때문이다. 상처가 아물지 않고 남아 있거나 갑작스런 화해가 이루어지고, 원한의 감정이 악화되며, 새로운 긴장의 요소가 생겨난다. 이렇게 집단의 구성원들은 자신들의 적개심이 지니는 황홀한 매력에 굴복하고만다. 이것이 표준에서 벗어난 소외된 생활 형태들에서 흔히 볼 수 있는 불행이다. 이처럼 일상의 인습에서 벗어난 형태들은 표준적인 형태보다 더 빈약하고 비천한 형식과 습관 속에 굳어진다. 실제로 공동체는 커플보다 더한층 유아독존적 경향을 띤다. 우리는 발설되지 않은 무언가에 매료되어 거기에 있다. 이것은 신경질적이고 감미로운 대청소의 날까지 개수대 위에 쌓여 가는 더러운 식기들과도 같다. 일체의 외부 세계가 폐기된 상태에서 그룹의 심장은 축적/해명의 리듬에 맞추어 뛴다. 그리고 이 미천한 세계는 이런 드라마들로 자족한다. 그러나 둘이 함께할 때 우리는 외부 세계를 필요로 한다. 즉 커플은 '미완성'이며, 이것이 커플이 지니는 유일한 특권이다.

모험을 주제로 한 책에서 왜 커플에 대해 언급하는 것일까? 그건 초극의 개념이 도처에서 사라지고 있기 때문이다. 바야흐로 방향 전환의 시대가 시작되고 있다. 그렇다고 우리의 사랑이 자신을 위해 새 집을 지었다는 말은 아니다. 그것은 자신을 보호해 주는 제도를 내면으로부터 파괴하는 편을 택했다. 물론 커플이 승리를 거두고 있지만, 그들은 길을 잃고 방황하며 초췌해져 알아보기 힘들 지경이 되었다. 부부는 자신들이 만족시켜야 했던 욕구들과는 상반되는 욕구들을 부여받은 채 자체의 해체 속에 자리잡고 있다. 우리 시대는 자신이 붕괴시키고 있는 대상을 대체할 능력이 없기 때문이다. 위기야말로 이 시대의 욕구이다. 아직은 다수의 편에 있는 결혼도 마찬가지여서, 바야흐로

휴가 동안 쌈짓돈 만들기

값싼 전세 비행기를 타고 태국의 방콕에 간다. 거기서 백색 헤로인을 그램당 30 내지 50프랑에 산다. 이것이 유럽에서는 그램당 6백 내지 7백 프랑에 팔린다는 걸 당신은 안다. 뿐만 아니라 1백 그램의 헤로인을 락토스에 희석시키면 5킬로그램까지 늘어난다는 것도 안다. 또 1그램으로 10회분을 만들고, 1회분은 1백 프랑에 팔린다는 사실, 1킬로그램을 팔면 1백만 프랑까지 받을 수 있다는 사실도 안다. 식구가 많은 가정이라면, 아기의 목욕용품 속에 헤로인 가루를 숨겨 올 수도 있다. 세관원들은 열 살 미만 아이들의 몸은 좀처럼 수색하지 않기 때문이다. 독신자라면 항문 속에 숨기는 것도 추천할 만하다. 그렇다고 어떤 미국인 밀매자처럼 1킬로그램의 헤로인을 스무 알이나 되는 피임약 속에 넣어 삼켜서는 안 된다. 그 중 한 알이 내장 속에서 터지는 바람에 남자는 헤로인 과다 복용으로 사망한 것이다. 그러고 보면 20세기말에 와서도 우리가 아직 피임약을 신뢰할 수는 없는 형편이다.

철회 가능한 성격을 띠게 되었다. 우리가 결혼에 동의하는 것은, 결혼이 반드시 삶의 모습을 결정짓지는 않을 것임을 알기 때문이다.

그러므로 우리의 사랑의 역사는 가정 생활과 더불어 끝나는 것이 아니라 시작된다. 일부 커플들은 자신들을 태어나게 한 열정보다 더 오래 살아남는다. 때로는 조화를 이루며, 때로는 무감각한 마비 상태에서. 반면에 이별이 반드시 더이상 사랑하지 않게 되었음을 의미하지도 않는다. 우리가 서로를 사랑할 수 없도록 만드는 이 관계를 포기하기 위해 상대방을 떠날 수도 있으니 말이다. 우리는 부부 생활 대신 '비결렬'의 상태를 유지할 수도 있으며, 그리하여 부부 관계를 우리의 사랑에 좌우되는 과도적인 형태로 여기기도 한다. 요컨대 둘이 함께 산다는 것은 일체의 소여 조건이 미지수인 한 편의 드라마이다. 과거에는 이 혼란한 세상에서 지속적이고 항구한 무엇을 상징했던 가정이 최근 들어 불확실성의 소명을 발견한 것이다.

수요일

E pericoloso sporgesi
[위험해, 차창 밖으로 몸 내밀지 마!]

"교통수단: 사람들을 어디엔가로 데려가는 유치한 망상."
말라르메.

한 더미 공기역학의 유해를 위한 발라드

비행기의 원창가에 팔꿈치를 기댄 채 당신은 솜털 같은 구름층과 꼼짝 않는 태양, 그리고 표준 시간대를 지날 때마다 시간이 변경되는 손목시계를 차례로 바라본다. 움직이지 않지만 살아 있는 당신의 몸은, 당신을 싣고 가는 거대한 새, 이 움직이는 죽은 몸에 내맡겨져 있다. 당신이 앉은 자리에서 보이는 것이라고는 사람들의 머리와 뒤통수뿐이다. 검거나 흰 머리, 숱이 많거나 성긴 머리, 핀을 꽂아 쪽진 머리 등. 당신은 어떤 고정된 장소에 와 있는 듯한 묘한 느낌을 받는다. 물론 당신은 이동중임을 알지만 말이다. 실제로 이 여행에서 이동이 있었다면 활주로에서의 이륙뿐이었던 것 같다. 당신의 비행기는 시속 1천 킬로미터를 날아가는 요람이다. 차분하고 부지런한 보모인 스튜어디스가 이 거대한 탁아소의 의식을 돌본다. 그녀의 염려와 배려는 좀 지나친 데가 있어, 당신을 황홀케 함과 동시에 거북하게 만든다. 당신은 그녀가 당신을 무릎 위에 눕히고 연가를 불러 주는 꿈을 꾼다. 그리고 당신은 화장실에 가고 싶을 때마다 손가락을 들어 그녀에게 허락을 구한다.

갑자기 승객들에게 호소하는 기장의 목소리가 들린다. "승객 여러분, 예정된 노선 전환을 할 수 없게 된 점을 사과드립니다(객석에서 놀라 웅성거리는 소리가 들린다). 본 비행 편에 예약되어 있던 팔레스타인인들은 라마단 축제 때문에 귀국했고, 비행기를 탈 예정이었던 일본 인들은 루프트한자와 팬아메리칸 항공에 이미 예약이 되어 있었습니다. 또 우리와 마지막 순간에 연결이 된 말루쿠 테러 집단은 교통 혼잡 때문에 비행기를 놓쳤다고 합니다.”

승객들 사이에서 웅성거리는 소리가 더 커졌다. 당신 역시 실망한다. 이 비행 편이 제공하는 유일한 오락거리를 이제 맛볼 수 없게 된 것이다. 예정대로라면 노선 전환이 이루어졌을 테고, 도착 시간에 정확히 맞추어 보안대의 습격으로 이 비행은 막을 내렸을 텐데 말이다.

“여러분께 드리는 손해 배상으로 본 항공사에서 DC3기와 카라벨 수송기 기체 충돌의 생생한 현장을 보여드리게 된 걸 영광으로 생각합니다. 하오니 승객 여러분께서는 기체의 좌편으로 이동해 주시기 바랍니다. 잠시 후 사고 현장을 목격하시겠습니다.” 당신은 운 좋게도 사고 현장이 그대로 보이는 자리에 앉아 있다. 호기심에 찬 수많은 얼굴들이 당신의 머리 위로 몸을 기울이고 있다. 창공 좀 아래 편에 두 대의 비행기가 서로 다가가는 게 보인다. 순간적으로 일어난 충돌은 그리 난폭하지 않게 마치 포옹이라도 하듯 이루어진다. 기수와 기수가 맞부딪치면서 동체가 화염에 싸인 채 공중에서 작열하며 흩어진다. 두 비행기는 산산조각이 나서 구름 속으로 수직 낙하한다. 승객들이 모두 박수를 친다. 스튜어디스들의 입가에 미소가 번진다. 하지만 당신은 여전히 실망을 느낀다. 이 항공사는 서비스의 질이 떨어진다고, 다음번에는 항공사를 바꾸겠다고, 다짐한다. 당신은 하품을 하기 시작한다. 그 순간, 당신 옆 좌석에 앉은 앵글로색슨계 용모의 유쾌한 사업가처럼 보이는 남자가 서류 가방에서 깜찍한 소형 권총을 꺼내 당신 옆구리에 겨누며 활짝 웃음을 짓는다……. 그렇다면 아직 모든 게 글러 버린 건 아니다.

우리는 이제 매혹의 종말을 체험하고 있다. 속도가 풍경의 여린 막을 찢고 구역과 담벼락들을 용해시켜 버리던 시대는 우리를 황홀케 했었다. 그 시대가 종말을 고하고 있는 것이다. 우리는 이제 속도의 마법에 무감각해지고 말았다. 무기력한 정지만큼이나 이동 역시 우리에게는 단조롭게만 여겨진다. 졸라, 마리네티, 생 폴 루, 모랑에서 비릴리오에 이르기까지 속도에 관한 한 이미 모든 것이 이야기되었다. 즉 속도는 장소와 육체를 소산시켜 세계의 모든 도시들을 동일한 시간표에 연동시켰으며, 속도의 보유자들에게는 힘과 지배력을 부여했다. 그것은 기준점들을 제거했으며, 요컨대 죽음 및 전횡과 부분적으로 연결되어 있었다. 이제 우리 시대에 남은 것이라고는 이 저주받은 부식성 산(酸)에 대한 최종적인 끔찍한 경험, 즉 통속화의 경험뿐이다. 우리는 이 매체가 무해하지 않다는 사실을 깨닫는다. 그리고 어떤 유형의 사회에서는 그것이 과도하거나 위험 수준이어서 엄격한 교육이 필요하다는 사실, "속도가 증가할수록 자유는 감소된다"(비릴리오)는 사실을 알게 된다. 속도는 그 자체가 엄청난 토대와 통제, 대비책을 요구하므로, 말하자면 자체의 도구들 속으로 녹아들어가 현대적 형태의 중력이 되어 버렸는데, 이는 재미있는 역설이라 하겠다. 오늘날에는 속도야말로 정주성의 주요 원인이자 무기력의 제1원인이다. 전세계에 똑같은 리듬을 부여하고도——시속 1백 킬로미터로 고정시키는 식으로——아무 탈이 없기는 어렵다. 이제 빨라지는 것은 우리가 아니라 소위 말하는 교통수단이다. 기차, 비행기, 자동차가 이동하려면 우리는 더이상 움직이지 않아야 한다. 속도를 택한다는 것은 단지 움직임을 엄격히 관리한다는 의미일 뿐 아니라, 동시에 교통 혼잡을 택한다는 것, 그리고 신속함이라는 의기양양한 표지들을 내세우며 그렇게 한다는 것을 의미한다. 바쁜 현대인——사업가 · 정치가 · 관광객——은

5대륙을 가로지르며 안락의자에서 안락의자로 옮겨 앉는, '엉덩이가 무거운 사람' 이다. 이렇게 항상 앉아 있다 보니 발이 아니라 엉덩이에 뿔이 난다. 비극적이고 황당무계한 신화들(예를 들면 인간 야수의 신화)에서 인간과 기계는 검은 덩어리를 이루며 속도가 더해 가는 미래 속으로 던져넣어지곤 했었다. 그러나 속도와 말살을 연결짓는 이 모든 숨가쁜 산문은 이제 진부성을 띠게 되었다. 속도는 자체의 표지들을 뒤바꾸어 놓았다. 이제 자동차의 수중에 들어간 우리는 대학살의 위험보다는 유아 근성과 마비 상태에 빠질 위험이 더 크다고 하겠다.

이 모든 것은 이미 19세기에 결정지어졌다. 속도에 대한 인지와 속도로 인해 초래되는 세계 인식이라는 관점에서 볼 때, 기차가 시작해 놓은 것을 비행기가 완성시키고 있다. 발전의 이데올로기가 그 주된 동력을 발견한 것은 교통수단을 통해서였다. 더 낫게 간다는 것은 더 빨리 간다는 것을 의미했기 때문이다. 그러나 오늘날에는 현기증나는 성공의 기세가 점차 둔화되는 한편, 속도는 더이상 '고독을 대가로 얻은 경주에서의 승리' (모랑)가 아니라 대중의 침체를 의미하게 되었다. 결국 교통수단의 영역에서는 더이상 중요한 발전(즉 상징적 의미를 지니는 발전)[1]을 기대할 수 없게 되었음을 우리는 알고 있다. 일체가 구축되고 정의내려진 상황에서 기술 혁신이란 이미 획득된 것을 다듬어 나갈 따름이다. 교통수단들은 우리의 습관 속에 자리잡아 우리 삶의 부속품이 되었다. 그것들은 다른 것들보다 좀더 귀찮지만, 꼭 필요한 도구이다. 교통수단을 두고 볼 때 더이상 발명(즉 놀라움)은 없으며, 이제 무관심이 만연해 있다. 영불 합작 콩코드 여객기 출시에 대한 냉랭

---

1) 우리가 더이상 속도를 신뢰하지 않는다면, 사회나 역사의 가속화를 의미하는 발전의 개념 자체가 폐지된다. 그런데 제로 성장, "작은 것이 아름답다" 등의 말에서 이미 이같은 징조가 드러난다.

한 반응도 이렇게 해서 설명이 된다.

아주 먼 옛날의 일 같지만 1962년 로스앤젤레스에서는 대중교통을 위한 마지막 노선들이 폐지되었으며, 도시 전체가 마치 축제처럼 술렁이며 승용차를 위해 재단장되었다. 결과적으로 승용차가 과다하게 이용됨으로써 교통 체증과 불안이 초래되었음은 두말할 나위도 없다. 자동차의 등장은 20세기의 주요 사건이라 할 만하다. 그것은 자체 내에 희망과 순응주의를 결집시킨 마법의 교통수단이었다. 그것은 휘발유로 작동하는 기계라는 차원을 넘어 위엄을 과시하는 수단으로 작용했다. 중요한 점은 그것을 소유함이 아니라 다른 이들보다 더 나은 것을 소유하고, 누구나 소유하는 걸 소유하는 통속성을 피해 간다는 것이었다. 자동차는 사회적 위상을 과시했으며, 지금도 그렇다. 기필코 남들로부터 구별되려는 광기, 신분 상승의 광기를 그것은 꾸준히 부추긴다. 자동차가 순전히 유용성의 관점에서 파악된 적은 없으며, 그것은 소유주인 당신을 구별짓는 표지이다. 그러나 이같은 위상은 아이러니를 지닌다. 그것은 공업 제품으로서 생산되며, 이런 식의 민주화가 궁극적으로 이 위상에 치명적으로 작용하기 때문이다. 다시 말해 너나없이 차를 소유하게 될 경우 자동차는 품위를 상실하며, 교통 체증으로 속도를 내지 못할 때 메로빙거 왕조 시대의 수레나 합승 마차에 필적한 것이 되어 버린다. 각자에게 엄청나게 확대된 에너지를 약속해 주었던 승용차는 우리로 하여금 미지의 세계를 탐험토록 하고, 늘 같은 길과 늘 비슷한 사람들에게서 벗어나도록 해주었다. 그러나 점점 수효가 늘어나는 승용차는 이제 개인 교통수단들 가운데 가장 보편적인 수단이 되고 말았다. 개인주의를 부추긴다는 그 원래의 소명은 준엄한 교통 규칙들에 의해 저지당하고——파괴당하지는 않았을지언정——있다. 애당초 그것은 광활한 공간과 도취를 위해 만들어졌지만, 이제 불쾌한 환경 속으로 전락하고 만다. 붉은 신호등, 주말마다 치르는 교통사고, 악취를 품어대는 머플러 등. 운전자는, 통제 불가능해진 운명을 저주하는 불행한 에고이스트이자 자신의 장난감에 속고 있는 어린아이가 되었다. 승용차가 위상을 상실한 것은 그 상징적 위상이 조롱거리가 되었기 때문이다. 이제 승용차를 구입한다는 건 의미 없는 행위가 되어 버렸다. 승용차는 아무짝에도 쓸모없는 물건이 되었으며, 이 준(準)차량은 스물네 시간 중 스물두 시간은 주차장에 들어가 있는 2톤짜리 고철덩이에 불과하다. 자동차(automobile)는 다름아닌 자동 정지(auto-immobilisation)를 의미한다. 자동차는 수십 년간 미국에서 누렸던 영예[2]——훌륭한 시민은 차를 소유한 시민이었다——를 더이상 누리지 못하고, 보편적인 사회적 무력감의 상징, 현대 서구인의 회한이 되었다(우리도 알다시피 자동차 회사는 마지막 희망을 제3세계와 사회주의 국가에 걸고 있다. 이 이상적인 국가들에서는 노동자들이 고분고분하며, 고객들의 신뢰를 쉽게 얻을 수 있으며, 도로는 비어 있기 때문이다. 본국 시장이 포화 상태에 이르렀을 때 자본은 자체의 위기와 신화들을 외부로 이전한다(피아트 아넬리 사장의 연속적 호황 이론, 그리고 아르헨티나와 칠레에 포드 자동차 공장 설립 정책 등). 제3세계는 우리가 지닌 모든 환상의 유예 장소이다. 그러나 자동차의 경우에서만은 이 유예가 웃음거리로 화하고 있다. 서울 · 자카르타 · 마닐라 · 방콕 · 카이로 같은 도시들은 유럽의 수도들보다 더 복잡하고 오염되어 있기 때문이다. 이 나라들은 유럽 국가들이 50년에 걸쳐 실현시킨 바를 단기간에 완수함으로

---

2) 승용차를 탄 미국인, 포드나 캐딜락처럼 크고 으리으리한 승용차를 모는 미국인은 흔한 운전자가 아니다. 차체 중앙에 당당히 자리잡은 그는 다름아닌 초음속기를 모는 조종사이다. 이렇게 미국에서 운행중인 차량들은 마치 흘러가는 듯한 느낌을 준다. 길들여진 괴물들과도 같은 차량들이 일정한 속도로 꾸준히 공기 쿠션 위를 미끄러져 가는 느낌이랄까?

써 기적과 자동차 지옥이 동시에 현실화되었다). 승용차가 계급의 표지와 특권들을 산출해 내던 시기에 사람들은 자동차로 말미암은 경제적 낭비와 끔찍한 훼손을 용서하며 심지어 찬미하기까지 했다. 이런 것들을 그 귀족적 소명의 표지로 보았기 때문이다. 하지만 정예 집단의 전유물이라는 그 특성이 점차 희미해져 가면서, 이제 마약이 떨어진 사용자들은 그것을 외면하게 되었다. 다시 말해 실리주의가 그 신화적 성격을 상실하고 원칙으로 자리잡게 된 것이다. 바야흐로 경제적 효용성만을 지니게 된 승용차는, 예전에 그 사용 가치에 동반되었던 영예를 누릴 수 없게 되었다. 사용 가치 역시 여타의 가치들과 마찬가지로 신화에 불과하기 때문이다. 승용차는 교통수단일 뿐, 그 이상도 이하도 아니게 되었다. 기능주의는 솔직하고 가식이 없기 때문이다. 승용차는 이제 중립성을 띤다. 더이상 수많은 의미를 부여받을 수 없을 뿐만 아니라(이젠 아무 의미도 없다), 심지어 부조리한 무엇이 되었다. 오늘날 우리가 장거리 고속 주행용 자동차를 몰고 간다면, 그건 단순히 이동하기 위해서이다. 이제 환상은 설 땅을 잃은 채 고갈되어 간다. 자동차는 우리의 '잃어버린 천국'[3]이기는커녕, 일상의 연옥이다. 그것이 아직 20년 내지 50년 지속된다고 하자. 그리하여 같은 규격으로 대량 생산되고, 합리화되고, 소형화되고, 전자화된다고 하자. 그렇더라도 자동차는 죽었다. 독립과 힘이라는 상징적 차원에서 돌이킬 수 없는 죽음을 맞이했다. 이 사실이야말로 여기저기서 그것이 맞고 있는 위기나 변신보다 더 중요하다.

---

3) Emma Rotschild, *Paradise Lost, The Decline of auto-industrial Age*(Vintage, 1973).

무기력한 자들의 유람

사람들은 여행중에 어김없이 권태에 사로잡힌다. 우리가 느끼는 이 권태의 질만이 달라졌을 뿐이다. 예전에는 긴 여정의 피로에는 여행 길 자체와 우리의 몸 사이에 일종의 공모가 있었다. 어설프게 공중에 매달린 캡슐을 타고 이동하는 여행자는 실제로 온 몸으로 도로의 흉터들을 경험해야 했다. 웅덩이나 파인 길을 지날 때면 몸도 함께 요동쳐야 했던 것이다. 합승마차·삯마차·최초의 지방 열차의 속도는, 도착지까지의 거리감과 시시각각 넘어야 하는 장애물에 대한 인식을 약화시키지 않았다. 여행은 또한 시련이기도 했다. 그러나 오늘날 여행자들의 권태 속에는 체념이 깃들어 있다. 우선, 보다 빠르고 성능이 우수한 첨단 장비들로 인해 전통적인 교통수단들이 평가절하당하게 되었다(비행기를 탔으면 벌써 거기 도착해 있을 텐데, 하고 기차 승객은 한숨짓는다). 객차나 자동차에 앉아 이동할 경우 우리는 편안한 스펙터클의 나라에 있으며, 정확히 말해 그 어디에도 없다고 할 수 있다. 외부 세계에 대해 여행자들은 무용한 표상만을 간직하며, 풍경을 받아들이는 것만으로 충분하다. 그로 인해 어떤 중대한 결과도 초래되지 않는다. 외부 세계는 그들을 건드리지 않는다. 기차의 차창, 비행기의 원창은 텔레비전 화면처럼 세상을 분리시킨다. 나는 내 좌석에 앉은 채 화면 속에 전개되는 영화를 바라보는 것이다. 여행자인 우리는 우리가 지나는 장소들의 삶에 대해 어떤 권리도 요구할 수 없다. 시간과 공간 밖에서, 순전히 지도상에 그려진 선을 좇는 우리는 고속도로나 철로 아니면 항공로에 속해 있다. 사람들을 분리시키는, 격리되고 폐쇄된 세계를 이루는 노선들이다(때문에 탁 트인 평원에서 기차가 멈추거나 자동차가 고장나는 매혹적인 상황에 직면하면, 우리는 마치 속도라는 긴 몽유병에서 깨어난 듯 가슴이 설렌다). 승객은 두 가지를 동시에 본다. 즉 기차의 객실 및 옆 좌석에 앉은 사람들과 차창 밖 풍경이다. 영화를 관람할 때처럼 영화 속 세계와 외부 세계가 나뉘어져, 우리는 매순간 화면에서 관람객에게로 눈길을 돌린다. 목적지에 도착하는 순간, 이미지는 현실이 된다. 반면 승객들이 모두 떠나고 없는 차량은 그 존재 의미가 모호해진다.

쾌적함이란 바로 각 교통수단의 고유한 특성들(배의 흔들림, 기차의 규칙적인 요동, 비행기의 진동)을 망각함을 의미하지 않는가? 냄새와 광선에 이르기까지 모든 것을 여과해 내는 방음과 안정감을 위하여 말이다. 속도의 나라는 분위기의 고장, 아무 데도 없는 곳, 아무 때나 갈 수 있는 곳이다. 기차나 제트 비행기 속에서 느끼는 권태는 일상적인 권태와는 다르다. 그것은 지속되는 시간 너머의 권태로서, 더이상 아무것도 기대하지 않고 자체의 마비 상태를 즐기면서 목적지에 대해서도 거의 신경을 쓰지 않는다. 당신의 눈, 오로지 당신의 눈──모든 신체 기관 중에서 가장 덜 관능적인──만이 움직임을 포착한다. 당신은 평원과 아스팔트 길과 구름이 지나가는 것을 보며, 이동은 순전한 추상이자 정신적인 문제가 되어 버린다.

그런데 교통수단들은 여행을 도표로 얼어붙게 할 만큼 비물질화시키면서도 만족하지 않는다. 최소한의 공간에 최대한 많은 개인들을 집결시키려 하는 여행은 또한 자신이 실어나르는 사람들을 어떻게든 격리시키고자 한다. 오늘날 수송되는 인간들은 '앉아 있는 인간들'이다. 이동한다는 것은 몸에 유니폼을 입히고 행동거지를 제한시킨다는 것이다. 여행자들이 여행중에 배우는 것은 어쩌면 잊어버려야 하는 것보다 덜 중요한지 모른다. 즉 그들은 자신들의 젊은 몸, 결코 장소에 적응할 줄 모르며 저도 모르게 비순응적인 태도를 취하는 이 몸을 잊어야 한다. 버스나 기차 안에 아이들이나 청소년들이 가득 올라타 있는 모습을 보자. 누가 주의를 주지 않으면 그들은 좌석 위에 발을 올려놓거나, 원숭이처럼 문고리에 매달리거나, 차문과 차창을 시끄럽게 닫거나, 서로의 몸 위에 앉거나 한다. 소리지르며 떠드는 그들은, 예절이라 불리는 이 공포 어린 억압을 아랑곳하지 않는다. 그리고 그들에게 지정된 질서 정연한 열이나 좌석들과는 무관하게 차량의 동력에 따라 움직인다. 모범적인 여행자의 몸에 밴 세련되고 예의바른 태도는 오랜 구속의 산물이라는 사실을 이 유치한 파괴 행위가 증명해 준다. 차 안에서도 학교에서처럼 소란을 피우거나 잠을 자거나, 그게 전부이다. 현대 교통 수단이란 또 다른 방식으로 학교를 계속 다님을 의미하기 때문이다. 매번 여행 때마다 우리는 좌석에서 지켜야 할 예절과 함께, 같은 몸짓을 무한정 재생해 내도록 배운다. 남들과 다르거나 독창적인 어떤 행동도 야기되지 않도록 예방하기 위해 불변성을 띠게 된 변함없는 몸짓이다. 방정하지 못한 여행자는 열등생과 마찬가지로 좌흥을 깨는 사람이다. 그는 절도를 지키지 못하고, 엉뚱한 노마디즘적 태도에 몸을 맡기는가 하면, 예의에 벗어나는 행동을 한다. 교통수단은 교육에 대한 영원한 교육이다. 우리는 수직을 이룬 좌석에 붙박혀 끊임없이 교정받고 바로잡아지며 정렬되고 선형화되는데, 이렇게 하면서 우리는 길이 드는 것이다(객차나 비행기는 교실과 매우 흡사하여, 거기서 수업이 이루어진다고 해도 놀랄 것이 없다. 실제로 미국과 영국의 교외 기차에서는 아침 저녁으로 수업이 이루어져, '철로 대학'이라는 별명이 주어졌다).

이렇게 해서 오늘날의 여행자는 피포위(被包圍) 불안을 느낀다. 그가 차지한 자리와 정신적 공백들로 짓눌린 공간 속에서 독서를 하고,

꿈을 꾸어야 하는 것이다. 그가 앉은 좌석은 비좁은 극장과도 같아, 이 한계 속에서 그는 우주에 대한 대체물들을 재구축해야 하기 때문이다. 예절 바른 몸가짐은 이글거리는 혼돈을 덮고 있는 얇은 막이다. 이 모든 승객들을 얌전하게 붙잡아 두지 않으면 안 되므로, 우리는 그들이 무언가에 몰두케 하여 무질서를 예방한다. 이동중인 몸은 그렇게 해서, 먹고 자고 배설하는 생리 기능으로 전락한다. 포장되고 감싸여진 몸. 사람들은 이 몸을 거위처럼 포식시켜 부드러운 잠에 빠지도록 한다. 그러므로 이동의 시간은 소화 작용의 시간과도 흡사하다. 그것은 영양 공급과 배설의 규칙적인 교체인 한편, 앉은 자세와 전형화된 몸짓들로 인한 근육의 경직, 생리적인 경화이다. 승객이 심심풀이로 무언가를 할지라도, 그것은 실질적으로 방심이나 자폐증의 형태를 띤다. 독서를 하거나 기내에서 상영되는 영화를 보거나, 이어폰으로 음악을 듣거나, 카세트 혹은 라디오를 듣거나 간에 말이다. 여행의 기쁨은 사건을 분위기로 대체했다는 데 있다(그리하여 큐브릭은 자신의 영화 《스페이스 오디세이》에서 우주를 슈트라우스의 왈츠로 형상화한다). 구멍 난 의자야말로 기차나 비행기가 추구하는 이상일 것이다. 그러면 사람들은 그 자리에서 대소변을 보겠고, 앉은 자세에서 엉덩이를 흔들며 황홀경에 취해 두 눈을 감고 점심 식사를 소화시키면서 저녁 식사를 기다릴 것이다. 여행중에 왔다갔다한다든지 소변을 보러 간다든지 하는 최소한의 기분 전환도 이제는 없다. 통로에서 오가는 의식적인 안무가 사라진 것이다(이미 일부 비행사——TWA, 팬아메리칸——에서는 안전과 신중이라는 명목으로 여행 내내 안전벨트 착용(fasten seat belt)을 실시하고 있다). 생기 없이 흐느적거리는 사회를 위해서는 마찬가지로 생기 없이 흐느적거리는 몸들이 있어야 할 것이다. 오늘날 여행자에게서 보게 되는 비통하리 만치 무기력한 모습은, 우리가 인간

및 사물과 맺고 있는 관계의 사회적 수동성을 반영하고 있을 따름이다. 그렇게 본다면 현대 문명의 상징은 마천루나 로켓, 원자로가 아니고 안락의자이다. 의자와 침대의 중간 단계인 비스듬한 등받이의 안락의자에 앉으면 여행자는 배도 다리도 보이지 않는 '변비증 환자'가 된다. 급행열차나 제트 비행기의 현란한 광고 밑에 숨은 경직화와 무책임성을 읽도록 하자. 어딜 가나 사용자를 위한 광고 문구는 맘마(식사)나 코코(수면)니 말이다. 우둔화 중에서도 제일가는 우둔화라 하겠다. 현대의 여행자는 말하자면 엉덩이에 금이 간 인간이다.

이렇게 볼 때 최근 프랑스국유철도(SNCF)에 의한 칸막이 없는 기차 출시는 흥미로운 사건이다. 이 열차의 등장은 무엇을 의미하는가? 일찍이 비행기에 적용되어 성공을 거둔 원칙을 철도에 적용시키자는 의도였다. 즉 가지런한 좌석의 열과 승객들을 한눈에 통제할 수 있도록 하는 가시성의 원칙이다. 공식적으로는 객차의 공간 이용률을 높이는 한편, 각 승객에게 'TEE(유럽횡단특급열차)에 버금가는 수준의 편의'를 제공하자는 의도였음이 팸플릿에 뚜렷이 명시되어 있다. 그런데 경제적인 목표는 도덕적 결과들을 초래한다. 열차의 칸막이를 제거하고, 대신 차량에 중앙 통로를 만든 이유는 무엇일까? 그것은 만원이 된 이등칸의 혼잡을 피하고 일등칸과 맞먹는 조용한 질서를 회복시키기 위해서였다. 칸막이가 없는 기차는 민주주의의 꽃인 동시에 일등칸의 종말, 누구나 누릴 수 있는 사치를 의미한다. 과거의 열차는 사람들이 쉴새없이 오가는 닫힌 영역이었다. 복도와 객실을 오가는 작은 이동들, 객차와 객차 사이에서 이루어지는 부단한 왕래, 통과와 술렁임의 영역이었다. 그런데 칸막이가 없는 기차에서는 이런 사소한 방황조차 용납되지 않는다. 승객들은 모두 제자리에 앉아 있어야 하며(열차 내에서서 있기는 실질적으로 불가능하다), 통로는 순전히 기능적인 왕래의 수단으로 바뀐다. 그리하여 질서가 깨어지는 순간은 단 두 차례, 즉 승차와 하차 때뿐이다.

결국 당신의 운명은 옆 좌석에 앉은 사람의 수중에 들어 있다. 당신이 선택한 열, 예매한 좌석 번호로부터 결코 벗어날 수 없는 것이다.[4] 대중교통을 이용해 여행한다는 것은 항상 어느 정도, 온갖 차원에서 잡거(雜居)로 인한 우여곡절을 겪어야 함을 의미한다. 술에 취해 떠드는 군인, 꾸벅꾸벅 조는 농부, 도시락을 꺼내 먹는 말라깽이 노파, 바구니에서 뛰쳐나온 고양이, 숨어 사는 벼룩들, 빽빽거리며 울어대는 불그레한 아기들을 견뎌내야 하며, 새어나온 술 냄새와 땀 냄새, 담배 연기 속에 앉아 있어야 함을 의미한다. 그러나 오늘날의 교통수단들은 이처럼 우스꽝스럽고 참기 어려운 혼잡과는 거리가 멀다. 그것들은 승객들을 공존케 함과 동시에 격리시키는 경향이 있기 때문이다. 교통수단들은 예나 다름없이 사람들을 밀집시키며 심지어 그 정도가 더 심해져 가지만, 밀집의 방식은 달라지고 있다. 개개의 안락의자가 긴 의자를 대체하고 무례한 사람들과의 접촉을 피할 수 있게 해주면서, 서로 대면하고 앉았을 때 발생하는 우연한 사건들이나 위압적인 분위기도 종식을 고하게 되었다. 그리하여 육체는 좀더 차분한 자세를 취할 수 있게 되었다. 만남이라고 해보아야 옆 좌석(왼편 혹은 오른편 좌석)에 앉은 사람과 몇 마디 이야기를 나누는 정도이다. 좌석이 배치된 형태 자체로 인해, 기껏해야 동시에 한두 사람과 대화를 주고 받을 수

---

4) 거기에 냉방 장치도 첨가된다. 승객들은 창문을 열어서는 안 되며, 누구나 동일한 기내 온도를 감수해야 하고, 대기의 변화나 위험을 느낄 수도 없다. 또 불쾌하지만 흔히 경험하는 일로서, 여름에 냉방 장치가 고장나기라도 하면 숨막히는 더위로 고생해야 한다.

있을 따름이기 때문이다. 기차나 비행기에서 승객들은 이제 얼굴을 마주하고 앉지 않으며, 모두 같은 방향을 바라본다는 사실——사랑은 그런 거라고 성구(聖句)는 말할 것이다——에는 숙지할 만한 무언가가 있다. 초등학교 교실에서 아이들이 모두 교사를 주시하듯이 말이다. 과거에 여행 동안 맛볼 수 있었던 화기애애한 분위기는 이렇게 해서 종말을 고하고, 공간에 대한 인식은 빈 공간에 대한 인식이 되었다. 앉은 자세의 칩거는 고독한 칩거와 뒤섞이며, 시선도 이제 마주치지 않는다. 규격화된 비슷비슷한 승객들은 바싹 붙어 앉았으면서도 서로를 닫은 채 저마다 자기 내면의 유배 상태 속에 갇혀 있다. 기적 같은 연금술은 사람들을 보다 용이하게 갈라 놓기 위해 집결시킨다. 특급열차나 장거리 수송기는 우리가 절대적인 인내심을 배우도록 하는 장소이다. 우리는 장시간 앉은 자세를 유지한 채 비좁은 공간, 나아가 온갖 종류의 비좁음, 온갖 종류의 허탈 상태를 견뎌야 한다(이런 부동 자세의 극치는 쟁반에 담아 나오는 식사, 승객들의 자리를 찾아오는 레스토랑이다. 식당칸과 그릴이 당신을 직접 찾아오므로 식사를 하러 몇 발자국 걷는 수고도 필요가 없게 되었다. 정말이지 감동적인 배려이다!).

승객들은 서로를 보지 않는다(혹은 상대방을 보려면 일어서야 한다). 하지만 승무원이나 검사관은 한눈에 모든 것을 본다. '전체가 한눈에 보이는' 이 기묘한 구조 덕분에 오늘날 교통수단은 학교·병원·감옥·요양소와 같은 부류로 분류된다. 훌륭한 여행사가 베푸는 선행이라면, 여행자들이 잠시도 시야에서 벗어나지 않도록 하기, 여행자들의 모든 요구를 미리 알아차리고 충족시키기, 또 여행자들이 움직이는 공간을 통제함으로써 여행자들 자신을 통제하기이다(투명 화장실을 짓는다면 좋을 텐데……). 비행기나 기차 안에서 얼마나 많은 만남이 화장실을 들락거리며 이루어지는 것일까. 마침내는 화장실 접근이 금지되고, 승무원이 열쇠로 열어 주지 않으면 안 될 것이다! 최종적인 투쟁은 세면대를 두고 일어날 것이다. 그러나 아마도 엄청난 속도를 자랑하는 차량(비행기, 칸막이 없는 기차)과 전통적 유형의 차량(기차·배)은 구별되어야 할 것이다. 전자는 승객들을 차례로 배치하여 통제하는 반면, 후자는 구조가 복잡하고 후미진 곳이 많아 한눈에 승객들 모두를 포착하기가 어렵다. 이동 수단의 독선적인 모든 개혁은, 통제 가능한 시야가 점점 넓어지고 이미 비행기에 적용되어 온 규준들이 다른 차량들에도 전염되는 식으로 진행될 것이 틀림없다.

기차를 타고는 여행을 하지만 비행기를 타면 이동을 한다는 그 유명한 격언이 오늘날에는 통하지 않는다. 어느것이나 대중에게 똑같은 마비 상태를 강요하기 때문이다. 특급열차, 승용차, 보잉기는 가장 최근의 발명품들로서 정주성(定住性)을 부추길 따름인 것이다. 요컨대 부동성에 대한 대체물은 더이상 존재치 않는다. 이제는 여행자도 존재하지 않는다. 남은 것이라고는 여행사와 계약을 체결하는 고객들, 이 개인들뿐이다. 남자, 여자, 아이들로 이루어진 이 북적거리는 대중은 더이상 고려의 대상이 되지 않으며, 그들을 실어 가는 힘만이 중요성을 지니게 되었다. 그들은 쫓겨난 다수이기 때문이다. '공중'이라는 그럴듯한 말로 불리는 것이 바로 이것이다. 조직력을 갖추지 않았다는 점에서 보면 그들은 단순히 사용자이다.[5] 교통수단들은 각자에게 여러 구속을 가하지만 그렇다고 집단적인 결속을 부추기지는 않는

---

5) 여행중 다른 사람과 함께하는 시간이 사라진 시점에서, 공중은 상업적인 성격을 띤 신성한 대상으로 등장한다. 이렇게 해서 기차 안에는 공공 장소와도 유사한 구역이 마련되고, 승객들이 기차 안에서 마음대로 나다니는 것을 방지할 수 있게 된다. "전통적인 칸막이식 기차에서 복도가 맡았던 역할이, 새 열차에서는 공공 장소가 맡게 되었다. 그래서 군데군데 바·맥주홀·부티크 같은, 휴식과 레저 공간이 마련된다."(SNCF-대외 관계 부서, 칸막이 없는 기차)

다. 문제는 짐승처럼 운반된다는 사실에 있다기보다, 여행중에 가축 떼의 반사적 행동을 한다는 점이다. 격리된 동시에 모여 있으며, 무책임하고 분산되어 있다는 점이다. 안락의자가 왕인 이 순회 여인숙들은 자신의 고객들을 풀타임 갓난아이로 만든다. 떠난다는 것은 어느 정도 죽음을 경험함이 아니며, 젊어지기, 기저귀와 젖병의 달콤하고 불확실한 영역으로까지 후퇴하기를 의미한다. 기차나 자동차, 비행기는 모터 달린 요람으로서, 그곳에는 어린 시절로 퇴보하기 바라는 모든 후보자들이 집결되어 있다. 원창이나 차창을 통해 그들을 지켜보자. 그들은 아기도 아니다. 아기라면 칭얼대고 옴직거리고 소리라도 지를 테니 말이다. 그들은 오뚜기, 흰 순대, 창백한 부처들이다. 이보다 더 진지하고 무기력한 무리는 상상할 수 없을 것 같다. 그들에게 아직도 포크와 나이프를 준다는 건 분노할 만한 일이다. 숟가락으로 떠먹여 주어야 할 처지인데 말이다.

기관차, 제트 비행기, 자동차를 이런저런 상황에 따라 바꿔 타면서 간다고 하자. 나는 무엇을 할 수 있을까? 잠자코 먹은 음식이나 소화시켜야 할까? 여행에는 수면과도 흡사한 경직 상태가 있다. 차에 오르는 것은 무덤 속으로 내려감이며, 의자와 안전벨트가 우리를 미라처럼 방부 처리한다. 차를 타고 다닌다는 것은 잠시 동안 혼수 상태에서 남의 보살핌에 자신을 완전히 내맡김을 의미한다. 항상 누군가가 우리 대신 차를 모는 것이다. 과거에도 그러지 않았는가라고 사람들은 반문할지 모른다. 이같은 반문은 정당할 수도, 그렇지 않을 수도 있다. 차를 타고 이동한다는 것은 과거에도 수동적인 행위였지만, 현대에 이르러서는 다음의 사실이 첨가되기 때문이다. 즉 오늘날 여행을 하려면 움직일 수 있는 권리를 모조리 포기하고 경직 상태에 들어 있어야 한다는 것. 예전에는 이동에 걸리는 시간이 길었으므로 사람들은 모여서 웃고 떠들고 노래하며 시간을 보낼 수밖에 없었으며, 그러노라면 저마다 어느 정도 이야기꾼이나 시인, 작곡가가 되곤 했다. 하지만 부지런한 손이 좌석들을 배치해 놓는다면, 그리하여 움직이거나 옆 사람에게 말을 걸어야 하는 혹독한 의무로부터 당신이 벗어날 수 있도록 해준다면, 그 모두가 부질없는 일일 것이다. 물론 우리에게 부동의 자세나 격리를 강요하는 사람은 없다. 이러한 상태를 유도하고 강화하는 것으로 만족하기 때문이다. 그들은 승객의 환경을 기능화시켜서 승객이 오직 한 가지 욕구를 갖도록 한다. 즉 목적지에 최대한 빨리 도착했으면 하는 바람이다. 차량에 오르기 무섭게 그는 내려 달라고 간청한다. 아무 사건도 일어나지 않는 이 견딜 수 없는 현재로부터 벗어나기 위해 서두르는 듯 말이다. 최소한 이런 상태가 빨리 지나가 주었으면, 이 참기 어려운 짐을 벗어 버릴 수만 있다면, 하고 그는 바란다. 그러므로 여행중에 느끼는 피로는 일종의 수동적인 거부, 잠재적인 폭력으로 이해될 수 있으며, 그 파괴성은 이같은 폭력이 공공연히 표출되는 또 다른 형태이다. 옹색할 수밖에 없는 이런 이동의 상황에 승객은 오직 권태로만 맞설 수 있다. 모든 것을 빼앗기고, 나들이라는 즐거움조차 빼앗긴 그는 무관심으로 맞선다. 권태는 우리가 스스로에게 책임을 묻는 실패한 모험이다. 우리 자신이야말로 맨 먼저 비난받아 마땅한 당사자이기 때문이다.

교통수단에 대한 거부감은 또한 일체의 매력이 제거된 시간과 공간에 대한 거부감이기도 하다. 그로 인해 여행자는 끊임없이 거리를 일종의 횡포로 인식하게 된다. 우리는 속도에 대한 예찬을 통해, 애당초 수정코자 했던 것을 오히려 야기시키는 모순에 빠진다. 그리하여 수송 차량들은 악순환으로 접어들게 된다. 즉 실용성을 추구하는 여행자들의 욕구에 절대적으로 영합하는 한편 여행에서 여정을 제거하려는 그들의 경향을 부추기면서, 수송 차량들은 이 초라한 효율성 예찬에 여행을 희생시키며 점점 더 치열해지는 속도 경쟁에 뛰어들게 되는 것이다.

19세기에 철도는 단지 석탄이나 기술이라는 메시지를 전해 주었을 뿐 아니라, 도시의 주거 밀집 지역에 새로운 위상을 부여했다. 아이들이 시골을 떠나 도시로 몰려들었으며, 정치적 · 군사적 중앙 집권제가 강화되었다. 그리고 인상파 화가들이 그림으로 표현한 바 있는 '보는 각도에 따라 변화하는 공간'이라는 개념이 생겨나, 훨씬 나중에 물리학 분야에 등장한 상대성 이론의 기초를 마련하게 되었다. 오늘날 운송 기구들이 지니는 깊은 의미는 자연스런 혼합의 양상을 띤다. 즉 운동으로부터 활동 정지로, 온갖 상태의 이동으로부터 단순한 참석의 필요성으로의 전환이다. 빨리 간다는 것은 엄마의 무릎 위에 앉아 있는 것이다! 최초의 자동차였던 바퀴 달린 물건을 둘러싼 물의는 오늘날 허공에 매달린 화석이 되어 버렸다. 보잉기와 엔진차는 일종의 목발이지만, 나는 그것들이 오직 돈으로 지불될 수 있는 버팀물이라는 사실에 분개한다. 나는 내 자신의 힘이 아닌 다른 힘들에 의해 납치당하는 느낌을 받는다. 나아가 이 기계는 스스로의 근력을 이해시킬 만한 힘이 없다는 데에서 오해가 초래된다.

대기실이나 통과 여객 대합실은 여행중인 우리의 삶을 상징한다. 우리는 이런 장소들에서 그렇듯이 기차나 비행기 · 승용차 안에 머무르며 알맹이 없는 텅 빈 시간을 씁쓸히 맛본다. 출발을 앞두고 느끼는 감정들은 출발 자체로 전이되며, 궁극적으로 도착 · 이동 · 여행을 앞둔 시간이 서로 대등해진다. 역은 기차를 먹어치우며, 나른한 기다림은 이 기다림의 결과물까지 오염시킨다. 닫힌 공간에 많은 사람이 밀집된 채 일직선의 무미건조한 여정을 준비할 때 마치 탄산가스처럼 권태가 퍼져 나간다(그러므로 사소한 사건이 우리를 매혹시킨다. 1977년 2월 세브놀에서 기차가 눈 속에서 오도가도 못하게 된 사건이나 비행기가 강제 착수(着水)되는 사건은 승객들 사이에 신선한 전율을 야기시켰으며, 그밖에도 놀라움을 금할 수 없는 전대미문의 보고들이 있다). 모든 교통수단이 결국 마찬가지가 되어 버렸다. 그것들은 모두 모성적인 보살핌의 욕구라는 우리 안의 유일한 충동을 만족시키기 때문이다. 그것들은 우리를 가볍게 흔들어 달래며, 여행은 비길 데 없는 매력을 행사한다. 우리가 가만히 있으면 속도와 쾌적한 시설은 우리에게 몇 시간이고 계속되는 애무를 약속해 준다. 떠난다는 것은 열의 없는 태도나, 우둔화라고 할 만한 극단적인 인내의 동의어가 되었다. 그리고 우리가 다음의 분명한 사실을 인정치 않는 한 점점 더 그렇게 될 것이다. 즉 교통수단이 단순히 운송의 목적으로 사용되는 것은 아니라는 사실, 목적지란 늘 여행의 행복을 맛보기 위한 핑계에 불과하다는 사실이다.

타락한 도시들

국도, 고속도로, 철로, 주차장, 해로와 항공로, 이것들은 여러 노선과 간선도로, 또 급증하는 지선도로로 이루어진다. 통신수단들이 너무도 급속히 발전하고 있어, 여행의 정해진 노선보다는 통신수단 자체의 성능이 더 중요하게 되었다. 철도 · 비행기 · 승용차는 물신(物神)과도 같은 교통수단이 되어, 사용자의 욕구는 부차적인 의미밖에 지니지 못한다. 하나의 차량은 또 다른 차량을 이용하기 위한 수단에 불과하며, 이러한 경향이 점점 더 심화되어 간다[6](세계를 반 바퀴 도는 뉴욕-도쿄 간 비행 편은 일본에 교통 혼잡 시간을 피해 도착한다. 이것은 노던—오리엔트 항공의 광고 문구들 가운데 하나이다). 그리하여 여행에 있어 주목할 만한 유일한 모험은 흔히 목적지에 도달하기까지 겪는 우여곡절로 요약된다. 차표가 중복 예매되거나, 비행기 도착이 지연되거나, 기차를 놓치거나 하는 사고 말이다. 진정한 위업은 킬리만자로를 등반하거나 랜드로버를 타고 사하라 사막을 가로지르는 것이 아니라, 집에서 공항까지 가기, 여행 가방을 수하물 창구에 등록하기, 터미널을 혼동하지 않기 등이다. 그런데 운송 산업이 이처럼 성장하는 데에는 이유가 있다. 즉 끝없는 혼잡을 야기하는 우리 현대 사회는 이들 혼잡으로 인한 적자를 메우느라 몹시 애쓰고 있는 것이다. 관문이 되는 여러 장소를 구축하고 정비하는 데 어마어마한 예산이 투입되고 있는 반면에, 이 장소에 대한 접근은 점점 더 어려워지고만 있다. 이런 추세라면, 교통수단을 이용해서는 행선지까지 곧장 도착할 수 없을지도 모른다(도로 위에서 다양한 속도로 차량이 나아갈 수 있도록 해주는 자동식 보도 구축 프로젝트가 현재 진행중이다). 거리감을 없애고 어디든 즉시 도달할 수 있기 위해 우리는 이제 커뮤니케이션 수단에 의존하는 반면, 교통수단은 그 자체로서 목적이 되어 버렸다. 차량은 세계를 공략하면서 눈에 띄지 않게 해악을 미치고, 세상은 이 차량이 제자리에 멈춰 서 있게 함으로써 보복을 가해 온다. 둘은 교환 조건으로 번갈아 회초리를 들고 서로에게 못된 짓을 하는 것이다. 시간의 논

---

6) 이렇게 해서 차량은 그 마술적인 후광을 상실한다. 예컨대 자동차 안에서 느끼는 자유의 종말은, 사고를 당할 수 있는 가능성의 종말이며, 도로 교통 법규와 도로 안전의 강화이기도 하다. 우리가 소유한 차가 철판과 인간의 몸이라는 희생제물을 요구하는 잔인한 신이었을 때, 거기에는 공포와 전율을 불러일으키는 요소가 있었다. 그리고 운전은 여전히 위험을 내포하는 행위였다. 자동차 사고로 연간 1만 명이 죽고 4천 명이 영구 불구의 선고를 받았다면, 자동차는 위엄과 동시에 저주의 표지를 지닌 대상이었다.

리 속에 단단히 자리잡은 이중의 견제 행위이다. 차가 어딘가로 갈 때에는 역설적이게도 우리는 그 차 자체를 소중히 여겼었다. 그러나 차가 끝없이 자동 생산되는 오늘날에는 차 역시 여러 교통수단들 가운데 하나, 부득이한 수단에 불과하게 되었다.[7]

> "당신은 놀라운 사랑이 추악한 삶을 이겨낸다고 믿습니까, 아니면 추악한 삶이 이 놀라운 사랑을 짓누른다고 믿습니까?"(초현실주의 설문)

지하철이 모든 대도시의 '광기'(1977년 12월 8일자 《누벨 에코노미스트》지 제목에 따르면)가 되고 있다는 사실은 우연이 아니다. 지하철의 통로는 몽유병에 걸린 군중이 넘어지지 않도록 막아 주지만, 이 무리를 이쪽 벽에서 저쪽 벽으로 볼링의 핀처럼 휘청거리게 한다. 도시의 중심부를 가로지르는 무중력 상태의 질주인 지하철은 오늘날 차량의 본보기 자체라 할 수 있다. 아시아에서 아메리카로, 유럽에서 동양으로 가며 기차나 비행기 속에서 아직 꿈에 잠기던 시절이 있었다. 사치스런 교통수단에 의해 여행의 경이로움이 더한층 강화되곤 했었다. 상드라르(1887-1961, 프랑스의 시인·소설가)는 시베리아 횡단 열차의 복도에서 모랑(1888-1976, 프랑스의 외교관·시인·소설가)을 만났으며, 침대칸마다 자기(磁器) 요강이 갖추어져 있었다. 우아한 상감 세공품, 아름다운 마호가니 가구들, 랄리크산 유리 부케, 르네 프루의 도금 램프에 둘러싸인 승객은 자신이 매우 근사한(다소 퇴폐적이면서도)

---

7) 목적을 원하는 자들이라고 수단을 아주 무시해 버리지는 않는다고, 테크노크라트 건축가 운송업자들은 한숨짓는다. 수단은 수단으로 머물게 하라고, 비판자들과 투사들은 호소한다(일리치(Ivan Illich, 1926-2002, 생태주의 사상가)의 대안적 라이프 스타일). 그렇다면 목적도 수단도 원치 않는 이들은 무엇을 원하는가? 여행자는 무엇을 원하는가?

국제 살롱에 머물며 특권을 누린다는 느낌을 받았다. 그러면서 그는 캐나다 초원을 가로지르거나 브란덴부르크의 늪지를 따라가거나, 아니면 그저 카이로에서 룩소르를 향해 내려가곤 했었다. 그런데 편의 시설의 민주화라는 '모호한 구호' 아래 호화 특급열차들이 사라지면서, 교통수단과 사치 간에 최종적인 결렬이 일어난다. 과거의 이런 사치는 특권층만이 누릴 수 있었지만, 그래도 온갖 허황된 상상력을 부추기곤 했었다. 가장 소박한 기차 여행조차도 이 상상력을 한몫 거든 게 사실이었다. 이들 출발에는 마법과도 같은 무엇이 있었다. 부(富)라는 말에는 언제나 수많은 의미가 따라붙게 마련이기 때문이다. 행선지는 부차적인 것이 되었다. 침대차는 그 자체만으로도 별개의 세계를 이루어, 국제인이라고 할 만한 이 귀족 계급은 외부와 단절된 채 순회하면서 세속의 달콤하고도 씁쓸한 열락을 맛보았다. 우리는 아직도 제트 소사이어티(Jet Society)의 추상적인 여정들과 《에마뉘엘 부인》식의 간지러운 성적 도발을 꿈꿀 수 있는 것일까? 우리는 이제 교통수단들을 실용적인 목적으로만 이용할 따름인데 말이다. 우리는 지하철을 탈 때와 똑같이 체념에 가까운 냉랭한 태도로 아무 환상도 없이 자동차나 비행기 혹은 기차를 탄다. 표본병에 갇힌 개구리처럼 우리는 무신경하게 차량의 움직임에 몸을 맡기는데, 이것은 종종 우리의 공간을 헤집고 들어오는 다른 승객들에 대한 분노로 돌변키도 한다. 너나없이 들떠 있던 시절 특급열차들에서 일어났던 수많은 모험은 바야흐로 하루 두 차례씩 벌어지는 근로자들의 이동에 자리를 내어줄 태세이다. 고속열차들은 모두 아주 멀리 교외까지 가 닿는다. 벌써부터 '여행'하면 러시아워에 지하철을 타는 사람들, 체념한 비천한 무리를 연상시킨다.

최근까지도 적어도 유럽에는 대도시에 역, 항구, 공항이라는 대조적이고도 강렬한 상징이 있었다. 기차역은 변화와 변모를 받아들이는 특출한 장소로서 그 도시의 출구와도 같아 그곳을 통해 시가지가 세상을 향해 개방되었다. 이들 철도의 플랫폼에서 발산되는 힘차고 들뜬 에너지, 심지어 악마적이기까지 한 에너지는 발견에 대한 광적인 욕구를 부추겼다. 그곳에서 이 욕구는 자체의 존재 의미를 찾았으며, 그 멋진 실현이 다시 가능해지곤 했다. 역이나 항구를 우리가 좋아한 이유는, 그곳에 상실과 출발의 흉내들이 있었기 때문이다. 우리는 고정된 장소를 해체하는 방식, 또 그 장소를 상대화시켜 취약하게 만드는 방식을 좋아했었다. 또 기차가 도착하고 나서 지친 무리들이 흩어질 때 번져 나오는 이 불안한 동요에 도취되곤 했다. 그리고 다양한 나라와 지방 출신의 사람들, 온갖 부류의 여행자들이 함께 있는 모습에 열광했었다. 그런가 하면 경적이 울리는 소리, 기관차의 기적 소리, 구불구불한 모양의 작은 짐수레를 꿈꾸기도 했다.

기차와 배를 끊임없이 집어삼켰다가 내뱉는 이 신전들은 우리를 매료시켰었다. 아무곳도 아닌 장소, 경계 장소인 그것들은 충동을, 경계지역에 자리한 충동을 눈뜨게 했으며, 영원히 어떤 사건이 발생하는 지점들로 남아 있었다. 각각의 목적지가 이미 하나의 운명인 이 마술적인 공간들을 우리는 사랑하면서도, 반대로 기차와 여객선은 미워할 수도 있었다. 하품하는 도시의 이 칙칙한 철제 아가리들은, 보다 확실히 '뿌리뽑힘'을 당하기 위해 더 멀리 달아나려 하는 모든 '뿌리뽑힌 자들'을 유혹했었다. 그것들은 정해진 시간에 미지의 세상을 제공해 주었고, 더없이 독특한 교류와 묘한 만남이 일어나게끔 했다.

게걸스럽고 탐욕스런 동시에 영양분을 제공하는 입을 상징하는 역은 또한 시궁창이기도 했다. 그곳은 소외된 자들의 피신처로서, 그 둥근 지붕 아래 도시의 낙오자들과 부랑자, 부적격자, 떠돌이 불구자들을 끌어모았기 때문이다(이를테면 북부역(la gare du Nord)의 모순된 아름다움을 생각해 보기로 하자. 그것은 기차 시간표와 예기치 못한 변동으로 이루어진 대성당이요, 유리와 강철로 만든 궁전이 아니고 무엇인가? 또한 남창과 여창, 이주 노동자, 가출 청소년, 사복 경찰, 그리고 정체를 알 수 없는 금발의 교외 거주자들, 이 개성 없는 표정의 인간들이 뒤섞여 우글대는 장소이기도 하다).

그런데 오늘날 비슷한 현상이 이 경계 지역들의 외관을 서서히 변형시켜 놓고 있다. 그것들이 끊임없이 사람들의 마음을 끌어당기며 행사하는 매력 역시 그 형태가 달라져 가고 있다. 즉 역과 고속도로, 공항이 점차적으로 도시를 잠식시켜 가는 현상이다. 말하자면 시가지가 조직된 형태에 따라 이 출구가 증식되는 한편, 그 몸체는 문어처럼 동시에 흡입하고 내뱉는 일련의 입들로 요약된다. 요컨대 도시는 그 공간 내부에서 증식해 가는 자체의 출구들에 의해 산산조각이 나서, 결국 문을 나서면 또 다른 문이라는 식이 되고 말았다. 샤틀레 역에서 프랑스국유철도와 파리교통공사가 접속된 양상이 그렇다(1977년 12월 8일). 이것은 어떤 정치적 의미를 갖는가? 오래된 대도시인 파리는 19세기말 오스만〔19세기 파리를 재정비한 건축가〕에 의해 처음으로 '환기가 되어' 열린 도시로 탈바꿈했다. 통신망들이 시가지를 관통해서 그뤼예르 치즈처럼 구멍이 숭숭 뚫린 도시가 된 것이다.

1880년 지하철이 구축되던 초기에 시작된 국가와 시(市) 간의 해묵은 갈등은 오늘날 국가의 승리로 끝나고 있다. 프랑스국유철도의 교외선이 파리교통공사의 노선을 이용할 수 있다는 것, 또 지하철이 교외 지역으로까지 노선을 연장시킬 수 있다는 것은 몇 해 전까지만 해도 사람들의 머릿속에서는 불가능한 현상, 일종의 유토피아로 여겨지지 않았던가! 파리 사람들에게 파리는 다른 고장과 구별되는 운송 양식이 필요한 특별한 지역이기 때문이다(지하철 레일의 표준 계기를 두고 파리 시가 요구 사항들을 제시했음을 우리는 알고 있다).

우리가 일부 기능적인 활동들을 지하로 던져넣는 이유인즉슨, 도시 생활의 투명성을 가속화시키는 가장 효율적인 방법은 그 깊은 데로 침투하는 것이기 때문이다. 이제 단 하나의 망이나 플래닝이 존재하는 것이 아니다. 또 교통수단이라고 하는, 모두에게 동등한 단 하나의 영역이 존재하는 것도 아니다. 역이나 항구에서 19세기의 도시는 분열되었으며, 이같은 분열로 인해 도시는 더욱 견고해졌다. 도시는 이 동맥들을 통해 타지방, 타대륙들에 연결되어 이들을 자신에게로 끌어들였으며, 이 동맥들로부터 자양분을 공급받았다. 이같은 교류에는 출혈과 동시에 흡혈도 있었으며, 갑작스런 비만 현상이 있는가 하면 의외로 수척해지는 현상이 일어나기도 했다. 그런데 대중 통신수단들은 유동성과 지속성을 요구 조건으로 삼는 반면, 도로나 철도 시설들이 해당 지역에 적응한다는 것은 생각할 수도 없다. 그보다는 그 지역이 시설들에 적응하거나(아니면 해체되거나), 황소의 내장을 검(劍)이 관통하듯이 '자동차'가 통과하도록 내버려두어야 한다. 어쨌거나 우리 시대는 오랫동안 도시의 고도를 정복하는 데(마천루) 바쳐졌었다. 그런데 오늘날에는 동굴학의 경우처럼 지하의 깊이를 재고 대도시의 명부를 탐사하느라 전전긍긍한다. 해상 감시인이자 망루지기였던 우리가 이제 혈거인이 되도록 초대받고 있는 것이다.[8]

10분 내에 파리를 가로지를 수 있도록 하기. 이것은 샤틀레-알

---

8) 1980-1989년 10년 동안 지하 건축물의 수요는 1970-1979년 대비 50퍼센트가 증가할 것이라고, 미국의 도시 계획 전문가들은 내다본다. 그리고 1970년자 프랑스 정부 조사에 따르면, 향후 25년간 만들어질 터널의 수효는 이전까지 만들어진 모든 터널의 수와 같을 것이라고 한다.

(Châtelet-Halles) 역 개통식에서 지스카르 데스탱이 강조한 바처럼 '2천만 시간의 교통 소비를 줄인다'는 뜻일 뿐 아니라, 무엇보다 이제 수도에 대한 하나의 개념이 소멸되었음을 의미한다. 즉 모든 철도 노선과 국유 노선의 정거장, 혹은 종착지로서의 수도라는 개념이 소멸된 것이다. 그것은 더이상 심장이 아니라 스펀지이다. 다공질의 도시가 중심지로서의 도시를 대체한 것이다. 영화 《아메리카 횡단 특급열차 Trans-america Express》에서는 운전사가 죽음을 당한 디젤 기관차가 전속력으로 달려 시카고 중앙역의 유리벽을 들이받은 다음, 길들여진 커다란 짐승처럼 맞은편 보도 위에 벌렁 드러눕는다. 그 무엇도 이처럼 광적인 교통수단에 저항할 도리가 없다.

도시의 배를 가르는 기차, 그리고 이같은 침투에 저항하는 도시. 얼마 전까지도 초현실적 꿈이었던 현상이 오늘날 현실화되었다. 도로와 철로, 항공로를 메운 수많은 교통수단들이 도시의 빈약한 몸을 질식시킨다. 당신을 실어나르는 노선의 종점에는 어떤 진지한 사건도, 기이한 일도 기다리지 않는다. 어떤 사업상의 만남이나 정치적 음모도, 사랑하게 될 사람도 없다. 이 노선은 또 다른 망들로 무한히 연결될 따름이다. 최근 수년간 도시를 둘러싸고 일어났던 몇 가지 중요한 투쟁을 돌아보자. 파리에서 뉴욕에 이르기까지, 시카고에서 로스앤젤레스에 이르기까지, 이 투쟁들은 무엇에 맞서고 있는 것일까? 그것들은 공항, 고속도로, 방사상 간선도로, 순환 고속도로, 주차장 등을 확장하는 계획에 맞서고 있다. 쓸모없는 '정지 상태의 차량들'(공항 터미널·도로·철도)이 움직이는 차량들을 도처에서 능가하고 있는 것이다. 우리 주변에는 자동차, 열차, 화물선 이상으로, 콘크리트와 아스팔트, 입체 교차로, 건설 현장, 그리고 광대한 활주로, 끊임없이 이어지는 외곽 순환도로가 넘쳐난다. 이같은 현상은 가차없이 지속될 것이다. 교통 체증은 차량의 원활한 소통, 즉 차가 다닐 수 있는 더 넓은 공간을 요구하기 때문이다. 그리하여 공간이 확장되면 새로운 교통 체증이 생겨나 진정한 악순환이 되풀이된다. 두 끔찍한 상황 사이에서 균형을 이루지 못하는 교통수단의 지옥 같은 논리가 이것이다. 연 1천만 내지 3천만 명의 여행자들이 통과하는 일시적 기착지(뮌헨 공항이나 뉴욕의 케네디 공항), 비행기·기차·자동차를 연결해 주는 중계 지점(루아시), 교통 체증(히드로우 공항에서 런던까지), 엄청난 규모(댈러스의 포트워스), 이런 특징들을 지닌 도시는 대도시에 고유한 모든 서비스(호텔·댄스 홀·상점·가판점·병원)를 갖출 때 현실의 도시가 된다. 오늘날 기차역이나 비행장은 기념비적이고 절대적이기까지 한 소명을 지닌다. 이것들이야말로, 위성 중계국과 터미널, 에스컬레이터, 상점가가 거리와 대로 대신 들어설 때 곧 도시의 풍경을 형성할 것이다. 역사적 기념비로 분류될 마지막 보도들은, 야외 음악당이나 재건된 '잃어버린 발자국들의 홀'과 나란히 시(市)의 종합 박물관에 전시될 것이다. 이렇게 교통수단들은 끊임없이 재생산되며, 미친 듯이 돌아가는 활발한 움직임 속에서 서로에게서 자양분을 취한다. 즉 자동차는 비행기를 부르고, 비행기는 승용차를 배가시키고, 승용차는 기차를 야기하는 것이다. 이 모두는 공간을 요구한다. 더이상 우리가 걷지 않게 될 날이 머지않았는지 모른다. 그날이 오면 여행을 한다는 것은 끝없이 차량을 바꾸어 탐을 의미하며, 엘리베이터에서 자동식 보도로, 지하철에서 보잉기의 바닥으로 건너옴을 의미할 것이다. 우리 자신의 침대도 기계화될 테며, 귀가할 때에는 허공에 매달린 스케이트를 타든지, 바닥에 고정된 컨베이어 벨트를 타고 올 것이다. 그날이 오면 움직이지 못하도록 붙들어 매어 둔 파킨슨병 환자를 제외하고는 모든 것이 쉴새없이 움직일 테며, 우리 모두가 방귀를 뀌어 가스를 뿜

어댈 것이다.

세계 각지를 떠도는 요부들

미래의 커뮤니케이션을 계획하는 테크노크라트와 교통수단의 민주적 사용을 위해 싸우는 투사 사이에는, 무언가를 설계하지도 제안하지도 않으며 어부지리를 얻으려 하는 사람이 있다. 말하자면 수동적인 태도와 반항의 중간 지점에 있는 절충적인 존재, 그는 바로 '여행자'이다. 이 사용자는 교통수단들에 대해 극단적인 폭력을 행사한다. 즉 여행에 대해 어떤 이득도 합리성도 고려하지 않는 심미적인 개념을 개인적으로 주장하는 것이다. 응석둥이인 그는 늘 사람들이 그에게 주는 것과는 별개의 것을 원한다. 그가 원하는 것은 아무도 그에게 줄 수 없으니 말이다. 그에게 있어서 교통수단이란 하나의 기능이라기보다 사랑이다. 그는 채워지지 않는 이동의 욕구밖에 모른다. 움직임이란 결코 한마디로 정의내려질 수 없는 데다, 어떤 여행도 완전한 만족감을 제공하지는 못하기 때문이다. 우리가 이 욕구를 그저 욕구로 이해하여 몰아내고자 하면, 그것은 신체의 한 기관에서 다른 기관으로 옮아가는 히스테리 증세처럼 곧 다른 곳에서 튀어나오게 마련이다. 그런데 손익을 따지기 무섭게 교통수단은 빛을 잃고 말며, 따라서 그 명예를 지키기 위해서는 무조건적인 소비가 있어야 한다. 그러나 에너지 위기 이후로 우리는 다양한 양태의 운송수단으로 인해 초래된 경비를 계산하게 되었으며, 그리하여 의기가 꺾이고 만다. 이같은 계산은 여정과 여행 하면 반드시 떠오르게 마련인 활기찬 행보와는 모순되기 때문이다. 요컨대 방랑은 움직이는 존재의 사치, 무용한 편력의 사치라고 할 수 있다. 즉 아무 이유 없이 갔다가 오는 것인데, 삶의 감칠맛을 포기할 생각이 없다면 그 누구도 이런 행위를 포기할 수 없다. 그러므로 이같은 정열을 해소할 수 있도록 해주고 독자적인 운송 수단들을 늘리는 정책만이 사용자들의 여러 상반되는 요구에 어느 정도 부응할 가능성을 지닌다(주변에서 발견되는 사소한 예들을 들어 보자. 파리에서 성공적으로 시도된 복고풍 버스 승강장들은 거리와 함께 숨쉴 수 있는 자유로운 공간들이며, 샌프란시스코의 케이블카는 무궁무진한 매력을 행사한다. 그밖에도 케이블 철도, 로프웨이, 나아가 줄을 타는 모든 운송수단들, 요컨대 줄과 관련된――놋쇠줄을 포함해――온갖 형태를 생각해 볼 수 있다).

여행자는 무엇을 요구하는가? 교통수단이 단순히 거리를 제거하는 수단이어서는 안 되며, 자아에 대한 수다스런 표현이라는 탁월한 서정적 특질을 지녀야 한다는 것. 또 그에게 무슨 일이든――증여물(혹은 칠면조 두 마리)의 형태로는 말고――닥쳐야 한다는 것이다. 그는 환상과 활기, 선회하는 이미지들의 거울을 원한다. 어떤 프로그램으로도 대체할 수 없는 것, 구체적으로 포착되지 않지만 절대적으로 중요한(그의 관점은 원칙적으로 사치스럽고 돈이 많이 든다) 무언가를 원한다. 요컨대 그는 절대적인 행복을 맛보고 싶어한다. 그는 인간적인 모습의 여행이 아닌, 은밀한 사건들로 가득 찬 여행을 기대하기 때문이다.

현대 교통수단이 모험을 제거한 것은 아니다. 단지 모험이 드물어지거나 추방당하기에 적합한 조건들을 마련했을 뿐이다. 영화 〈호러 익스프레스〉를 살펴보자. 한 영국인 학자가 중국의 사막에서 가져온 미라가 시베리아 횡단 철도를 달리는 기차 속에서 깨어날 때 이 미라는 승객들을 하나씩 차례로 죽이기 위해 어떻게 행동하는가? 미라는 기차의 객실이나 세면대 뒤에 숨는다. 아니면 이중 지붕 사이에 숨기도 한다. 히치콕의 《북북서로 진로를 돌려라》에서 케리 그랜트가 뉴욕-시카고 행 급행열차 안에서 한 여스파이의 간이침대 밑에 숨어 경찰을 피하듯이 말이다. 대형 여객선이나 침대차의 경우를 상상해 보자. 승객들은 저마다 객실에, 자신의 은밀한 공간에 갇힌 채 좌석 위에 몸을 누이고 있다. 불빛이 흔들리는 긴 복도에는 이따금 어떤 그림자가 미끄러져 들어와서는 사라진다. 차량의 몸통이 끊임없이 흔들리는 가운데 흐느끼는 소리, 들릴 듯 말 듯 도움을 요청하는 소리, 분만하는 여자의 신음 소리, 레일 위를 달리는 차량의 시끄러운 마찰음 소리가 들린다. 밤이 연극 무대처럼 만들어 놓은 공간, 음모와 공포의 모호한 관계에 지배당하는 이 공간을 누가 통제할 수 있을 것인가? 기차와 배는 비밀을 간직한 폐쇄된 세계이다. 수많은 칸으로 나뉜 그 내부에서 비밀스런 축제와 짧은 미뉴에트, 복잡한 음모, 심심풀이 연애 사건 등, 온갖 일들이 벌어진다. 이 닫힌 살롱의 문을 열면 우리는 중요한 인물들이 독특한 자세로 앉아 있는 모습을 본다. 그들은 그곳에서 서로 사랑하거나, 수다를 떨거나, 음모를 꾸미거나, 카드 놀이를 하거나, 서로 맞서거나, 혹은 어둠과 공모하여 쥐도 새도 모르게 서로를 죽인다. 개중에는 잠이 든 이들도 있어서, 그들이 코를 골 때마다 나이트캡의 방울들이 흔들린다! 그리하여 이 움직이는 거대한 기숙사는 두 가지 환상이 깨어나게 한다. 즉 사랑과 죽음이라는 환상이다. 밀폐된 방들이나 굳게 닫힌 벽장 혹은 두 방 사이의 사잇문을 통한 술래잡기가 시작된다. 아니면 시속 1백30킬로미터로 추락하는 앨리스의 이상한 나라라고나 할까! 이처럼 철도나 대서양 횡단 정기 여객선이 미로의 이미지를 불러일으킬 때 우리는 매료당한다. 다시 말해 신비가 없다면, 어둠과 잠정적인 실명의 가능성이 없다면 모험도 없다고 할 수 있다. 대서양 횡단 정기 여객선은 특별히 복잡한 숙소로서, 이 배를 처음 타는 사람은 당황하기 일쑤다. 계단을 빙빙 돌며 오르락내리락하고, 흔들리는 식당을 지나 나선형 객실들을 돌아보면 어느새 출발점에 와 있는 것이다. 통로를 따라가다 보면 호화로운 바나 살롱에 이르며, 가장자리를 따라 벽감이 형성된 긴 복도에는 붙박이 벽장이 있다. 얼키고설킨 미로, 우묵한 장소, 은신처, 이 모두는 괴상한 녹석을 상기시킨다. 손가락처럼 가지를 친 산호, 수심 수백 피트되는 곳에 널려 있는 구멍 뚫린 해면들을 생각나게 한다. 황금빛 도는 지하 감옥들, 수도원과 하렘을 닮은 객실들, 유괴 장소, 실종된 사람들을 집어삼키는 잊혀진 심연들. 벽으로 둘러싸여 뱀처럼 꾸불거리는 이 장소들은 놀이를 하기에 안성맞춤이다. 눈 가리고 하는 술래잡기, 이 구석 저 구석 끝없이 찾아 헤매기. 이곳에서 이루어지는 일들은, 로마법에 명시되어 있는 vi, clam, precario, 즉 힘으로, 비밀리에, 즉각적으로 완수된다. 우리는 문을 밀치기만 하면 된다고 생각하지만 얽힌 실타래를 풀어야 한다. 이 의심스런 건축물이 전해 주는 감미로운 두려움보다 더 매혹적인 것은 없다. 차량이 여러 층으로 구성된 주거용 트레일러의 역할을 담당하며 모호한 위엄과 매력으로 가득 차 있을 때, 그것은 우리를 황홀케 한다. 그리고 발굴과 피신이라는 이중의 쾌락이 그 작은 방들 사이에서 충족될 때 우리는 매혹된다. 거기서는 투명성에 대한 저항이 본질적인 요소이다(특급열차나 대형 여객선에서 범죄에 대한 수사가 진행될 때, 그것은 늘 추가적으로 몽환증과도 같은 양상——차량의 양상 자체이기도 한——을 띠게 된다. 공간 자체가 이미 위협적이며 떳떳하지 못하다. 즉 경찰의 수사가 요구하는 명료성에 부응하지 못한다는 말이다).

"나는 기차를 타면 정말이지 따분해져서 5분이 지난 뒤에는 권태로 죽을 것만 같다. 객차 속에서 사람들의 눈에 비친 나는 한 마리 길 잃은 개여서, 한숨짓는 플로베르 씨가 된다는 건 어림도 없는 일이다."

여행은 일종의 조직화된 부재이다. 또한 몇 시간 동안 그밖의 모든 것을 잊을 수 있는, 우리 삶 속의 공동(空洞)이다. 도착과 동시에 우리는 자신이 다시금 자기 관리에 철저한 사람, 천식 환자, 편집광, 댄서, 협박꾼, 한술 더 떠 파리의 평범한 실직자가 되리라는 사실을 잊는 것이다. 여행은 또한 하나의 운명을 짊어져야 할 필요성으로부터 우리를 해방시키는, 우리 스스로 동의한 유괴이다. 그것은 우리를 위해 존재하며, 우리 대신 어딘가로 가고 있기 때문이다. 모든 가능한 모험이 있기에 앞서, 기차와 배는 하나의 틀과 괄호를 제공한다. 모든 것이 이 안에서, 우리는 속수무책인 채로 일어나게끔 되어 있다. 침대칸이나 객실은 몇 가지 조건과 속박을 가하면서, 그 방을 차지한 사람들 사이에서 일어날 수 있는 모든 가능한 상황을 허용한다. 여하한 배제의 원칙도 없이, 사전에 마련된 시나리오도 없이, 그것들은 말하자면 내면에서 들끓는 생각들을 감싸는 외피, 삶의 축소판, 잠정적인 '중간 지대(no man's land)'이다(객실의 미닫이문이 열리는 순간, 특히 커튼이 드리워져 있을 때, 우리는 얼마나 큰 행복감을 느끼는가). 이 닫힌 공간 속에 서로 모르는 온갖 부류의 사람들이 함께 모여 매우 내밀한 상황에 처하게 된다는 사실, 이 점이 중요하다. 차량 속에서는 모험이 숨을 죽인 채 아무도 모르게 은밀히 전개된다. 복도와 간이침대와 승객석으로 제한된 닫힌 공간 속에서 일어난다. 일상적인 삶으로부터 멀어지기, 몸과 몸의 공존, 전속력으로 달리는 기차의 폭력성, 이렇게 모든 것이 극단의 상황——범죄, 섹스, 주체할 수 없이 터져 나오는 웃음

——으로 치닫는다. 대개의 경우 이 모두는 짐짓 예의바른 표정 속에서 단계화되고 세분화되어 일어나지만 말이다. 기차표로 우리는 일등칸이나 이등칸을 구입한다. 그러면서 습관으로부터의 단절, 움직이는 칩거, 변모된 일상을 구입한다. 그러나 사람들과의 접촉이나 우연을 구입할 수는 없다. 여행이 진정 여행일 수 있으려면 뜻밖의 사건들이 일어나야 하는 것이다.

> "내게 그렇게 상냥한 태도를 보이지 마세요! 우리가 방금 전 복도에서 알게 되었다고 사람들이 생각하겠어요."(콜레트)

세 요소가 하나되어 여행을 소설적인 공간 속에 들여놓는다. 즉 폐쇄성, 익명, 왕래이다. 기차가 멈출 때마다, 배가 기항할 때마다, 정해진 시각에 누군가가 우리의 영역 속으로 들어와 우리의 지표들을 일소시킨다. 이들 접촉은 어딘가 초연하고 경박한 데가 있어 쉽사리 유희로 변한다. 차량은 사회 생활의 촉진제로서 가벼운 연정과 일시적인 방탕을 부추긴다. 이 순간 우리는 그 어디에도 있지 않으며, 따라서 무책임하다. 우리에겐 어떤 이미지도, 완수해야 할 직무도 없다. 이렇게 해서 우리는 덧없음이 지배적인 짧은 시간의 만남을 엮어나간다. 그러나 우리는 이 우연을 또한 영구화시키거나 지속적인 관계로 연장시킬 수도 있다(뉴욕인들의 경우 결혼의 15퍼센트는 엘리베이터 안에서 일어난 우연한 만남의 결과라고 한다). 그렇다면 교통수단이 사람들 사이의 접촉을 용이하게 만드는 이유는 무엇일까? 차량의 움직임 자체가 승객들로 하여금 서로를 향해 움직이도록 부추기는지 모른다. 이들이야말로 모든 운동의 에로티시즘을 증명하는, 소용돌이치는 입자들이다. 이동은 그 자체로서 하나의 쾌락이므로, 모든 교통수단은 사랑에 빠져 있다고 할 수 있다. 대중 교통수단까지도.

여행자는 자신의 자리 한가운데 조용히 앉아 방금 전에 있었던 출발의 감흥에 젖는다. 무명의 인간이 된 그는 직접적이고 잠정적이며 상이한 것에 매혹당하며, 깊은 고독감에 잠겨 모든 인간을 사랑하게 된다. 그렇다면 그는 당연히 불가능한 것을 구하지 않겠는가? 그의 곁에는 KGB 요원, 농부, 두세 명의 영국인, 학생, 노동자가 앉아 있고, 레일은 부재하거나 잃어버린 사람들의 이름을 끊임없이 불러댄다. 기차는 버들 광주리처럼 앞뒤로 흔들리며 불확실성과 추방의 극지대를 꿈꾼다. 그때 복도에서 유선형 다리의 아름다운 여자가 셰(Chaix) 정보지를 읽고 있는 모습이 보인다. 이제 몇 시간 후면 그는 목적지에 닿는다. 그는 장난기 어린 상냥한 태도로 여자에게 접근한다. 그러나 이미 KGB 요원이 모스크바에 텔렉스를 보내 그가 혐오스럽고 음탕한 눈빛을 띠고 있음을 알린 바이며, 결국 중앙위원회는 그를 인민과 혁명의 적으로 규정한다. 기차나 배 안에서 우리는 임의적인 집단을 형성하는 한편, 지속되지 않는 것, 충만함의 절정에서 소멸되어야 하는 것이 전해 주는 강렬함을 때론 견딜 수 없을 정도까지 맛본다(대중교통과 자가용의 절충물이 바로 이 객실과 선실, 살롱이라는 공동체가 아닐까? 소수의 사람들이 모인 축소된 집단, 새로운 인물의 도착과 떠남으로 끊임없이 활기를 띠는 잠정적인 집단이다).

> "그가 기차나 마호가니 목재로 꾸며진 호화 열차를 탄 것은 도피를 위해서가 아니었다. 오래전에 위기를 넘긴 이 나이는 도피라는 말과는 상관이 없었으니까. 탈주란 교도소에서나 사용되는 용어이다."(폴 모랑)

기차나 비행기 안에서 즐기고자 한다면, 그건 모두 해당 장소의 엄격한 사용 규칙을 무시하는 행동이다. 그리고 기하학적으로 고정된 좌석들이 가해 오는 '거주지 지정' 명령을 어기는 동시에, 1차원적인 공간에 여타의 거추장스런 사용법들을 접목시킴이다. 그렇더라도, 지배적인 분위기를 만들어 내는 준엄하고 단정한 표준적인 자세에 대해 여행자는 끊임없이 항의한다. 긴의자 위에서 사랑을 나누거나, 안락의자 위에 발을 올려놓거나, 그물 선반 위에 눕거나, 복도에서 잠을 자거나, 차창으로 뛰어내리거나, 문 손잡이에 매달리거나, 객실 안에 불안정한 소집단을 만드는 행위. 이런 것들은 언제나 강요된 격리에 반기를 드는 야만인의 행동이다. 장소를 가리지 않고 제멋대로 행동하는 자를 야만인이라고 한다면 말이다. 참을성 없는 승객은 안절부절 못하며, 일어섰다 걸어다녔다 하면서 목적지까지의 길을 토막낸다. 그는 정착과 도피, 공간에 대한 순응과 근력의 솟구침 사이에서 망설이다가 결국 모순된 적응밖에는 해나갈 수 없는 불안정한 체념자이다.

《바나부스》의 유명한 저자인 발레리 라르보를 발르로 라르비로 혼동하지는 맙시다.

비행기는 탁월한 지리학적 도구이다. 그것은 세계를 지구의의 차원으로까지 축소시켜 우리가 무심코 손가락 끝으로 이곳저곳을 짚어 보도록 한다. 또 모든 장소를 접근 가능케 함으로써 하나의 역설을 창출해 내기도 한다. 즉 과거의 폐쇄된 정주성에 반(反)하는 개방된 정주성이라는 역설이다. 비행기로 인해 지구는 자체의 한계를 인식하는 동시에 하나의 촌에 지나지 않게 되었다. 비행기로 인해 마침내 우리는 "오직 지구를"이라고 외칠 수 있게 되었다. 비행기로 떠나는 여행의 즐거움은 이곳 혹은 저곳에 간다는 데 있다기보다 시간에 대한 도전에 있다. 또 이런저런 동일 시간대를 지나고, 거리와 시간을 비교해 보고, 불균등의 희열을 느끼는 데 있다. 기차를 타고서는 이동을 눈으로 확인할 수 있지만, 제트 비행기를 타고 고공의 구름 한 점 없는 하늘을 날면서 비행의 쾌락, 엘리트의 쾌락을 맛보고 있노라면 부동(不動)의 느낌을 강하게 받는다. 일정 고도에 이르면 세계는 다시 정지 상태가 되고, 상승은 추상적 현상이 되어 버린다. 비행기는 도시적 현상이다. 비행기 덕분에 모든 도시는 하나의 도시가 된다. 도시와 도시를 분리시키는 거리는 고도 1만 내지 1만 2천 미터에 불과하기 때문이다. 비행기는 하나의 거대 도시──각각의 도시가 하나의 구역을 이루는──를 전제로 한다. 그렇게 되면 대서양이라는 작은 강을 사이에 두고 파리는 뉴욕 우안의 프랑스 지역이며, 뉴욕은 파리 좌안의 미국 지역이다. 비행기를 타면 지구 전체가 내 주위를 돈다. 나는 지형이 무의미해진 도취의 공간 속으로 미끄러져 들어간다. 제트 비행기는 나를 확대시키고 세계를 축소시킨다. 내 자신이 떨어져 나온 땅의 행복한 기식자인 나는 전지전능한 인간이 되어 대륙과 바다, 울퉁불퉁한 지표 위를 떠간다. 비행기, 그건 80세계 간의 자아 일주라고나 할까?

> 자동차란 무엇인가? 카타(cata)를 찾는 스트로프(strophe)이다(cata-strophe는 '재앙'을 의미한다).

모든 여행자들 속에는 칩거자가 도사리고 있다. 즉 닫힌 덧창과 커튼을 꿈꾸는 자이다. 특히 폭풍우가 밖에서 기승을 부릴 때 그렇다. 외부 세계가 미친 듯이 날뛸 때 선실과 침대칸은 더 큰 내밀함을 비축해 나간다. 땅, 바다, 대기를 뒤흔드는 자연의 힘들이 요동칠 때 세상은 비와 파도 속에 잠기고, 형태를 잃은 외부 세계는 비죽비죽 솟은 물마

루 혹은 거품을 물고 헐떡이는 아가리에 지나지 않게 된다. 세상이 광폭할 때 위로는 부드럽게 느껴지며, 칩거의 기쁨은 크다(난파는 이런 부정적인 변증법의 종말이자, 공포가 여린 내부 세계로 대거 밀려 들어옴을 뜻한다).

여행의 안락함은 미지의 세계가 가해 오는 위협을 완화하고 위험의 공포를 줄이는 수단이다. 그것은 도구의 에너지를 신체에 부여함과 동시에 너그러운 기계의 보철을 제공하는데, 그로 인해 우리는 보다 한가롭고 유연해질 수 있다. 우리가 일상의 과업에 바치는 모든 노력이 이 위로 덕분에 해방감을 맛보기 때문이다. 모험은 안전의 반대말이 아니라, 다른 수단들을 통한 안전의 지속이다. 모험은 의사소통을 가능케 하는 문턱이자 열린 틈새이다. 그런데 이 틈새야말로 우리의 여정을 단순한 이동 이상의 것이 되도록 한다. 모험은 미지의 세계를 향해 팔을 내뻗는다는 점에서 바다에 속해 있다. 그런가 하면 여전히 그 한 끄트머리가 대륙에 매여 있다는 점에서 뭍에 속해 있기도 하다(예로부터 섬과 반도는 늘 해적과 방랑자들을 양산했다. 영국, 바스크 지방, 브르타뉴의 경우가 그렇다). '간접성'을 무기로 삼는 모험은 대치와 회피의 중간 지대에 자리잡는다. 그것은 우리의 일상적인 처신의 원칙을 '예측 불가능성' 속으로 연장시킨다. 그것은 또한 위험을 이용해서 위험을 분쇄시키는 힘이기도 하다(이 점에서 모험은 무훈이나 영웅적 행동과는 아무 상관이 없다).

> "미국인들은 절대로 자신들의 승용차를 포기하지 않을 것이다. 자동차야말로 그들이 아직 혼자 있을 수 있는 마지막 장소이기 때문이다."(마셜 맥루안)

배——그리고 기차(배보다는 못하지만)——는 꿈처럼 환상적인 도구, 절대로 실용적 가치로만 판단될 수는 없는 도구이다. 그것은 큰 것과 작은 것, 수평적인 것과 수직적인 것(갑판과 연통), 깊이와 가파름(선창과 계단)을 동시에 수용하는 용기(容器)이다. 더 높이 치솟기 위해 물 속에 용골을 잠그는 그것은 물과 대기에 동시에 속해 있으며, 파도 위에 앉거나 서 있는 반마반어(半馬半漁)이다. 배와 바다를 단지 병치된 두 공간으로 볼 수는 없다. 둘은 서로에 의해 활기를 부여받는다. 에너지와 반(反)에너지의 문제라고나 할까. 나는 광대한 유동체로부터 내 자신을 보호하기 위해 선박이라는 튼튼한 구조물로 되돌아간다. 그런가 하면 사면이 포위된 채 부유하는 도시와 같은 배를 이 유동체가 둘러싼다. 이렇게 해서 배라고 하는 거대하고 복잡한 몸체, 고통받고 한숨짓는 육체의 행복감이 탄생한다. 줄타기 곡예사와 같은 마른 몸체로 나를 압박해 들어오는 비행기, 그리고 나를 실어 가는 선형의 몸체를 한 기차와는 반대로 말이다. 배는 수축했다 늘어났다 하는 흉곽과도 같다. 화창한 날씨에 배는 숨쉬는 동물이 되어 그 늑골과 선창이 팽창하며 바다 전체가 테라스가 된다. 반면 구름 낀 날 이 부유하는 집채는 갑옷이 되어 그 내벽이 수축되며, 그러면 나는 악천후를 피해 그 성벽 뒤로 몸을 숨긴다. 배의 기발한 점이 바로 이것이다. 그것은 밀실 공포증과 광장 공포증이 서로를 마비시키면서 병립토록 하기 때문이다.

오늘날의 여행자는 무엇을 의미하는가? 우연히 엄지동자의 집에서 잠들지 않을 수 없게 된 식인귀, 바로 그것이다. 승객은 항상 릴리푸트 나라의 거인이며, 세계를 축소시켜 놓고 자기 선실의 공간과 침대칸을 지배하는 어른이다. 그가 지나가는 그 모든 광활한 공간을 지배할 수는 없기 때문이다. 해상에서 하룻밤을 보내는 기쁨, 그것은 결정된 상황이 제공하는 쾌적한 분위기 속에서 잠정적인 상황을 사는 것이다. 선실이란 배 안의 벽감이며, 배 자체는 바다 위의 한 점이다. 또한 자연의 적대적인 요소들에 둘러싸인 네모난 작은 집이자, 이 요소들과 대조되는 한없는 안락함이기도 하다(기차 이등칸의 3층짜리 간이침대는, 요란스럽게 코를 골거나 훌쩍이는 미라들처럼 우리가 층층이 정돈되어 누워 있는 영안실 서랍들을 생각나게 하지만 말이다). 선실은 불안정하여 우리 내면에 안전의 환상이 눈뜨게 한다. 거대한 몸체 속에 잠겨 있는 이 작은 방은 결코 하찮은 대상이 아닌 데다 경이롭기까지 하다. 바슐라르의 표현을 빌리면 그것은 '집-의복'이며, 너무 작아 귀엽기까지 한 맞춤복이다. 거기서 산다는 것은 절제된 동작의 기술과 조심스러움을 체득함을 의미한다. 외부 세계는 균형을 상실했지만, 이 안은 밀리미터까지도 측정이 된다. 정확히 배치된 침대, 탁자, 세면대, 욕실은 축소형 모델의 정교함을 마음껏 과시한다. 나는 부족함이 없는 사람이다. 나를 담고 있는 집을 나 자신이 그처럼 충만케 하니 말이다. 이렇게 해서 존재와 건축물이 서로 적응하며 동체를 이룬다. 달팽이인 나는 내 껍질의 모습이 된다. 나는 쥐인 동시에 왕이며, 내 은신처는 내밀함이 세심하게 배려된 궁전이다(이 어찌 기적이 아닌가!). 모든 것이 내 치수와 맞아 정답게 느껴진다. 웅크린 선실은 배의 잡다한 소음들로 뒤숭숭하며, 뱃전에 부딪치는 파도의 찰싹대는 소리와 응응거리는 기계음으로 진동한다. 그것은 증식되어 가는 우주의 원소로서, 우주의 무한함을 자신에게로 끌어 모은다. 이처럼 나는 선실과 공모 관계에 있기에, 내게 이 건축물의 의미는 점점 더 커지고, 대양과 바다는 한없이 광막해져 간다. 나의 영토는 미미하지만, 선실이라는 말이 담고 있는 후함과 넉넉함을 이해해야 한다. 내 자리에 꼼짝 않고 앉아 있는 나는 무한과 대면한 난쟁이인 것이다.

하지만 나는 내 작은 방에 갇힌 죄수는 아니다. 배는 칩거와 왕래가 동시에 가능한 장소이기 때문이다. 선실과 배의 나머지 부분, 내가 머무는 객실과 기차의 긴 몸통 사이에서 말이다. 전환 가능한 공간들, 여정에서 누리는 자유, 흥미진진한 우여곡절들이 배려된다는 점이 중요하다. 이렇게 본다면 배가 기차보다는 분명 유리하다. 철로가 오로지 수평선상에 자리잡는 반면, 배는 깊이와 넓이를 동시에 제것으로 삼기 때문이다. 교통수단이 학교식의 엄격함을 피해 가는 동시에 시장의 활기와 카페의 아늑함과 댄스 파티의 열기를 정확히 겸비하려면 접촉과 이동을 위한 '길'인 복도를 보존하면서 역동적으로 움직이는 작은 중심들을 마련해 놓고 있어야 한다. 이 활기 넘치는 벌통들 속으로 육체와 욕망이 침투해 끓어오르며, 사람들 사이의 교제가 격렬해져 극에 달하면 유혹의 음모나 사랑의 약탈로 이어진다. 일시적인 파트너(혹은 파트너들)의 선택이나 짧고 열에 들뜬 만남은 여행과 여정에 온전히 우연과 신화의 성격을 부여한다.

> "나는 콘스탄티노플로 가는 기차표를 갖고 있다. 그러나 비엔나나 부다페스트에서 하차할 수도 있다. 그건 어떤 우연 혹은 나와 같은 칸에 앉은 남자의 눈빛에 달려 있다. 나는 예기치 못한 상황의 암시들에 내 자신이 전적으로 개방되어 있음을 느낀다." 모리스 드 코브라, 《세계 각지를 떠도는 요부들》

느림의 모험

"강간이란 무엇인가?
속도에 대한 사랑."
　　　　《우아한 시신들》, 브르통-페레, 1928.

대도시의 노상에서 백주에 무장 강도질을 하기 위해 가장 빠른 교통 수단은 무엇인가? 부피와 규격으로 보아 부적합한 승용차나 소형·대형 트럭은 일단 제외하자. 그렇다면 지하철은 어떤가? 단순 제어 시스템인지라 기다리는 시간이 지연될 경우 치명적이다. 그러면 오토바이는 어떨까? 조작이 매우 간편하긴 하지만, 그렇다고 도중에 고장이 나거나 붉은 신호등에 걸리지 말라는 법은 없다. 자전거는? 강도짓을 하기 전에 바퀴의 상태를 조심스레 점검해 두어야 한다. 그렇다면 마지막으로 남는 건 두 다리이다. 군중 속으로 증발해 버리기 위한 가장 확실한 방법. 과거에 보노(Bonnot)의 아나키스트들은 일을 감행하기 위해 440CV의 가공할 엔진차를 사용했었다. 그러나 현대의 갱스터는 교활한 보행의 수법을 재발견한 보병이다.

과거에는 사물들이 서로 접촉하지 않기 위해선 거리를 두면 그만이었다. 하지만 오늘날 우리는 보편적인 근접의 양상을 띤 격리를 체험한다. 우리는 바다나 평야로 인해 서로 멀어진 것이 아니라 우리 자신이 이용하는 교통수단들로 인해 그렇게 되었다. 말하자면 교통수단의 확산과 그로 인한 혼잡의 희생자가 된 셈이다. 도로망과 공간 배치가 완성된 상태에서 모든 것이 접촉하고 있지만, 그것은 마치 교통 체증 속에서 자동차의 범퍼들이 서로 맞닿아 있는 모습과도 같다. 사람들을 서로 접근시키기 위한 방법이 그들이 서로 다가서는 데 오히려 걸림돌로 작용하게 된 것이다. 요컨대 자동차는 이제 정체 현상을 넘어서서 반(反)생산성을 부추기고 있다.

속도에는 어리석게도 특권이 따라붙게 마련이어서 많은 사람이 그 것을 공유할 수는 없다. 항시 일부 인간들을 위해 속도를 해방시킨다 는 명목이 내세워지고, 이로 인해 모든 이를 위한 움직임의 자유는 말 살되었다. 기술의 중립성은 존재하지 않으며, 새로운 도구의 유입으 로 인간과 도시, 지역 간의 관계가 철저한 변화를 겪게 되었다.[9] 학교 와 마찬가지로 교통수단 역시 계급을 제도화한다. 승객들이 지불하는 요금의 불평등은 공간에 대한 통제, 나아가 시간에 대한 통제라는 문 제에 있어서 사회적 불평등으로 표출된다(매우 사회주의적이고 소비에 트적인 러시아 공화국조차도 최근 들어 다시 기차에 일등칸을 두게 되었 다). 속도는 끊임없이 자동 평가절하 과정을 밟고 있다. 1천 미터 기록 이 이듬해면 무효가 되는 것이다. 누구나 보잉기를 이용할 수 있게 되 자, 콩코드기가 등장한다. 최근에 가능해진 속도는 점차 '도처에서 요 구되는 속도(Vitesse Imposée Partout)'——VIP가 의미하는 바가 이것 이다——가 된다. 그리고 점점 더 복잡해지는 한편 심지어 사용 가능 해지기도 전에 폐기되고 마는 특성을 띤 과학 기술 속으로 우월성의 욕구는 도피한다. 요컨대 오늘날에는 열의와 침체가 결합되어, 둘은 끊임없이 상호 보완 작용을 한다. 이같은 독사 뭉치의 최종적인 화신 은 체육관에서 볼 수 있는 '움직이지 않는 자전거'이다. 얼마 안 가 자 동차나 비행기도 제자리에 고정된 채 화면상으로 풍경이 흘러가도록

---

9) 파리-리옹 간 고속열차를 타기로 한다는 것은, 단지 세상 사람들이 보기에 우 리를 일본화하는 어떤 도구를 선택함이 아니다. 그것은 파리-리옹 간 일정 유형의 관 계를 선택함이요, 결국은 일정 유형의 사회를 선택함이다. Dupy · Robert 공저의 *La Trahison de l'opulence*(PUF)를 참조하라.

하는 방법이 출현할 것이 틀림없다. 차량이 더이상 이동의 수단으로 쓰이지 않게 된 이후 다시 이동만을 목적으로 삼게 되었을 때 말이다.

우리는 아직 운전을 하고 있는가? 이것도 점점 자명성을 잃어 가고 있다. 벌써부터 자동 운전은 운전사에게서 특권의 일부를 앗아간 상태이다. 중앙 컴퓨터에 의한 자동차의 원격 조정이 일반화되고 마이크로웨이브에 의한 유도 장치 시스템으로 도로가 자동화될 때, 우리는 마치 기차나 비행기를 타듯이 자가용을 타고 다닐 수 있을 것이다. 이제 한 시대가 흘러갔고 이보다 더 유쾌한 죽음은 없겠기에 우리는 그 시신 위에서 춤을 출 것이다. 그렇긴 해도 이처럼 체계적으로 자동차가 사라지면——적어도 도심에서——문제가 생긴다. 어떤 차량도 현재로선 대대로 자동차가 지녀 왔던 상징적 의미를 물려받을 수 없으며, 그처럼 강렬한 애정의 대상이 될 수도 없기 때문이다. 우리는 소비자들이 자가용을 포기하지 않기 위해 격렬히 저항할 것임을 예상할 수 있다(오로지 자동차에 의해, 자동차를 위해 건설된 미국 같은 나라에서 특히 그렇다). 소비 사회에서 전위 역할을 맡았던 이 마술 같은 대상이 사라진다면 현재의 모든 소비 행태에도 조종이 울릴 위험이 있다. 그것으로 끝나는 건 아닐지 모르지만, 파괴가 시작되는 것일 수는 있다.[10] 사회의 모체가 죽어갈 때 몸 전체가 임종의 고통에 들 수 있

---

10) 대기를 오염시키지 않으며 영구적인 절약형 자동차를 만들어 내는 것이 분명 해결책은 아니다. 이성의 개념으로 꿈을 실현시킬 수는 없기 때문이다. 운전자들은 자기 차를 구입하는 데 엄청난 액수를 쏟아부으며 환희를 느낀다. 그러나 일리치의 계산에 따르면, 교통 체증이나 붉은 신호등, 속도 제한으로 인해 미국의 운전자들은 시속 6킬로미터의 속도로 이동한다는 보고가 나와 있다. 그러나 이같은 보고는 통계학자에게나 설득력을 지닌다. 이 계산에서 상정된 대상은 운전자가 체험하는 운전의 시간이 아니라 균일하고 획일적인 시간이기 때문이다. 결국 합리성의 정점임을 자처하는 이런 유형의 계산보다 더 불합리한 계산은 없다. 거기서는 국가 회계청——각자는 이 앞에서 자기 행동의 동기를 거짓 없이 해명해야 한다——의 균일한 시간이 적용되기 때문이다.

다. 오늘날의 첨단 자본주의는 더이상 포드가 아니라 ITT〔국제전신전화회사〕이다. 양차 대전 사이의 시기는 전기와 속도에 도취되어 있었던 반면, 60년대는 자동차 운전에 열광하던 시대였다. 그러나 20세기 말에 이르러 여정은 고역에 지나지 않게 되고, 집-직장 간 이동이 그 불유쾌한 모델이 되었다. 묘한 확산 현상에 의해 오늘날 모든 교통수단은 도시의 차량들과 마찬가지로 가치의 하락을 겪고 있다. 차를 타고 다닌다는 것은 여러 불편한 수단들 가운데 하나를 택하는 데 지나지 않는다. 교통수단들은 이 사실을 잘 알고 있으며, 끊임없이 경쟁을 벌이면서 서로를 돋보이게 한다(SNCF 광고에서처럼 기차는 자동차를 폄훼한다). 그것들도 자본과 마찬가지로 이제 위기를 이용해 살아남으며, 자신들에게 가해지는 비판을 오히려 위기 탈출의 적극적 수단으로 삼아 최종적인 기회가 되게끔 한다. 교통수단은 그 마술적인 후광을 잃고 병들었지만, 이 병자는 다행히 잘 버티고 있다! 또 쇠퇴 현상을 겪고 있긴 해도 아직 수십 년은 지탱 가능할 것이다.

우리 시대는 차량과 운동 간의 완벽한 결별을 이루어 내고 있다(저린 다리를 풀기 위해 자동차에서 내리는 우리의 모습이 그 가장 좋은 증거이다). 이제 우리는 자신이 사용하는 기계 밖에서(혹은 몸을 무용화시키기보다는 발달시키는 작은 기구들, 즉 이륜 구동 장치, 자전거나 오토바이, 롤러스케이트 등에서) 기동성의 쾌락을 찾는다. 요컨대 오늘날에는 전반적인 감속 현상이 생겨나고 있다. '스피드'가 '천천히'라는 말로 대체된 것이다. 고속(高速)은 '일직선'의 폭력을 가해 오며 접촉과 차이를 제거하면서 여행을 아무 변화도 없는 단순한 이동으로 실추시킨다. 사람들이 도보 여행이나 걷기, 마차, 소형 글라이더에 다시 관심을 갖는 데에는 일상적인 공간을 떠나고자 하는 욕망과 새로운 형태의 것들을 맛보고자 하는 심리가 작용하고 있다. 속도가 오늘날에는 느림의 모습을 갖추게 된 만큼, 어느 정도의 속도를 다시 회복하려면 천천히 가야 할 필요가 있다. 자유는 무엇보다 각자가 지닌 기동성에 따라 측정된다고 한다면, 문제의 관건은 운동 능력, 모든 이들에게 해당하는 이동의 자율성이다. "서구 사회에서 자동차나 오토바이를 제거해 보라. 그래도 서구 사회가 할 수 있는 일이 남아 있을까?"(비릴리오) 적어도 두 다리는 남을 것이다. 포동포동한 발가락과 작은 발, 털복숭이 장딴지는 남을 것이다. 그렇다면 이제 되찾은 것들에 대해 말하기로 하자. 그렇게 해서만 우리는 자동차로 길들여진 몸의 쇠약을 막을 수 있을 것이다. 서구는 이동을 제자리 걸음의 차원으로까지 실추시키는 위업을 달성했다. 인간의 부동 자세를 강화하는 한편 좌석을 회복시켜 육체를 마비시킴으로써 말이다. 소화 작용에 든 이같은 혼수 상태의 자세에 저항하려면 우리 내면 깊숙한 곳의 동물성을 다시 찾아내야 한다. 가벼운 차림으로 걸어가자.[11] 정처 없는 발걸음, 변화무쌍한 지평선을 기리자. 또 우리의 굳은 근육의 내밀한 지적부(地籍簿), 우리 다리에 우글거리는 수많은 생명선들을 기리자. 포석이 깔린 도로를 걷거나, 정다운 땅의 기복들과 예기치 못한 굴곡들을 경험하며 방황해 보자. 20세기말에 이르러서는 운전사가 가해 오는 일직선의 테러보다는 고된 길을 천천히 나아가는 보행자의 전진이 더 미래가 밝다. 그밖에도 우리는 대중 교통수단에 의존하고 있는 만큼, 이에 대한 재투자가 이루어져야 하지 않을까? 우주선에서 지하철에 이르기까지 그것들 모두를 우리 것으로 삼을 수 있지 않을까?[12] 비정상적인 기술을 시(詩)와 결합시킨다면 몹시 아름다울 것이다. 차량의 비

---

11) 발·가슴·발바닥·손가락을 노래하자. Jacques Lacarrière가 자신의 저서 *Chemin faisant……*에서 노래하고 있듯이 말이다. 이 책은 수풀 속에서의 방탕, 고질적인 방랑벽에 대한 감탄할 만한 입문서이다.

유클리드적 외양과 신기한 부속물들의 전반적인 발전을 변호하는 것
또한 아름답다. 천장까지 낙서가 가득한 뉴욕의 지하철, 천체의 모습
을 담은 캘리포니아의 유개 화차들, 별들의 줄무늬와 갖가지 색깔의
그림이 그려진 아프가니스탄과 태국의 버스들. 그리고 4백20마력, 좌
석 1백44석, 길이 19미터, 두 개의 바, 냉장고 두 대, 부엌 두 개, 화장
실 두 개, 지하철 차량 한 대의 3분의 1 크기인 화물칸, 사부아 지방의
시골집처럼 깨끗하게 정돈된 내부를 자랑하는, 세계에서 제일 큰 자동
차. 이 모두를 예로 들 수 있다. 우리를 가두는 네모난 상자에 맞서서,
차량에 수많은 환상적인 형태를 부여하지 말라는 법이 어디 있을까?
그것들에 배와 양볼, 하얗게 칠한 주둥이, 날개와 지느러미, 이글거리
는 코, 단단한 등껍질을 주어서 안 될 게 뭐란 말인가? 그것들이 말을

---

12) "대중교통이 단지 고장난 자가용의 대용물로 인식되어서는 안 된다면"('프랑
스민주노동자총연맹'에서 작성한 보고서. 1977년 5월 25~27일) 대중 교통수단을 무료
화하라는 주장에는 무리가 따른다. 차량을 이용할 때마다 직접적인 지불이 이루어지
지 않는다면 무슨 일이 벌어질까? 이 경우, 다른 사람이나 집단이 대신 지불해야 할
테며, 그렇게 해서 SNCF(프랑스 국영철도)나 RATP(파리교통공사)는 사용자에게 여행
을 제공하게 될 것이다. 또 교통수단을 하나의 서비스로 간주해서 우리가 그것을 무
료로 이용할 수 있게 된다고 하자. 그러면 그것은 어떤 혜택이나 구호 기관으로 전락
해, 운송 회사는 심리적으로 온갖 독단적인 결과들과 더불어 관용의 이미지를 구축
해 나가게 된다. 승객이 이처럼 무료로 최고의 친절과 최상의 서비스를 받게 된다면
불평거리가 사라져야 마땅하지 않을까? 모든 이를 위한 건강의 권리가 모든 이에게
건강해야 할 의무로 변질되듯이, 교통수단의 무료화를 요구하다 보면 승객들을 더한
층 어린아이로 만드는 한편, 이동을 수익성의 기준에서만 판단케 될 수 있다. 자기
가 차지한 좌석에 대한 비용을 지불하는 행위는 별것 아닌 것 같아도 자신의 이동 방
식을 스스로 통제할 수 있는 수단이 되어 준다. 즉 요금을 지불하는 방법을 통해서
만 무언가를 요구할 수 있다는 말이다. 좌석에 대한 요금은 금전적인 의미뿐 아니라
상징적인 의미를 지니기 때문이다. 이같은 최후의 무기를 제거하고 최소한의 주고
받음을 없앤다면, 대중은 공적·사적 운송 기관들의 독선에 좌우될 수도 있다. 결국
무료화는 행정 당국에 대한 협박의 수단으로 전락할지 모른다. 그건 다시 말해 개인
적인 무임승차를 통해 누릴 수 있는 것들——교활함과 기식 생활의 쾌락, 공간을 잠
식하는 기쁨, 발송과 운임 부담, 관비로 누리는 역경 등——이 제거된 무임승차를
부추길 따름인 셈이다.

하고 토하고 침을 뱉고 담배를 피우고 여행을 하도록 만들 수도 있지 않을까? 우리 자신의 내면에서처럼 우리들 꿈의 감옥에서 말이다. 덧신처럼 길쭉한 화물차, 특히 미국인들의 그 엄청난 '트럭' 앞에서 꿈꾸어 본 적이 있는가? 혹은 콤바인을 타고 떠나는 모험은 어떤가? 《뤼스티카》〔정원 가꾸기 애호가들을 위한 주간지〕를 읽는 독자라면 우리에게 설명해 줄 수 있을까? 아마도 언젠가는 대중교통도 그처럼 변해 갈 것이다. 소비에트 연방 공화국에다 기발함과 엉뚱함을 보탠다는 식으로.

속도란 편안한 죽음이다. 그래서 우리는 혼란과 동요를 불러일으키는 부활에 호소한다. 느림은 속도가 우리에게서 앗아간 것——세상과의 직접적인 교감과 그로 인한 차후 결과물들——을 되돌려주는 것만으로 만족하지 않는다. 그것은 또한 속도가 더이상 우리에게 줄 수 없는 것들, 즉 다양한 지형에 대한 도취와, 마술의 초롱 같은 별들, 빛을 발하는 강렬한 전율을 돌려준다. 비행기를 탈 때보다 스키를 탈 때의 도취감이 훨씬 강하다는 사실을 누구나 안다. 대우주를 이미 점령한 우리에게는 이제 미세 영역, 즉 무한한 다양성 속으로 뚫고 들어가는 일이 남아 있다. 말하자면 다음과 같은 것들이다. 반복되는 음악의 경우라면 음향의 내밀한 영역에 대한 탐구. 환각적인 체험으로 인도하는 동양의 미니멀 아티스트들. 체계적인 무기력화를 야기하는 문화. 유럽의 젊은이들 대다수가 이용하는, 운동 신경을 마비시킴과 동시에 매순간에 충만함을 부여하는 화학 물질. 결과적으로 시간의 사용은 점점 더 덤불처럼 뒤얽혀 폭발하며 공간의 사용을 결정짓는다. 공간을 이완시키거나 폐지시키면서 말이다. 빨간 모자들아, 또다시 숲길을 걷더라도 할머니와 늑대를 혼동하지는 말거라! 오늘날 다시 메르쿠리우스〔일명 헤르메스〕가 된다는 것은 시속 2킬로미터로 도로의 U자형 급커브를 돈다는 것, 앞으로 조금씩 돌진하며 환희를 맛본다는 것, 매커

브마다 물결치는 환상을 탐구한다는 것이다. 롤러보드를 탄 아이들이 조밀한 도시 한가운데에 얽히고설킨 미로와 구불구불한 바다뱀을 그려 놓듯이 말이다. 우리는 언제까지나 신발로 길에 먼지를 일으킬 테며, '나'라고 말하며 환희에 차 미지의 세계로 나아가는 취한 배가 되어, 우리에게 닥치는 일들에 과감하게 맞설 것이다. 머지않아 현대적 불가사의의 유일한 형태로 자리매김될 '느림'을 사랑하자. 그것만이 우리를 여전히 길 위로 내몰 수 있을 것이다.

모험은 길모퉁이에 있다고, 한 노래 가사는 말한다. 그런데 내가 다니는 길모퉁이에는 은행이 하나 있고, 은행 앞에는 경찰이 한 명 있고, 그의 발 밑에는 개똥이 있다. 유일하게 가능한 모험이 있다면, 그건 이 경찰이 개똥을 밟고 미끄러져 얼굴을 다치는 것이다.

목요일

평범한 삶은 살 가치가 있는가?

(어쨌거나 당신에게는 선택권이 없다.)

20세기초에 한 작가가 어느날 상상한 이야기는 이렇다. 즉 일곱 명의 남자가 무정부 중앙위원회에 의석을 차지하고 있었다. 그들의 목표는 세상의 종말이며, 그 방법은 폭탄 테러이고, 그 우선적인 공격 대상은 국가의 고위 관료들이다. 그들은 신중함과 시(詩)를 결합시켜 서로를 각 요일의 이름을 딴 암호로 불렀다. 그런데 그 중 한 명이 죽자 위원들은 곧 후임자를 선택했다. 결국 목요일의 공석을 노렸던 스코틀랜드 야드〔런던 경시청, 특히 그 형사부〕의 한 탐정이 이 자리에 선출되는 데 성공했다. 그렇다면 이 용감한 목요일은 끔찍한 동료들의 기도를 무력화시킬 수 있을까? 그후 극적인 사건들이 정확한 간격으로 이어졌으며, 각각의 요일은 하나씩 차례로, 국왕을 섬기는 멋진 금발의 첩자들임이 드러난다. 이 음모가들의 소굴은 잠입자들로 우글대었던 것이다. 그리고 경찰이 이 비밀 조직에 너무도 교묘하게 망을 형성하고 있어, 이야기의 마지막 부분에서 경찰들은 같은 편끼리 서로를 겨냥하게 된다. 국가의 관료들이야말로 그들이 찾던 테러리스트들인 것이다. 결국 승자 없는 이 익살극에서는 질서가 무질서를 비웃게 될지, 마지막 장면이 혼돈이 될지, 아무도 알 수가 없다.[1]

한 현대 조각가가 일상 생활을 주제로 한 그레뱅 박물관을 짓기로 결정했다. 그는 당신과 나, 이렇게 우리의 본을 떠서 실물과 똑같은 형상

---

1) Chesterton, *Un nommé Jeudi*.

을 만들어 내었다. 폴리에스터와 석면을 혼합한 새로운 소재로 만들어진 이 두안 핸슨의 형상들은 너무도 사실적이어서 그것을 보러 오는 대중과 구분이 되지 않을 정도이다. 작품과 관람객이 혼동되기 일쑤여서, 예술 작품이 되려면 누구라도 익살스럽게 몇 초 동안 꼼짝 않고 원하는 동작을 가볍게 취하면 그만이었다. 이 두안 핸슨의 조각들에 대고 사람들은 심심찮게 화장실 가는 길을 물어 오는데, 그런 작품들은 달리 찾아보기 어려울 것이다. 관조(觀照)라는 전통적 쾌락에 어린아이다운 방황의 쾌락이 첨가되었다고나 할까.

그런데 이런 착각에서 깨어나기 무섭게 눈앞에 전개되는 것은 우리 사회의 군상들을 망라한 다음과 같은 목록이다. 몽롱한 상태에 빠져 있는 마약 중독자, 케첩으로 속이 찬 가정주부, 꽃무늬 셔츠와 반바지를 입은 부유한 늙은 여행자, 청바지 차림에 배낭을 맨 무전여행가, 빈 수레에 몸을 기댄 채 생각에 잠겨 있는 짐꾼. 이들 모두의 부름에 답하는 것은 바로 우리의 모더니티이며, 이 모더니티는 누구 하나 놓치는 법이 없다. 부자건 가난하건, 소수 집단이건 다수 집단이건, 휴가를 즐기는 사람이건 일하는 사람이건, 그들 모두는 저마다 특별한 표지와 차이점들을 지닌 채 경직되어 있다. 이런 갖가지 사회적 유형의 병치는 마치 풍자 백과사전과 같은 형태를 취한다. 어쨌거나 우리의 시선이 그들의 시선에 붙들어 매어지는 순간까지 그렇다. 그 다음에 차별점들은 사라지고, 우리는 다시 혼돈의 현기증을 느낀다. 축 늘어진 어깨에 내리깐 눈, 이런 똑같은 무표정이 이 모든 인물들을 엄습한다. 우리 눈앞에는 옷차림과 태도로 식별 가능하며 용모로는 서로 구별이 되지 않는 존재들이 있다. 무엇보다 얼굴——영혼의 무대이자 독창성이 빛을 발하는 곳——이 그들을 익명의 존재로 만든다. 이렇게 우리의 완벽한 분신들이 자기들의 신분을 누설한다. '누설한다'는 말이 내포하는 두 가지 상반되는 의미에서 말이다. 즉 분신들은 이 신분을 마치 비밀처럼 드러내는가 하면 감추는 것이다. 확정 불가능한 존재 속에 흡수되어 있는 표본들이 해체되면서 공통의 본질만이 살아남는다. 다시 말해 그들은 더이상 개인이 아니며, 그저 '사람들'이다.

아직 차이가 위세를 떨치지 못하는 이같은 삶의 차원을 지칭하기 위해 한 주간의 아무 요일보다 더 잘 어울리는 이름도 없을 것이다. 반복과 시간표라는 이중의 지배를 받는, 달력의 이 슬픈 자녀들은 다름 아닌 일곱 날 위원회에 의석을 차지한 사람들이다. 아무튼 바로 이 사람들에게 우리는 체스터턴의 질문을 제기했었다. 즉 누구를 위해 당신들은 일하는가?라는 질문이었다. 그건 풀리지 않는 수수께끼라고, 즉시 대답하도록 하자. 그들은 완벽한 이중 스파이이기 때문이다. 질서는 그들을 체념에 붙들어 매어둔다. 그들은 권태로 창백해져 있으며, 삶 없는 존재의 짐을 지고 휘청거린다. 그들은 사회적 위계 질서라는 엄격한 속박을 벗어나기 무섭게, 일상 생활이라는 더 혹독한 규율에 복종하게 된 듯싶다.

그러나 그들의 '익명성'을 그저 유감스럽게만 보아서는 안 된다. 두 안 핸슨이 너무도 훌륭히 포착한 이 흐릿한 눈길은, 우리 일반인들이 자신들의 드러나지 않는 변신을 보호하기 위한 연막이다. 길들여진 인간과 야만인의 중간에 있는 보통 사람은 무언가를 행하거나 피하기 위해 같은 체스처를 취한다. 자신의 역할과 사회적 본질을 던져 버린 그는 그림자를 쫓느라 자아를 놓아 버리며, 질서를 오직 꿈의 현전으로 파악한다.

게으름이라는 학생이 느끼는 혼돈

> "아이를 학교에 보내는 첫번째 목적은 아이가 거기서 무언가를 배우도록 하기 위해서가 아니다. 그보다는 자리에 얌전히 앉아 있는 습관, 명령받은 것을 정확히 이행하는 습관을 기르도록 하기 위해서이다."
>
> 칸트.

평범한 일상의 되풀이. 우리 존재의 리듬을 레코드의 홈에 비유하는 이유는 무엇일까? 또 일상과 관련된 메타포들이 때로 우스꽝스럽고 서투르게 여겨지는 이유는 무엇일까? "뭐 새로운 일 없어?"라는 가차없는 질문을 슬쩍 피해 가는 그 모든 기계적이고 서글픈 답변들, 즉 "제기랄……" "그냥 그래……" "그럭저럭 사는 거지……" 같은 말은 무엇을 의미하는가?

이 한숨 섞인 말들은 적어도 우리가 일상의 경험을 뭐라 규정지을 수 없음을 증명한다. 그런데 우리는 일상이 바로 그 반복성으로 인해 승리를 거두는 역사적 순간을 맞고 있다. 형태가 그 다양한 내용물들을 집어삼키고, 우리는 그 내용을 알아들을 수 없는 중언부언만을 인식할 뿐이다. 일상의 삶은 오직 진부함만을 내포한다. "아, 삶은 얼마나 일상적인가!"(쥘 라포르그) 이런 말은 반복 자체를 탓하며, 일상이 그처럼 되풀이, 또 되풀이됨을 비난한다. 무엇이 되풀이되는지는 그리 중요치 않다. 일상은 단조로움으로 정의된다. 이같은 규정을 피해 갈 도리가 없다. 우리는 단조로운 일상이라는 기차를 탄, 반수 상태의 음울한 승객들이다.

보다 구체적이고 실한 삶일수록 덜 일상적이다. 자신에게 배당된 일에 무관심한 노동자의 상황을 지칭하기 위해 마르크스가 '추상적 노동'을 언급했듯이, 일상 생활로 축소된 삶을 지칭하려면 '추상적 존재'에 대해 말해야 할 것이다. 이 둘의 비교는 우연이 아니다. 사회가 단조로운 것은 근면함으로부터 온다. 저마다 자신의 일에 고정됨으로써 삶은 과거의 기개를 상실하고 만 것이다. 19세기에 시작된 이 부르주아 사회 운동은 '도덕화'라는 이름으로 불렸다. 그런데 복고풍의 이 낡은 단어는 빅토리아 시대의 경직된 느낌을 주며, 해방된 우리의 입술에 동정 어린 미소가 감돌게 한다. 그렇긴 해도 우리는 그 어느 때보다도 그 요청에 종속되어 있으며 그 영향력에 좌우됨이 사실이다.

그렇다면 도덕적인 인간을 만든다는 것은 과거에 무엇을 의미했는가? 그것은 봉급 생활에 아직 익숙치 않은 사람들에게 근면과 절약, 선견지명을 가르치는 것이었으며, 노마디즘이나 불안정한 생활의 전통을 뿌리뽑기 위해 맞서 싸우는 것이었다. 그리고 모든 이들의 삶을 축적(생산하고, 재물을 모으고, 저축하고, 발전하기)과 반복(시간표의 구속을 내면화하고, 정해진 시각에 귀가하기)이라는 이중의 요구에 종속시키는 것이었다. 그것은 한마디로 봉급 생활이 가해오는 요청을, 최고의 존엄성을 띤 범주화된 요청으로 끌어올리는 것이기도 했다.

학교는 이미 오래전에 도덕 수업을 폐지했지만, 학교가 떠맡은 과업은 그 어느 때보다 뚜렷한 도덕화 작업이다. 교양을 쌓는 터전이라는 구실은 쇠퇴하거나 사라져 버리고, 학교라는 공간은 순전히 시간에 대한 구속처럼 보인다. 학교에서 우리는 정말로 유용한 무엇을 배우는가? 우리는 자리에 앉아 시간을 분할할 따름이다. 수업을 통해서는 무엇을 배우는가? 직업? 총체적인 소양? 아니면 좀더 장기적 차원에서, 과제물의 제목을 적은 노트 사용법을 배우는 걸까? 이 모두에 대해 불평을 늘어놓음이 당연하다. 오늘날의 교육은 삶과 분리되어 있다는 것. 졸업장의 가치가 해마다 점점 더 떨어지는 판국에 작금의 교수법은 시대착오적이라는 비난을 면키 어렵다는 것. 하지만 이같은 불평은 완전히 빗나간 것이기도 하다. 부적절한 학교 시스템에 대한 이들 비판은 본질적인 면을 놓치고 있기 때문이다. 즉 이 시스템은 순전히 '일하는 사회'에 초점이 맞추어져 있다는 사실이다. 특별한 지식들을 주입시키는 것 외에도 학교는 눈에 띄지 않고 참을성 있게 규율에 적응해 나가도록 하는 무대이다. 학교가 지식을 핑계로 학생들에게 습득시키고자 하는 것은 바로 시간표이며, 이 시간표는 차츰 의식의 직접적인 여건이 된다. 우리가 받은 교육의 내용물은 임의적이고 부차적이며 일시적이다. 하지만 우리에게 주입되는 무의식적 자동성은 영원히 지워지지 않는다.

이런 체제에서 15년(인생의 4분의 1)을 보낸 뒤 우리는 학교를 떠날 수 있지만, 학교가 우리를 떠나지는 않을 것이다. 우리가 학교에서 배운 것을 모두 잊어버렸다손치더라도 시간표는 남는다. 이렇게 평생 동안 학생으로 머무를 수 있게 된 아이야말로 성인의 자격을 획득한다. 성숙이란 겉으로 보아 발전이요 진보의 종착지처럼 보이지만, 실제로는 반사적 행동과 학생다운 몸가짐에 고정됨이다. 어린아이 적에 우리는 반바지 차림의 괘종시계였으며, 어른이 된 우리는 머리가 빈 배불뚝이 고교생이다. 삶은 일상인 한편 무엇보다 학교 생활이며, 우리는 끊임없이 법정에 출두해, 우리 안에 끈질기게 살아남고자 하는 개구쟁이를 암살하라는 명령을 받는다. 시스템에 싫증이 난 반복되는 비판을 통해서도 알 수 있듯이, 점점 더 익명성을 띠어 가는 비인간적이며 차가운 세상에 우리는 속해 있지 않기 때문이다. 체납금에 대한 독촉장, 사고 운전자에 대한 보험료 할증, 약간의 지각만으로도 상사에게서 들어야 하는 잔소리. 우리는 이렇게 우리의 후견인인 법정들로부터 명령적이거나 사적인 말로 심문을 받는다. 그것들은 우리를 처음 지도했던 교사를 대신하는 듯싶다. 질서 회복을 위한 이 모든 환기는 하나의 주제로 모아진다. 즉 어린 시절의 회귀가 더이상 재현되어서는 안 된다는 것이다!

칸트의 지적을 다시 읽어 보자. 학교는 우리에게 두 가지 사항을 가르친다고 그는 말한다. 즉 앉은 자세와 근면성이다. 사회가 우리에게 입증하도록 바라는 것도 바로 이런 자세와 이런 미덕이 아닌가? 우리가 한 주간 내내 여섯 시간을 내리 조용히 앉아 있도록 길들여지지 않았다면 어떻게 일이나 여정, 연극이나 영화 관람, 식사에 적응할 수 있겠는가? 얌전한 아이란 무엇보다 '책상 앞에 앉아 있는' 아이가 아닌가? 내가 처음으로 의자 위에서 엉덩이를 뒤틀지 않고 앉아 있을 수 있게 된 날, 바로 이날 나는 마침내 철이 드는 나이가 되었다고 으스댈 수 있다. 이렇게 해서 나와 나의 몸 사이에는 긴 분리의 과정이 시작된다. 이 결별은 내가 평생에 걸쳐 완수해야 하는 과업이다. 그렇다면 이 육체의 찌꺼기, 그리고 동요에 맞선 긴 투쟁의 잔재가 어떻게 내가 사용하는 언어, 내 주변에서 사용되는 언어를 믿을 수 있겠는가? 전복과 위기, 혼돈의 언어를 말이다. 앉아 있는 이 몸은 일상의 순수한 부동성만을 알기에, 스스로 무질서의 이미지에 휩쓸리지 않도록 저항하는 내 자신의 일부이다. 여기서 우리는 늘 슬프고 이중적인 인물들로 이루어진 브르테셰르(Claire Bretécher, 1940- , 프랑스의 데생화가·만화가)의 그림들을 떠올리게 된다. 바닥에 뒹구는 다혈질의 인물들, 무기력한 수다쟁이들. 그런데 그녀의 그림에서 종종 우리는 인물들의 발밖에 볼 수가 없으며, 나머지 부분은 마치 의자 속에 삼켜진 듯하다. 이것은 말과 몸의 대비를 더한층 두드러지고 우스꽝스럽게 만든다. 입에서 나오는 이야기와 인물들의 자세에서 드러나는 이 불협화음에서 최종적인 발언권을 가진 것은 '자세'이다. 요컨대 이 무너진 형상들은 인간이랄 수도 의자랄 수도 없는, 둘의 교배로 태어난 괴물들이다. 얼굴이 있는 의자, 아니면 인간으로 속을 채워넣은 의자라는 편이 옳을지 모른다. 10년 전 마르크스주의 비평에서는 '사물화한 인간'이 언급되었지만, 이제 이 말은 '의자화한 인간'으로 정정되어야 할 것 같다. 우리가 현재 되어 가고 있는 새로운 유형의 켄타우로스, 이 변종을 지칭하려면 말이다.

그런가 하면 오늘날 우리가 책임감을 재는 척도는 용기, 힘, 도전 정신 같은 모험의 용어들이 아니다. 그보다 우리는 '정확성'이라는 전혀 다른 논리를 척도로 삼는다. 이런 교과서적인 합리성이 우리의 세계관을 지배하고 있어서, 그 결과 우리는 근면성과 문명을 혼동하기에 이르렀다. 그렇다면 오늘날 야만인은 누구인가? 제시간에 도착하지 않는 사람이다. 미개발된 신비로운 나라들에는 원시적인 후진성이 만연해 있다. 여행자들은 어김없이 경멸감이나 동정심이 담긴 일화들을 가득 챙겨서 돌아온다. 도무지 약속을 지킬 줄 모르는 원주민들, 혼잡한 차량들, 기차의 연착, 그리고 눈에 띄게 게으른 노동자들의 모습 등. 시간 개념이 없다는 것은 우리가 보기에 미개함과 미성숙을 아우르는 정의로서, 새롭게 등장한 인종차별주의의 골자이기도 하다.

정도는 달라도 우리 모두는 어느 정도 성공적으로 도덕화되어 있다. 흔히 말하는 가치의 위기도 시간에 대한 엄격한 훈련의 일반화를 가로막지는 못한다. 여러 이상들이 무너지고 말았지만, 그래도 이같은 파괴의 소음이 삶의 규칙성에 영향을 미치지는 못한다. 도덕 질서와는 달리 엄격한 일상은 영향력 있는 추론의 결과물이 아니기 때문이다. 그것은 강력하면서도 포착되지 않는, 이미 결정된 상황이다. 또 법이나 전통처럼 해체될 수도 없는 총체적인 습관들이다. 따라서 일상과 더불어 질서와 가치들의 분리가 완수된다.

이런 익명의 구속은 과시적인 격렬한 반항을 야기하지 않는다(어떻게 일상을 범할 수 있단 말인가?). 그보다는 언제나 반항의 극한에서의 순종, 늘 순종 속으로 타협해 들어가는 조용한 저항으로 이어진다. 권태는 시간표에 갇힌 개인의 말없는 항변이다. 시간의 분할은 지속성 속에 끈질기게 세분화된 사항들을 들여놓고자 하는 반면, 정신적인 인두인 우리의 권태는 시간의 흐름을 획일화한다. 일을 위해 살아 있는 시간은 나를 위해 죽은 시간이다. 그리하여 체험은 은밀하게 현실로부터 분리되며, 주체는 슬며시 현실에서 도망쳐 나온다. 이렇게 우리는 꼼짝하지 않고도 자리를 뜨며, 그곳에 머물러 있으면서 살짝 빠져나온다.

권태. 도덕주의적 전통은 거기서 일체의 정신적 고통의 원칙을 발견한다. 이런 관점에서 보면 할 일 없이 빈둥대는 것은 특권이 아니라 벌이다. 부자들과 왕자들이 곧잘 의기소침한 상태에 빠짐으로써 자신들이 누리는 지나친 영화(榮華)의 대가를 치르는 것도 이 때문이다. 여유와 한가로움의 운명을 타고난 그들은 허무의 선고를 받는다. 그럴 만한 자격도 갖추지 못한 채 지속되는 휴식 속에 든 이들은 무기력한 생활의 고문 앞에서 무방비 상태이다. 이 말은 노동에 대한 귀족적 경멸에 대한 답변――니체라면 원한의 답변이라고 말할 것이다――으로 해석될 수도 있다. 귀족적인 사고는 노동을 신의 섭리에 의한 형벌 가운데 하나로 본다. 반대로 평민의 사고에 의하면 놀고먹는 귀족은 공허와 우울의 지옥으로 떨어질 수밖에 없다. 그런데 오늘날에 이르러서는 이 두 적이 서로에게 KO를 먹인다. 현대는 열심히 일하는 사람과 실업자를 똑같은 권태로 사로잡고 말았기 때문이다. 사람들이 생각했던 바와는 달리 일상적인 사회의 순수한 산물은 프티 부르주아가 아니며, 그보다는 노동(혹은 그 대기 상태)에 충당됨과 동시에 권태에 사로잡히는 귀족-평민이다.

아, 삶은 얼마나 스트레스를 주는가, 아니면 삼중으로 의미 없는 여정인가!

일상 생활을 기상학적으로 재현해 본다면 이렇다. 희끄무레한 광선, 납빛 하늘, 산발적인 안개비. 낮도 밤도 아닌 이 불투명한 시간에는 세상만물이 한 가지 색조를 띠며 그 속으로 녹아드는 듯싶다. 대조되는 대상들을 제거하고 우리를 우리 자신으로부터 지워 버리는 이 살인적인 안개는 '그리자이유' 라고 불린다.

그러므로 엄밀히 말해 느낌이나 일상의 상태 같은 것은 없다. 일상이란 차라리 우리의 감각들에 영향을 미치는 포착 불가능한 무엇이자, 우리의 전반적인 상태에 구름을 드리우는 미확정의 무엇이다. 우리는 특징 없는 인간들인지라, 피로조차도 우리를 벗어나서는 기억에 각인되지도 않은 채 육체 속에 깃든다. 이런 불분명한 소모를 지칭하기 위해 우리는 최근에 도입된 '스트레스' 라는 학술 용어를 사용한다. 우리가 자신이 처한 환경과 맺고 있는 갈등의 관계, 우리를 지치게 만드는 기계적인 관계를 고려하면 이같은 신조어도 나올 법하다. 생물학의 유산인 이 스트레스라는 개념은 건강/질병의 대치를 초월하여, 3부(압박감 · 저항 · 피로)로 이루어진 시나리오의 형태로 신체 기관과 외부 세계의 관계를 묘사한다. 이같은 범주는 거짓된 평화를 의미하는 '진부함' 을 전쟁과 신체적 쇠약이라는 용어로 재정의한다. 스트레스라는 말이 일상어로 흡수되어 괄목할 만한 성공을 거둔 것은 분명 관점의 이런 도치 때문이다. 이렇게 해서 평범한 삶에서 병과 전쟁을 유발하는 모든 것이 이 표현과 맞닿게 되었다.

직업과 관련된 걱정거리들, 고독의 아노미 현상, 가정의 문제들, 거리에 오가는 사람들의 무거운 침묵, 사람을 지치게 하는 교통수단들. 우리는 일상 생활에서 느끼는 혼란으로 인해 '강도 낮은 긴장 상태'에 놓인다. 그것은 회복 불가능한 상처인 동시에 우리가 익숙해 있으면서도 출처를 알 수 없는 폭력으로서 우리 자신이 숨쉬는 공기와 뒤섞인다. 그리고 미처 증상으로 표출되지 않은 채 남아 있어 우리는 그 앞뒤 내용을 맞추어 볼 수조차 없다. 스트레스에 의해 우리는 불확실한 병의 영역, 소설의 영역으로 내던져진다. 현대의 피로는 분명 우리를 지치게 만들며, 무엇보다 우리에게서 상속권을 박탈한다. 또 우리를 빈약화시켜, 우리에게서 사라진 힘이 대신 개개인의 분명한 표지나 독특한 개인사로 대체될 수 있기 위한 가능성을 제거하게 되었다. 우리는 이제 이 모호한 절망에 이름을 붙일 수 있게 되었지만, 그렇다고 그 불확실성을 피해 갈 수는 없다. 평화로운 일상 생활의 외관 밑에서, 규정지을 수 없기에 더 한층 혹독한 전쟁이 치러지고 있다. 사건의 부재는 더없이 격렬한 모험만큼이나 에너지를 요구하며 흡수한다. 흥분, 불안, 짜증의 형태로 우리는 끊임없이 일상의 도전을 받지만 그건 보이지 않는 전쟁이다. 우리는 한 명의 적이 아닌 불확실한 수많은 근심거리와 싸우며, 때로 우리가 미처 깨닫지도 못하는 사이에 우리의 몸이 절로 반응한다. 이렇게 우리의 무력감은 온전히 구체적인 동시에(신체 기관 속에 자리잡으므로) 절대적으로 비물질적이다(이런 피로의 상태를 유발할 만한 사건이 없었으므로). 아무 특별한 사건도 없다는 것. 이것이야말로 어찌 보면 일상성에 대한 명확한 규정이며, 권태와 좌절이 녹아들어 있는 고백이다. 우리의 삶은 분주한 동시에 단조로우며, 우리는 기진맥진해 있으며, 그러면서도 우리에겐 아무 일도 일어나지 않는다. 무미건조하다는 말이 예전에는 생기 없고 무기력한 상태를 떠올렸다면, 이제는 극도의 흥분 상태에까지 이런 무미건조함이 스며들고 있다. 그런데 우리가 끊임없이 겪는 손실은 그 내용이 이야기될 수 없는 무엇이다. 마멸의 이야기란 있을 수 없다는 말이다. 개념들이란 정신적인 고통의 대용품이라고 프루스트는 말한 바 있다. 그렇다면 스트레스는 이야기될 수도, 개념을 제공하지도 않는 실어증의 고통일 것이다.

우리가 간혹 편집증에 기대는 이유는 궁극적으로 사건이 부재하는 폭력으로부터 우리를 지키기 위해서가 아닐까? 적을 포착하기 위해, 또 감지되지 않는 마멸의 분위기를 일관성 있는 대결로 대체하기 위해, '사람들'이라는 탁월한 현대적 범주가 필요한 것은 아닐까? 위기의 상황에서 더없이 중성적인 이 용어는 매우 모욕적인 의미를 함축하고 있다. 사람들, 이 말은 단지 전쟁을 감수할 뿐 아니라 포고하게도 하며, '그들'과 '나' 사이에 분명한 대치를, 따라서 혼란한 상황을 촉발시키는 보복의 움직임이다. 이렇게 시작되는 대결이 저주의 단계를 넘어서지는 않지만 말이다. 사람들, 이 말은 어리석은 군중을 의미한다. 누구에게나 자리가 있는데도 서로 떠밀며 쇄도하는 무리이다. 무엇을 얻기 위해 그러는 걸까? 그들은 신호등이 파란불로 바뀌었는데도 코만 긁어대고 있는 아둔한 자, 한마디로 말해 바보들이다. 우리는 익명의 도시가 이 바보들로 가득 차게 한다. 도시의 추상적인 냉혹함에 하나의 '말'——이 냉혹함을 해석하는 동시에 우리에게 이야기를 들려주고 우리를 정당화하는——을 각인시킬 수 있기 위해서이다. 이렇게 해서 스트레스는 박해로 변한다. 정상인의 정신병은 이같은 서술적 자극으로서, 이 자극은 모호한 폭력을 휘둘러 명백한 연속 화면을 만들어 낸다. 피로에 종말을 고할 수는 없어도 최소한 말의 부재로 인한 추가적 불안에 종지부를 찍기 위한 수단이다. 압박감은 산산조각이 나서 총칭적인 의미의 '악한'을 둘러싸고 재구성되며, 우리는 일상을 비극의 차원으로까지 승화시킨다. 그리하여 손에 잡히지 않던 삶이 다시 내용물을 획득하게 된다. 이렇게 우리는 언어의 마술(사람들이라는)에 의해 등장인물(우리는 의연하게 인간의 어리석음이 가해 오는 온갖 공격을 견디어낸다)이 되고, 관객(사람들에 대해 말한다는 것은 높은 데서 대중의 재난을 내려다보며 생각에 잠기기 위해 비상하기, 거리를 두기이다)이 된다. 희생자인 동시에 귀족인 우리는 피로를 무의미로부터 구출해 낸다. "이건 나한테만 일어나는 일들이야. 아무 일도 일어나지 않는 남자는 이렇게 말한다."(프레베르)

쿨하고 용감한 병사들

일상의 마멸. 이것을 우리가 당연시하는 데에는 두 가지 이유가 있다. 이같은 마멸의 작업은 은밀하고도 꾸준히 이루어진다는 점이 첫번째 이유이다. 그런가 하면 '채무'의 논리가 있어, 수없이 다양한 이데올로기와 담론을 넘어 우리가 만장일치로 이 논리를 참고한다는 것이 두번째 이유이다. 실제로 우리는 사람들이 겪는 마멸을 두고 악마의 편에 서거나 선한 신의 편에 선다. 그런데 어느 편에 서든 우리는 끈질기게 똑같은 원칙에 충성을 바치게 된다. 우편(신의 편)에 선 우리는 피로를 인간이 바치는 조공으로 인식한다. 어찌 보면 태어나면서부터 세상 혹은 율법에 대해 저지른 잘못을 속죄하기 위한 조공이다. 우리는 자기 자신을 바쳐 갚으며, 빵을 번다. 신(혹은 그 현대적 부산물인 사회와 양심)은 개인에게서 에너지라는 조세를 거두어들이며, 그

대가로 그를 인간 집단에 통합시킨다. 좌편(악마의 편)에서도 우리는 똑같은 교환의 법칙을 적용시키는데, 여기서는 역할이 전도된다. 즉 채권자가 채무자가 되어, 노동자 계급은 일상의 노동으로 인한 힘의 소모를 지배층이 보상해 줄 것을 요구한다. 우리를 끈질기게 괴롭히는 신비한 과오에 대해 이제 피로로 지불하는 것이 아니다. 그보다 사회가 원하는 에너지, 무한정 동원하는 에너지를 전체 사회로 하여금 지불토록 한다. 오늘날 정상인이란 두 가지 언어를 유창하게 말하는 사람이다. 즉 과오의 언어(결코 충분히 갚을 수 없다는 질책)와 요구의 언어(자신의 행위를 최대한 현금화시키려는 욕구)이다. 우리 대부분은 신과 악마, 개와 늑대, 질책과 죄의식 사이에서 분열되어 있는 주체들이다. 우리가 지치도록 일을 해서 불분명한 빚을 청산하든지, 아니면 우리의 피로에 대한 보상을 요구하든지 간에, 이 둘은 우리가 겪는 마멸을 정당화하는 두 가지 방법이다. 이들 상반되는 경향이 강화되어, 우리는 채권자인 동시에 과오를 범한 자로서 일종의 화해의 회전문 속에 들어 있다. 그리고 일상의 폭력은 바로잡아질 수 있는 것인 동시에 바로잡아 주는 것이기도 해, 이중의 의미에서 게임의 규칙을 이룬다.

"그 어느 때보다도 근면한 시대인 우리 시대는 자신의 노동과 돈으로 무엇을 해야 할지 모른다. 늘 더 많은 돈, 더 많은 일을 추구하는 것밖에는 말이다."(니체)

그런데 스트레스에 대해 말한다는 것은 단순히 새로운 전문 용어를 사용한다는 의미가 아니며, 그것은 일상에 대한 새로운 관계의 표지이기도 하다. 즉 일상 생활에서 입게 되는 피해가 반복 순환되지 않도록 하는 방법인 것이다. 스트레스라고 불리는 이 경멸적 뉘앙스의 속어는 일상이 치러야 하는 대가 및 일상에 의해 야기되는 모든 혼란을 표현하고 숫자화한다.

"더이상 돈을 버는 데 삶을 소진하지 말자." 이 슬로건은 과거에 자명했던 사실, 즉 삶·시간·육체는 돈과 맞바꾸어질 수 있다는 생각을 봉쇄시킨다. 유기체는 교환 가치에서 벗어나 그 자체만으로도 가치있는 존재로 재등장한다. 조합 운동만이 불평불만의 대명사로 통하던 시대는 지나갔고, 이제는 봉급 인상을 위한 투쟁과 나란히, 자신의 삶을 흥정하는 데 대한 점점 더 큰 망설임이 생겨나게 되었다. 때로는 확연하며, 대부분의 경우에는 은밀하게 진행되는 이 거부 행위는, 일상 생활이 초래하는 치명적인 소진에 저항한다.[2] 그리고 마멸과 노쇠가 끔찍한 무엇으로 여겨지게끔 만든다.

날이 갈수록 일상에 대해 제대로 대가를 지불하지 않는 자들의 수가 늘어나는 것 같다. 그들은 생존을 위해 자기 자신을 희생코자 하지 않는 것이다. 이같은 규율 위반에 사람들은 '쿨하다'는 칭호를 부여했다. 그런데 이런 태도는 흔히 그렇듯이 정신적인 열광으로 표출되는 대신 몸가짐에 영향을 미치기에 훨씬 더 유해하다. 늘 일찌감치 지치고 무기력한 모습을 보이는 이 새로운 반항자는 일상 생활로 인한 소

---

2) 우편소액환 창구에서 일하는 한 여직원의 증언을 들어 보자. 그녀는 반나절 근무를 선택한 이유를 다음과 같이 설명한다. "풀타임 근무로 그렇게 많은 시간을 일하는 건 아닙니다. 주당 서른일곱 시간이니까요. 하지만 일을 준비하려면 아침 일찍 하루 일과를 시작해야 하며, 또 저녁에는 컴퓨터가 소화한 것들을 정리하기 위해 늦게까지 남아 있어야 합니다. 여직원들의 근무 시간은 7시에서 13시, 다음날은 13시에서 19시 30분입니다. 그리고 1주일에 하루는 7시에서 13시, 13시 45분에서 17시 45분까지인데, 이건 여간 힘든 하루가 아닙니다. 게다가 대부분은 집이 아주 멀어서, 적어도 출퇴근에 소요되는 시간이 두 시간입니다. 이것이 파리 지역 사람들이 안고 있는 문젭니다. 그렇다고 얌전히 체념하고, 어쩔 수 없는 '운명'으로 감수한다는 건 말이 안 되지요."(Adret, *Travailler deux heures par jour*, Le Seuil, 1977)

진을 보다 잘 모면하기 위해 선수를 친다. 그리고 스트레스가 미치는 효과들을 벗어나기 위해 그 결과물들을 흉내낸다. 그것은 선험적인 피로이자 사전에 느끼는 무력감으로서, 주위 환경으로부터 우리를 소진시키는 힘을 몰수한다. 이런 쿨한 인간에게는 반항스런 면모보다는 부드럽고 수동적인 인물의 면모가 지배적이다. "죽은 척하고, 싸움은 하지 말라"는 암암리의 슬로건이 이같은 오만을 주재한다. 일상에 성실하려면 두 가지 방법이 있기 때문이다. 즉 차려 자세의 고분고분함과, 대화의 유희를 벌이는 건설적인 저항이다. 쿨한 인간은 얌전한 아이라기보다는 응하는 아이이다. 절대적인 무책임성이 지배적인, 반응의 부재와 규율의 부재라는 이중의 부재 속에서 말이다. 복종과 비타협적 태도를 동시에 거부하기, 이것은 무기력한 상태를 극단까지 몰고 가는 것이다. 이렇게 해서 예전에 서구가 비난의 눈길로 바라보았던 야만인들의 삶이 이제 서구를 침범하고 있다. 긴장하지 않고, 갚아야 할 빚도 없이, 자신을 증명해 보일 필요도 없이, 될 대로 되라는 태도이다. 이 육체들을 무관심으로부터 깨어나게 하려면 어떤 자극물에 의존해야 할지 우리는 더이상 알 수가 없다.

이제 일상의 질서는 여러 가치의 부과보다는 어떤 강요된 자세의 일반화에 의해 영속된다. 그것이 바로 '일상 생활'이다. 즉 끝없는 속도의 억압으로 야기되는 정체된 느낌이다. 잠자는 숲 속의 쿨한 인간들이 격렬한 항의를 포기하고 고집스레 느림을 실천하는 것도 분명 이 때문이다.

"Take it easy." 만사를 마음 편히 생각하고, 너의 삶을 살라. 진지하거나 심각해질 필요는 없다. 일상이란 걱정할 가치가 없는 것이라는 사실을 잊지 말아라. 세상을 바꾸지 말고 세상에 대한 너의 태도를 바꾸라. 대치보다는 도피를 택하고, 너의 탈영이 순응의 모순된 외관을 취하도록 하라. 그런데 일상의 소외가 '거리두기'로 전환되면서 우리는 낭만주의의 재출현을 목격했다. '바바쿨'(babacool, 주로 1970년대에 평화주의, 자연보호주의의 기치 아래 히피 운동의 생활 방식을 채택했던 반체제 성향의 사람들)은 새로운 형태의 이방인들이라 할 수 있다. 양자의 유사성에 대해서는 좀더 주의 깊은 질문이 제기될 필요가 있다. 일상을 진부함과 동일시하는 오늘날의 태도에서 낭만주의의 유형을 볼 수 있기 때문이다. 오로지 평범과 진부함을 경멸함으로써 19세기부터 예술가의 삶이 가능했다. 나폴레옹 시대 이후 유럽에서 '시인'이란 일정한 유형의 작가를 지칭하는 대신 존재의 방식을 설명하는 말이 되었다. 시는 무엇보다, 부르주아 계급의 승리로 인해 도처에 만연해 있던 비좁은 생활 방식에 맞서 몇몇 고독한 이들이 구현한 생생한 비난이었다. 그리고 워털루 전쟁은 한 군대의 다른 군대에 대한 승리가 아니라, 영웅적 무훈의 돌이킬 수 없는 패배였다. 바야흐로 이해관계가 비극을 능가하고, 세계로부터 극적인 사건이 사라졌으며, 숭고한 순간들이 공리주의적 가치들과 대치하게 되었다.

일차원적인 존재들, 일상의 단조로움, 평준화된 삶. 낭만주의자들에 의해 시작된 이같은 비판은 의례적으로 되풀이된다. 블레이크에서 마르쿠제, 채터턴에서 빌헬름 라이히에 이르기까지, 억압된 욕구들에 가해진 신랄한 비판은 자본주의의 가장 어두운 측면으로서 미지근해진 열정[3]——자본주의의 최초의 옹호자들이 기대한 바였던——을 폭로했다.

실제로 계몽주의 사상가들은 '부드러운 교역'에 폭력을 몰아낼 임무

---

3) 미국의 경제학자 Albert O. Hirschman의 다음 저서를 참고하라. *The Passions and The Interest, Political Arguments for Capitalism before its triumph*(Princeton, 1977).

를 부여했다. 그리고 체계적이고 결실이 풍성한 행위를 통해 끓어오
르는 충동들을 잠재우고자 했다. 상거래에서 그들은 절대로 엄격함을
떠받들지 않았으며, 오히려 모든 쾌감 중에서 가장 사교적이고 평화로
우며 교화적인 쾌감을 떠받들었다. 이해 관계는 관습을 유화한다고, 이
철학자들은 말했다. 이해 관계야말로 존재에 규율과 단정함을 부여할
수 있는 유일한 열정이라고 말이다. 요컨대 획득한다는 것은 본능에
의해 인도되는 파괴적이고 예기치 못한 행동들을 신중한 계산으로 대
체시킨다는 것이다. 그들에 따르면 이해 관계에는 욕구의 진정성과 합
리적 행동의 성숙함이 있다. 그런데 장사꾼들은 하나의 행위 속에 애
정과 미덕을 결합시키고 있는 만큼, 이들이야말로 진정한 영웅이다.

스트레스의 작은 징조들

거세의 불안을 간헐적인 심계증과 맞바꾸려는 의지.
외아들을 둔 절망한 어머니가 집단 자살을 하기 위해 대가족을 찾
는다.
고아인 사디스트가 조용한 정신병 환자인 여자를 결혼 상대로 사귀
고 싶어한다. 마조히스트와 품행이 단정치 못한 사람은 사절.
50세의 편집광인 남자가 여성을 구한다. 나이는 불문하고, 말타고
하는 산책을 즐기며 향락적인 외출에 탐닉하는 여성이면 환영.
천식성 불안증 환자인 여자가 불면증 남자(대머리면 더욱 환영)에게
광란의 밤을 함께 보내자고 제안한다.

"장사는 파괴적인 편견들을 치유한다. 부드러운 관습이 존재하는 곳
어디에나 장사가 존재한다는 사실은 일반화된 법칙이다. 또 장사가 존
재하는 곳 어디에나 부드러운 관습이 존재한다." 몽테스키외, 《법의 정

신), XX, 2.

자본의 미덕을 찬미한 이 담론이 낭만주의자들에 이르러서는 그 주요 악덕을 강조하는 데 쓰인다는 사실은 역설이다. 그렇더라도 우리는 이 교환 가치의 지배에서 평화 회복의 힘을 알아본다. 여기서 평화 회복이란 교화가 아니라 표준화의 의미를 지닌다. 즉 우리가 여전히 '소시민의 삶'이라 부르는 비좁은 범주 속에 모든 존재를 가둔다는 말이다. 이것이 부르주아 도덕에 대한 낭만주의자들의 불평이다. 이 도덕은 욕구를 물질적인 부의 축적이라는 초라한 차원으로 축소시킴으로써 그 마술적 성격을 제거했다는 것이다. 생 쥐스트[1767-1794, 18세기 프랑스 혁명가] 시대에 태어난 새로운 개념인 '행복'이 19세기에 이르러서는 어리석은 개념으로 여겨진다. 나아가 어리석다는 말은 단순한 지력의 결핍보다는 오히려 '고통의 결핍'으로 정의되었다. 다시 말해 지성의 부족이라기보다는 불안과 노스탤지어의 결여로 여겨졌던 것이다. 어리석지 않다는 증거는 더이상 분별력이 아니라, 고통스러워 보이는 육체이다. 그리고 이 육체를 통해 드러나는, 삶에 대한 거부와 초연함의 모든 표지들(창백하고 마르고 쇠약한 모습)이다. 어리석다는 것과 행복하고 만족해 있다는 것. 이 두 동의어는 규율과 단정함에 대한 무조건적인 신봉이라는 의미를 내포한 역설이다. 어리석음의 전형인 부르주아는 이미 사르트르가 말하는 '더러운 인간'(salaud)이다. 삶이 오그라드는 것을 기뻐하는 이 수수께끼 같은 존재는 이처럼 절단된 상황을 흔쾌히 받아들이며 박수를 쳐대는 것이다.

"인간의 삶이 더이상 제멋대로의 환상에 내맡겨지지 않고 발전의 전망이 확실한 시도들의 필요성에 답하게 되는 순간, 그 삶의 양상은 변한다. 마찬가지로 밤의 동요로부터 아침의 진지한 사업들로 건너가는 순간, 인간의 얼굴 역시 변한다. 성장을 추구하는 진지한 인간은 부드러워지지만, 대신 그는 이 부드러움을 삶의 가치로 여기는 한편, 삶의 고요한 흐름을 그 시적인 역동성과 혼동한다." 바타유, 《저주받은 몫》.

반대로, 부드러움은 존재하지 않는다고, 쿨한 인간들은 말한다. 더 없이 평범한 삶조차도 너무나 비장하고, 우울함에 가득 차 있고, 끔찍한 폭력이 도사리고 있기 때문이다. 항상 경계 상태에 있는 우리는 하찮은 싸움들로 지치며, 끊임없이 이어지는 시시한 갈등들에 우리의 욕구를 낭비한다. 호전적인 동시에 방심해 있는 우리의 얼굴에 일상은, 적의와 권태가 동시에 스며 나오는 모호한 가면들을 새겨넣는다. 낭만주의자들이 삶을 그 획일적인 흐름으로부터 이탈시키는 데 주력했다면, 오늘날의 쿨한 인간들은 단조로움을 재평가하여 그 가치를 높인다. 그들은 관행을 배신하면서 일상 생활을 다시 평범하고 진부한 것으로 만드는 데 혼신을 다한다. 말하자면 포기의 전략으로서, 이같은 전략은 체계가 자체의 논리에 걸려 넘어지도록 한다. 진부함을 지칭하는 전형적인 표현들에는 "난 녹초가 되었어" 혹은 "의기소침한 상태야" 같은 말들이 있다. 우리는 일상에 대해 상반되는 두 가지 비난을 퍼붓는 것이다. 즉 일상의 요구들이 우리를 지치게 만든다고, 그런가 하면 일상의 무미건조함이 우리를 실망시킨다고 불평한다. 그런데 쿨하다는 것은 난폭함에 맞서 반복의 유희를 벌임이며, 평범의 토대를 이루는 모순을 극단으로까지 몰고 감으로써 도처에 만연해 있는 평범을 해체시킴이다. 일상 생활이 지겹고 단조로운 이유는 더이상 개인을 소외시키지 않기 위함임을 우리는 결코 잊지 않는다. 새로운 유형의 이 '밤의 인간' 은 과로와 허무감 사이에서 불가피하게 흔들리는 대신 단호하게 '의미 없음'의 편을 택한다. 요컨대 쿨한 인간들이란 다름아닌 '무의미'를 극단까지 몰고 가는 자들이다.

낭만주의 속에는 온갖 형태의 권태가 노골적으로 과시되고 있다. 소위 말하는 '세기의 악'은, 괴롭고도 달콤한 복합적인 감정을 의미했다. 고통과 교만, 반항으로 이루어진 감정이었다. 요컨대 하품을 한다는 것은 이중의 괴리를 드러내었다. 즉 삶을 돌아볼 때 우리는 스스로 불안정함을 느끼고, 이런 불일치가 비통하게 다가온다는 것이었다. 우리는 타인들과 구별되었으며, 이런 독창성이 교만의 원천이었다. 평준화된 사회에서 두드러짐과 불화는 동일한 가치를 지니는 두 가지 상태이기 때문이다. 따라서 낭만주의자들은 똑같은 한숨을 내쉬면서 반기를 들며 귀족화되었다. 염세적인 기분은 이 행복한 소수(happy few)를 반복되는 생산의 세계로부터 구별되게끔 했다. 그리하여 그들의 상징이 되어 버린 권태는 그들이 드러내는 만족감이자 히스테리이기도 했다. 이렇게 해서 그들은 존재의 군거성을 피해 가며, 눈에 띄지 않는 특권 계급에 속할 수 있었다.

쿨한 인간은 하품의 역사에 결정적인 휴지(休止)를 들여놓는다. 구별되고자 하는 욕구에 이어 이제 대상에 대해 거리를 유지코자 하는 관심이 뒤따르는 것이다. 타인들과의 차이를 거창하게 확인하기보다는 일상의 세계에 우리를 붙들어 매는 관계들을 조심스럽게 해체시키는 일이 중요해졌다. 다시 말해 권태는 광기를 바꾸어 놓는다. 초연함은 더이상 자신에 대해 다른 이미지를 부여하려는 히스테리적 욕구를 따르지 않고, 세상에 대한 에너지 투입 중단을 선언한다. 욕구의 포기, 그러나 정체성을 거부하지는 않기. 이것이 현대식 우수이다.

그렇다면 쿨한 태도야말로 그 유명한 앵글로색슨식 냉정함의 현대화된 버전이라고 말할 것인가? 시시하고 하찮은 세상에 들러붙은 알

바트로스 대신 셜록 홈즈와 필립 말로우를 그 대부로 간주할 것인가? 코난 도일과 챈들러의 이 주인공들이 똑같은 우아함을 지닌 것은 아니다. 전자의 영국식 품위는 후자에게서 찾아지는 세련됨의 결여와 완벽한 대칭을 이룬다. 이런 관점에서 볼 때 그들은 저마다 자신의 모국어의 변신이다. 즉 그들은 극도로 예의바른 영국인의 태도와, 코맹맹이 소리를 내는 단정치 못한 미국인의 태도를 대변한다. 그렇더라도 두 사람을 연결짓는 공통점은 바로 무관심의 양상이다. 경쾌한 가면과 무감각한 외관 뒤에 이 두 주인공은 세부 사항 하나하나에 대한 놀랄 만한 주의력을 감추어 두고 있다. 더없이 큰 위험 앞에서도 그들은 시시한 데자뷰 느낌밖에 갖지 못하며, 담대한 모험의 예감도 그들에게서 권태의 한숨만을 끌어낼 따름이다. 게으른 무관심과 집요함의 이 흔치 않은 결합으로 인해 그들은 탐정으로서의 위엄을 과시한다. 그리고 그들의 침착성은 적대적인 두 가치를 화해시킨다. 즉 노동에 대한 봉건적 경멸과, 훌륭하게 일을 처리하는 장인의 감각이다. 사명은 완수되었지만, 노력을 기울인 흔적은 없다. 이같은 존재 방식이 어떤 거부할 수 없는 매력을 지녔다면, 그것은 성공의 욕구를 편안하고 느긋한 태도로 변장시켜 놓는 기술이다.

가짜 게으름뱅이이자 성실하고 완벽주의자인 귀족들이 우리의 올림포스에 거주한다. 우리는 정녕 영웅을 파괴하지 않았다. 단지 과장된 호언장담을 절제로 대체시키고, 모든 형태의 과시를 혐오할 뿐이다. 단 신중함의 과시를 제외하고 말이다.

그렇다면 우리는 역설적인 시대의 거주자들이다. 쿨한 인간이란 영웅의 윤리와 은밀한 탈출의 윤리가 포개지는 태도의 모델이다. 여기서 '피로'는 하나의 스타일이자 회피이다. 우리가 믿는 허상들과 혐오의 대상들 사이에서 찢기는 우리는 이중성을 지닌다기보다 모호한 인물들이다. 반쯤은 상처받은 염세주의자이며 반쯤은 몽환적인 우리는 여전히 도락가 행세를 즐기며, 근면한 노력을 게으른 무관심으로 치장한다. 그러면서 우리는 또한 일상이 가해 오는 수많은 압력들로부터 경쾌하게 도망치고 싶다는 마음이 점점 더 강렬해진다.

명랑한 분위기의 두 얼굴

쾌적한 상태로 유지되는 행복감

우울한 유토피아가 우리의 도시에서 작업을 개시하며 도시의 무질서를 불가피한 이원성으로 단순화시키고자 한다. 즉 명랑한 분위기의 장소들과 스트레스를 주는 공간들로 말이다. 마치 도시의 어떤 장소가 기차역을 닮지 않게 되었다면, 그 순간부터 사용자들을 공항의 달콤한 행복감으로 감싸야 한다는 식이다. 우리가 최상의 세계에 다가서게 되는 것은 아기들이 시험관에서 태어나게 될 순간이 아니다. 그보다는 그 무엇도 앞서 말한 이원성을 피해 가지 못하며 우리가 오를리 공항의 부드러운 쾌적감과 역의 홀에서 전달되는 불안 사이에서 끊임없이 흔들리게 될 순간이다.

공항의 무중력 상태. 이런 대단한 특권을 누릴 권리가 우리에게 갑작스레 주어진다. 우선 문에 손을 대지 않아도 우리 앞에 문이 열린다. 잇달아 두번째 몸짓으로서 우리는 짐을 부친다. 짐이 없는 여행자인 우리는 물질성이 제거된 세계를 즐긴다. 우리는 떠나지 않았지만 이미 세상과 작별한다. 수은 냄새가 나는 목소리가 승객들을 맞이해서 비일관성의 왕국으로 인도한다. 사물들이 일체의 역경의 요인을 상실한 허구의 지대이다. 쾌적한 상태가 유지되는 이 구역에서 거닌다는 것은 정녕 공중의 환희에 취하도록 자신을 내맡김이며, 이것이 첫 이륙의 경험이다.

반면 기차역은 여행객들을 둔하게 만들며 증오심에 차 오르도록 한다. 끔찍한 소음에 노출된 채 자신의 짐에 질질 끌려가는 사람. 들소 떼만큼이나 맹목적으로 보이는 무리 속에서 휘청대는 사람. 즉 철도를 이용하는 이 사람은 항공로를 이용하는 사람의 정반대편에 위치한다. 공항이 가볍고 경쾌한 분위기에 젖어 있다면, 역은 무관심과 공격성의 공간이다. 그런데 최종적인 출발의 순간이 오면 군중이 몰려들면서, 완벽하게 살균 처리된 이 공간들을 뒤죽박죽으로 만들어 놓는다. 잠시 군중이 분위기를 압도하는 것이다. 그리하여 오를리 공항은 날아다니는 기차를 타기 위한 생 라자르 역으로까지 퇴행한다. 하지만(이렇게 말하게 되어 다행일까?) 반대 방향으로의 변신이 가장 흔한 현상이며, 우리는 이런 변신을 발전이라 부른다. 요컨대 도시의 현대화란 폭력에 대한 명랑한 분위기의 승리이며, 스트레스를 주었던 공간이 쿨한 공간으로 화하는 영광스러운 순간이다. 몽파르나스 역은 우리의 첫 철도 공항이라는 점, 이 사실을 기뻐하자.

일상 생활에서는 무질서가 난장판으로까지 이어진다. 그리고 모험으로 우리에게 닥치는 거라고는 스트레스와 불의의 사고들뿐이다. 우리는 이 모든 사건들을 감당할 힘이 없으며, 우리에게 닥치는 일들은 끊임없이 우리를 짜증나게 만든다. 하기 싫은 일, 혼잡, 긴장 등, 우리의 프로그램 속에는 늘 실패와 성가신 일들이 들어 있으며, 이런 장애물들을 증오하는 우리는 예기치 못한 일들에 대해 점점 더 철천지원수가 된다. 그렇게 평범한 생활은 아주 하찮은 사건조차 감당키 힘든 짐으로 받아들여지는 묘한 공간이다. 이 평범한 삶이 우리 안에 잉

태시키는 꿈은 음향과 분노로 가득 찬 소설 같은 환상들이 아니라, 휴식이라는 아주 소극적인 기쁨을 분비하는 텅 빈 유토피아들이다. 그러므로 쿨하다는 것은 이제 교활한 욕구라기보다 궁극적인 목적 자체가 되었다. 명랑한 분위기란 바로 그런 것이다. 즉 긴장의 완화가 수단이 아니라 목적이 되어 버리는 것이다. 행복이란 다름아닌 긴장의 종말과 동일시된다. 이처럼 빈약해진 욕구는 자체의 소멸에 집착하며, 그 정점에 이르러서는 "휴우, 아아!" 같은 작은 아우성을 내뱉을 따름이다. 쿨한 장소의 추상적인 보살핌 속에 둥지를 틀고 폭신한 보호를 받는 행복. 오직 현실 세계에 만족하며 칩거의 편안함만을 음미하는 홀아비의 기쁨이라고나 할까. 명랑한 분위기는 삶 전체의 정서적 이동을 실현시킨다. 저마다 이 땅으로부터 휴식을 취하는 포근한 작은 세계를 지향하며 말이다.

결정적으로 청산된 대상이 있다. 즉 돈이다. 신용 카드는 그 소지자에게 기능적인 편의 이상의 훨씬 많은 것을 제공한다. 다시 말해 변덕스러운 경박함의 쿨한 기쁨을 준다는 말이다. 분명한 추잡성을 내포하는 돈이 점차 해소되면서, 우리는 이제 무상(無償)을 내세우며 소비할 수 있게 되었다. 소비가 책임이 뒤따르지 않는 환상적인 제스처로 간주됨으로써 우리는 실제로 구매에 더욱 열광하게 되었다. 우리는 무언가를 손에 넣지만 그 대가로 구체적인 무엇도 지불하지 않는다. 끈질긴 물질성을 띠는 동전이나 지폐는 아깝게 여겨졌었다. 내 자신이 물 쓰듯 돈을 쓰는 모습을 보면 몸 안의 피가 빠져나가는 듯한 느낌을 가졌었다. 그런데 돈의 사용을 정보의 처리 정도로 의미를 약화시키는 극도의 비물질화로 인해 이런 불쾌한 감정이 제거되었다. 그리하여 인색의 상징적 토대가 무너지고 만다. 돈이 더이상 존재하지 않는 터에 돈에 대한 본능적인 소유욕이 무슨 의미가 있을까? 바야흐로 지불 행위는 일체의 불결한 의미가 제거된 무향무취의 깨끗하고 추상적인 행위가 되었다. 요컨대 신용 카드는 돈과 추잡한 이미지의 결별을 선언하기 때문이다.

신용 카드로부터 파생된 모든 부산물 가운데 '소비 가능성'의 횡포는 과대망상자들을 양산한다. 자신을 나폴레옹이라고 여기는 정신병자들처럼 말이다. 사람들이 그들을 '폐하'라고 불러 준다면 그들은 구속복을 마다치 않으며, 자신은 전능하다는 쿨한 환상 속에 살수록 더 고분고분한 구매자가 된다. '아기 전하'라고나 할까. 그 무엇도 우리에게 저항하지 못하며 이 세상은 우리 차지라는 유치한 믿음을 부활시키는 것이 바로 이 '명랑한 분위기'이다.

절대적인 요청

풍요의 사회인가? 아니면 착취의 사회인가? 넘쳐나는 진열창과 끔찍한 공장들 사이에서 서구는 좀처럼 자신을 정의내리지 못하고 있다. 그러나 '명랑한 분위기'와 함께 우리가 역사적 순간에 이르렀는지 모른다. 생산과 소비가 더이상 상반되거나 상호 보완적 활동으로 여겨지지 않게 된 순간이다. 아무튼 동일한 방식으로 우리는 노동의 수익성을 따지고 수요를 증대시킨다. 그리고 똑같은 음악이 동시에 상점과 공장, 사무실을 침투한다. 명랑한 분위기란, 소비자들을 소비의 대상들로부터 돌려세우고 노동자를 일에서 돌려세우는 모든 소음과 구속에 대한 철저한 억압이다.

기계가 노동자의 주의력을 온통 독차지하여 주변 환경과의 상호 접촉이나 은밀한 관계 맺기를 금하게 될 때, 또 기술 혁신이 억압의 작업을 떠맡아 가장 눈에 띄지 않는 형태의 반항조차도 추방해 버릴 때, 바로 이때 명랑한 분위기가 확산된다. 외부로부터 노동에 투입되는 이 명랑한 분위기는 개인들의 근면한 침묵을 채우기 위한 것이었다. 또 일 자체로부터 발산되는 분위기와 순간적인 접촉들, 가볍고 하찮은 대화들, 노동자 자신들이 엮어 놓은 치밀한 관계의 망, 이런 것들에 저항하기 위한 것이었다. 즉 어떤 기계의 소음이나 십장의 감시도 완전히 제거할 수는 없는 것들이었다. 이런 술렁임이 늘 대치 상태로 치달은 것은 아니며, 또 이례적인 경우에만 정치적 성향을 띠곤 했지만 말이다. 아무튼 그것들은 권력의 영향력을 피해 가는 행동들로서, 말하자면 온순한 순종의 중심에 깃든 반항이었는데, 이런 유형의 정서적 투입이 생산을 중지시키지는 않더라도 약화시켰음은 분명하다. 그것은 대규모 공장의 탄생 이래로 관리자들이 끊임없이 제기해 온 문제, 즉 '제동 걸기'로 귀결되었다. 날씨에 대한 의견, 경마 혹은 파업 계획 같은 사사로운 말들은 늘 하나의 도피요 자율성의 과시였기 때문이다. 노동자든 화이트 칼라 직장인이든, 이 사람들이 아무리 일에 집중한다고 해도 자신을 온전히 투신하지는 않았다. 그들은 자신의 일부 에너지는 물론 직장을 공공 장소로 만들기 위한 에너지를 고의적으로 떼어 두었던 것이다. 그런데 오늘날의 자동화 시스템은 이런 공적인 생활을 몰수하는 한편 반항적인 에너지를 착복하려는 목적과 정치적 효과를 노리는 듯싶다. 이것이야말로 진보의 공식이기도 하다. 즉 노동을 단순화시킴으로써 더욱 큰 흡인력을 지니게 한다는 것. 즉 우리가 통상적으로 '전문성 저하'라고 일컫는 현상이다. 생산적인 순간으로부터 제외된 노동자는 일에 대해 순전히 복종적인 관계로 들어가는 것이다. 우리가 그에게서 일을 빼앗는다면 그는 더욱더 일에 집착하게 된다. 그리고 일에 대한 흥미의 감소는 어김없이 노예 상태의 심화를 동반한다.

명랑한 분위기는 황폐화된 집단적 삶을 바라보며 의기양양한 웃음으로 승리를 구가한다. 말하자면 그것은 예절 바른 사형 집행이다. 예를 들면 체신부가 전화국마다 일제히 도입시킨 슬라이드용 환등기(화면에 마이크로 필름을 투사하는 방식)와 방음 장치, 모케트나 쾌적한 그림을 생각해 볼 수 있다.

"슬라이드용 환등기가 등장하기 전에 전화번호 문의는 거의 일반 통화처럼 처리되었다. 벨이 울리면 우리가 수화기를 들듯이, 벨이 울리는 전화를 교환원이 받았고, 교환원은 회전 장치에 보관된 파일에서 필요한 정보를 취했다. 그러나 슬라이드용 환등기가 도입된 이후로 교환원은 손을 사용하지 않고 헤드폰(수신기)을 통해 직접 전화를 받으며, 슬라이드용 환등기에 마이크로 카드를 삽입하여 필요한 정보를 얻는다. 그리고 전화번호 문의자가 수화기를 놓은 다음 15초가 경과하면 교환원의 귀에 자동적으로 새로운 문의가 들어온다. 이것이 소위 말하는 '타이밍 조절' 이다."[4]

교환원은 스스로 작업 리듬을 조절할 수 없다는 사실을 알고 있다. 15초간의 '타이밍 조절' 은 그녀가 다음번 통화를 준비하는 시간이지, 다른 교환원들과 이야기를 나눌 수 있는 시간은 아니다. 그렇다면 명랑한 분위기란 무엇인가? 모순되게도 보다 심화된 안락함과 쾌적함의 양상을 띠는 극도로 엄격한 생활 규범이다. 그런데 이 명랑한 분위기가 어디에 투입되든지간에 노동의 세련된 조직 형태는 증오와 파괴의 반응을 유발한다. 일례로 1970년 제너럴 모터스가 로즈타운(Lords-

---

4) CFDT, *Les Dégâts du progès*, Le Seuil, coll. ⟨Points⟩, 1977, p.155.

town)에 세운 최신형 공장을 생각해 보자. 이 공장은 2년 뒤 조립 라인 노동자들에 의해 모조리 파괴되다시피 했다. 이 사건에는 '로즈타운 증후군'이라는 의학적 명칭이 붙혀졌지만, 그래도 이 광기는 새롭고도 명확한 정치적 의미를 지닌다. 그들은 노하우를 내세우며 노동의 자동화에 항의하기 위해 기계를 파괴한 것이 아니다. 또 영국 산업 혁명 초기의 공장 기계 파괴 운동처럼, 프롤레타리아화에 직면한 그들이 '장인(匠人)의 노고'라는 잃어버린 신조를 옹호하자는 것도 아니었다. 오늘날의 노동자들은 "도둑이야!"라고 외치지 않는다. 그들이 지켜야 하는 것은 자신들의 직업이 아니라 바로 '무관심할 수 있는 권리'이기 때문이다. 그들은 노동이 처한 현 상황을 너무도 잘 이해한다. 즉 노동은 우리가 최소의 것만을 투자하는, 돈벌이를 위한 행위라는 사실이다. 진짜 삶은 삶의 이 영역 너머에서 시작되는 것이다. 그들은 심지어 이 평범한 삶을 매우 소중한 재산처럼 보듬으며 이 삶이 치열해지지 않도록 애쓴다. 그렇다면 노동을 거부하는 것일까? 물론 아니다. 다만 그들은 노동에 자신을 과도하게 몰입시키려 하지 않을 따름이다. 보다 큰 단조로움과 더 큰 집중을 강요하는 체계적인 노력에 대해 그들은 거칠게 맞선다. 매우 평범한 작업에 강한 구속이 가해져 오면 군대식 노동이 되기 때문이다. 고집을 부리거나 어떻게든 일에 시간을 모조리 빼앗기려 하지 않는다면 누구든지 탈영병이 될 소지가 있다. 그렇다면 격렬한 반항과 쿨하고 무감각한 형태를 띠는 반항을 두 가지 윤리적 선택으로 대치시킴은 옳지 않을 것이다. 스스로 완전한 군대임을 자처하는 장치 속에서 사람들이 때로는 거칠게, 때로는 과도한 순응성을 보이며 보존코자 하는 것도 바로 이 최소한의 자유, 다시 말해 동원 해제의 권리이다.

우리에게 일상의 삶을 달라!

우리가 나날의 삶 혹은 생활 양식에 대해 말한다고 하자. 그것들은 모두 '일상'이라 일컬어진다. 언어가 지니는 이 눈에 띄지 않는 아이러니에 주목했는가? 결코 소진되지 않는 현실의 드라마를 표현하기 위해, 또 아무 특별한 구석이 없는 개개인의 존재를 표현하기 위해 둘도 없는 단어를 우리는 언어로부터 받은 것이다. 신문·잡지의 범주에 속하는 일상은 달력과 역사의 완벽한 일치를 확립한다. 그것은 사건이 발생하는 시간을 매일매일의 단위로 나누는 분석의 원칙이다. 반면 실존적 범주에 속하는 일상은 대등한 날들을 이 날들의 연속과 대치시킨다. 즉 그것은 일체의 시간적 구분을 의미 없게 만드는 종합의 원칙이다. 아무 날이나 모든 다른 날들을 대표할 수 있기 때문이다. 그러므로 '일상'은 모순되는 두 가지 확신을 가리킨다. 우선 그것은 현실의 질서에 있어서 차별성을 보증한다. 즉 이날은 둘도 없는 날이라는 사실이다. 새롭고 자극적인 사건, 전대미문의 사건으로 인해 이날은 선행하는 모든 날들로부터 절대적으로 구분되리라는 사실이다. 그런가 하면 내가 영위하는 삶에 관한 한 그것은 동일성을 약속해 준다. 물론 기분이나 날씨의 변화는 있겠지만, 이런 사소한 변화들이 그날을 전혀 다른 날로 만들지는 않을 것이다. 그런 변화들만으로는 반복이라는 지배적 경향으로부터 벗어날 수 없을 것이다. 즉 똑같은 일, 똑같은 걱정, 똑같은 일과라는 숨막히는 단조로움에서 벗어날 수 없다는 말이다.

그러므로 일상 생활과 현실의 사건은 저마다 독특한 시간적 가치를 지닌다. 이 두 연속체는 우리 내부에 공존하지만, 순수하고 단순한 병치라는 차분한 양식을 띠지는 않는다. 우리는 세계의 역사적 사건들과 개인적인 드라마의 끊임없는 교착 상태에서 산다. 우리 자신은 일종의 불협화음의 공간으로서, 거기서는 지진과 느린 소화 작용, 아프리카의 불안정한 상황과 사소한 사랑의 만남이 뒤섞인다. "우리의 작은 역사에 대한 병적인 숙고 앞에서 '역사'가 지워진다는 건 얼마나 끔찍한 일인가"라고 키에르케고르는 쓰고 있다. 그러나 그가 우려한 유아독존주의를 우리는 종식시켰다. 우리 시대는 병적이지 않고 우스꽝스럽다. 우리는 세상에 대해 장님이 아니며, 그저 '조용한 성품의 사람들'이다. 다시 말해 이중의 보호를 받고 있는 것이다. 외부로부터(우리는 안락의자에 파묻혀 세상을 관조하기 때문이다), 또 끔찍한 자폐 상태로부터(우리는 정보를 얻기 때문이다)의 보호이다. 오디오 비주얼의 기적 때문에 세계가 폭력을 행사하지도 않고도 우리의 삶 속에 침투할 수 있게 되었다. 이렇게 해서 '역사' 자체가 상징들로 증발하며, 초라하고 보잘것없는 자체의 반추 앞에서 사라진다.

끊임없이 일어나는 현실의 사건들은 무엇보다 보상의 역할을 담당하는 듯싶다. 즉 끈질기게 반복되는 삶에 의해 좌절되고 마는 돌발성에 대한 우리의 갈증을 그것들이 해소시켜 주는 것이다. 이러한 사건이 방금 들어온 새로운 소식이라면 신문이나 텔레비전에 나온다. 좋은 정보일 수 있는 기준은 신속한 반응에 있으므로, 지체 없이 사건을 보도해야 한다. 또한 좋은 정보는 그 질로 평가된다. 즉 이 메시지는 즉각적으로 반응하고 객관성을 지녀야 하는 만큼, 또한 새로움을 요구한다는 말이다. 메시지가 정보가 되려면 바로 이 '전제 조건'이 충족되어야 한다. 달리 말해, 뉴스는 지금 세상에서 일어나는 사건과 거의 동시에 사건의 복제품을 제공하려고 애쓴다. 이것이야말로 뉴스의 기술적 업적이다. 그런가 하면 뉴스는 또 다른 위업을 과시한다. 즉 세상에 독창성을 강요하는 것이다. 여기에는 쇼 비즈니스를 규정짓는 재현과 혁신이라는 이중의 요구가 주어진다.

사건들은 새로움이라는 절대 명령에 복종하면서, 잇달아 일어난다기보다 서로 경합을 벌이며 일어난다. 하루가 다른 하루에 이어지는 것이 아니라, 그 하루를 삭제하고 대신 들어선다. 나중에 오는 것이 앞서 있던 것을 대체하며, 연대기적 직조가 파손된다. 시사적 현실은 물려줄 유산도 미래도 없는 절대적 현재이다. 지나간 사건은 종결된 것, 낡아빠진 것이다. 영락한 챔피언이나 유행이 지난 옷처럼 말이다. 기억과 망각은 미디어의 지지를 받아 자신들의 특권을 교환한다. 망각은 하나의 기능이며, '건전한 건망증'이 모든 텔레비전 시청자들에게 요구된다. 반면 기억은 점점 더 구식이 되어, 세상을 이해하는 데 있어 이제는 한물 간 무용한 증언처럼 보인다.

그러므로 세상을 시각화한다는 것은 암암리에 세상을 진부화시키는 것이다. 그렇다면 '사건'이란 무엇인가? 습관이나 반복 속에 사라지는 무언가에 선행하는, 특권을 부여받은 불안정한 순간이다. 그런데 그 지속 시간이 미디어가 특별한 사건에 배당하는 방송 시간을 넘게 되면 그것은 곧 악취미가 되어 버린다. 그리고 늘 자신을 과시하고 싶어하는 수다꾼처럼 사람들로부터 외면당한다. 호기심은 무관심의 첫 상태에 불과하다. 우리 자신에게 물밀 듯 밀어닥치는 가지각색의 느낌들은 글자 그대로 순전한 무감각의 상태로 귀결된다. 미디어의 효과란 무엇보다 무기력과 권태의 효과이며, 습관은 마취보다 더 큰 힘을 발휘한다. 대중은 지쳐 있다. 새로운 사건들도 그들을 일상으로부터 벗어나게 할 수는 없다. 반대로 더없이 끔찍한 현실까지도 데자뷰의 낙인을 찍어 일상 속으로 들어오게 한다.

현대인이 자주 내뱉는 이상한 말이 있다. "오늘 신문엔 읽을거리가 없네"라는 말이다. 그 무엇도 특별히 눈길이나 관심을 끌지 못하는 것이다. 이런 실상을 이해하려면 케케묵은 부류처럼 보이는 '흥미롭다' 는 말의 의미를 되새겨 보아야 한다. 낭만주의에 기원을 둔 이 용어는 한편으로는 칸트 사상과의 논쟁에서, 다른 한편으로는 부르주아 도그마와의 갈등에서 탄생한다(칸트에 따르면 심미적 쾌락은 사리사욕을 떠난 기쁨이라는 순수한 개념으로 정의된다. 반면 부르주아 도그마는 우리가 오로지 유용한 것에만 관심을 갖기를 바란다). 그런데 무언가 흥미로우려면 절대로 그 욕구가 충족되어서는 안 된다. 이미 도달된 목표나 성취된 사명도 흥미의 범주에서 벗어난다. 전대미문의 자극적인 경험을 통해 무미건조한 삶에 맛을 부여하기, 그것이 흥미롭다. 부지런한 정보 수집가인 우리는 오늘날 역사의 낭만주의자들이다. 실제로 우리가 대중으로서 요구하는 것은 단 한 가지, 즉 새로움에 대한 요구이다. 지겨운 반복이 우리 삶에서 견딜 만한 것이 되려면 세상으로부터 절연된 상태여야 하듯이 말이다. 또 우리가 일상을 수긍하려면 외부의 사건들이 어느 정도 우리를 기습적으로 덮쳐오곤 해야 하듯이 말이다. 그런데 우리가 더 많은 이미지를 소비할수록, 현실의 사건 앞에서 우리는 응석받이 아이의 뾰로통한 얼굴이 되기 쉽다. 이미 장난감이란 장난감을 모조리 망가뜨리고 더이상 그 무엇에도 놀라지 않게 된 아이라고나 할까.

뿐만 아니라 우리는 어떤 현실의 사건도 새로운 눈으로 보지 않게 되었다. 더없이 '흥미로운' 사건도 예외는 아니다. 반복되는 것이나 이미 일어난 사건 앞에서 우리는 호기심 어린 눈길, 다시 말해 무감각한 눈길을 보낸다. 그런가 하면 새로운 것들을 두고는, 그것들이 수용된 친숙한 배경에 대해서와 마찬가지로 관심이 없는 부주의한 눈길을 보낸다. 우리는 이 양자 사이에서 쉴새없이 흔들린다. 이미지의 배경이 그 내용에 대한 인식에 영향을 미치지 않는다고 누가 단언할 수 있겠는가? 미디어로서 텔레비전이 지니는 효과와 현실을 다루기 위해 잊어서는 안 되는 사항이 있다. 즉 텔레비전 역시 가구이며, 또한 하나의 시간대라는 점. 실제로 '붉은 여단'〔1970년에 결성된 이탈리아의 테러 집단〕의 투쟁이나 이란의 혁명이 우리에게는 저녁 식사 시간에 부동의 배경 속에서 전개된다. 그렇다면 어떻게 우리 시선의 마력을 믿을 수 있겠는가? 지나치게 숙성시킨 치즈처럼 일상의 환경이 끊임없이 스펙터클 속으로 침몰하며 흩어지는데 말이다.

이렇게 해서 일상의 평범한 되풀이와 미디어 사이에는 왕복 운동——소외의 개념으로는 절반밖에 설명되지 않는——이 일어난다. 소외자, 그렇다, 우리는 소외자들이다. 스펙터클의 신화들이 우리의 삶 속으로 침투하면서 우리의 환상을 부추기고 그것들을 모방코자 하는 욕구를 불러일으킨다는 점에서 그렇다. 그러면 역으로의 과정, 즉 지구를 온갖 음식이 차려져 있는 식당의 일부로 인식하는 이 뒤틀린 관점은 또 어떻게 볼 것인가? 마음을 사로잡는 동시에 우리에게 사로잡힌 메시지들을 우리는 소비한다. 이미지가 지녔다고 여겨지는 이 치명적인 매력을 우리는 소비한다. 이 매력은 스펙터클의 위험한 마법에 의해 유발되는 것일 수 있다. 혹은 오디오 비주얼이라는 수단을 통한 일상적인 마비 상태의 지속일 수도 있다. 어쩌면 우리는 텔레비전과 그 프로그램에 중독된 자들인지 모른다. 그러나 이 경우 우리의 환각 상태는 바로 우리가 이 환각 상태를 통해 도망치려 애쓰는 이 삶과 몹시도 닮아 있다.

우리의 삶이 일과 휴식의 교체라는 리듬을 탄 건 이미 과거지사가 되어 버렸다. 겉으로 보기에는 이 리듬이 계속 유지되는 듯싶지만 말이다. 텔레비전으로 말미암아, 노동 시간의 중단을 의미하는 축제 역시 노동 시간과 마찬가지로 예측 가능하고 일상적인 일이 되고 말았다.

일상의 힘은 심지어 이렇게 요약될 수 있다. 일상은 무위도식하며 근면하지 않기에 그 안에는 내용물이 없다는 것. 혹은 일체의 내용물이 글자 그대로 삶이라는 말로 귀착된다는 것. 더없이 확연히 드러나는 상반되는 요소들조차 동등해지려는 경향이 있다는 것. 일상의 한 상징물을 찾는다면 진공청소기를 들 수 있겠다. 일상은 자기 자신이 아닌 모든 것(세상·역사·관습)을 게걸스럽게 집어삼킨다. 물론 이런 식욕은 고약하며, 일찍이 우리 삶의 본질을 이루었던 모든 것을 메마르게 한다. 사실이지 대중을 결정짓는 조건화에 대한 끝없는 한탄은 얼마나 비통한 일인가! 지배적 이데올로기의 집단 기만에 개처럼 충성스레 복종하는 데 대한 한탄 또한 마찬가지이다. 그러나 진부함의 득세라고, 거짓의 득세라고, 뭉뚱그려 결론지을 수는 없다. 실제로 선전이 텔레비전 시청자를 무감각한 상태에 빠뜨리지는 않는다. 일상의 유머라는 것이 있어 만사를 중립 상태에 두는 것이다. 뉴스, 주말 영화, 스폿 광고, 정치인들의 장광설, 이 다양한 장르들이 서로 포개지며 그중 한 표현 방식이 특권을 누리지도 않는다. 권력의 말들은 우리의 무관심으로 인해 가차없이 모독당하며, 더없이 경박한 이미지들과 동일선상에 자리하게 된다.

순응주의라는 말을 경계해야 한다. 대중이 그곳에 있다. 미디어가 정해 놓은 매만남마다 대중이 있는 것이다. 그런데 이같은 정확성은 철저한 조롱을 은폐하고 있다. 대중은 어떤 메시지도 다른 메시지들보다 우월하다고 보지 않기 때문이다. 앞서 다양한 어조로 되풀이해 이야기되었듯이, 우리는 스펙터클의 사회에 속한 얼빠진 주민들이 아니다. 느린 침투의 움직임이야말로 우리의 모더니티를 특징짓는 현상으로서, 이 움직임에 의해 미지근한 일상 생활이 재현의 영역 속으로 도입된다. 예전에는 민중이 있었으며, 모든 선전 광고가 맨 먼저 겨냥하는 상대가 이들이었다. 그러나 이제는 대중이 있다. 이들은 이데올로기의 마법과 집단의 큰 비상을 고집스레 거부하는, 다스릴 수 없는 무형의 덩어리이다.

부드러운 위기

일상의 삶이라는 것은 없다. 일상이란 삶의 체험 자체를 말살해 버리며, 차이점들을 제거하고 더없이 견고한 칸막이도 무너뜨리는 파괴적인 힘이기 때문이다. 진정한 불안은 언젠가는 죽을 것임을 확신하는 데 있다기보다, 정말로 삶을 살았는지 확신할 수 없다는 데 있다. 구마식의 주문이 행사하는 매력이 이 점에 있다. 또 '안전'이라는 희생제의의 대주제가 성공을 거두는 것도 그 때문이다.

일찍이 희생제의는 하나의 예방으로서, 폭력의 치명적 확산을 방지하기 위한 것이었다. 대체물로서 제의적 성격을 띠는 희생물에게로 이 폭력을 집결시킴으로써 말이다.[5] 그러나 오늘날의 희생은 다양한 분출의 형태를 띤다. 원시 사회에서 폭력을 억제하는 역할을 맡았던 메커니즘이 바로 폭력의 확산에 이용되도록 한 것이 현대 사회의 속성이다. 일찍이 희생제물은 도처에 만연해 있는 대립의 원인들을 자신에게로 집중시켜, 그 원인들이 부분적인 해소를 통해 사라지게끔 했었다. 이렇게 해서 공동체의 조화가 복원되었다. 그런데 범죄적 경향을 띠든 전복적 경향을 띠든, 오늘날 일상 질서의 희생양은 엄격히 반대되는 기능을 지닌다. 즉 이 희생양의 존재는 사회를 거스르는 동시에

---

5) René Girard의 *La Violence et le Sacré*(Grasset)를 참조하라.

가공의 위태로운 모험으로 뜨겁게 달구는 것이다. 과거의 희생제의는 광기를 중립적이고 무관심한 대상에게로 전가시킴으로써 그룹을 자체의 폭력으로부터 보호하는 한편, 위협적인 무질서를 당당하게 균형으로 전환시킬 수 있었다. 반면 오늘날의 마녀 사냥은 가공의 위험으로 사람들을 불러모음으로써, 우리를 질식시키는 균형을 끔찍한 정글로 바꾸어 놓는다. 옛날의 제의는 공격적인 충동들을 쫓기 위한 정화 기능을 지녔다면, 현대의 세속적 제례는 불안을 야기하는 기능을 지닌다. 그것들은 현재의 상태(statu quo)를 극화하여 사람들로 하여금 재앙에 가까운 자극적인 상태에서 살도록 한다.

이같은 위협이 효력을 발휘하여, 진부함은 그 취약점을 상실하고 단단해지며 매력을 띠게 된다. 이런 진부함의 유혹, 이것이 바로 안전이다. 앞서 보았듯이 일상은 살아낼 수 없는 것이라기보다 살아지지 않은 것이다. 공격을 당하면 그것은 부활한다. 우리는 이 일상을 옹호하기 위해 에너지와 삶의 활기를 총동원한다. 원래 일상이란 이같은 활기를 제거하는 기능을 맡고 있지만 말이다. 메카시즘의 광기와도 같은 엄청난 광기들이 단 한 번의 제스처로 나날의 삶을 중단시키고 이상화한다. 이런 일반적인 경계 신호들로 인해 일상은 다시 매혹적인 대상이 된다. 정화의 역할도 위반의 기능도 맡지 않은 이 경보들은 무엇보다 '약화의 제의'이다. 원시 사회가 희생물을 바침으로써 질서가 가능함을 증명했다면, 우리의 모더니티는 스스로에게 질서는 변덕스럽다는 사실을 증명코자 하는 것이다.

과거와 마찬가지로 오늘날에도 사회의 일률성은 희생양의 죽음을 기반으로 한다. 일찍이 독일에서 있었던 반(反)테러 운동은 행복한 혼돈의 순간을 만들어 내었다. 국가·개인·사회가, 온전히 자체의 방어를 위해 움츠러든 큰 집단적 존재에 불과하게 된 순간이었다. 그러나 이제 이런 자기 희생은 봉헌이 아닌 전쟁의 영웅적 언어로 인식된다. 블랙리스트, 정당방위를 위한 캠페인, 밀고에 대한 부추김을 통해 우리 사회는 시민들을 군사화하는 한편, 탐정물도 서부극도 공포물도 될 수 있는 한 편의 영화 속으로 데려간다. 오늘날 '전복적인 행위들'이 설 자리를 잃는 까닭은, 그것들이 서구의 생존에 대한 실질적인 위협으로 작용해서가 아니다. 반대로 안전에 대한 현대의 열정이야말로, 너무 쉽고도 재빨리 묵시록의 기사들로 화하는 '전복적인 행위'라 할 수 있다. 오로지 개인을 제거시킴으로써 전체 인구가 전투 태세를 갖추도록 하기 위해, 계엄령은 몹시도 탐나는 쾌락을 증명해야 한다. 파국의 상황을 스치기, 이것이 일상 사회가 선호하는 스포츠이다.

최근까지도 '안전'이라는 제의의 실시는 적의 지명과 반역자에 대한 폭로를 요구했다. 그리하여 미국에서 냉전은 국제적인 위기임과 동시에(러시아가 가해 오는 위협), 국내적으로는 편집증의 양상으로 체험되었다.(공산주의의 위험성) 그런데 데탕트——오늘날 우리가 그 비호 아래 살고 있는——는 이같은 균형을 깨뜨리고 말았다. 이렇게 적과의 혼인이 성사된 터에, 이제 오로지 반역자의 형상만이 격렬한 공포를 부추기도록 요구된다. 전복자와 악당은 외부의 침략자라는 이 낡아빠진 인물을 어둠 속으로 추방한다. 바야흐로 우리는 '공공의 적'에게 불가시성, 악행, 편재성이라는 삼중의 특권을 부여한다. 현재 우리 사회가 속해 있는 논리에 따르면, 두려움을 주는 대상은 더이상 군대도 핵무기의 위험(너무 추상적인)도 아니며, 다름아닌 테러리스트·무법자·범죄자 같은 유령들이다. 숨어 사는 모호한 이 인물들은 바로 우리가 있는 곳에서 우리의 일상을 무너뜨리기 위해 결탁한다.

이렇게 해서 우리는 진부함의 역설에 직면한다. 생활이 규칙적인 사람들일수록 위기의 주제와 위협이라는 라이트모티프에 민감하다. 바로 지나친 질서와 지나친 정적이 있기 때문에 우리는 그것들을 강화시키고자 한다. 절대적인 질서는, 지체없이 몰아내야 하는 철저한 무질서의 이미지를 준다. 그리하여 일시적인 발작과도 같은 사건들은 조롱당한다. 우리가 잠에서 깨어나는 것은 더 큰 무감각을 요구하기 위해서이기 때문이다. 또 일상의 중립성을 피하는 것은 오로지 보다 철저히 보호되고 패쇄된 삶을 강요하기 위함이다.

그러나 위기는 부드럽다. 이 말이 내포하는 두 가지 의미, 즉 유쾌한 체험인 동시에 궁극적으로 피상적인 성격을 띤다는 점에서 그렇다. 일부 사람들의 말처럼, 우리는 말없는 다수의 지배를 받으며 평범한 파시즘——그 선조인 나치만큼이나 추악한——을 겪고 있는지 모른다. 회의주의자인 이 사람들은 우리 시대를 크게 신뢰하여, 이 시대에 속하지 않은 공포를 이 시대의 것이라 믿는다. 그리고 다수의 사고 방식을 절대적인 적으로 취급하여 거기에 야만인의 요란한 옷을 입힌다. 그렇게 함으로써 그들은 한가롭게 파국 속에 자리잡으며, 그와 동시에 평화의 위안과 전쟁의 매력을 만끽한다. 낙인이 찍힌 프티부르주아들과 마찬가지로 말이다. 실제로 오늘날 공포 어린 증오심의 폭발들은 매우 순간적인 동시에 조심스럽게 일어난다. 최근 역사에서 볼 수 있었던 엄청난 집단 광기들과 비교한다면 그렇다. '시민-군사적' 무훈들은 전대미문의 호소력을 지닌 기술을 소유하고도, 태어나기 무섭게 전반적인 무관심 속으로 사라진다. 이 무훈들이 불어넣는 광기는 실패한 바람떡처럼 납작해지고 말며, 결코 일상의 삶을 낱낱이 파고들지 못한다. 그러나 안전은 일시적 승리를 거둘 뿐이며, 최종적인 귀결점은 무력감이다. 더없이 소름끼치는 선전들은 그 시청각적인 도구에 의해 배신당하기 때문이다. 텔레비전은 너무 평범한 소재여서 지속적으로 비범한 느낌을 주지는 못한다. 메시지와 이 메시지를 전파하는 도구 사이에 갈등이 있다. 요컨대 텔레비전 자체야말로 그 이미지가 주는 중독의 힘에 대한 가장 좋은 치유책이다. 눈에 보이지 않는 적에 대한 공포가 아무리 생생할지라도, 텔레비전 수상기로 한 사회를 다시 결집시킬 수는 없다. 오히려 우리는 '텔레비전을 보는 저녁' 의 에고이스트적 쾌락에 탐닉하기 위해 사회가 저 혼자 굴러가도록 내버려두며, 사회의 운명과도 결별한다.

보통 사람의 불성실한 행위들

> "공화국 정부는 원칙적으로 공포, 아니면 미덕을 지닌다. 그렇다면 미덕도 공포도 원치 않는 사람들은 무엇을 원하는가?"
>
> 생 쥐스트.

비상사태는 무엇을 선포하는가? 민간 사회와 군인 사회의 대립 중지를 선포한다. 군사화된 민간인인 '시민' 에게 호소하면서 말이다. 안전은 일상의 옹호를 위해 사람들을 결집시키며, 혁명은 일상의 초극을 위해 그렇게 한다. 그러나 두 경우 모두 개인은 일관성의 행복을 맛본다. 그는 체험이라는 무정형의 혼돈을 피해 온전히 살아 있는 존재, 즉 군인이 된다.

그런데 안전을 추구하는 강박 관념과 마찬가지로 경계를 게을리하지 않는 혁명 역시 평안과 안정을 배제한다. 사드 · 생 쥐스트 · 트로츠키 · 마오쩌둥은 한 가지 점에서 일치를 본다. 즉 그들은 프랑스인, 프롤레타리아, 농부들에게 노력을 요구하며, 이들 내면에서 행동을 저지하는 모든 것을 타파하고 해체시킨다는 것이다. 사드의 악덕과 다른 이들의 미덕은 똑같은 약속을 전해 준다. 혁명에 가담한다는 것은 결코 닫힐 줄 모르는 모험의 괄호를 여는 것이라고 말이다. 그것은 열정을 구체화하는 한편 열광의 상태를 고정시켜, 말하자면 '숭고한 지점'에 이르게 한다. 즉 사건과 지속성이 더이상 충돌하지 않고 합의를 보는 지점이다.

우리가 상황주의자들을 사랑했다면, 그건 찬물을 끼얹는 모든 투쟁적 금욕주의자들에게 맞서 욕망의 만족이라는 사드식 횃불을 다시 쳐들기 위해서였다. 그런데 양편 모두가 그리는 온전한 인간에 대한 이미지는 동일하다. 즉 온전한 인간이란 늘 임전 태세를 갖추고 있는 전사로서 빈 시간 없이 사는 사람, 휴가의 가능성을 거부하는 사람이라는 것. 미덕 혹은 욕망에 따라 움직이는 이 새로운 인간들은 끊임없는 절박감 속에서 산다는 공통점을 지닌다.

"요컨대 기억력을 상실한 인간, 지속적인 강렬한 상태에서 사는 인간, 늘 제로 시점에서 출발할 준비가 되어 있는 인간이 형성될 것이다." 《상황주의 인터내셔널》 N° 3.

모든 혁명적 담화들은 하나같이 구세계가 충분한 호소력을 갖지 못한다고 불평한다. 마르크스주의가 자본주의 사회의 전복을 꾀하는 것은 하나의 거부라기보다는 도전이다. 사회주의 이데올로기는 자체의 영역에서 상반되는 체계를 야기시켜, 수익성을 바탕으로 하는 자본을 쳐부수고자 한다. 어떻게 그럴 수 있을까? 그건 가장 귀중한 자본인 인간을 신뢰함으로써 가능해진다. 현 상황에서 무관심과 수동성 속으로 빠져들어갈 수밖에 없는 인간은 오직 프롤레타리아 사회에서만 자신의 근면한 에너지를 온전히 쏟아 부을 수 있겠기 때문이다.

바네겜(Vaneigem, 1934-1968, 벨기에의 상황주의 철학자)에게서도 똑같이 광적인 생산제일주의가 발견된다. 이 경우에는 노동의 영역이 욕망의 영역으로 이동되어 있지만 말이다. "일상의 삶에는 산들을 옮기고 거리를 제거하는 에너지가 내재되어 있음을 우리는 알게 될 것이다"(《젊은 세대를 위한 처세 교본》, p.62)라고 그는 말한다. 노동력의 동원, 그리고 충동의 철저한 사용, 이것들은 항상 우리가 혁명의 과정에서 기대하는 효율성의 증대를 요구한다. 사회주의적 견지에서 볼 때 부르주아지의 제거는 노동자의 삶에 원래의 강도를 복원시킨다. 그런가 하면 놀이의 관점에서 혁명은 우리의 몸과 공간, 군중 사이에 흐르는 엄청난 잠재적 모험심을 해방시킨다. 끊임없이 강렬한 삶을 꿈꾸는 것은 우리 내면의 시인이 아니라, 욕망을 지닌 자신의 기계들의 완벽을 위해 애쓰는 엔지니어이다. 지칠 줄 모르는 삶의 욕구는 지칠 줄 모르는 생산의 욕구——사회주의 이데올로기에서 투쟁적 노동자로 인정받기 위한 기준인——로부터 초래된다. 존재로부터 거추장스런 짐들을 제거하기 바라면서, 쾌락의 사용에 금욕의 가혹함을 들여놓게 된 것이다. 현대판 괴물인 이 청교도적 쾌락주의는 쾌락의 원칙과 반(反)무위의 원칙이 결합함으로써 탄생했다. 전통적 사고에서 이해 관계는 욕망의 분출을 통제하는 데 사용되었다. 그런데 오늘날에는 이 분출 자체가 수익과 이득이라는 산정 가능한 의미로 이해된다. 이처럼 집중화된 노력의 윤리가 애정의 영역을 파고든다고 하자. 그렇게 되면 인간의 행위 전체가 축적의 과정으로 축소되고 말 것이다.

우리는 모험으로 가득 찬 삶을 두고 마치 상품과도 같은 이미지를 떠올린다. 그리하여 우리는 쾌락의 관리자가 되어 경험을 극대화하는 한편, 한 순간도 놓치지 않고 매순간의 강렬함을 맛보고자 한다. 비인간적인 체제로서 버림받은 자본주의는 개인의 신경증이라는 형태로 지속된다. '시간은 돈이다.' 이것은 사업가나 전문적인 모험가들의 신조이다. 또한 참을 수 없는 권태의 지배에 종지부를 찍어야 할 필요성을 설파하는 혁명의 사도들이 믿는 신조이기도 한 것이다.

그러므로 혁명은 해방의 프로그램인 동시에 절박한 삶의 양식이다. 전통적으로 정치적 진지함은 행동을 목표에 종속시킨다. 68년 5월 혁명을 생각하며 웃지 않을 수 없는 것도 이 때문이다. 당시에 프로그램 자체는 궁극적인 목표가 될 수 없었으며, 소요의 구실에 불과했던 것이다. 이 사건 당시 사람들은 무기력한 일상의 삶을 중단시키기 위해 비참한 착취를 말로 꾸짖을 필요가 있다는 듯이, 그렇게 행동했다. 5월 혁명, 그것은 혁명처럼 보였던 '고장'이었다. 사람들은 마르크스나 레닌의 저술을 탐독함과 동시에 거기서 하나의 변명거리처럼 가공의 존재 이유를 찾았다. 일상으로부터 도피한다는 순수한 기쁨을 맛보며 말이다. 그들은 목표라든지 권력의 쟁취라는 군사 용어를 사용했지만, 그건 그 순간의 열기를 부채질하기 위해서였다. 승리에는 관심이 없었던 그들은 동원과 결집 자체를 즐겼으며, 볼셰비즘에 도취했다. 이것은 일상이 우리의 새로운 비참임을 의미하는 것일까? 이 혁명에 대해 우리가 '열광'만을 기억한다면, 그건 그 어떤 형태의 압력보다도 진부함의 압력으로부터 속히 벗어나고 싶어서가 아닐까?

비참이라는 말의 매력에 저항하기는 어렵다. 우리로선 몹시 당혹스런 일이지만, 이 말은 아름답고 비극적인 투명함과 관련된 일체에 기품을 더해 준다. 일상의 비참에 대해 말한다는 것은, 모호함을 확실하고도 분명한 느낌으로 대체함을 의미한다. 그리고 진부함이 우리에게서 박탈한 것, 즉 강도 높은 불행을 이 진부함에 부여함이다. 그러나 우리는 일상 생활에서 비참하다기보다 차라리 우리 자신과 타인에 대해 부재한다. 우리는 '비참'이라는 개념으로 일상을 비난하는데, 이 개념 아래서 일상은 사라진다. 명명(命名)의 은밀한 마술이다. 아무튼 우리는 생존에 필요한 최소한의 것, 즉 최종적인 혁명은 확보해야 한다. 즉 우리는 아무것도 아니니까 우리 자신이 전부가 되자는 말이다. 권태는 우리를 짓누를 뿐 아니라 프롤레타리아화한다. 일찍이 사람들이 기아로 죽었듯이 우리가 권태로 죽지 않으려면 우리는 구세계의 묘혈을 파는 인부가 되어야 한다. 전통적으로 물질적 비참이 맡았던 역할이 이제는 생존의 고통에 맡겨진다. 이렇게 해서 변증법은 보존되며, 결렬의 요구가 유지된다. 그리고 '역사'는 구속의 흥미진진한 이야기로 남는다.

혁명의 담화는 진부함을 견디지 못한다. 혁명의 눈부신 도그마 뒤에 숨겨진 것은 일상을 초극의 차원으로 데려오기 위한 비장한 노력이다. 덧없이 사라지는 이 조용한 현존을, 자본주의의 억압에 대한 분명한 규탄 속에 고정시키기 위한 노력이다. "우리 주변의 사람들은 결코 우리가 바라는 만큼 그렇게 행복하지도 불행하지도 않다"는 쉐페르비엘의 말은 깊은 울림을 담고 있다. 그러나 혁명의 요구는 사활이 걸린 중요한 문제로서 무엇보다 사람들이 불행해지기를 원한다. 정신적 불안이 감도는 곳에서 어김없이 이 요구가 '비참'을 언급하는 것도 이 때문이다.

그렇다면 진부함은 살아볼 가치가 있는 것일까? 아마도 그렇지 않을 것이다. 하지만 이 진부함을 제거코자 하는 꿈은 늘 군대식 꿈이다. 사람들이 결코 권태에 빠지는 법이 없는 사회는 우연을 처단한 사회일 것이다. 그러므로 일체의 유토피아에 맞서 우리는 누구도 침해할 수 없는 배신의 권리로서 이 '일상'을 요구할 것이다. 우리의 산문적인 제스처들을 통해 단지 부재하거나 잃어버린 시(詩)에 대한 향수만 드러나는 것이 아니다. 우리는 자신의 일부, 즉 생산제일주의나 군집 본능에서 벗어난 이 일부를 그곳에 피신시킨다. 그 누구도 내일 전투적 노동자나 욕망의 영웅이 되기 위해 오늘 얌전히 규칙을 지키며 작업을 마비시키고 있지는 않다. 요컨대 어떤 체제가 견딜 만한 것이 되려면 진부함에 동의해야 한다. 그 체제를 살아가는 사람들의 무심함을 인정해야 한다는 말이다. '모험의 지배'를 법령으로 강요하는 체제라면 그 어떤 모험도 가능하지 않다. 어떤 사건의 폭력성이나 감미로움을 인식하려면, 우리의 행동하는 현존을 규제하는 외부 법정을 떠나올 수 있어야 한다. 그리고 이 법정이 동원코자 하는 에너지를 되돌려받아야 한다. 호전적인 자세를 취하건, 졸고 있건, 우리 좋을 대로 내버려두어야 한다. 또 누가 우리 대신에 무엇이 텅 빈 시간이고 무엇이 살아 있는 시간인지 결정짓는 것도 우리는 용납할 수 없다.

충동적 에너지를 모두 상실한 채 히스테리나 눈물의 발작도 없는 절망 속에 잠겨, 아픈 이처럼 누렇게 신경이 제거된 상태. 일상인이라고 하면 우리는 이렇게 부정적인 모습만 떠올린다. 그러나 바로 이 움직이지 않는 방랑자, 타협을 모르는 고집스런 패배주의자야말로 제자리에서, 또 자신의 초라한 모습 속에서 노동과 조직, 당파의 징용을 피해 간다.

파스칼 브뤼크메르드와 알랭 페테스크로트의 모험
〔메르드(merde)와 크로트(crotte)는 똥을 의미한다.〕

1917년 10월   그들의 탄생을 알리는 첫번째 동요.
1940년 6월 18일   드골 장군의 다급한 부름. 그러나 두 사람은
                     아직 마음을 정하지 못한다.

1949년	놀랍게도 그들은 생명을 무릅쓴다.
1953년 12월 27일	알랭은 홍역을 앓고, 파스칼은 수두에 걸린다. 그러나 기적적으로 완쾌된다.
1967년	열여덟번째 생일을 맞아 파티를 연다.
1968년 5월	솔로뉴에서 함께 첫 바캉스를 보낸다. 장시간의 베드민턴 시합. 폴 제랄디(1885-1983, 프랑스의 시인 · 극작가)를 발견한다.
1970년 8월	어머니들의 반대를 무릅쓰고 사흘 동안 아르덴에서 야만인처럼 캠핑 생활을 한다. 벨기에인 감자 밀수입자와 접촉을 갖는다. 그들은 국경에서 몸 수색을 받고 호주머니에 든 감자튀김 3백 킬로그램을 압수당한다. 그리고 경고를 받은 뒤 풀려난다.
1972년	늘 그래 왔듯이 그들은 위험에 도전한다. 데모대에 끼여 동글동글하게 뭉친 빵 조각을 한 치안대원에게 던진다. 이 치안대원이 그들의 귀를 잡아당긴다. 이런 야만적인 행동에 격분한 그들은 G.P.(잃어버린 세대)에 가담한다.
1973년	정치에 적극적으로 참여. 구시대 가치에 대한 철저한 거부. 그들은 처음으로 청바지를 사고, 매주 중국 식당에 간다.
1974년	그들이 앉아 있는 카페 앞을 앙드레 말로가 경오토바이를 타고 지나간다. 장관은 코를 긁어대면서 그들이 있는 쪽으로 담배꽁초를 던지며, 그들은 달려가 이 꽁초를 줍는다. 그들은 이 귀중한 유물을 감정받게 한 다음 박제사에게 준다. 운명의 주사위는 던져졌으며 그들은

	모험가가 된다. 그리하여 길을 떠나기로 마음 먹고, 그후 3년 동안 대탐험을 준비한다. 즉 빈 손으로, 가이드도 없이 스위스를(적어도 제네바 까지) 가로지른다는 것.
1978년	그들은 페미니즘 이후 세대의 첫 신(新)인간이 되며, 그들 자신이 처음으로 만들어 낸 규범을 소유한다.

그들은 자신들의 사망일을 알지 못한다. 그러나 삶의 종착역에 다다르는 순간부터 그들이 이런 극도의 흥분 상태에서 행동하게 된 것은 바로 자신들은 죽으리라는 확신 때문이다.

금요일
도시의 혼돈 속에서

오늘날의 도시는 모두 저주받고, 악취를 풍기며, 적대적인 데다, 심지어 죽어가고 있다. 훌륭한 시민의 의무는 이 도시들을 해방시키는 것이다. 좀먹어 들어오는 나병으로부터, 숨막히는 혼잡으로부터, 미칠 듯한 소음으로부터, 독성을 품은 답답한 대기로부터, 추한 무질서로부터. 요컨대 이 도시들을 정화하고 새로운 도시를 건설해야 할 것 같다. 환경 도덕가들이 쏟아 놓는 비탄의 소리를 들어 보자. 루소 이래로 도시는 부패와 타락의 중심지요 집적된 오물들의 상징으로 여겨져 왔음이 사실이다. 도시는 우리가 좋아하는 희생양이자, 우리의 비참한 현실의 가장 아름다운 부케로서 비판과 비난을 끊임없이 부추긴다. 그렇긴 해도 우리는 바로 해체되어가는 이 대도시에서 최고의 생활을 누린다. 또 우리가 보다 오만하고 세련되고 열에 들뜬 처세술을 발전시켜 나갔던 것도 바로 죽음과 파괴의 냄새가 나는 이 유령선들에서이다. 임종의 고통 속에서조차 매혹적인, 음탕한 창녀들의 도시. 갱과 마피아 · 매춘부 · 거지 · 부랑자 · 경찰이 우글대는, 농익은 과실들의 도시. 이곳은 깜짝 놀랄 만한 사건들과 끔찍한 일들이 교차하는 장소이다. 그렇다면 이 도시가 새 동전처럼 반짝이며 깨끗하고 투명하기를 바랄 이유가 뭐란 말인가? 도시를 인간적으로 만들겠다는 생각일까? 이 경건한 소망 뒤에는 질서와 규율에 대한 지극한 염려가 숨어 있음을 오늘날 우리는 알고 있다. 도시 스스로가 장난스럽고 관능적이며 인간적이고 모험으로 가득하기를 원할 때 이보다 더 무미건조한 것은 없겠기 때문이다. 그 공공연한 의도는 일체의 신비가 빛을 잃도록 한다. 그렇다면 매도시마다 즉흥적으로 하나의 의문이 제기되어야 한다. 어떤 암흑으로부터, 혹은 지나치게 눈부신 광명으로부터 왔는지 알 수 없는 의문이 말이다. 즉 더없이 선한 의도로 구축된 이 모든 현대적 환경들, 늘 부자연스럽게 통제되어 있는 이 주거 환경들은 소유하지 않은, 우연이나 가정을 품은 환상적인 의문이다. 그런데 바로 이런 통제야말로 이 장소들을 칼뱅주의적 건축물의 냄새가 나는, 기계적이고 단조로우며 놀라움도 전율도 없는 곳으로 만든다. 이 통제는 유연성 없는 죽은 세계를 돌 속에 밀폐시키기 때문이다. 도시들이 침몰하며 이상해지고 있다고 말할 것인가? 차라리 나은 일이다. 그렇게 되면 도시들은 우리의 무질서에 비인간적인 질서를 대치시키려 하지 않을 테며, 우리의 타락과 조화를 이룰 테니 말이다.

그렇다면 궤변을 늘어놓을 필요가 뭐 있을까? 세네갈·세셸·발리의 모든 해변이나 아프가니스탄·인도·페루의 대로들에서와 마찬가지로, 샤틀레·벨빌·맨해튼, 킹스 로드나 생 마르크 광장, 모스크바의 지하철 안에서도 광기와 모험이 있다는 것, 이 사실을 이제 말해야 할 것 같다. 쉽사리 마음이 도취되는 하늘 아래서만큼이나 우리가 사는 고장에도 미지의 것들은 넘쳐난다. 도시에 대한 비난은 교통 혼잡이나 부동산 개발업자들의 전략에만 쏟아지는 것이 아니다. 그곳은 또 권태롭고 숨이 막히며 도무지 살 수 없는 곳이기도 하다. 도회지 사람들이 그들 주거지에 대해 털어놓지 않을 수 없는 것이 바로 이처럼 불가피한 한탄과 원한의 감정이다. 대도시의 관문들, 자연스러운 것과 인위적인 것을 가르는 이 보이지 않는 성벽들은, 삶이 제공하는 최상의 것과 최악의 것으로 통하는 길을 튼다. 설령 도시가 치명적인 경련으로 뒤틀리며 끝없는 위기 속으로 침잠한다 해도, 그것은 여전히 세상의 호기심을 끌고 황홀케 만드는 둘도 없는 인광이기 때문이다.

햇빛 찬란한 교외 지역들도 우리를 울적하게 만든다

> "우리 도시의 현재의 설계도를 거부해야 할 때이다. 이
> 설계도에 따르면 건물들이 빽빽이 들어서고, 소음과 광기,
> 독한 벤젠 냄새와 먼지로 가득한 좁은 길들이 얽혀 있다.
> 그리고 건물의 창들은 모두 이 더러운 거리를 향해 활짝
> 열려 있다."
>
> 르 코르뷔지에.

우선 애매한 점을 제거해야 한다. 도시의 검사들은 바로 빈사 상태의 병자에게 구형을 하고 있는 것이다. 그들은 무엇을 불평하는 것일까? 도시는 악취를 풍긴다고, 그 구역질나는 공포가 오늘날 전세계에 만연해 있다고, 그들은 주장한다. 또 도시가 장악한 패권을 이야기한다. 그러나 실제로 언급되어야 하는 것은 임종의 고통이다. 일찍이 서구가 경험했던 도시의 국면은 종결되어 가는 중인지 모르기 때문이다. 도시의 승리를 규탄하는 것은 잘못이다. 환경보호론자들의 극단적 비관주의와 공상과학 소설에서 한결같이 이야기되듯이 세계가 거대 도시가 되어가는 중은 아니다. 소위 말하는 도시화는 엄청난 거대 도시의 탄생이 아니라, 그보다 더 엄청난 거대 교외, 즉 광막하게 이어지는 교외 해변의 탄생을 의미한다. 엄청난 양의 치열한 에너지가 감도는 당혹스런 밀집 지역인 뉴욕에서 미국은 스스로에 대해 낯선 느낌을 받는다. 그들은 더이상 새로운 맨해튼을 짓지 않을 것이다. 공간 속에 녹아들어간 도시 로스앤젤레스야말로 인류의 미래이다.

19세기 산업 혁명의 영향을 받으면서 도시들은 '방탕한' 경향을 띠게 되었다. 점점 늘어나는 노동자 층의 유입을 수용하기에 너무 비좁은 도시들은 자체의 벽 너머로 확대되는 한편, 불가피한 팽창의 움직임을 타고 가까운 곳에서 멀리까지 주변 환경을 흡수하여 급기야는 비도시 공간까지 모두 차지하게 된다. 이것이 '교외 현상'에 대한 전통적인 설명이다. 이같은 성장 도식은 필연성이라는 매력적인 설득력을 지닌다. 도시의 발달을 너무 쉽사리 자본의 발달과 연관짓고, 그렇게 함으로써 도시의 온갖 문제점들을 간과하고 있지만 말이다. 교외 지역들의 역할은 전국토에 도시의 모델을 퍼뜨린다기보다 오히려 끝장내는 데 있다. 도심은 눈에 띄게 확장되고 있지만 그 이면에서는 서서히 가차없는 소멸을 맞고 있다. 도시에서 태어난 교외 지역이 되돌아서서 공격해 도시를 죽이는 것이다.

도시란 무엇인가? 이방인들을 서로 접촉시키는 집단 정착이라는 특수한 형태. 원주민은 늘 어느 정도 부적격자이며, 새로 온 사람은 고향처럼 느끼는 모호한 장소. 그리고 가장 닮지 않은 사람들이 함께 뒤섞여 사는 압축된 공간. 그렇지만 필립 아리에스가 적고 있듯이, "부르주아지가 더이상 군중의 압력도 서민들과의 접촉도 견딜 수 없게 된" 날이 왔다. 모든 속된 오염으로부터 보호받고 있는 주택가와 노동자 구역은 이런 혐오감의 처량한 결과물이다.

인간적인 것은 그 무엇도 내게 낯설지 않다고, 부르주아 계층은 단언한다. 달리 말해 내게 낯선 것은 모두 인간적이지 못하다. 구체제의 사회는 다양한 신분들의 공존을 아무 문제 없이 받아들였다. 담화 속에 새겨져 있으며 옷차림에서 드러나고 혈통으로 증명되는 사회적 위계질서는 이런 신분들의 혼재를 두려워해야 할 이유가 전혀 없었다. 오히려 이 위계질서는 이같은 혼재 속에서 활짝 피어났으며, 귀족은 자신들의 차별성을 증명하기 위해 대중을 필요로 했다. 그러나 부르주아 민주주의 사회는 이같은 구분을 제거한다. 간소한 생활 양식이 역사의 무대에 등장하는 것이다. 요컨대 지배 계급은 자체의 특수성을 기필코 부정함으로써 구별되었다. 그 첫번째 제스처는, 이 계급이 부과하는 행동 규범을 제대로 준수하지 못하는 자들을 모두 밖으로 내모는 것이었다(두번째 제스처는 그들을 전향시키기, 즉 표준화시키는 것이다). 물론 이런 격리에는 정치적 이유들이 있었다. 중심지로부터 몰려난 대상은 반쯤은 범법자, 반쯤은 폭도로 여겨졌던 야만인들로서, 그들의 격렬한 봉기는 자본가들을 공포로 몰아넣었던 것이다. 그러나 이런 실용주의를 넘어서 인본주의야말로 위험한 계층을 배척해야 한다는 생각을 주입시켰다. 도시의 변방에는, 인류를 대표하겠다는 부르주아지의 야심을 거부하는 추방자들과 천민들이 우선 자리잡았다. 그리하여 어느 날 분리가 보편성으로부터 탄생한다. 이렇게 볼 때 교외 지역은 자본주의적 밀집 현상과, 다양성에 대한 부르주아적 비관용성의 이질적인 산물이다.

그러나 더이상 그 누구도 부르주아로 자처하지 않게 되었다. 보편적인 계층이 익명의 계층이 된 것이다. 동시에 분리주의 정책이 이 정도의 강도를 띤 적도 일찍이 없었다. 특정 사회 집단에 대한 적의로 말미암은 폭동이 두려워 중산층의 마지막 물결이 미국의 도시들을 떠났다. 게토화된 몇몇 중심지들은 녹지대로 피신한 중산층을 되돌아오도록 하기 위해 저렴한 집세를 내걸면서 철저한 선전 공세를 편다. 시애틀이 그 모범을 보여주었으며, 다른 도시들이 뒤를 잇게 된다. 실제로 미국에서는 사무실들이 문을 닫은 후 매일 저녁 6시면 대부분의 중심가가 황량한 모습을 띤다. 그러나 프랑스에서는 그 반대되는 움직임이 일어났으며, 오늘날 파리에는 부자들이 산다. 아마도 개발이 지연되어 손을 쓸 수 없게 된 일부 고립된 지역을 제외하고는 말이다. 시내에서 산다는 것은 파리 도시권에 사는 사람들의 단 5분의 1만이 누릴 수 있는 특권이다. 이 도시는 가난한 자들이 제거된 균질화된 지역인가? 그렇지 않다. 중심가야말로 이제 가장 큰 특권을 부여받은 지역이다. 파리는 매주 다른 외곽 지대들의 무료함을 달래 주어야 하는 엄청난 임무를 부여받은 교외 지역이 되어가고 있는 것이다.

그런데 계급을 나누는 척도에 또 다른 한정이 부과된다. 대가족들이 변두리로 내몰리는 한편, 자녀가 없는 커플들만이 이 수도의 내부에 자리잡는 것이다. "어른 한 명, 어른 두 명, 어른 세 명, 그러나 60퍼센트의 가정에는 아이가 없다."[1] 한 달에 1천 프랑을 지불해야 하는 아파트에 소란스런 어린아이를 데리고 살 수는 없다. 결국 수많은 파리의 젊은 사람들이 전대미문의 딜레마에 빠지게 되었다. 즉 아이를 갖지 않든지, 다른 곳으로 이주하든지, 양단간 결정을 내려야 하는 것이다. 그러는 동안에 이 대도시에서 어린이는 사라지고, 윤택하고 분주한 어른들이 도시의 공간을 차지한다. 어른의 도시인 파리에서는 머지않아 자동차가 붕붕대는 소리를 들을 수 없게 될지 모른다. 거리에서 유쾌한 웃음 소리를 들을 수 없게 될지도, 떠들썩한 무리들이 지나가는 모습을 볼 수 없게 될지도 모른다. 젊은 부부들이 자기들끼리만 있고 싶어하며, 아이가 있는 커플들을 자신들의 거주지에서 내몰게 될 날이 머지않았다. 이런 주거 형태는 이미 캘리포니아에 존재한다. 세상에서 가장 쿨한 지역인 소살리토의 물 위에 떠 있는 집들 앞에는 '어린아이 및 동물 접근 금지'라는 표시판이 걸려 있다. 진보한 소비 분

---

1) Stephen S. Cohen, *Paris; dormir en banlieue, rêveur en Californie*, Le Monde, 14 juin 1978.

야에서는 삶이 얇은 조각들로 동강난다. 즉 각각의 연령은 광고의 표적이 되며, 삶은 단계별로 떼어진 채 독선적으로 뚜렷이 구별되는 특징을 지닌 개발 가능한 시장이 되는 것이다. 욕구를 산출한다는 것은 차별을 만들어 낸다는 것이다.

"노인도 어린아이도 아닐 것." 이것이 모범적인 도시인의 표어이며, 우울한 도시 생활의 진정한 존재 이유이다. 저마다 마음내키는 대로 걸어다닐 수 있는 잔치의 공간으로서의 성격을 도시는 점점 상실해 가고 있다. 음흉한 인종차별주의로 인해 도시는 배타적인 클럽이 되어 버렸으며, 새롭게 획득된 그 동질성을 깨뜨리는 사람들——노인, 가난한 사람, 어린아이, 크고 작은 동물들——에게는 예외 없이 도시의 사용이 금지된다. 이같은 격리에는 어떤 잔인성도 없다. 그것은 욕구라는 달콤한 언어를 사용하고 있기 때문이다. 어린아이가 그리는 꿈의 집은 나무들 사이에 있다는 것. 젊은 부부들은 같은 세대의 사람들을 만나고 싶어한다는 것. 노인들에게는 노인들만의 장소가 있어야 한다는 것. 바로 이 욕구의 이름으로 사회 생활은 붕괴되며, 사람들은 저마다 고립되고, 도시 공간은 토막이 난다. 그리고 각각의 행위마다 하나의 영역이 할당된다. 그리하여 오늘날 도시에서는 학교에서 사용되는 시간표만큼이나 세밀하고 구속적인 '공간의 사용'이 존중된다. 도회풍이라는 말은 일찍이 도시인의 예의바름을 의미했지만, 이제는 질서와 기능에 대한 그의 의식을 가리킨다. 즉 주택가의 저택에서 잠을 잔다든지, 보도 위를 산책한다든지, 대간선도로를 따라 차를 몬다든지, 번화가나 유흥가에서 즐긴다든지, 도회풍은 하나의 메뉴로서, 그저 선택을 하고 사용할 수 있을 따름이다.

공간의 질서는 여전히 결함을 안고 있음이 사실이다. 대부분의 교외 지역은 문화 생활을 즐길 만한 구역이 없으며, 일부 도로는 출퇴근 시간에 정체 현상을 빚고, 생각이 모자라는 어리석은 상인들은 보행자를 위한 거리를 만드는 데 반대하고 나선다. 이렇게 해서 우리는 사람을 위한 공간을 주장하는 한편, 이 모든 속박들로부터 벗어나기 위해 보다 철저한 격리를 요구하기에 이른다. 우리는 체념한 사용자들인가? 아니, 그렇지 않다. 우리는 도시 생활의 합리성을 거스르는 장애물들에 항의하기 때문이다. 그러면 사용의 관행을 감수하는 개인들인가? 분명 그렇다. 기능적이지 않은 모든 것은 고약하고 거추장스럽게 여겨지기 때문이다. 불평을 하든 만족을 느끼든 '사용자'는 우리 자신의 유일한 일부로서, 오늘날의 공간은 바로 이 부분에 발언권을 양보한다.

일찍이 루소는 대도시를 거부했다. 그는 이 방탕의 장소들을 맹렬히 공격했다. 그곳에 새로 도착한 사람은 자신이 꿈꾼 현란한 환상을 훨씬 넘어서는 호사에 눈이 부셔 자신의 욕구에 대한 분별력을 잃기 때문이다. 뿐만 아니라 도시에서 교육이란 있을 수 없다. 교육은 아이로 하여금 꼭 필요한 것에 만족하도록 준비시키는데, 반대로 도시는 아이의 기호를 타락시키고 끝없이 새로운 욕구의 대상을 제공함으로써 아이에게서 모든 충족감을 앗아가기 때문이다.

루소는 현대성과 타락을 동일시했지만, 그럼에도 불구하고 현대 사회는 그 원칙이나 더없이 물질적인 측면에서 볼 때 루소의 소산이다. "인간이라는 종을 탐구한다는 것은 인간의 욕구를 정의내리는 것이다. 모든 인간은 거의 동일한 욕구를 지닌다. 인류는 우리에게 알려진 까마득히 먼 시대부터 같은 틀에서 만들어져 왔기 때문이다." 이렇게 말한 사람은 고독한 은둔자가 아니라, 아테네 헌장의 초안을 작성한 르 코르뷔지에[1887-1965, 프랑스의 건축가로서, 현대 건축을 구축한 대표적인 인물]이다. 도시에 대한 오늘날의 입장은 볼테르와 루소의 역설적인 결합으로서, 그것은 실용성에 대한 절대적인 숭배와 맞물리는 소비에 대한 옹호이다. 찬란한 도시는 더이상 타락으로 인도하는 도시가 아니다. 그것들은 잡다한 요소들로 이루어진 장소가 아니기 때문이다. 사치스런 것이든 필요 불가결한 것이든, 내가 그런 특수화된 구역에서 해소시켜야 하는 것은 늘 우선적인 필요성이다. 도시와 맺게 되는 이런 새로운 관계 속에서 나는 오로지 사전 약속, 즉 절대적인 요구에 의해서만 사람들을 만난다. 어떤 예측치 못한 사건도 내가 찾으러 온 것으로부터 나를 돌려세우지 못한다. 나는 모든 것을 돈으로 구입하며, 도시는 거대한 서비스가 되었다. 맞춤형 도시가 퇴폐적인 도시를 잇게 된다. 정확히 말해 내가 잃어버린 것은 나를 잃어버릴 수도 있는 가능성이다. 공간 속에서 나는 항상 나 자신이다. 다시 말해 내 자신이 지닌 고집스럽고 확고부동한 욕구의 총합이라는 말이다. 우리의 탐욕에 정확히 조준된 이 장소들보다 더 큰 좌절감을 주는 것도 없다. 프로그램화된 공간들이 주는 침울함이다. "모든 예측된 축적은 대부분의 경우 내가 사전에 마음먹은 것을 초과하지 못한다."(세갈렌)

거주지 지정

은밀한 독재가 교외 지역의 삶을 지배한다. 매일 저녁 등화관제가 실시된다. 외부에서는 욕구들이 끊임없이 추격을 벌이는데, 사람들은 자신들의 집에서 산다. 집단 거주지나 빌라 구역의 공통점은 집의 의미가 한층 심화되었다는 점이다. 집들이 확산되어 있거나 오밀조밀 모여 있거나, 누추한 집들이 나란히 들어서 있거나 층을 이루고 있거나, 부동산 개발업자들의 냉소주의 혹은 국가의 도시화 정책이 작용하거나 간에, 교외 지역은 항상 '도시에서 군중이 제거된 형태'를 취한다. 이곳은 절대적으로 필요한 공간으로서, 오로지 "흩어지시오"라는 한 마디 말을 주지시키고자 한다. 그런데 예상치 못한 응결들이 여기저기서 생겨나 이 놀라운 교외 지역의 평화를 교란시킬 수 있다. 아웃사이더들의 소규모 난동이나 제대로 끄지 않은 불이면 족하다. 우리는 이제 반(反)밀집 지역에 거주한다. 그런데 도시의 무질서를 해결하기 위해 격리·분리만으로는 충분치 않다. 사람들에게 거주지를 지정해 주거나, 집 안의 내밀함을 옹호하며 길거리를 무효화하는 등 또 다른 경계 태세가 필요하다.

문제는 다음과 같다. 즉 어떻게 기동성과 정주성을 동시에 지닐 수 있는지, 집 안에 머물러 있으면서 세상 속으로 모험에 나설 수 있는지, 하는 문제이다. 대답은 이렇다. 자동차를 갖고 나간다는 것. 자동차는 사생활의 일부이자 바퀴 달린 거주지로서, 우리는 자동차를 타고 장을 보거나 직장에 갈 뿐 아니라 악취나는 도시를 벗어나거나 영화관에 가기도 한다. 오늘날 우리는 더이상 아파트에서 나와 외출하는 것이 아니라 아파트와 함께 외출한다. 이렇게 해서 개인의 작은 방들이 공공 장소를 가득 채우게 되었으며, 그곳에 규율을 부여한다. 사람들은 자못 엄숙한 표정을 지으며 교통 지옥이라는 말을 쓴다. 출퇴근 시간의 교통 체증을 과연 피할 수 있을까? 차들의 왕래가 원활히 이루어질 날은 언제일까? 이것이 도시 경찰들의 골칫거리이자 풀리지 않는 문제이다. 물론 이것은 중요한 물음이지만, 그렇다고 자동차들 자체가 담당하는 위압적인 역할을 잊어서는 안 된다. 순경들이 차량의 왕래를 통제하는데, 그러는 동안 차량의 왕래는 자체의 질서를 만들어 낸다. 즉 보행자들을 추방하고, 도시 생활을 파괴하는 것이다. 도시는 군중의 집결 장소였지만, 이제는 분산의 장소가 되었다. 대중은 도시의 다른 시대에 속해 있다. 억압적인 정책보다 한결 효율적인 자동차가 이 대중을 제거하는 데 한몫한다. 어떤 도구도 위험한 집단들을 이보다 잘 저지할 수는 없으며, 어떤 기계도 질서라는 궁극적인 합목적성을 더 합리적으로 섬기지는 않는다. 누가 우리를 미심쩍은 집회들로부터 보호할 것이며, 부랑자·거지·마약 중독자나 온갖 부류의 게으름뱅이들이 도로 위에 거처를 정한다든지 오스만 가[파리의 최신 패션가]를 임시 숙소로 정하지 못하도록 막을 수 있겠는가? 교통 체증이 사라져 누구나 거리를 차지할 수 있다면 말이다. 자전거와 보행자들로부터 신께서 우리를 지켜 주시길! 운전자들은 자원봉사로 장애물 제거 작업을 하는 공무원들이다. 그들은 식충이들——그 존재가 눈에 대한 모욕이자 노동에 대한 모욕인——이 사라지도록 한다.

도시 쥐와 시골 쥐를 교배시켜 보자. 그러면 교외 지역의 이상적인 형상인 집 쥐가 탄생한다. 자신들의 사륜마차 속에 갇혀 있거나 저택에 은거하는 새로운 도시인은 '일체가 집 안에서' 이루어지는 시대사의 막이 열리는 모습을 보고 있다. 바야흐로 사람들은 자기 집을 떠나지 않고도 돌아다니고, 시골 공기를 쏘이고, 기분 전환을 할 수 있게 되었다.[2] 어떤 사람들은 이런 부동의 안락함을 즐기기도 한다. 실제로 나는 행복을 느끼는 마비 환자들을 본 적이 있다. 어쨌거나 자동차가 풀밭의 치명적인 적은 아니다. 자가용과 개인의 잔디밭은 동시에 발전되어 나왔다. "자동차는 냄새가 나고 공기를 오염시키는 빌어먹을 물건이다." 의심의 여지가 없는 말이다. 그러나 자동차를 사거나 도시 근교의 시골에 별장을 마련하는 것은 모두 독립적이려는 욕구, 과도

---

2) 텔레마티크에 의해 완벽히 관리되는 미래 도시가 있다고 하자. 이 도시에서는 매 주민마다 컴퓨터를 갖추고 있어, 외출하지 않고도 의자에 앉은 채 수업을 듣고, 일을 완수하고, 경마에 참가하고, 복권을 사고, 물건을 주문한다.

한 사생활 추구에서 비롯된다.

도시인의 여러 얼굴들 가운데 모더니티는 단 하나의 얼굴을 기억하고 두둔코자 했던 것 같다. 즉 '체류 외국인'의 얼굴이다. 또 20년 전에는 기분전환과 외출이 아직 동의어로 여겨졌었다. 일요일에 교회에 가기 위해 성장(盛裝)을 한다든지, 명소를 찾아 여행을 떠난다든지, 미지의 것들과 가까이 한다든지, 무명의 대중 속으로 사라진다든지, 사람들과 일심동체가 되어 감동을 느낀다든지, 환하게 불이 들어오는 극장 안을 탐욕스레 주시한다든지, 이런 것들이야말로 스펙터클에 신성함을 부여하는 은밀한 쾌락이었다. 그런데 텔레비전이 등장하면서 이미지는 어김없이 속된 성격을 띠게 되었다. 우리는 집 안에서 기분 전환을 하고 있기 때문이다. 이제 기분 전환은 사생활의 상징이 되었다. 종전의 '가정 생활과 반대되는 쾌락'(푸리에)이 이제는 집 안에 틀어박혀 있는 쾌락으로 대체되었다. 스펙터클은 이제 사회적 의례나 공적 생활의 순간이 아니라, 부부의 휴식 혹은 사적인 작은 축제이다. 우리 시대에 이르기까지 모든 사회는 스펙터클의 사회였다. 즉 사람들은 신전이나 서커스, 극장, 영화관에 모이곤 했었다. 그런데 우리는 이제 기술적인 경이를 이루어 내었다. 즉 사회 없는 스펙터클, 우리를 자신의 문제들로부터 돌려세우는 동시에 우리의 집에 붙들어 매어두는 기분 전환이다. 또한 각자의 작은 가정으로 분산된 수많은 개인들이 동시에 취하는 쾌락이다.

텔레비전을 두고 우리는 그 순응성과 메시지의 편파성을 비난한다. 그러나 진정한 쟁점은 다른 데에 있다. 즉 일체의 이데올로기적 속박으로부터 해방된 전복적인 이 텔레비전은 아직도 경찰의 역할을 담당하는 스크린이라는 점이다. 텔레비전은 평범한 시민에게 거리로 내려오지 말 것을 명령한다. 우리가 사는 사회는 그 구성원들을 끊임없이 미립자화하면서 '저마다 자기 집에서'의 원칙에 따라 작동하는데, 텔레비전은 바로 이같은 사회의 중요한 구성 요소이다. 현대 서구 사회에 질서가 있다면, 그것은 분명 자체의 가치를 주입시키는 이데올로기적 장치이자 반항자들을 처치하기 위한 억압적인 도구이다. 또 무엇보다도 개인들을 그들의 사적인 영역으로 되돌리는 분석적인 질서이다.

그런데 이런 체계는 범죄를 필요로 한다. 그리하여 신문의 사회면은, 일상은 불완전하다는 생각을 주입시킨다. 그리고 외부로부터의 습격에 대한 두려움으로 인해 사람들은 저녁에 나다니기를 그만두는 한편, 거리에서 위험을 무릅쓰기보다 느긋한 마음으로 텔레비전 방송을 시청하는 편을 택한다. '법과 질서'라고, 정치인들은 힘주어 말한다. 질서를 지키기 위한 유일한 방법은 억압이라는 듯이, 또 그 유일한 관심거리는 법의 엄격함을 더욱 강화하여 범죄를 종식시키는 것이라는 듯이 말이다. 그런데 범죄는 사회 질서를 교란시키지만, 잇달아 제어의 긍정적 역할을 담당한다. 우리가 날마다 읽는 폭력을 다룬 기사는 조심스레 범죄에 대한 강박 관념을 심어 주기 때문이다. 두려워하는 시민만이 훌륭한 시민인 것이다. 범죄자야말로 정직한 인간을 만들며, 두려움이야말로 경찰의 경계망을 바람직한 것으로 보이게끔 한다.

큰 범죄에는 권위자가 있고, 제한된 구역이 있고, 특별한 순간이 있고, 자신만의 방언이 있다. 이같은 사중의 제한 사항(전문성·지리·시간·언어)은 범죄 행위를 시(詩)로 화하게 한다. 심연이 초래하는 이국적 느낌은 그 끔찍함을 보상해 준다. 무법 앞에서 느끼는 불안한 이질감은 공포와 매혹의 불투명한 감정을 유발한다. 그런데 우리 시대는 이런 낭만주의의 마지막 잔재를 청산했으며, 범죄에 대한 두려움의 역사는 이제 얼어붙은 시대로 진입한다. 이제 범죄의 고유한 특색은 종말을 고하고 있다. 분명했던 경계는 희미해지고, 자정은 더이상 숙명적인 시간이 아니며, '사회 계층'은 파열하여 모호해진다. 부랑자의 형상은 유리 장수의 형상과 마찬가지로 가내 공업 시대의 한물 간 장식물이 되고 말았다. 프랑스인들의 심상 속에서 최초의 갱으로 자리잡고 있는 장 가뱅 역시, 걸핏하면 방아쇠를 당기며 직업적인 갱의 이미지를 망쳐 놓는 신경질적인 망나니들을 두고 불평을 늘어놓은 바 있다. 갱이 사라진 이후로 사태는 더한층 악화되었다. 대체로 세 부류의 악당들이 신문의 사회면과 텔레비전 드라마를 가득 채우고 있는 것이다. 경험도 조심성도 없는 젊은 부랑자들, 다국적 마피아의 냉혹한 살인자들, 그리고 수개월에 걸쳐 한 구역, 심지어 한 도시 전체를 공포로 몰아가는, 잡히지 않는 잔인한 범죄자들. 그런데 기업의 간부건 청소년이건 변태자건, 오늘날의 범죄자는 더이상 범죄자의 외관을 하고 있지 않다. 그는 보통 사람들처럼 무미건조한 은어를 사용하며, 예의 바른 복장이거나 편안한 청바지 차림이다. 그는 대낮에도 공격을 가해올 수 있으며, 더이상 특정 지역에 나타나지도 않는다. 그림처럼 아름답고 신비로운 파리는 이제 찾아볼 수 없다. 도시는 하나씩 차례로 뉴욕화되어 가며, '도시' 하면 으레 범죄를 떠올리게 되었다. 결국 공공 장소는 편집증 환자와 같은 장소가 되었으며, 광활한 도시권은 덧문을 닫아건 작은 시골 마을이 되었다. 행인들은 발걸음이 빨라지며, 어떤 우연도 그들에게는 방해물로 보인다. 그리고 누군가 다가서기라도 하면 자신들을 해칠까 봐 흠칫 뒤로 물러선다. 범죄는 외부 세계를 사막으로 바꾸어 놓으며 우연한 사건을 불안정의 동의어로 만들기에, 범죄의 현대적 이미지는 당연히 질서를 요구하게 되었다. 신문의 사회면 기사들은 우리에게 도시를 증오하도록 가르친다. 이 기사들이야말로 공격의 기록을 담은 전쟁 보고서로서, 날마다 선량한 시민들에게 가해지는 도시의 폭력으로 물들어 있다.

도시는 저주받은 몸으로 태어난다. 그것은 탄생하기 무섭게 세 가지 불행으로 말미암아 지옥과 동일시된다. 즉 범죄, 방탕, 전염이라는 불행이다. 도시는 위험하며, 타락으로 이끌며, 병을 유발하는 것이다. 폭력의 문제, 오염의 문제에 관한 한 우리는 어떤 새로운 착상도 내놓지 못했으며, 부지중에 고리타분한 질책의 말들을 되뇌고 있을 따름이다. 우리가 감행한 혁신은 다른 데서 찾아진다. 즉 우리는 도처에 범죄가 기승을 부리도록 하는 한편, 도시의 온갖 혐오스런 현상들의 집약체인 일상용품, 마약을 발명한 것이다. 자신의 악덕으로부터 소외된 채이 악덕을 만족시키기 위해 최악의 행동까지도 할 수 있는 병자, 이 마약 중독자는 도시의 진정한 소우주이다. 그는 스스로를 파괴하고 타락시키며 범죄자로 만든다. 그는 육화한 도시로서, 옛 바빌론의 세 가지 죄악을 통합시키고 있다. 중독 치료는 모두 전원 생활로부터 시작된다는 사실은 결코 우연이 아니다. 철저한 루소식 신화의 관점에서 볼 때 시골은 재생을 위해 꼭 필요한 장소이다.

이제 우리는 공포 영화 한가운데에 들어와 있다. 사악한 마약 때문에 흡혈귀의 표적이 된 중독자는 그 자신이 흡혈귀가 된다. 이렇게 해서 새로운 범주가 집단의 상상력 속에 자리잡는다. 즉 전염성을 지닌 범죄라는 범주이다. 범죄는 바이러스와 같으며, 폭력은 전염병으로 인식될수록 일상의 평온을 위협한다. 위신이라든지 가정의 행복에 어른들보다 덜 민감한 청소년들이 범죄라는 전염병의 첫번째 희생물이다. 물론 거기에는 모든 부류의 청소년들이 포함된다. 어떤 집단도 감염으로부터 안전할 수는 없기 때문이다.

아, '수상쩍은 동네'도 옛말이 되고 말았다! 오늘날에는 도시의 악영향이 도처에 미치는 동시에 아무곳에서도 드러나지 않지만, 거기에 모든 가정이 연류되어 있음이 사실이다. 부모들은 방심할 수 없다. 예전처럼 자녀들이 마음대로 나다니지 못하도록(구시대의 억압) 막기 위해서가 아니라, 약물 중독으로부터 그들을 지켜야 하기 때문이다. 집, 그다음 학교는 어린아이가 외부 세계의 치명적인 유혹에 굴복하지 않도록 지켜 주는 보호 기관이다. 그러나 오늘날에는 가정이 단단히 무장되어 있지 않아 아동 매춘의 문제가 배가하면서 약물 중독의 문제를 대체하게 되었다. 부모들이 잠시 눈을 감고 어머니들이 고삐를 늦춘다면, 또 가정에 틈새가 벌어진다면, 이 틈을 타서 거리로 밀려나온 아이들은 순식간에 끔찍한 상황으로 떨어지고 말 것이다. 날치기, 마약 상용자, 매춘부의 고객, 게이가 되어, 세월을 허비하고 거리를 떠돌다가 약물 과다 복용으로 죽거나 구치소에서 생을 마감할 것이다. 자녀를 사랑한다는 것은 도시의 유혹으로부터 그를 지켜내는 것이다. "매춘의 도시, 아편의 도시, 난 너를 미워한다." 범죄의 질서 앞에서 부모는 이같은 공리를 주입받게 된다. Pax urbana(도시의 평화). 이 말은, 더이상 도시는 없으며 각각의 아파트가 자체의 성체임을 의미한다. 도시의 주거 밀집 지역에서 이처럼 많은 주민이 이렇게까지 소리를 죽이고 살았던 적은 없었다.

대도시의 햇빛 가득한 공동 묘지를 구상했던 르 코르뷔지에는 인간에게는 질서에 대한 열정이 있다고 보았다. 그러면서 당시 거리의 수를 3분의 2 가량 줄여야 한다고 주장했다. 일부에서는 지금도 이 독단적인 도시 계획가를, 권력층으로부터 외면당하긴 했어도 분명 영감에 사로잡혀 있었던 예언자로 규정한다. 실제로 이제 불의를 바로잡아야 할 때이다. 이 천재적인 건축가의 뇌리를 사로잡았던 유토피아를 우리가 실현시킬 날이 멀지 않은 것이다. 즉 교외 지역들로 뒤덮인 세계, 도시인이 없는 기하학적인 도시들을 말한다.

소설적인 세계, 혼돈의 소산

정치적 · 사회적 · 종교적인 삶의 대명분이 존재했을 때, 모험은 보다 심오한 가치들로 인해 밀려나 있었다. 인본주의는 사사로운 세부 사항들을 무가치하다고 여겼기 때문이다. 그런데 우리가 일상의 지배와 관리를 받으며 살게 된 이후로, 모험은 하루, 혹은 한 사람의 삶에서 일어나는 모든 기억할 만한 사건들을 의미하게 되었다. 더없이 사소한 에피소드들을 포함해, 이야깃거리가 될 만한 모든 것을 의미하게 된 것이다. 요컨대 의미와 가치를 구축하는 것은 사건 자체이다. 그런데 이같은 역전에는 수많은 결과물이 따랐다. 이제까지 확실시되었던 일체가 동요하기 시작하면서, 역으로 일상의 일화들이 전대미문의 위상을 획득한다. 우리의 삶이 온전히 소설적인 세계로 넘어갔으며, 삶 자체가 문학의 범주로 들어온다. 이제 일상의 에피소드야말로 그 무엇과도 견줄 수 없는 심오한 가치를 띠게 되었다.

인간에 의한 인간 선동

대기 오염이나 교통 체증처럼 피부에 와닿는 불쾌한 사항들 외에 대도시에서 우리가 가장 두려워하는 것이 무엇일까? 무엇이 이 도시를 그토록 탐이 나면서도 저주받은 대상으로 만들어 놓는 것일까? 그건 다름아닌 밀집한 무리들, 군중, 그리고 여러 다양한 종족 · 인종 · 계층의 집합이다(오늘날 대도시의 모든 중심가들은 불그레한 앵글로색슨 족의 얼굴, 중국인들의 누런 피부, 흑인들의 두툼한 입술, 인디언들의 머리로 넘쳐난다. 말하자면 온갖 국가들이 축소된 모형으로 모여 있는 일본식 정원이다). 요컨대 인종·관습·언어의 이같은 군집으로 인해 도시인은 늘 어느 정도 자신이 사는 도시의 이방인이 될 수밖에 없다. 이 도시는 그를 맞아들이는 척하면서 추방하는, 더없이 교묘한 기술을 지녔기 때문이다. 현재는 그에게서 달아나고 미래에 대한 전망도 사라지기 때문이다. 거리란 이런 것이다. 그것은 결코 우리가 오기를 기다리지 않았으며, 우리가 가버린 뒤에도 남아 있는 것이다. 그 누구도 "이건 내 거야"라고 말할 수 없는, 오가는 차와 사람들의 물결이다. 들뜬 시간의 보고(寶庫)인 거리는 그 광물적인 정렬을 통해, 그곳을 질주하는 이들에게 앞서 존재했던 세계를 드러내 보인다. 각자가 서로 관계를 갖지 못하도록 하는 방법이랄까. 도시에 산다는 것은 항시 추방을 경험함이다. 또 새롭게 등장한 타인들의 존재로 말미암은 '소유권 이전'을 경험하는 것이다(시골에서 갓 상경한 사람은 끔찍한 현기증을 느낀다. 밤낮없이 아무 시간에나 밖에는 늘 사람들이 나다니고, 모르는 사람들이 나오는 다른 리듬, 다른 시간에 보도를 활보하기 때문이다). 이것이 바로 군중의 침해이다. 홍수와 갈수는 있어도 결코 마르지 않는 인간 물결의 견딜 수 없는 침해이다. 그것은 지칠 줄 모르는 매혹적인 밀도로 보행자 한 사람 한 사람을 별개의——견고하지는 않아도——왕국 속에 가두어 무한히 작은 존재가 되게 한다. 대로와 한길, 교차로를 따라가다 보면 터질 듯한 힘이 느껴진다. 한 방향으로 유도되지 못한, 우리의 노력으로는 좀처럼 잡히지 않는 에너지이다. 군중이란 다름아닌 거칠고 적나라한 이 힘으로서, 그 앞에서 나는 무용한 존재요, 하찮고 보잘것없는 상태로 추락한다. 이 무리를 구성하는 각각의 원자는 그밖의 다른 원자들과 대면하여 서로에게 포착되지 않는 폭력으로 작용한다. 무수(無數) 속에 길을 잃고 인파 속에 이리저리 휩쓸리는 도시인에게는 설령 누가 그의 곁에 있다 할지라도 완전한 이방인으로 남을 수밖에 없다. 그는 상처받은 존재, 끊임없이 상처를 간직한 존재이다. 도시를 체험하고 익히는 것은 고통이며, 그것도 쓸모없는 고통이다. 이런 고통을 받는다고 해서 우리가 도시라는 영역에 숙달되리라는 보장은 없기 때문이다. 그렇긴 해도 최소한의 고통은 필요하다. 거리의 이 차갑고 적의 가득한 부름, 사람들이 모인 장소들의 얼어붙은 고독, 이것들이야말로 대도시에 온전한 가치를 부여한다. 우리가 도시를 사랑하는 것은 바로 그것이 우리에게 고통을 주기 때문이다. 자신의 문을 닫아걸고 있다가 마침내 인색하게 조금 문을 열기 때문이다. 온전히 평화롭고 미소짓는 도시, 한 점의 그림자도 시련도 없이 만사가 순조로운 도시는 내가 사랑할 수 있는 곳이 아닐 것이다. 다소 광활한 장소라면 분산과 소멸의 비장미가 깃들어 있어, 쾌락과 존재와 정체성을 축적해 갈 수 있도록 해줄 것이다. 도시는 수많은 드라마와 불연속적인 공간들을 겹쳐 놓으며, 밤낮없이 작동하는 우둔한 모래시계를 정지시키고, 병행하는 다양한 삶을 가능케 한다. 대도시의 소음이 끊이지 않는 한 구역에서의 삶, 시골의 삶, 비밀스런 삶, 사적인 삶, 이런 삶은 온갖 종류의 삶의 기술들을 축적해 가며 이 기술들이 광범위하게 교체되며 발휘되도록 묘기를 부린다. 이 삶은 마술사나 밀수입자의 가방처럼 여러 층으로 나뉘어진 마술적인 장소이다. 그러므로 나는 낮에는 존경받는 신사요 밤에는 도둑이 될 수 있으며, 좌안에서는 여자요 우안에서는 남자가 될 수 있고, 소(ligne de Sceaux)에 살면서 쉴리-모를랑으로 출근하며 생 마르탱 운하에서 열정적인 사랑을 나눌 수도 있다. 또 나는 가명으로 나타났다 사라지기도 한다(18세기 혁명 전 유럽의 도시에서 모험을 즐겼던 남녀들이 그랬다. 마담 드 퐁파두르·칼리오스트로·생 제르맹 백작·마담 뒤 바리·카사노바가 그들이다. 태생이 불분명한 이 사람들은 파리·베니스·암스테르담·상트 페테르스부르크·런던을 오가며, 일이 틀어졌다 싶으면 어둠 속으로 잠적한다. 성과 신분을 마음대로 꾸며대는가 하면, 매번 연인과 직업, 회사명을 바꾼다. 그리고 재산가에서 궁핍한 처지로 몰락하거나, 카사노바처럼 미천한 일을 하며 자신들의 삶을 마친다. 어쨌거나 그들에게 변장과 변신을 강요한 것은 다름아닌 사회로서, 그들은 이 사회의 공모자들인 것이다).

전형적인 도시의 경험이란 무엇일까? 그것은 지속적으로 영구히 이어지는 도전의 역사이다. 사람들과의 끊임없는 접촉, 몸과 얼굴의 성가신 부대낌, 군중의 냉정한 무관심, 이런 것들은 우연한 만남과 명성이라는 이중의 보상적 욕구를 촉발한다. 빈둥대는 무뢰한들, 게으름뱅이 부자들, 비방을 일삼는 가난한 자들, 남을 괴롭히는 자들, 거드름 피우는 자들, 자신도 비웃음당하면서 남을 비웃는 자들, 정신적으로 아둔한 자들, 이런 사람들로 넘쳐나는 도시는 슬픔이나 고통을 전혀 대수롭게 여기지 않을 뿐 아니라, 거기서는 쾌락이나 기쁨 역시 찰나적인 영예의 그림자가 가미되지 않는다면 가차없이 외면당한다. 그 무엇도 도시의 부패를 막을 수 없다. 아름다운 감정, 선한 의도, 사심 없는 고귀한 열정도 마찬가지이다. 동시에 우리의 넋을 잃게 만드는 치명적인 도시의 마력에는 현혹당하지 않을 수 없다. 천박한 범죄, 고삐 풀린 출세욕, 추잡한 허영이 우리를 미혹시킨다. 거리를 지날 때마다 나는 내 자신이 아무것도 아님을 확인하며, 그리하여 배우나 스타 같은 유명한 인물들, 자신들이 무가치하다는 생각을 한 번도 해본 적 없는 이 사람들의 삶을 꿈꾼다. 결과적으로 공격성이 자라며, 잠재적인 폭력성은 전능의 환상을 부추긴다. "거리마다, 무언가 되어 보겠다고 꿈꾸는 무명의 인간이 있다. 자신이 존재한다는 사실을 절망적으로 증명코자 하는 고독한 인간이다." 영화 《택시 드라이버》에 나오는 이 유명한 문구에 누가 동의하지 않겠는가? 이 영화에서는 자기 방에 틀어박혀 사는 주인공이 어깨에서 허리까지 무기를 장착한 채 거울 앞에 버티고 서서 "당신, 나한테 말하는 거야?(You are talking to me?)"라고 묻는 장면이 나온다. 누구든 이 장면을 보면 자신과 동일시하지 않을 수 없을 것이다. 그는 남자다운 자신만만한 어조로 이 말을 되풀이하다가 갑자기 소매 속에 감추어둔 권총을 빼든다. 만남, 스타의 허세, 전지전능. 도시의 이 세 가지 모험은 무엇보다 다른 이들로부터 구별되고자 하는 세 가지 환상이며, 또한 도시에 대해 우리가 가하고자 하는 앙갚음이다.

도시의 가르침은 우선 경쟁의 가르침, 타인들의 끊임없는 심판에 대한 가르침이다. 또한 여러 개념과 의상, 감각이 가해 오는 지속적인 자극의 가르침으로서, 이같은 자극은 차이점들이 삐걱거리며 무자비한 경쟁 속에서 맞서도록 한다. 눈에 보이는 그 무엇도 이 경쟁을 피해 갈 수 없다. 사람들은 저마다 다른 데서 오는 광휘에 의해 심중에서 그리로 이끌림을 느낀다. 말하자면 에너지와 운동, 열기의 전염이다. 또한 삶이 전류처럼 한 자리에서 다른 한 자리로 재빨리 흘러가는, 원소들의 이동이기도 하다. 군중이 모인 곳이면 어디나 압축과 응축 현상이 있어서, 원자핵처럼 확대된 에너지를 해방시킨다(이 점에서 우리는 푸리에가 창안한 사회주의적 공동체를 이해하게 된다. 즉 도시로부터 그 소용돌이와 거대한 창조적 잠재력만을 취할 것, 그리고 열정적인 자유연합에 기초한 보통 사람들의 집단을 만들어 냄으로써 오늘날 수도의 혼잡과 오염 등의 부정적인 면들을 멀리하자는 것이다. 1960년경 콘스탄트 〔1920-, 네덜란드 출신의 화가·조각가·작가〕가 꿈꾸었던 유희와 방랑의 신(新)바빌론 역시 동일선상에 있다. 손에 잡히지 않는 기류처럼 에너지가 대로를 따라 달아나는 미국의 도시들과는 정반대인 것이다). 도시인은 이같은 악성 신경증에 직면해 발작 직전의 흥분 상태에서 살 수밖에 없다. 이같은 상태의 절정이 바로 뉴욕이다. 극한에 이르기를 스스로 경계하는 히스테릭한 대도시, 맨해튼 중심가에 집중된 이 세상 모든 정신착란의 실험실, 자신의 광기에 매혹당한 이 이상한 기계는 자신의 과한 모습들을 보며 좋아한다. 자체의 환상과 충돌을 일으키는 도시 뉴욕은, 스스로 빠져들어가는 정신착란의 달콤한 광경을 즐기는 것이다.[3]

이처럼 대도시권은 글자 그대로 우리의 신경을 자극하며 신경증을 유발한다. 새로운 사건에 대한 갈망을 잔뜩 부추겨 놓지만, 이 갈망이 충족될 수 있는 가능성은 인색하게만 주어질 따름이다. 우리 앞에 모습을 드러내는 무수한 유혹에 견주어 볼 때 우리가 맛볼 수 있는 쾌락은 드물며, 현기증나는 이 가상의 풍요로움은 억제할 수 없는 좌절감을 촉발할 따름이다. 도시에서는 여하한 안정도 마침내는 마비 상태로 느껴지게 마련이며, 규율과 관습은 타락한다. 그 무엇에 대한 입문도 한 왕국의 열쇠를 열지는 못하며, 각각의 세례는 또한 추방을 의미한다. 그리고 여러 유혹은 균형의 고의적인 파괴와 신성모독, 비정상적인 태도에 기초한 또 다른 질서를 부른다. 그러므로 '시골'로 떠난다는 것은 정서적 사이클과 풍경 간의 조화를 다시 찾기 위한 것이다. 도시의 정글에서는 신경 체계의 끊임없는 동요로 인해 체험할 수 없는 조화이다.[4] 도시인은 흰개미와도 같아서 자신을 위한 은신처, '생태학적 보금자리'(장 뒤비뇨)를 마련해 둔다는 말이 이해가 간다. 바 ·

---

3) Alain Medam의 탁월한 저서 *New York Terminal*(Edition Galilée, 1977)을 참조하라.

4) 왜 수도회들은 보통 전원에 위치한 것일까? 도시에는 늘 소외감이 스며 있으며 무질서가 완전히 제거되지도 않는다는 데 이유가 있다. 시골, 즉 모든 미지의 것이 배제된 재생의 세계를 선택함으로써, 수도회의 피정은 자본주의 질서에 철저한 공격을 가해 그 무정부 상태를 종식시킨다.

거리 · 카페 · 지하 카바레 등, 그가 특별히 선호하는 구역이 있는 것이다. 그는 집단 생활의 가장 강렬한 맛을 체험하기 위해 닫힌 장소로 피신한다. 그리고 광막한 세상에 맞서 하나 혹은 몇 개의 행동 공간을 선택한다. 도시는 그 절단면을 무한정 겹쳐 놓음으로써만, 또 단편적으로만, 견딜 만하다. 그 단일한 이름과 영역 뒤에 도시의 다양한 소(小)문화들이 폭발한다. 기술 사회의 조직 위에 그대로 구멍을 파 만든 이글루들이다.

도시인의 상태를 견디려면 반드시 한탄이 따라야 하는 이유가 이렇게 해서 이해된다. 도시 생활을 잘 해내려면 매순간, 영원히 그곳을 떠나겠다는 생각을 가지고서만 가능하다(이 점에서 도시인과 연인의 공통점이 찾아진다). 불평은 이 경쟁적인 세계가 내게 가해 오는 엄청난 압박의 불쾌한 이면이다. 어떤 적응의 길을 찾고 힘과 쾌활함으로 재충전되려면 이런 유치한 신경질과 한탄이 반드시 따르게 마련이다.

비밀을 지킨다는 조건으로 가능한 또 다른 세계

너무도 섬세한 물처럼, 도시는 우리의 손가락 사이로 빠져나가며 빛을 피해 달아난다. 일상의 공식적인 도시권 속에는 또 하나의 폐쇄된 도시가 살고 있다. 전자와 불가해한 관계를 맺고 있는 비밀스런 곳, 절제된 동작과 속삭이는 말, 수수께끼 같은 표지들로 가득한 곳이다. "내가 거주하는 도시, 걸어다니는 도시는 진짜 도시가 아니다. 또 다른 도시가 존재하는데, 이 도시가 내 눈앞에서 태어나려면 그리로 들어가는 철문을 찾지 않으면 안 된다. 투명 문, 언제나 두 갈래로 갈라지는 길들, 기념비들, 그 하늘, 그리고 때로 우리 사이에서 방황하는 주민들, 이 모두와 함께 태어나려면 말이다."(앙드레 아르들레) 이 도시는 일상을 망가뜨리거나 슬그머니 방해하고, 현기증이 나도록 파손시키기도 한다. 더없이 고상한 외관을 한 것들이 우리의 소매를 잡아끌면서 귓전에 대고 속삭이는 밤, 이 도시는 더 쉽게 발견된다. 파피루스와 양피지의 이 도시는 해독해야 할 원고처럼, 그 길들과 입구에 대한 지혜로운 처방을 내려준다. 모험의 공간들, 변화하는 표지들, 분산된 힘들로 이루어진 이 도시에서는 경계를 늦추지 말아야 한다. 각각의 징후는 신비가 밝혀지는 지표일 수 있기 때문이다. 날이 가고 달이 바뀌며 변화하는, 희미한 윤곽과 실루엣만으로 이루어진 이 밤의 도시는 거대한 연극 무대이다. 모든 것이 음모로 얽히고설키는 이곳에 우리는 방벽과 관제탑, 통로, 도개교를 다시 세운다. 어둠은 우리를 해방시키며, 연인들과 아이들, 날치기, 부랑아, 암살자, 시인들의 행동을 감싸준다. 이 마술적인 시간에는 모든 사람들이 가면을 벗어던지고 환한 대낮에 그들을 옥죄어 오던 역할들로부터 해방된다. 그들은 활기 가득한 몽환적인 힘을 과시하며 먼 바다로 나가듯 길로 모험을 떠난다. 밤의 무리, 매춘부, 기둥서방, 알코올 중독자, 동성 연애자, 기타줄을 긁어대는 남자, 미치광이, 부랑자, 불량 청소년, 이방인, 주정뱅이, 낙오자, 눈가가 거무스레한 가출자, 민간인들로 밤은 넘쳐난다. 이 밤은 대도시에 은밀함의 향기, 숲과 방랑의 냄새를 전해 준다. 우리는 어둠 속에서, 관능적인 부동의 공기 속에서 헤엄친다. 이 공기는 우리를 어루만지며, 우리더러 그 안에 남아 잠기라고, 집으로 돌아가지 말라고 부추긴다. 밤은, 눈이라는 탁월한 도시의 감각을 부드럽게 한다. 밤이 되면, 눈에 의해 어루만져지며 다독여지는 쾌감이 한층 부풀어진다. 밤은 우리의 시선에 손과 촉수를 달아 주기 때문이다. 뿐만 아니라 온갖 파장과 촉각의 무기를 제공한다. 자정이 지나면, 본다는 것은 또한 만진다는 것이다. 눈꺼풀은 대상을 어루만지고, 홍채는 대상을 감싸고, 동공은 대상을 껴안는다. 밤은 사람들을 보다 모호하게 만들고, 접근시키며, 서로를 조금씩 뒤섞어 놓는다. 밤은 우리가 외출을 하는 시각이며, 설령 우리에게 아무 일도 일어나지 않는다 해도 그래도 무언가 일어나는 시각이다. 떠들썩한 소음과 타인들의 수군거림, 그리고 여러 몸과 언어가 나란히 하는 총체적인 움직임 속에 우리는 실려 가는 듯한 느낌을 받는다. 우리는 타인이 없이도 타인을 즐긴다. 그리고 군중의 동화, 환하게 불이 밝혀진 거리가 흥겹게 막을 올리는 모습을 즐긴다. 또한 변두리 카바레에서 울려 나오는 아련한 소리, 차들이 오가는 소리, 술과 감자튀김 냄새를 즐긴다. 전등이 켜진 바빌론이라 할 만한 환한 상점의 리넨 제품들을 보는 것만으로도 하나의 사건이요 놀라운 경험이다. 환영들을 유인할 듯싶은 깜박이는 간판들 사이로 미로 같은 좁은 길을 걸어다니는 것 또한 그렇다. 우리는 집단적 참여라는 추상적인 운명을 지닌 채 가상의 세계를 즐긴다. 우리는 번쩍이며 욕망을 부추기는 것들과 마주치며, 손에 잡힐 듯한 모든 삶을 꿈꾼다. 그것은 목적도 목표도 없는 방황이자, 도시의 별자리들 속으로의 동기 없는 도주이다. 우리는 더이상 아무것에도 익숙해질 수 없다. 그리고 물리적인 표면과 부피를 새롭게 파악하며 외부 세계가 제자리에 그대로 머물러 있도록 내버려둔다. 진지하고 분주한 도시는 파열하여 얼룩덜룩한 그림자들, 잡다한 조각들이 된다. 공식적인 한 개인이 여러 적대적인 인물들로, 예컨대 지킬 씨와 하이드 박사, 현자와 바보, 개와 코요테로 파열하듯이 말이다. 어둠의 가면 덕분에 우리의 행동과 성(性)은 자유를 부여받으며, 각자가 처한 조건의 장벽들이 제거된다. 부자와 가난한 자 사이의 장애물이 적어지며, 서로가 접근하여 가까워지는 데에도 거리낌이 줄어든다. 금지 사항들이 느슨해지고 경관들 자신이 타락하면서, 오직 하나의 시민이 남을 따름이다. 얼굴 위에 밤의 한 자락이 내려앉은 그들은, 새벽이 닥쳐 이 덧없는 무질서를 바로잡기까지 자신들의 쾌락에 몰두한다.

도시 속 여러 다른 구역들의 경계를 설정짓는 도시의 모험은 침묵과 비밀, 그리고 전례 없는 우연한 공모와 굳게 결합되어 있다. 솔직함과 분명한 의도, 의무적인 소통의 적인 우리가 모험에 나설 때에는 그와 나란히 비뚤어지고 음흉한 대상에 대한 진정한 변호가 함께하게 마련이다. 그것만이 각자가 꿈을 이루기 위해 크고 작은 시도들을 감행하는 유일한 방법이다. 도시적 만남이란, 우연이라는 결정적인 미확정 상태에서 여러 이방인이 야릇한 행동으로 의사소통을 하는 마주침을 의미한다. 그런데 잇달아 닥치는 사건은 '현실'과 '가공' 모두에 도전장을 던진다. 모험이라 불리는 근사한 보완물 안에서 이 둘은 분리되고 대적하는 것이다. 모험이 오직 모험으로서 상상될 때, 그 자체로서 완전할 때, 그리고 마치 시가 언어의 비예측성을 인정하듯이 그것이 삶의 비예측성을 인정할 때, 모험은 우리를 매혹시킨다. 만남의 아름다움은 무엇을 의미하는가? 이 만남은 부조리하고 숨막히는 것이라는 사실. 이 만남은 일어나서는 안 되었지만, 그럼에도 불구하고 필연적으로 일어날 수밖에 없었다는 사실이다(때문에 만남은 멜랑콜리를 낳을 수밖에 없다. 이 만남의 취약성을 인식하기에 불가피한 멜랑콜리. 만남이 어쩔 수 없이 내포하는 불안정한 상황들 및 불가피한 사고들로 인한 멜랑콜리이다).

건축물로서의 도시는 그 분신, 그 파괴적인 투사물 없이는 생각될 수 없다. 그것은 어디가 어딘지 도무지 종잡을 수 없도록 그 땅이 움직이는 환상적인 도시이다. 또한 그 이미지들이 만들어지는 중력의 중심이 마음대로 뒤바뀌어 버리는 정신착란적인 공간이기도 하다. 그러므로 도시 계획가는 해부대 위에 눕혀진 채 경련을 일으키는 이 대도시들을 한가롭게 생체 해부하면서 탐정의 상상력을 발휘한다. 신비가 걷히고 비밀이 비워진, 뿌리뽑힌 시신과도 같은 도시에 대한 환상이다. 이 환상은 오스만과 함께 시작된 근엄하고 낡은 유토피아로서, 늘 거주자들의 저항에 의해 다소 좌절당한다. 시민이란 이해할 수 없는 것은 원치 않지만 결국은 이해할 수 없는 것을 좋아하게 되는 자이다. 불가해한 것 혹은 부분적으로만 해독 가능한 것에 의해 자화(磁化)되어서 말이다. 도시는 어머니가 아니라 연인이다. 매번 더 부드럽게, 폭풍과도 같은 솟구침으로, 나는 그 복잡한 몸을 어루만지며 전신을 애무한다. 그녀는 나를 속이고, 실망시키고, 황홀하게 만드는가 하면, 내게 봐란듯이 악마 같은 행동을 하고, 나보다 먼저 존재했듯이 내가 가고 난 뒤에도 살아남는다. 그녀의 벽 속에서 나는 미끄러지듯 움직이는 허약한 그림자에 불과하다. 도시가 몽환의 세계를 그 척도로 삼는다고 볼 수는 없다. 도시는 그저 일관성 없는 현상들을 이성적인 질서 속에 모아 두는 것으로 만족하며, 우리에게 놀랄 만큼 묘한 정경들을 넘겨준다. 그 안에 추문이나 환상의 어떤 체계가 있을 수 없는 것도 이 때문이다.

이렇게 본다면 스트립쇼도 도시권에서 태어난 도시 예술이라는 사실에 대해 놀랄 필요가 없다. 스트립쇼처럼 도시 역시 수수께끼의 암호를 발전시키며, 스스로 드러내지 않는 황홀한 가능성들의 계시를 약속한다. 그것은 진실이나 검증이라는 어떤 구속으로도 제제를 가하지 않는 긴 휴지(休止)이다(도시의 비밀이란 바로 비밀은 없다는 것, 각자에게 한 가지씩의 비밀이 있다는 것이다. 언젠가는 소용이 없어질 수많은 열쇠들은 어느곳으로도 통하지 않는다. 무한히 분산되고 굴절되며 종합이 불가능한, 미시적인 신비이다. 이렇게 본다면 모든 활기와 화려함을 자기 몸의 중심인 배꼽에 맞추는 중심화된 도시들은 빈약하다. 생생하고 아름다운 것을 탐하는 해독자들에게 양분으로 주어지는 보잘것없는 성기(性器)라고나 할까). 우리가 원하는 명료함이 매혹에는 치명적인 적으로 작용할지도 모르는 일이니 말이다. 알레고리를 담은 그림 앞에 선 아마추어처럼 우리는 그림의 암호를 알지 못한 채 자기 만족적인 토대에 기초해 횡설수설 감상을 늘어놓으며 즐거워한다. 그 무엇을 가지고도 비밀을 만들 수 있다는 것은 기쁨이다. 몽상이 도시적 변덕을 부려 마음내키는 대로 정신나간 이야기를 꾸며대도록 내버려두는 것은 기쁨이다. 마치 도시의 스핑크스가 있어서, 어떤 분명한 질문을 던지지도 않는 동시에 미리부터 정답을 마련해 두지도 않는 것처럼 말이다. 일찍이 산적들이나 노상강도들은 숲 속에 몸을 숨겼다. 그런데 오늘날에 이르러 그들은 도시의 정글 속으로 숨어 들어가게 되었다. 고대의 숲이 품고 있던 모든 신비와 공포를 현대의 도시가 동화했기 때문이다. 밀도 높은 덩어리를 이룬 나무숲 혹은 폐쇄된 외관을 하고서는 보이지 않는 시적 영기나 불길한 분위기로 우리의 상상을 자극하기에, 눈에 보이는 것보다 더 중요한 무엇이다(그러므로 우리는 화재와 불길이 번져 가는 폭력적인 힘을 신비롭게 여기는 동시에 그 앞에서 두려움으로 전율한다. 나무들이 추운 듯 몸을 맞댄 채 빽빽이 들어찬 공간에 이 힘이 작용하면 모든 것이 횃불처럼 일시에 타오를 수 있기 때문이다).[5] 저주받은 역사와 부조리한 영웅, 피비린내나는 전설, 엉터리 배우 같은 갱스터, 동요하는 장식, 흔들리는 배경이 사방에서 나를 압도해 들어오며 내게 근시안만을 부여한다. 그리하여 나는 도시 속에

---

5) 과거에 산적들과 약탈자들의 소굴이었던 시골이 오늘날에는 휴식과 피정의 장소가 되었다. 반면 식충이인 도시가 과거의 전원 세계를 야만스러울 정도로 잠식시켜 버렸다.

내재된 놀랍고도 예측 불가능한 것들을 절대로 속속들이 파헤칠 수 없게 된다.

대도시들은 모두 가볍고, 식인성이 있고, 수다스럽고, 교태와 겉멋을 부리며, 우스꽝스럽고 현학적이다. 그 속에는 또한 유행에 맞는 특별한 쾌락과 고뇌가 있다. 도시는 다름아닌 경박한 신비이다.[6] 도시인, 이방인, 관광객인 나는 끊임없이 이렇게 묻는다. 활기찬 장소, '눈길을 끄는 곳'은 어딘지 말이다. 나를 파괴하는 이 출혈을 멈추기 위해 무엇을 중심으로 삼고 어디에 관심을 두어야 할까? '그 일이 어디서 일어나는지' 알고자 함은, 대도시에서 심장을 낚아채리라는 환상 속에 사는 것이다. 또 대도시의 비밀을 뿌리째 뽑겠다는 환상이기도 하다. 그러나 도시는 오직 변덕스럽고 활발한 움직임 속에서 그 표면과 중심을 옮겨 가며 살아남는 한편, 그 얼굴을 시시각각 바꾸며 우리의 탐문을 피해 간다(혈액과 수액이 제거된 황량한 동네에 대한 이 끊임없는 향수(좌안 성향 샹송들의 주제)도 이 때문이며, 생-제르맹-데-프레는 장차 어떻게 될지 모른다. 1930년대의 몽마르트나 몽파르나스는 어디로 간 것일까?). 도시는 매력적인 기계이다. 쉴새없이 수수께끼를 누설하는가 하면 또다시 던지고, 우리로 하여금 평생 교육을 받도록 강요하면서 끊임없이 시대에 뒤떨어지도록 만든다. 도시는 경박하기 때문에 깊이를 헤아릴 수 없고, 불투명하며, 불가해하다.[7]

---

6) 세상에서 가장 문명화된 국가는 어디인가? 그건 다름아닌 이탈리아나 스페인처럼 가장 도시적인 국가들이다. 그렇다면 한 주민의 지성과 세련도는 그 인구의 도시 집중과 정비례함을 상정해 볼 수 있다.

7) 초현실주의자들은 서투르게도 오이디푸스적인 진지함으로 이 신비에 접근하고 있다. 도시에서는 우리의 감각들이 모든 피상적인 것을 향해 떠돌아다니게끔 내버려두어야 하는데 말이다. 더욱이 도시는 성별이 구분되지 않는 몸인 만큼, 거기에 대고 그 진실을 물음은 헛된 짓이다.

만사를 덧없고 비현실적으로 만드는 이 거대한 인간 수족관에서는 얼굴, 작업장, 바, 카페, 거리가 매순간 모습을 바꾸며 나를 방황케 하지만, 그렇다고 내가 정말로 길을 잃는 것은 아니다. 끊임없이 형태가 지워지는 광경을 통해, 잇달아 도시는 그 무엇도 지속되지 않는다는 사실을 암시한다. 동시에 이런 덧없음 너머에서 모든 것이 제2의 삶으로 다시 태어날 수도 있음을 암시한다. 항시 우리에게 자신의 가장 아름다운 비밀들 중 하나를 넘길 준비가 되어 있는 이 도시는 연극적인 반전을 드러낸다. 그러나 그 거주자들의 엉뚱한 호기심을 잠시도 멈추지 않는 반전이다. 본보기와 유행을 만들어 내는 도시는 차이점들에 무관심하다. 이 차이점들은 서로 주거니 받거니 하다가 그 안에서 소멸하기 때문이다. 도시는 하나의 스펙터클로서, 거기 모인 사람들은 다수라는 자체의 속성을 이용해 변화를 주고, 의미를 부여하며, 유희를 할 수 있는 힘을 스스로에게 부여한다.

이것이 도시의 심오한 비도덕성이자, 유행과의 본질적인 친화력이다. 도시 속에서 우리는 타락하거나 온갖 악덕을 물려받을 수 있지만, 무엇보다 도시는 가변적이며, 일관성이나 외적인 기준점 없이 자체의 현실을 스스로 결정짓는다. 선과 악, 아름다움과 추함 너머에서, 도시 사회는 그 어떤 도덕적·정치적 가치 체계도 갖고 있지 않다. 그것은 자체에 대한 명상이라는 가장 섬세한 문명을 이용하기 때문이다(그러므로 도시는 모든 질서를 위협한다. 프놈펜이 캄보디아 혁명 세력에 의해 파괴되고, 촐론의 화교 상인들이 베트남인들에 의해 추방된 사실을 예로 들 수 있다. 또 프랑스의 통치를 받던 사이공이 미군에 의해 변질되는 과정을 생각해 보자. 사이공은 저속하고 무기력한 대도시, 온갖 부패와 매수의 수로이자 세상에서 가장 방탕한 환각의 장소가 된다. 오늘날에는 북부의 검소한 여동생이라 할 만한 하노이에 의해 교화되고 군대식 질서를 되찾는 한편, 이런 정화 작업에 완벽을 기하기 위해 호치민으로 이름을 바꾸었지만 말이다). 도시는 여러 문화와 비극, 열정과 고통을 마치 모의실험처럼 가볍게, 또 견딜 수 없는 혼잡 가운데 받아들이며 유희를 벌이지만, 그럼에도 불구하고 어떤 체제에 대해서나, 또 지나친 구속을 가해 오는 독선주의에 대해 최상의 저항력을 보이며 각별한 사랑을 받는다. 이러한 도시를 겨냥해 전복을 꾀함은——어떤 반란이나 무정부주의적 행동도 그 자연적인 무질서에는 미치지 못한다——파괴를 꾀함과 마찬가지이다(우리도 알다시피 파괴는 수십 년 전부터 전세계 각료들의 의사 일정에 들어 있었다. 바르샤바 · 드레스덴 · 히로시마 · 나가사키의 경우를 비롯해 베이루트 · 프놈펜에 이르기까지 말이다).

이처럼 도시 속에는 벌집의 구멍들처럼 저마다 폐쇄되어 있는 수많은 작은 구역들 및 광장, 골목길, 집, 건물들이 존재한다. 그것들은 각자 주변 환경들로부터 분리된 채 유행이나 갑작스런 변화에 좌우되면서 찰나적이고 강렬한 존재 방식을 따르도록 되어 있다. 도시 공간은 균질하지 않고 수축되었다 팽창되었다 하며 지하의 막다른 길로 패어 있다. 그것은 균열을 드러내는 동시에 명상의 안식처이기도 하며, 저주받은 영역이자 침범할 수 없는 땅, 아니 단순히 불길한 땅이다. 그런데 이 모든 퍼즐은 끝없이 변화하며 형태를 바꾸어 나간다. 개인적 경험과 집단적 경험이 겹치며, 그 어떤 안내자도 막을 수 없는 혼잡을 이루면서 서로 교차한다. 시민이란 기억 상실증에 걸린 물신 숭배자이다. 그는 남의 말이나 글을 통해서만 자신이 사는 도시를 소개할 수 있으며, 전날 찬양했던 것을 언제라도 잊을 수 있으며, 어떤 명소를 두고는 언제라도 신성시할 준비가 되어 있지만 그것도 언젠가는 잊어버리고야 만다. 도시의 혼돈은 적대적일 뿐만 아니라 또한 유동적이며, 아직 눈뜨지 못한 상태에서 예측하지 못한 상황이나 세련되고 너그러운 무질서로 전환될 수도 있다. 그것은 상반되는 수많은 욕구의 다발이 휩쓸고 지나가는 영역이다. 그리하여 도시의 모험은 돌이킬 수 없이 성스러운 감정을 눈뜨게 하며 우리가 절대로 두 번은 경험할 수 없는 것을 경험토록 한다. 그것이 베푸는 호의는 인색하지만 비길 데 없으며, 예측 불가능하고 반복 불가능하다(그러므로 양차 대전 사이의 몽파르나스나, 제2차 세계대전 종전과 병행하는 프랑스 해방 시기의 생-제르맹-데-프레, 50년대 뉴욕의 그리니치, 샌프란시스코 하이트애슈베리의 히피들은 더이상 찾아볼 수 없게 되었다. 이같은 소멸은 도시의 진실 자체인 동시에 다른 곳에서 꿈틀대는 또 다른 생성의 전조이기에 우리는 기뻐해야 한다). 그리하여 이제는 베니스에서의 죽음도, 암스테르담에서의 환희도 없다. 도시는 그 무엇도 깊이 파고 들지 않으며, 그곳을 가로지르는 의미들간에서 선택을 하지도 않는다. 그것은 우리들 실패의 거울이 아니지만, 그렇다고 번영의 상징도 아니다. 도시는 철저히 반(反)비극적이며, 일체의 해석을 받아들이고 확인하고 깡그리 무효화시키는 기이한 공간이다. 이렇게 해서 우리는 우울한 감시병이자 쾌활한 궁수(弓手)로서 도시에 거주한다. 기대와 도달의 중간 지점에서, 그리고 대도시의 이 접근 불가능성을 취하도록 맛보면서 말이다.

"거리로 돌아가자"[8]

거주자란 무엇을 의미하는가? 더이상 위험을 무릅쓰지 않는 사람, 자신의 집을 위해 거리를 잊는 사람이다. 자신의 가정을 위해 군중을

---

8) Victor Hugo의 *Les Misérables*에 등장하는 Gavroche.

잊고, 자신의 고치를 위해 외부 세계를 잊는 사람이다. 이 내부의 인간은 무리의 영향력이 미치지 않는 곳, 그 해체의 힘이 닿지 않는 곳에 자신을 둔다. 사회성의 관점에서 보면 거리는 모든 것을 흐트러뜨리는 공간, 그 무엇도 아직 분류·정리되지 않은 공간이다. 결렬과 분화의 이 공간은 여러 개의 세계를 엮어 나간다. 일관성을 부여하려는 노력은 기울이지 않고 말이다. 그것은 또한 여러 상황과 개인의 집합으로서, 이 세계들이 모두 서로에 대해 이방인이 되도록 한다. 이방인이란 나와 같은 세계에 속해 있지만 내가 그에 대해 아무것도 모르는 사람, 내게 소개된 적이 없는 사람이다. 이방인이란 또한 내가 단번에 내 자신의 공간(윤리적·사회적·지리적) 외부에 둘 수 있는 아웃사이더이다. 이방인이란 말하자면 외적으로 규정지을 수 없는 사람, 안심하고 분명한 레테르를 붙일 수 없는 사람이다. 도시는 우연한 교차들, 양립 불가능한 것들의 집합을 원칙으로 삼는다. 나는 외출을 하지만, 누구를 보게 될지 전혀 알 수 없으며, 엉뚱한 접근을 경험한다. '기괴함'의 범주로 초현실주의자들은 시적인 대륙을 열었다기보다 오늘날 도시의 관행을 그대로 베꼈다고 하겠다. 또한 도시의 무의식적인 미의식이 끊임없이 만들어 내는 조합과 결합을 예술의 분야로 옮겨 놓았다. 도시가 혼합·결집시키는 여러 차이점을 고려하거나 도시의 다양성 혹은 잡다함을 두고 볼 때, 무질서는 도시의 고유한 속성이다. 그리고 도시적인 것이란, 자연스런 부산함과 그에 못지않게 덜 자연스런 정돈의 광기(경찰·도시 계획가·환경보호론자들) 사이에서 영원한 갈등을 벌이는 무대이다.

일찍이 모험은 떠남을 의미했다. 그러나 오늘날의 모험은 장소를 바꾸기보다 장소에 대한 우리의 관계를 바꿈을 의미한다. 도시의 모든 기이한 부(富)를 인식하려면 자신을 밖으로 내몰아야 하고, 자기 영역의 상실을 감지하려면 한가로워야 하기에, 그러므로 떠나야 한다. 실제로 도시에는 구속받지 않고 자유로운 자, 이방인들만이 산다. 이 사람들은 추방자의 상황에 놓여 있기에 내면성과 칩거의 나른한 안락함을 피해갈 수 있다(따라서 양차 대전 사이에 유럽으로 망명한 미국 작가들보다 파리를 더 생생하게 묘사했던 이들은 없었다). 그곳에서 살기 위한 유일한 방법은 그곳의 일부가 되지 않는다는 데에 도시의 매력이 있다. "더이상 여기선 아무 일도 일어나지 않아. 사람들이 맺는 관계도 온통 거짓이고 모두 가짜야." 바보들만이 이런 성가신 하소연을 늘어놓는다. 그러나 이런 불쾌한 고백은 당사자의 무능함을 드러낼 뿐이다. 그들은 자신의 습관으로부터 헤어날 수 없거나, 시각적이고 화려한 것의 힘을 과신하는 자들이다. 그들이 생각하는 '무슨 일이든 일어나는 도시' [9]란 항상 눈에 띄는 근사한 장소를 의미하기 때문이다. 즉 독점 개봉 영화를 상영하거나, 공연 · 소요 · 퇴폐 행위 · 연극 · 레스토랑이 집중되어 있는 장소이다. 그러나 보일 듯 말 듯 벌어진 조야한 균열도 지칠 줄 모르는 음모의 망, 수많은 일화의 온상이 된다. 따라서 이떤 장소에 현재 내 불행의 책임을 전가시킴은 비겁한 짓이다. 수정되어야 하는 것은 다름아닌 이 장소에 대한 나의 관계이기 때문이다. 떠남이나 이주, 자살 등 여하한 방법을 써서라도 말이다.

걷는다는 것은 자기 집 어디에도 없음을 의미하며, 적절한 장소가 없다는 것, 우리를 도취시키는 지속적인 추방을 경험함을 의미한다.

---

9) 일반적으로 유럽인들에게 있어서 도취감과 장엄함의 극치인 이 마술적인 도시란 다름아닌 뉴욕이다. 뉴욕은 이 촌사람들에게 진정한 동경과 집착의 대상이며, 구세계에 속해 있다는 사실은 씻을 수 없는 열등감을 불러일으킨다. 황소로 태어나지 못해 불평하는 불쌍한 개구리처럼 말이다. 하지만 뉴욕에 대한 이같은 동경은 무엇보다 끔찍한 자기 경멸이기도 하다. 그런데 자신을 그토록 보잘것없는 존재로 간주하면서 어떻게 사랑하거나 감탄할 수 있을까?

서로 껴안고 있는 연인들처럼 보행자 역시 장님이다. 그는 도시라는 텍스트의 충만함과 자유분방함에 복종해야 한다. 그리고 매혹적인 통음난무 속에서 어둡고 불가해한 공간, 무향무취의 영역, 휘황찬란한 교차로와 마주친다. 그가 이동하는 도시는 시각의 지배 및 총체적인 파악을 벗어나는 맹목적인 도시이다. 보행자는 보도를 따라 걸으며 어린 사냥개처럼 도시의 불안한 냄새, 제과점의 달콤한 빵 냄새, 교외 선술집의 시큼한 술 냄새, 길 가는 여인의 향수 냄새를 맡는다. 그렇게 그는 끝없이 미래에 도전하며, 자신이 거니는 영토를 구축한 영웅으로 다시 태어난다. 하지만 그가 아무리 도시를 가로지르며 거닌다 해도 도시는 항상 그 특정한 시대로, 역사로, 또 그가 떠맡을 수 없는 어떤 차원으로 그를 때려눕힌다. 이것이 여성인 도시의 영원한 복수이다. 이 도시는 무수한 기억들의 겹침이자 여러 시대의 겹침, 그리고 나 한 사람이 감당하기에는 너무 복잡하고 섬세하며 강인한 기계이다. 나는 도시를 절대로 최종적인 말로 규정지을 수 없다. 걷는다는 것은 사소한 세부 사항들과 작은 비밀들을 불러내고, 이야기 없는 그림책들을 수집하는 것이다. 그리고 생울타리나 무너진 건물들, 공터 속에 숨어 있는 속내이야기들을 모으며, 층계의 난간처럼 하찮은 대상에서도 수수께끼를 찾아내는 일이다. 말하자면 매순간 그 지역의 전설집을 펴내는 작업이다. 광장과 대로, 작은 공원, 주거 단지가 이런 장소들로서, 이것들은 바로 이런 평범한 모습을 하고서 차츰 심오한 종교로 태어난다. 영웅적이고 신화적인 이 장소들은 때로 무덤처럼 과거에 고정된 채 침묵한다(자기 자신을 선뜻 내어주는 도시들이 있는가 하면, 어떤 도시들은 그저 우리의 호기심에 양보하여 인색하게 조금씩 내어주거나 아예 꼼짝달싹하지 않기도 한다).

걷기는 음유서사시의 구조를 지닌다. 보행자는 구덩이를 지나 벼룩

띔, 개구리뜀을 뛰며, 건물이나 대로가 이루는 다채로움과 하나가 된다. 그렇다고 이들의 노선을 그대로 따라가는 것이 아니라 비연속적인 방법으로 거리의 모퉁이 하나하나가 모두 망각·소멸되도록 한다. 그는 일직선으로 나아가거나, 한 발로 뛰거나, 네 발로 기어가거나, 외바퀴 손수레를 타고 간다. 그는 이상할 만큼 건망증이 심해 도시 곳곳에 공백을 주입시킨다. 그리고 진열창을, 푸른 시선과 하늘 한 조각을, 문장의 동강들을, 무질서한 노점들 가운데 병치시켜 놓는다. 이 공백들은 어찌보면 준비된 것이며, 도시의 직조에 의해 미리부터 합법화된 것이다. 그러므로 그는 부분적인 망각을 통해 도시의 진실 자체에 머무른다. 일체의 편견을 버린 마음 상태로, 매혹적인 무동기성을 띠고, 시끌벅적한 것들이나 하찮은 것들에 주의를 기울이며 아스팔트 위를 걷기. 잰걸음 혹은 큰걸음으로 걷기. 조로(Zorro) 역시 횡단보도를 건너고 있을지 모른다는 사실을 잊지 않은 채 몸과 생각과 의복 속에서 이리저리 떠돌기. 자신이 사는 도시를 새로운 시선으로 바라보기. 녹지대에 눈길을 돌리기. 이런 것들이야말로 도시의 방랑자가 지닌 시골풍 윤리일 것이다. 그런데 우리는 '사물들의 교훈' 이라는 시골의 본성보다 도시의 경이로운 본성을 선호할 수도 있다. 소화 촉진 작용을 하는 쾌락인 '산보' 의 반대는, 토요일 저녁 부르주아를 혼란에 빠뜨리는 무리들의 노마디즘이다. 그 동일선상의 일탈인 불량 청소년들, 록 애호가들은 자신들이 거주하는 교외 지역에서 시작해 두터운 도시민 층에 도전한다. 변두리 지역의 불량배들, 경계 지역의 배회자들, 도시의 성문 주변을 얼쩡거리는 수상한 자들, 이런 전형화된 형상의 무리들은 근면한 대도시 외곽 지대에 살면서 좀도둑질로 생활하며 물질적 근심으로부터 해방되어 있다. 그런가 하면 도심을 향한 외곽 지대 무리들의 주기적인 침범이 있다. 이들은 상점의 진열창을 부수고 보행자들을 털거나 폭력을 휘두르며, 이렇게 하면서 거리를 점령한다기보다 텅 비게 만든다. 이 점에서 그들의 행동은 폭동보다는 기습이나 약탈에 가깝다. 이런 식으로 그들은 전쟁을 치르며, 부자와 근면한 자들을 불안에 빠뜨린다. 또 오만한 도시로 하여금, 체제로부터 소외된 자들과 불우한 자들에게 도시가 어느 정도까지 모욕으로 작용할 수 있는지를 상기시킨다.

도로 위의 낙오자들

어느 날 거리가 주거 공간이기를 그치고 미국에서처럼 순전한 통과의 장소가 되어 버린다면, 또 고객이나 운전자를 모으는 순전한 소비의 진열창이 되어 버린다면, 도시의 성문 안에 보이는 것이라고는 악취를 풍기는 우울한 상처들, 가지런히 놓인 인간의 잔해들, 제거된 껍데기 중의 껍데기인 부랑자들뿐이리라. 거리와의 완전한 근친상간의 대가인 부랑자의 상황은 태반의 악취가 나는 도시라는 기계, 도시의 태반——우리가 끊임없이 거기서 생겨나고 다시 태어나는——속으로의 전락이다. 그것은 풀 한 포기 나지 않는 참담한 상황, 한마디로 오물이다. 이 상황은 해체되는 도시와 급기야 몰락해 가는 삶의 접합점에서 탄생한다. 서로 만나는 이 두 쇠락은 공공 도로에서, 즉 불임인 어머니의 소산인 이 황무지에서 겹쳐진다. 매춘부처럼 누구나 접근할 수 있는 추잡한 그녀가 분만하는 것이라고는 쓰레기와 파편 더미밖에 없다.

부랑자. 우리는 그가 벗은 모습을 상상할 수 없다. 저녁엔 파자마를, 낮에는 바지를 입는 남자, 그는 그런 남자가 아니며, 그 남자의 모든 것은 엉망으로 구겨져 있다. 그의 웃옷, 머리털, 살은 손이나 의복, 피부와 마찬가지로 일체를 이룬다. 이 모두가 땀에 젖고 털로 뒤덮여 있으며, 체액과 혈농이 배어 있다. 결코 옷을 벗거나 빨지 않는 그는 하나의 누더기 덩어리이며, 오물과 토사물과 천이 분간되지 않을 정도로 뒤엉켜 갑각처럼 한 몸을 이룬다(그리하여 그는 놀랄 만큼 촉각이 발달한다. 그의 소매 한 조각을 잘라 보라. 그는 마치 살을 도려내기라도 한 듯 소리를 지르며 고통스러워 할 것이다). 옷 입기 법칙에 대한 도전이랄까. 가려진 것과 드러낼 수 있는 것, 외관과 내면, 더러운 것과 깨끗한 것, 혐오스러운 것과 사랑스러운 것을 그는 더이상 구분하지 못한다. 그의 경우에는 모든 것이 무섭게 빨리 진행된다. 노화, 부패, 마모, 쓰레기. 그는 공중 변소와 오물더미의 근친이요 쓰레기통과 길가 도랑의 형제로서, 말하자면 그것들의 살아 있는 발현이요 말하고 걸어다니는 화신이다(쥐는 오물을 먹고 살며, 부랑자는 이런 쥐에 동화된다. 하지만 짐승의 자격조차 부여받지 못한 그는 걸핏하면 쥐들에게 갉아먹힌다). 그는 진정 인간의 얼굴을 한 오물이며, 악취나는 쓰레기장이다. 그리고 술을 마시며 잊고자 한 것을 오래전에 잊어버린, 술에 절은 너절한 인간이다. 도랑의 거주자요 담벼락 아래 붙어사는 그는 직립 자세를, 앉거나 누운 자세와 맞바꾸고 말았다. 그는 마치 하수구처럼 나무 둥치와 자동차 바퀴, 개들이 누는 오줌, 기름종이, 폐수를 받아들인다. 그리고 우리 자신은 발 끝으로만 건드리는 보도, 이 지면과 일체가 된 그는 극단적인 경우에 보도와 구분이 되지 않는다(매춘부처럼 고의성을 띠는 게 아니라 저절로 그렇게 된다). 석화된 광물에 보다 가까운 그는 아스팔트와 도로를 떠도는 거대한 망령이다. 이 부랑자는 지하철 좌석 혹은 대기실이나 선술집 의자 속에 파묻혀 있거나 층계 밑 혹은 문 구석에 앉아 찌든 담배 냄새나 썩은 입 냄새, 충치 냄새를 풍긴다. 그는 최근까지도 유럽의 도시들을 떠돌았던 가난뱅이들은 물론 방랑자나 가출벽이 있는 자들과도 무관하다. 그는 말하자면 풍요로운 사회의 비렁뱅이로서, 부유한다기보다 나락으로 빠져 들어가며, 길 잃은 선박처럼 제자리에서 표류한다. 비렁뱅이는 비참한 태생으로 말미암은 삶을 살지만, 부랑 생활은 재산이나 사회적 조건과 상관 없는 자발적인 실추이다. 이 실추는 그 무엇에도 항의하지 않으며, 어떤 생산 활동에도 참여하지 않고, 미래를 위한 메시아적인 차원도 지니지 않는다. 그것은 더이상 비천한 운명이 아니며 고의적인 선택이다. 이 모든 부랑자들은 사회의 철저한 낙오자들이며 아웃사이더들로서, 그들에게서는 더이상 아무것도 기대할 수 없다. 그들은 오늘의 엘리트가 되지도 못한 어제의 소외 계층이며, 68년 5월 혁명의 마지막 영웅들이다. 이렇게 해서 파리를 비롯해 뉴욕·버클리·베를린에서 이처럼 극단적인 젊은이 집단이 생겨나, 체제에서 살아남기보다는 차라리 파멸코자 한 좌익 급진주의자들, 이탈자들을 받아들인다. 바바쿨(반체제 성향을 지닌 쿨한 젊은 부류)이 바바클로슈(반체제 성향을 지닌 젊은 부랑자 부류)로 변신한 것이다. 사실 소외 상황이 자유와 무르익음의 동의어로서 유혹적으로 다가오던 시절이 있었다. 부르주아의 생활 양식이 궁지에 몰려 몹시도 우스꽝스럽게 비쳤기 때문이다. 그런데 이 부르주아적 삶이 자체에 대한 비판을 수용한 오늘에 이르러, 적도 없이 생기를 잃고 만 이 소외 상황은 혐오스런 모습을 띠게 되었다. 그러나 이단적이지도 전복적이지도 않으며 범죄와도 상관없는 부랑자-히피는 온전한 해체자로서의 역할을 담당한다. 그가 행인들에게서 그 유명한 조롱의 세금을 징수할 때조차 그의 간청에는 익살과 짓궂은 장난의 냄새가 난다. 그가 좋아하는 성향은 연민이 아니라 기묘함이다. 이 사람이야말로 현대 사회의 위대한 광대로서 만사를 웃음거리로 만든다. 혁명, 소음, 사랑, 음악, 그리고 위생이나 건강 따위의 가장 초보적인 규율까지 말이다.[10] 술병을 든 손, 쉰 목소리, 체처럼 얽은 얼굴, 비열한 사랑, 잔인성, 이런 특징을 지닌 그는 우리에게 도시가 치명적이라는 사실을 일깨워 준다. 도시는 또한 파산에 이를 수도, 사방으로 물이 스며들 수도 있다는 사실을 상기시킨다. 이렇게 해서 그는 양면성을 지닌 공포심을 우리 안에 유발한다. 그는 음산하고 불건전한 진리의 전달자인 동시에 대도시가 지닌 어두운 면 및 평범한 잿빛 그리자이유의 전달자로서 그을음 낀 도시의 비장함을 지녔기에 우리는 그를 눈감아 준다. 그러나 그는 우리로선 견딜 수 없는 거울을 내밀기에, 또 부랑자라는 성채 사이로 끔찍한 형상을 열어 보이기에, 우리는 그를 미워한다. 도시는 폐허의 문장(紋章)처럼 그 옆구리 사이로 드러내보이는 이런 인간적인 파산을 통해 자체의 해체를 미리 막는다. 그리하여 배제의 성향에서 액자소설 구조[이야기 속에 이야기가 나오는 소설 구조]의 성향으로 나아간다. 어쩌면 부랑자들을 통해 성스러움이, 공포와 혐오의 성스러움이 부활하고 있는지 모른다. 시대의 마지막 중증 정신착란증 환자이자 오만불손한 인간인 그들은 우리가 받드는 가치, 기호, 관습이라는 진흙의 땅을 형성한다. 그들은 이 흙으로 만들어진 더럽고 악취나는, 저주받은 반죽이기 때문이다. 그들이 제시하는 무언의 교훈을 피해 갈 수 있는 자는 아무도 없다. 우리가 그들을 무시하거나 거부할지라도 그들은 우리 자신의 내면 깊숙이 파고들며 우리를 거북하게 만들기 때문이다. 그들은 매춘부처럼 교태를 부리며 유혹해 온다. 그리고 끔찍한 협박을 가해 오면서, 어떻게 가늘

---

10) 마비용 가에서 본 한 여자 부랑자가 그랬다. 그녀는 자신의 맨 사타구니에서 끄집어낸 피와 고름이 묻은 생리대를 휘두르며 보행자들을 쫓아내고 있었다. 상상을 초월하는 혐오스런 상황이 아닐 수 없다.

고 미세한 경계선이 비천한 상황을 일상의 삶으로부터 갈라 놓는지 증명한다. 그들은 모의 타락이며, 그들은 우리를 꿈꾸게 한다. 그들을 통해 우리는 임시로 또 대리로 표류물처럼 살 수 있다. 이 모든 불량배들은 결국 현기증을 일으키며 우리를 웃음짓게 만든다. 그들은 우리를 저마다 추락으로, 완전한 타락으로, 말없이 초대하기 때문이다. 심연이 지닌 마력, 공포가 지닌 마력이다. 그것은 일이 잘못되면 우리에게 닥칠 수도 있는 상황의 반영이다. 그러나 아무리 낮은 바닥으로 내려갈지라도 거기에는 옛날 파리의 거리 부랑배들이 모여 살던 장소 같은 곳이 존재한다는 것. 이 사실은 우리에게 잔인한 위로가 되어 준다. 우리를 기꺼이 맞아 주는 궁핍과 빈곤의 집단이 존재하는 것이다 (요컨대 도시화란 비렁뱅이 생활과 내면의 칩거 중간 지점에서 거리에 거주하는 방식인지 모른다. 문제는 그 어느 방향으로도 너무 멀리 가지 않아야 한다는 데 있다).

연쇄 충돌에 대한 찬사

파스칼 브뤼크네르, 알랭 팽키엘크로, 당신들의 똥구멍은 혁명적인가? 만일 그렇다면 어떤 성향의 혁명인가? 미테랑식인가, 로카르식인가, 유럽 공산주의식인가, 라캉식인가, 아니면 저항파식인가? 아, 유감스럽게도 그 어느것도 아니다. 우리의 작은 괄약근은 우리 이성애자에게는 그저 똥누는 구멍일 따름이다. 정상적인 다수에 속하는 우리에게는 어떤 전복(顚覆)의 특권도 없다. 그렇다면 우리는 도시와 어떤 관계를 맺고 있는가? 오늘날의 모든 도심은 다양한 이성애자들만을 위한 제한 구역이다. 이 사냥터에서 그들은 서로에게 도전하며 먹이를 찾고 혹은 거친 야유를 퍼붓거나 일시적인 힘을 뽐내며 생명력을 발산한다. 오토바이족, 갱단, 경찰, 거들먹거리며 여자를 낚으러 다니는 자들, 흥청대는 자, 알코올 중독자, 소외된 자, 마약 복용자, 이 모든 이들에게는 한 가지 공통점이 있다. 즉 그들의 차이점이나 경쟁에도 불구하고 그들은 도시를 독점하는 한편 마음 내키는 대로 거리를 점거한다는 사실, 요컨대 공공 장소로서의 도시를 죽인다는 사실이다(대다수의 대도시에서는 오늘날에도 거리가 어른과 남자들의 전유물로 남아 있다. 이러한 현상은 특별히 파리와 로마에서 눈에 띈다. 여름이면 아이들과 젊은 여자들이 대로와 광장으로 모여들지만, 겨울이 오면 그들은 집 안에 틀어박혀 도시는 남자들 차지가 된다. 일 년 열두 달 중 그 절반만이 남녀 혼성인 도시의 묘한 모습이다).

"밀실에서 나와 거리로(Out of the closet, into the streets)"라고, 캘리포니아의 동성애자들은 외친다. 그리하여 무엇보다 도시 전체가 남색가의 공간임을 상기시킨다. 그곳에서는 다양한 연령과 행동 방식이 마구 뒤섞여 노인, 불구자, 어린아이, 여자, 도둑, 비렁뱅이를 동시에 화해시키고 있음을 일깨워 주는 것이다(오늘날 북아프리카 도시의 회교도 거주지나 일부 아시아 도시들이 아직 그렇듯이 말이다). 20세기말의 놀랄 만한 현상이 아닐 수 없다. 어린아이들과 함께 남색가들이 우리 시대의 마지막 시민이 될 것이다. 뉴욕 · 샌프란시스코 · 파리 · 바르셀로나의 가장 매력적이고 안전한 구역은 뜻밖에도 대부분 동성애자들로 넘쳐난다는 사실이 밝혀지고 있다. 점점 더 다양한 층으로 분화되어 가는 대도시에서 호모는 불안을 야기시키는 한편, 자신의 사생활을 모두에게 정신적 양식으로 내어주면서 격리와 차별을 타파한다. 그들의 위반 행위를 단지 남색이나 무분별한 여자 사냥 등의 관점에서만 볼 수는 없다. 그보다는 모든 사적인 관행들을 공공연히 드러내 놓는다는 점에서 찾아야 한다. 법은 사생활이나 일상의 추한 비밀들을 덧창 뒤에 숨겨 두도록 우리에게 의무를 부과하지만 말이다. 토니 뒤베르〔1945- , 프랑스의 작가〕 같은 작가가 파렴치하게 보일 수 있음도 바로 이런 정상적인 관계를 범하고 있기 때문이다. 어린아이들을 맛보는 것 이상으로 그에게서 철저한 변태 성향이 엿보이는 이유도, 사생활의 영역으로부터 가장 소중하고 깊숙이 숨겨진 보물을 끄집어낸다는 점에 있다. 그건 바로 에로티시즘이다. 외부의 공동 화장실, 널찍한 대문, 덤불, 공원에 던져진 성(性)은 포르노그래피로 전락한다. 포르노그래피는 비역질의 성격이나 음경의 크기, 삽입의 횟수 같은 세부 사항을 넘어서서 진정성을 비웃는 뜨거운 관계이며, 친밀함과 반비례하는 강렬함이다. 그러나 동성애자들은 소외의 모든 함정들을 피해 갈 줄 알았다. 그들의 투쟁은 더없이 구체적인 동시에 삶을 위한 몸부림이다. 보다 일반적으로 말해 모험이란 사회성을 심리학이라든지 진정한 의사소통이라든지 진정성이라는 테러에 내맡기기를 거부함이다. 도시는 피상적인 관계, 내일이 없는 접촉에 탁월성을 발휘하기 때문이다. 도시는 결함과 불완전의 예술에 있어서 대가로 간주된다. 그리고 모든 인간 관계를 거짓의 잠재적인 조롱 혹은 조소가 담긴 눈속임으로 간주한다. 동성애자들은 자신들이 경찰이나 가정의 질서에 의해 '남색으로 규정되는 것'[11]에 반발하면서 자신들의 상황을 정상으로 인정해 주기를 바라며, 또 숨지 않고 살 수 있는 권리를 주장한다. 그들은 나이 · 성별 · 관습에 대한 차별 없이 누구나 거리로 나올 수 있도록 하기 위해 투쟁한다. 그리고 도시의 근본적인 외설성이 살아남도록 요구한다. 즉 일반적으로 금기나 규범에 의해 사회적 · 인종적 ·

---

11) Tony Duvert.

직업적 영역에서 서로 격리되어 있는 아주 상이한 개인들을 같은 자리에 병치시켜 놓는다는 의미에서이다. 게이와 어린아이, 노인과 청소년, 노동자와 부자, 부랑자와 마약 단속 경찰, 록 애호가와 유행에 민감한 멋쟁이, 기병하사와 동성연애자, 매춘부와 고객 사이에 범죄적인 감염이 이루어지도록 하기 위해서이다. 이것은 까다로운 시(詩)를 통해 이루어진다. 가장 수상쩍은 것들의 혼합을 통해 여러 기능과 악덕을 뒤섞으며 자체의 매력을 끌어내는 시이다. 동성애는 도시에 무엇을 가져다주는가? 도시가 지닌 웅장한 차원의 재생, 광폭한 난투의 측면, 광란의 거리, 행복한 바벨, 뒤죽박죽의 외관과 풍습, 다양한 언어 습관과 사고 방식의 충돌, 적들의 회합. 그것은 온갖 생활 양식이 충돌하며 공존토록 한다. 우리는 68년 혁명의 낡은 경구를 기억한다. 즉 당신들은 모두 억압된 동성애자라는 것. 오늘날엔 이 말을 다음과 같이 해석해야 한다. 즉 개개인이 저마다 억압받고 있는 것은 자신의 성(性)에 대한 기호——한 기호가 다른 기호들보다 더 자연스러운 것은 아니다——가 아니라, 온전히 도시적이라 할 만한 은총, 온전한 의미에서 도시와 거리에서 살고자 하는 이 열정이라는 의미로 말이다. 지금까지 오로지 남성 동성애자의 전유물이었던 열정, 이들이 대도시에서 더없이 세련된 오만함을 과시하며 지니고 다녔던 열정이다 (의복, 춤, 유행에 대해서도 같은 말을 할 수 있다. 이들의 행동 방식은 여자들에게 오염되고 그 품행에 영향을 미친다. 페미니즘 이후의 묘한 변화라고나 할까). 우리의 자유를 위해서는 도시가 이런 적극적인 타락의 공간으로 남아 있을 필요가 있다. 이곳에서는 자신의 차별성이나 초라한 자아를 보존하는 일이 더이상 중요치 않다. 그보다는 이 자아를 더럽히고 손상시키고 심지어 잃어버릴 각오까지 해야 한다. 도시의 소용돌이가 잦아든다. 고약한 음모인 이 소용돌이로부터 무사히 빠져나올 자는 아무도 없다. 죽음과 재생, 변신의 끊임없는 순환 속에서 누구나 흔들려야 한다.

여름날 저녁 우리는 거리의 가로등을 따라 한참 동안 걷다가 대로를 오르고 공지를 지나 마침내 막다른 길에 홀로 선 자신을 발견한다. 검은 고양이 한 마리가 다가와 가르랑거리며 당신의 다리에 몸을 부벼댄다. 이 순간 당신은 다시 한번, 거리와 수상한 술집, 환락가를 감도는 폭력과 냉혹함, 위험의 강도를 느낀다. 관능적인 분위기가 도처에 감돌며, 온갖 것들이 우리를 유혹해 온다. 도시 속에 숨어 있는 사악하고 신랄하고 피상적이고 포악한 것들이다. 그런데 도시가 품고 있는 정글과 뱀은 시골의 평화로운 아름다움을 돋보이게 할 뿐 아니라 '인간'이라는 종족의 고양에도 도움이 된다. 더없이 달콤한 기쁨이나 감정의 표현처럼 이같은 경합과 불균형 또한 기적이 아닐 수 없다.

여기에 씌어진 일체는 서구와 서구의 주민들에게만 해당된다. 오늘날에도 우리가 어떤 보편적인 이론을 발설할 수 있다고 믿는다면 큰 잘못이리라. 그럼에도 불구하고 시도된 이같은 관찰을 두고 느껴야 하는 가책 따위는 접어두고 한 가지 사실만을 분명히 해두자. 즉 모험이란 지역에 따라 의미가 달라지는 개념이라는 것. 정치의 비정신화와 평범의 지배는 전적으로 유럽의 현실이기 때문이다.

토요일

프티부르주아는 사라지고 있다

우리는 길 잃은 세대가 아니며, 과거에도 그랬던 적은 없다. 다만 대리로 모든 것을 경험한 희화적인 세대이다. 68년 5월 혁명조차, 아니, 특별히 이 혁명이 그렇다. 이 장엄한 심리극 덕분에 모의와 흉내가 역사 속으로, 그 과정과 동력으로서 결정적으로 진입했다. 지난 10년 동안[본서는 1979년에 발행되었음을 기억할 것] 대부분의 사회 운동이 정치 무대에서 연출되기를 그치면서, 우리는 마치 헌옷 상점을 동원하듯이 역사 전체를 동원하게 되었다. 우리는 무정부주의적 조합 운동에서 1917년 영웅들의 순수하고 냉혹한 볼셰비즘에 이르기까지 1백50년간의 노동 운동을 재연출하게 된 것이다. 혁명은 죽었지만 우리는 모두 그 환영으로 남아 있었다. 말로는 장 라쿠튀르에게, 자신에게 있어 20세기는 장총이 삐죽삐죽 솟은 트럭의 이미지로 요약된다고 털어놓은 바 있다. 그런데 우리에게 있어 저물어 가는 이 세기는 텔레비전 안테나가 삐죽이 솟은 교외 별장으로 귀착된다. 장총이 삐죽삐죽 솟은 트럭들의 영상이 이 텔레비전을 통해 온종일 방영되는 것이다.

우리 가운데 누구에게도 굴락이나 아우슈비츠를 내세울 권리나 자격이 없다. 어떤 인종 말살도 대학살도 경험한 적이 없는 우리는, 평범과 안락이라는 천박한 결합의 산물이다. 또 우리는 지하철·버스 공용정기권과 다르티[Darty, 가전용품을 판매하는 체인스토어]를 이용하는 자들이며, 사회보장 제도와 상공업 고용촉진협회의 지원 대상자이자, 컴퓨터와 믹서를 사용하는 세대이다. 길 잃은 세대(génération pérdue)라고 했던가? 이 말을 더듬거리며, 길, 길 잃은 세대(génération péperdue)라고 따라하다 보면 진실을 간파하게 된다. 다시 말해 그것은 은신해 있는 자, 조용하고 한가로운 자(péper)의 세대인 것이다. 위축되고 소심한 태도를 생활 방식으로 격상시킨 세대, 늘 잘난 체하는 세대이다. 상반되는 태도를 보이며 순교자의 비극적인 포즈를 과시하는 이들은 타자기 앞에 앉은 하이에나, 음탕한 독사, 펜을 든 자칼들이다. 우리 시대는 온통 나르시시즘에 빠져 고통 속에 뒹굴었고, 자체의 심술궂음에 얼이 빠졌었고, 스스로가 가장 부패하고 불행하고 타락한 시대이기를 바랐었다. 이 모두는 단순히 자신이 더없이 무미건조하고 산문적인 세대라는 사실을 받아들이지 않으려는 일종의 가면 무도회였다. 70년대, 이 평범의 왕국은 반복과 흉내라는 두 공국을 두고 있었다. 오늘날 유럽의 보통 사람은 지친 관객의 위치에 있다. 지난 20년 동안 수십 년의 역사가 가속화되며 재현되는 것을 목격한 그는, 극장에서 피곤한 몸을 이끌고 나온 관객이다. 그는 자신의 삶이 어찌될 것인지를 묻는다. 이 삶을 지난 시대의 드라마처럼 다시 연출할 수는 없게 되었기 때문이다. 금세기의 전반부가 비극적이었으며, 스탈리니즘과 파시즘을 통한 피비린내나는 집단적인 좌절이라는 실패의 경험이었다면, 잇달은 30년은 익살과 흉내의 연속이었다. 선인(先人)들의 흉내를 내면서 그들이 양식으로 남긴 신화들을 소비하며 젊음을 낭비한 광대들의 대(大)납골당이랄까. 그렇다면 금세기의 마지막 2,30년은 아마도 낭만적인 성향을 띠게 될 것이다. 스스로를 확신하지 못하며 자신의 특권을 의심하는, 불안한 낭만성이다. 진보적인 지스카르주의 [발레리 지스카르 데스탱, 1974-1981년 프랑스의 대통령]가 혁명적 메시아니즘을 대체했고 역사가 혼잡한 수많은 일화들로 분산된 오늘날의 우리가 그렇듯이 말이다. 미망에서 깨어난 무절제한 세기의 자녀인 우리가 지닌 정신적 소유물이라고는 어렴풋한 향수와 대책 없는 망설임뿐이다. 그러면서 우리는 어떤 역할을 받아들여야 할지, 어떤 인물임을 자처해야 할지, 또 맨얼굴을 견디지 못하는 우리의 얼굴에 어떤 가면을 씌워야 할지, 좀처럼 알 수가 없다. 한마디로 말해, 우리는 환멸과 주저의 자식들인 것이다.

지나간 꿈: 혁명

우리는 거기서 벗어나지 못할 것임을 이제 알고 있다. 우리는 자본주의를 무너뜨리지 못할 것이다. 우리의 다음 세대들 역시 그렇겠지만 말이다. 사회는 자체의 기반들 위에 튼튼히 버티고 있으며, 체제는 교활한 병자처럼 그 묘혈 파는 인부들을 모두 묻어 버렸다. 우리는 세상의 종말——실제로는 일어나지 않은——에서 살아남은 자들이다. 혁명은 죽은 신화여서, 더이상 어떤 희망도 그곳으로 피신하지 않는다. 현존하는 것을 새로운 것으로 교체하겠다는 환상은 죽어 버렸고, 우리가 사는 세상을 견디기 위해 더이상 저세상을 필요로 하지도 않게 되었다. 요컨대 우리는 어떤 중대한 '사건'을 기다렸지만, 이제는 기다리지 않게 된 것이다. 환희가 불확실성과 뒤섞이는 묘한 공허감이다. 우리는 전보다 더 우왕자왕하며 비참한 지경에 빠져 있지만, 동시에 더 자유롭다. 그러므로 이런 연약함을 빛나는 미래의 우화나 행복한 미래의 목가와 맞바꾸지는 않을 것이다. 설령 사회가 다른 이름을 갖게 될지라도 우리는 거기 그대로 남아 있을 것이다. 새로운 세계로 진입하기 위해 낡은 세계를 떠나지는 않으리라는 말이다. 이런 변신이 역사의 종말은 아니기 때문이다. 각각의 시대는 모두 과도기요, 이것도 저것도 아닌 미확정의 시대이다. 이것이 오늘날 이야기되어야 하는 것, 반복되어 언급되어야 하는 사항이다.

혁명은 이제 시대에 뒤진 낡은 것이 되어 버렸음을 우리는 이미 선포했다(혁명의 유토피아가 탄생하면서부터 이 사실이 거론되고 있다). 혁명이 생겨나기 위한 객관적 조건들이 상실되었음을 선포했다. 사람들은 행복에 도달하지 못했지만, 그렇다고 더이상 철저한 단절을 감행할 만큼 불행하지도 않은 것이다. 오늘날 우리가 경험하는 현상은 완전히 다른 차원에 속해 있다. 혁명은 불가능하다기보다 달갑지 않은 무엇이다. 우리는 혁명이 시의적절한지 묻지 않고, 그저 혁명을 원치 않게 되었을 뿐이다. 혁명의 약속들은 허무맹랑하다기보다 가증스럽다. 혁명(révolution) 속에는 꿈(rêve)이라는 단어가 들어 있다. 즉 아무리 찾아도 찾아지지 않는 무엇이다. 이 꿈의 소멸은 결과로 따지면 숫자화된 보고들보다 한층 심각하다. 혁명적인 단절의 불가능성 혹은 반대로 불가피성을 논하는 경제학자들의 주장보다도 심각하다.

68년 혁명의 투사들에게는 진지성이 결여되어 있었다는 말이 사실일까? 그들은 스스로 연극 무대에 있다고 믿었고 연극과 현실을 혼동하면서 최종적인 투쟁을 벌였으니, 그들은 진지하지 않았다고 보아야 할까? 그렇다면 1789년 대혁명을 주도한 이들에게도 비난을 돌려야 할 것이다. 또 로마인의 복장을 하고 큰 혁명을 일으킨(마르크스가 언급했듯이) 공화력 2년(1793년)의 시민들이나, 자발적으로 지롱드당과 산악당으로 분리된 1848년의 공화당원들도 비난받아야 할 것이다. 그리고 스스로를 자코뱅당원으로 여기며 로베스피에르의 동상을 세우고 마라를 자신들의 첫 순양함들 가운데 하나로 규정지었던 볼셰비키당원들 또한 마찬가지이다.[1] 모든 혁명은——가장 효율적이며 가장 피비린내나는 혁명까지도——멜로드라마 혹은 서정적인 가면 무도회이다. 그것들은 모든 역사의 옷장을 뒤져, 장엄한 스타일의 카니발로서 모습을 드러낸다. 근사한 과거를 재현시킴으로써 정치를 무미건조한 일상으로부터 탈피시키기 위한 카니발이다. 혁명은 항상 두번째로 일어난다. 혁명은 개막식과 추도식의 성격을 동시에 지니는 모순적인 사건이다. 즉 그것은 절대적인 시작이면서 또한 회귀이다. 행위인가 제스처인가는 사실 문제되지 않는다. 반란의 위업은 모두 위업 자체에 대한 흉내이며, 성공한 혁명은 또한 전적으로 무의미하다. 중요한 것은 혁명이 전개되는 무대이기 때문이다. 68년 혁명 때에 사람들은 마치 신들린 듯 싶었지만, 그렇다고 파리 코뮌 가담자들이나 겨울궁 장악(1917년 페트로그라드)의 주동자들보다 더하거나 덜한 것은 아니었다. 유일한 차이점을 찾는다면, 혁명의 욕구(즉 반복의 의지)라는 형태로 어쩌면 다른 무엇에 대한 욕구를 표출했는지 모른다는 사실이다. 68년 5월 혁명은 불확실한 경험과 극도로 코드화된 담론의 충돌이었다. 이들 사건이 무의미한 소요가 되고 만 것은, 서투른 흉내가 그 원인이었다기보다는 그것들을 끝까지 밀고 나가지 못했기 때문이다. 무용한 모방에 그치는 것이라면 오늘날의 우리 역시 거부할 것이다. 과거를 되짚어 보건대 다시 한번 일어나기를 우리가 간절히 바랄 만한 혁명을 찾기란 쉽지 않다. 새로운 시작을 꿈꾸었던 우리의 욕구에 찬물이 끼얹어졌던 경험을 수없이 치렀기 때문이다. 이제 레퍼토리에는

---

1) 제2공화국의 의원들을, 마구잡이 독서로 인해 길을 잃은 청소년들과 혼동할 수는 없다. 그들은 5월 혁명의 이 주역들보다 훨씬 멀리까지 모방 행위를 밀고 나갔던 것이다. "법령에 따라 공화국 대표들은 임시정부와 입헌의회 의원의 복장을 착용해야 했다. 특히 흰 조끼는 바로 혁명의 무대에 선 로베스피에르를 상징하는 것이었다"고 Tocqueville은 그의 저서 *Souvenirs*에서 쓰고 있다. 이 법령은 지켜지지 않았지만, 그래도 당시 혁명가들이 자신들의 영광스런 선조들을 모방코자 했다는 사실을 말해 준다.

상연작이 나와 있지 않으며, '바로 그날' (무정부주의자, 공산주의자들이 기다리는 사회 혁명이 성취되는 날)의 극장은 휴관중이다. 마법은 풀렸으며, 역사는 자체를 변모시킬 만큼 충분히 강력하고 누구나 동의할 만한 신화를 더이상 정치에 제공하지 않게 되었다. 레닌·마오쩌둥·체 게바라의 상(像)이 하나씩 차례로 허물어지고 있다. 우리는 이제 영웅을 믿지 않게 된 것이다. 그러나 체제에 대한 실질적 변화의 가능성이 요원해지면 혁명적 상상력이 침묵하거나 고갈된다고 말하지는 말자. 다만 혁명이라는 현상이 소멸된 뒤 다시 살아남지 못했을 따름이다. 인간 의식 속에 살아남은 신화와는 반대로 말이다.

"파시즘은 통하지 않을 것이다"라고, 프랑스 해방 이후 좌파는 심심찮게 강조해 왔었다. 그런데 실제로는 사회주의야말로 폭군들의 언어 속으로 유입되고 말았다. 야만은 오직 하나의 얼굴을 가졌다는 사실을 우리는 제2차 세계대전 이후 깨닫게 되었다. 혁명의 담론에서 이 야만을 발견하는 데 그토록 오랜 시간이 걸렸던 것도 이 때문이다. 다름아닌 자유의 이름으로, 더없이 끔찍한 학살이 끊임없이 자행되어 왔던 것이다. 소비에트 정부가 반유대주의의 기치를 높이 치켜든 것도 바로 인종차별주의에 맞서 싸우기 위해서였음을 잊어서는 안 된다(시오니즘은 국제 최고 결정 기관에 의해 인종차별주의의 한 양상으로 규정되지 않았던가? 또 모든 유대인은 잠재적인 시오니스트가 아닌가?). 캄보디아 정권이 국가를 통째로 노동 수용소로 만들었던 것도 바로 새로운 인간을 만들고 계급 없는 사회를 구축하기 위해서였다. 혁명적 이상의 견지에서 사회주의를 표방한 독재가 잘못이었다고 우리는 예전에 믿었었다. 그러나 '반복되는 비극'이 이같은 신념을 꺾어 놓고 말았다. 온갖 범죄——혁명의 이름으로 자행되는——의 잘못은 바로 혁명 자체에 있음을 오늘날 우리는 알고 있다. 어째서 그럴까? 그 이유는, 혁명은 도덕적이라는 데, 지나치게 도덕적이라는 데 있다. 그리고 일정한 계급, 국민, 정당, 권력에 인류의 미래를 짊어지는 사명을 부여한 데 있다. 그렇다. 만인의 평등과 사회적 관계의 투명성이야말로 지고의 가치로서, 그 실현을 위해서는 어떤 희생도 치르겠다는 것이다. 혁명의 이상은 전인(全人)을 가담시킨다. 그리고 이 이상에 맞서는 자는 인간성으로부터 스스로를 추방하는 셈이다. 만인의 행복에 대한 적은 정치적인 적수가 아니라 미친 자, 해로운 짐승, 육화한 악으로 간주된다. 그런데 인간의 권리를 존중하는 혁명 정체(政體)는 왜 존재하지 않는 것일까? 이유인즉슨, 혁명의 개념 자체가 모든 선언의 전제 조건인 권리, 즉 한 사람 한 사람이 모두 인류에 속할 수 있는 권리를 부인하기 때문이다.

무장한 민중, 프롤레타리아 계급, 제국주의의 희생이 된 민족 등, 인간성의 소유자라는 이런 모델들이 더이상 우리에게는 없다. 이제 우리는 좌절된 혁명이라는 논리를 벗어나 혁명의 논리 자체에 대한 훨씬 극단적인 거부를 택하고 있다. "우리는 거기서 벗어나지 못할 거야"라고 우리는 말했었다. 그런데 그건 체제의 잘못 때문이 아니라, 아무도 거기서 벗어나고 싶지 않기 때문이다. 아무도 낡은 인간을 죽이고 새로운 인간이 될 준비가 되어 있지 않다. 우리는 전면적인 개조를 불신하기 때문이다. 요컨대 절대성은 호소력을 잃고 말았다. 이처럼 자명한 역사적 이치에 눈을 감기는 불가능하다. 총괄적인 메시지는 어김없이 전체주의 사회를 낳기 때문이다.

그런데 이런 새로운 삶에 대한 거부는, '바로 그날'에 대한 향수에 젖어 행동하는 소수의 환상가들에게만 관련된 것이 아니다. 서구에서 혁명은 두 가지 모순되는 운명을 맞았기 때문이다. 즉 사건으로서 실패한 동시에 종교성으로서 승리를 거두었다는 사실이다. 이것은 혁명에 대한 적들의 담론에서도 드러난다. 혁명의 메시지를 전하는 자에게 가장 적극적으로 대항했던 이들조차도 어찌보면 그 격렬한 메시지에 굴하고 만 것이다. 즉 그들은 정치를 형이상학적 차원으로 끌어올렸으며, 질서의 메시아로서 혼란과 소란의 예언자들에 맞서 싸웠다. 그들 역시 인간의 구원을 성취코자 했으며, 약속과 개혁이라는 복음의 언어를 사용했다. 혁명의 이 철천지원수들이야말로 혁명의 선교사이자 신학자들이었던 것이다. 말하자면 그들은 동일한 게임을 벌이면서, 신성성의 전이를 받아들였다. 즉 이제까지 전적으로 종교적 영역에 속해 있던 기대와 헌신을 정치의 영역으로 옮겨 놓았다는 말이다. 각자가 지닌 정치적 신념의 정도는 달랐어도 우리는 모두 혁명가였다. 따라서 우리 모두가 오늘날 혁명이라는 개념의 와해를 겪고 있다.

우리 시대는 '역사'에 대한 미망에서 깨어나고 있는 시대인지 모른다. 정치가 탈신성화되는 시대이다. 최근 들어서야 우리가 가까스로 벗어난 광기 속에서는 모든 것이 정치였으며, 정치가 전부였다. 정치는 더없이 사소한 사건과 하찮은 몸짓에 부여되는 궁극적인 의미이자 설명, 해결책이었으며, 보편적인 만병통치약이었다. 모든 역사의 진상을 규명하고 모든 극적인 사건의 해결점을 찾았던 이 정신나간 담론의 왕국을 그 무엇도 피해 가지 못했다. 아득히 먼 시절, '정치에 대해 말한다는 것'은 얼마나 달콤한 일이었던가! 우리는 자신이 신이라고 느꼈었다. 다시 말해 최종적인 대답의 보유자, 그리스도, 복음의 전파자로 자처했었다. 그런데 반증으로 인해 메시아니즘이 종식을 고하면서, 메타언어〔1차적 언어인 '대상 언어'를 기반으로 하는 2차적 언어〕가 원래의 지위를 되찾게 되었다. 현실이 정치적 언어에 일관성의 무게를 실어 주지 못했기 때문이다. 설령 그것이 가능했다손 치더라도, 정치적 언어는 절대적 감시라는 억압의 형태를 띠었다. 그리하여 서구는 유익한 환멸을 경험한다. 우리의 믿음은 과거지사가 되고 이 새로운 무신론으로 인해 우리가 정치에 거의 몰입하지 않게 된 만큼, 역설적으로 우리는 정치적 쟁점들에 보다 기꺼이 가담할 수 있게 되었다. 요컨대 실망한 연인들과 화난 독신자(篤信者)만이 오늘날 정치의 종말을 선포한다. 정치적 언어가 전부일 수 없게 되었으므로, 이런 신비주의자들에게 이 언어는 무용지물이 될 수밖에 없는 것이다. 그 본질에 있어 여전히 종교성을 띠는 전복(顚覆)이다. 저주한다는 것은 여전히 믿는다는 것이며, 자신이 찬미했던 것을 태워 없앰은 그것에 여전히 충성을 바침이며, 증오는 우리도 알다시피 사랑의 어두운 측면일 따름이기 때문이다. 그러나 우리들 대다수는 저주 따위에 관심이 없다. 정치는 죽지 않았으며, 신성함이 박탈된 진부하고 일상적인 것, 여러 언어 가운데 한 언어로 남게 되었다. 우리가 겪는 일부 악에 대해 늘 단편적일 수밖에 없는 해결책으로 존속한다. 반면 정치가 돌이킬 수 없이 상실한 것이 있다. 즉 만사를 분명히 해결짓겠다는 태도, 결론을 도출해 내겠다는 당치 않은 포부이다.

그러나 직업 정치인들은 이런 속화(俗化)의 움직임을 좇지 않았다. 극좌파에서 극우파에 이르기까지, 그들은 마르크스에 대해 우리 대중이 결정적으로 외면하고 만 것을 보존했다. 즉 정치를 존재의 일반 원칙이나 영성의 차원으로까지 격상시키는 것이다. 큰 정당의 지도자들은 절대성의 언어로 우리에게 말한다. 우리는 정치에 상대적인 진리만을 허락하는데 말이다. 그들은 우리에게 남은 마지막 마술사들이다. 텔레비전에서는 변화와 거국적 노력의 이 사제들이 날마다 제사를 올린다. 수백만의 관객이 이 모습을 지켜보지만 신심을 가진 자는 매우 드물다. 이들이 사용하는 말은 실제와 동떨어져 있기 때문이다. 그것은 스스로 자체의 코드에 속해 있음을 드러낼 따름이다. 숙련된 문구,

자신이 한 말을 끝맺을 수 있는 능력, 상황과 시기를 막론하고 결론지을 수 있는 힘 등. 정치가는 무어라 말하는가? 그는 정치에 대해 말한다. 그 자체로서 폐쇄되어 있는 담론이며, 완벽한 동어 반복, 음향의 쇄도이다. 의미가 부재하는 만큼 그 음악이 우리에게 더 친근하게 느껴지는 선율에 따라 요동치는 텅 빈 미사이다. 정치가들의 말은 마치 교회에서 듣는 말 같지만, 실제로 우리는 공연을 관람중이다. "아, 이제 보니 미테랑이 점점 더 대머리가 되어가네. 그래도 구레나룻을 자른 건 잘한 일이야." "시라크는 재단사를 바꾸어야 해. 겉저고리가 벌어져서 꼽추처럼 보이잖아." "르카뉘에, 뻔한 소리 작작하고 빨리 끝내시지." 항상 본질을 비켜 가는 피상적이고 신성모독적인 발언들이다. 틀에 박힌 정치적 횡설수설에는 무관심한 대중들, 노동자, 국민, 프랑스 남녀는 옷차림이나 어법, 외모 같은 세부 사항들에 주의를 돌린다. 물론 이런 태도는 경박해 보이지만, 그렇다고 이것을 집단적인 우둔화로 받아들여서는 곤란하다. 대중은 스펙터클 국가에 의해 조종되는 영구한 희생자가 아니다. 연극 배우, 표지 모델, 변덕스럽거나 호감이 가는 스타. 정치가들은 우리에게 이 모두를 의미한다. 그들이 되고 싶어하는 그것만을 제외하고 말이다. 그들이 아무리 달변의 노력을 기울인다 해도 우리는 그들의 말을 진지하게 받아들일 수 없기 때문이다. 우리가 외모에 집착하는 것은 어리석어서가 아니라, 이 외모가 담고 있는 내용물을 전적으로 불신해서이다. 우리는 더이상 개념에 기울이지 않게 된 주의력을 이미지에 쏟게 되었다. 이렇게 해서 대중은 적절치 못한 곳에 브레히트의 '소격(疏隔)' 이론(배우는 배역과, 관객은 극과 간격을 두어 냉정하게 판단함으로써 얻어지는 효과)을 적용한다. 누가 정치에 대해 말하는 바로 그 순간, 그는 자신이 공연장에 와 있음을 기억하고 매료당하기를 거부한다. 이것을 탈정치화라고 말할 수 있을까? 아니면 조건화일까? 그렇지는 않다. 하지만 오늘날 정치적인 자세는 우리를 피곤하게 만들며, 이 점에서 우리는 일보 전진한다. 우리의 선조들이 부르주아적 자세에 혐오감을 느꼈을 때 그랬듯이 말이다.

시인들처럼 여야의 선동적 웅변가들은 추상적·자율적·비현실적인 언어를 사용한다. 그러나 변함없이 똑같은 진부한 말들만을 늘어놓는 그들은 형편없는 시인들이다. 늘 말도 안 되는 그들의 연기를 보며 그래도 권태를 느끼지 않을 수 있는 것은, 그 예기치 못한 희극성 덕분이다.[2] 각 정당의 과장된 서정성과, 정치계에 대한 사람들의 점점 더 냉소적인 관점 사이에서 더욱 심화되어 가는 우스꽝스런 간극이다. 대다수의 개인들은 정치가 그들에게 의미하는 실질적인 효용성과 정치가 자체의 담론을 통해 스스로에게 부여하는 가공의 중요성 사이에서 불안정한 자세를 견지한다. 사람들은 서비스를 기대하지만, 정치인들이 그들에게 내놓는 것은 어김없이 어떤 '운명'이다. 그러나 질서와 혁명의 장엄한 서사시들은 이제 종말을 고했다. 정당과 조합은 이제 ASSEDIC(상공업 고용촉진협회)과 같은 역할을 담당한다. 그것들은 구호 기관들로서, 우리는 이 기관들이 우리의 생존권을 확보해 주기를 요구하지, 우리 삶에 어떤 의미를 부여해 주도록 요구하지 않는다. 정치는 실천적 관행으로서 여전히 살아 있지만 신앙으로서는 죽음을 맞았다(직업 정치가들의 가소로운 열의를 제외한다면 말이다). 권리를 요구하는 운동들은 초월성에 의해 외면당한 지 오래이다. 그러나 유토피아도, 영혼이라는 보완물도 없는 정치, 더이상 종교적이지 않은 물질적인 정치, 이런 정치를 탈(脫)정치로 간주한다면 잘못이다. 오늘

---

2) 레몽 바르나 조르주 마르셰가 텔레비전 화면에 등장하면, 억양의 미세한 변화에도 그들이 무슨 말을 하려는지 짐작할 수 있다. 그들의 가장 잔인한 모방자는 바로 그들 자신이며, 우리가 그들을 보며 즐기는 것도 바로 이 점에서이다.

날 우리의 가슴에 와닿는 말은 마르크스의 '세상을 바꾸라'나 랭보의 '삶을 바꾸라'같은, 이미 옛것이 되어 버린 모더니티의 슬로건, 케케묵은 명령이 아니라, '……에 대한 권리'라는 소박하고 평범한 주제이다. 행복·안전·건강·보장된 수입에 대한 권리. 모든 의미에 앞서 이처럼 즉각적인 권리가 제기된다. 이런 요구가 새로운 것은 아니다. 지난 세기 이후로 대중의 대다수 투쟁은 생존권을 내세우며 이루어졌다.[3] 그리고 최근까지도, 제공된 노동의 양과 질은 이같은 요구 사항들을 충족시키기 위한 조건으로 작용했다. 우리 문명의 기반을 이루는 성서에서도, 일곱째 날 쉬기를 바란다면 남은 엿새 동안 고생해야 한다고 가르치지 않는가? 뼈빠지게 일한 다음에야 자신의 몫인 작은 행복을 얻으리라고 가르치지 않는가 말이다. 그러나 먼 시대로부터 전해져 내려오는 이 말은 우리 시대에 점점 더 이해하기 어려워지고 있다. 생존권을 확보하려면 자기 자신을 바쳐야 한다는 생각은 이제 돌이킬 수 없는 쇠락으로 접어든 듯싶다. 노동이 평가절하당하면서 우리는 성서의 시대에 등을 돌린다. 어떻게 노동 행위가 생존에 대한 요구 사항들(나는 땀을 흘렸으니 생존에 대한 권리가 있다)을 정당화할 수 있을까? 순전히 빵을 벌기 위한 수단으로서의 노동 행위는 점점 더 호소력을 잃어 가고 있는데 말이다. 오늘날 산업 사회의 부조리성이 확실히 드러나고 있는 시점에서, 삶의 의지는 노동을 표방하는 대신 외면하게 되었다. 욕구는 자체로부터 정당성을 길어올리며, 더이상 이유나 증거를 대지도 않으면서 자신의 존재를 분명히 드러내고 있다. '……에 대한 권리'라는 주장이 터무니없어 보이는 것은, 이 주장에 절도와 합리성을 부여하기 위한 어떤 자격의 개념도 부재하기 때문이다.

---

3) Michel Foucault의 *La Volonté de savoir*(Gallimard, 1977, p.190-191)를 참조하라.

그리하여 정치 무대에서 영웅과 성자가 사라진다. 그렇다면 누가 그들을 대체하는가? 응석받이 아이들로 이루어진 대중이다. 그들은 자신들의 욕구를 정당화하는 데 전혀 신경 쓰지 않으면서 체제의 혜택을 요구한다. '……에 대한 권리'라는 주제는 '무슨 권리로?'라는 질문을 단번에 따돌린다. 풍요의 사회를 곧이곧대로 해석하는 무책임한 태도이다. 이같은 태도는 마치 국가가 사회복지 제도의 연장이거나 부속 기관에 지나지 않는다는 듯, 국가를 아주 가볍게 취급한다.

'노동자 자주 관리'라는 말보다 더 새롭고 미래가 밝은 개념도 없다. 하지만 이 원칙을 유토피아로 바꾸려 하거나, 언젠가는 국가가 시민 사회에 희석되어 사라지리라고 생각한다면 오산이다. 지배 계급이 자기 권력의 도구를 순순히 박탈당하지는 않을 것이라는 이유 때문만은 아니다. 그보다는 주민들 자신이 국가의 소멸을 만장일치로 원하지는 않으리라는 이유를 들 수 있다. 시민 사회는 자신을 다스리는 기관과 충돌의 관계뿐 아니라 무관심과 이용이라는 보다 실용적인 관계를 맺는다. 위임은 전형적인 정치적 악인가? 그럴지도 모른다. 하지만 이 경우, 대중에게는 이 악을 바로잡겠다는 욕구가 전혀 없을 뿐 아니라 차라리 그들은 이 악에 적응해 나간다는 사실을 확인하지 않을 수 없다. 위임한다는 것은 또한, 내 자신의 모든 활동적인 에너지를 바치고 싶지 않은 일들을 다른 사람들이 돌보도록 짐을 던다는 말이다. 그러므로 자주 관리가 '봉사하는 국가'에 대한 욕구를 제거하지는 않을 것이다.

하나의 유토피아를 다른 하나의 유토피아로 대체하지는 말자. 우리 사회는 아직 끝없는 움직임 속에서 자주 관리·자주 생산·자주 확립할 준비가 되어 있지 않다. 오늘날 국가를 약화시키고자 하는 현실적인 의지를 국가를 없애겠다는 욕구로 받아들여서는 안 된다. 현 권력에 대한 견제 세력들이 중심 권력을 물려받으려 하지도 않는다. 우리는 국가의 종복들일 뿐 아니라 국가를 사용하는 자들이기도 하기 때문이다. 지난 20년 동안 모든 이론화된 사상은 하나같이 국가가 개인에게 미치는 다양한 형태의 힘, 문어발식의 끔찍한 이 힘에 대해 이야기했다. 그렇지만 어떤 과격한 양상이 그 비관적인 측면에서만 평가되어야 할 필요는 없지 않을까? 다른 측면에 대해 이처럼 침묵하는 이유는 무엇일까? 예를 들면 개인들이 국가에게 무언가를 요구하며 끊임없이 가해 오는 공갈 협박 같은 측면 말이다.

불쌍한 레닌! 조합은 당에 종속되어야 하며, 그렇지 않으면 경제주의[경제적 이익을 우선으로 삼는 노동 운동의 형태]가 판을 치리라고 그는 선언했었다. 만일 이 전도 벨트가 끊어지면 혁명의 희망도 그것으로 끝이라고 그는 보았다. 일상의 에고이즘이 다른 세계에 대한 비전을 능가할 것이며, 노동자들은 권력 쟁취의 언어가 아닌 이익의 언어만을 사용하게 될 것이었다. 어리석은 주장이 아닐 수 없다. 서구 사회는 그의 바람과 정반대의 태도를 취했기 때문이다. 오늘날에는 모든 것이 숫자로 계산된다. 우리가 받는 급여는 얼마나 인상될 것인지, 실업을 줄이기 위해 어떻게 할 것인지 등. 이것은 총체적으로 조합화되어가는 정치적 영역이다. '근로 대중' ——좌파 후보자에게 투표하는 경우 역시——에게 있어서 문제는 사회 조직을 무너뜨리는 데 있지 않고, 이 조직이 제공할 수 있는 더 많은 서비스와 혜택을 항시 이용하는 것이다.

이처럼 정치는 더이상 영혼의 바람이 불지 않는 세계이다. 정치는 오늘날 종교나 신화로 바꾸어 놓기에는 불가능한 세속적인 투쟁을 벌이고 있다. 우리는 이런 시시한 투쟁에 실망할 수도 있다. 그러나 이런 투쟁이 근사한 드라마로 읽혀지지 않는다고 경멸할 권리를 가진 자는 아무도 없다. 욕구에 대한 변론으로 우리를 꿈에 잠기게 할 수는 없겠지만, 그렇다고 어떤 막연한 잘못을 대며 그것을 비난하겠는가? 우리는 이런 변론을 초월코자 하거나, 아니면 그것이 어떤 메시지나 유토피아를 내포할 경우에만 받아들이고 싶어할 수도 있다. 그러나 생존권은 그 자체로서 충분한 목표이며, 노동이나 혁명 그 어느 측면에서도 더이상 변명을 찾지 않는 에고이즘이다.

모든 사람이 도시가스 공급을 받으며 스스로 생분해성 콘돔을 만들어 내는 사회의 프로그램은 우울할 수밖에 없을 것이다. 하지만 우리의 삶이 덜 진부하게 느껴지는 것은 아마도 여러 투쟁의 양상들이 진부해졌기 때문일 것이다. 아무리 대립이 격렬할지라도 사람들은 자신들이 벌이는 투쟁으로 스스로가 정의되기를 거부하며, 이 투쟁에 자신들의 존재와 욕구를 모두 투입시키려고도 하지 않는다. 그들의 존재가 속속들이 정치적일 수는 없다. 그들은 역사의 필연적 귀결로 자신들의 삶이 활짝 피어나기를 기대하지 않는다. 새로운 세계를 꿈꾸며 준비하는 데 소비되었던 모든 에너지는 이제 사회 자체로 확산된다. 혁명을 통해 꿈꾸는 저세상이 없다면, 이제 이 세상이 그 욕구의 대상이 된다. 우리는 당당하게, 안달하거나 혹은 체념하며, 낡은 세계의 종말을 기대했었다. 그런데 이제와서 죽은 것은 바로 세계가 낡았다는 생각 자체이다. 정치로부터 절대성을 박탈코자 하면서 우리는 삶에 절박성을 되돌려주며, 오늘 존재하는 것에 부인할 수 없는 새로움을 부여한다. 사람들이 예전보다 더 큰 체념 상태에 있다고 볼 수는 없다. 단지 예전처럼 자신들의 비참한 상태를 잊기 위해 이상적인 사회를 꿈꾸기를 이제는 주저하게 되었을 따름이다. 혁명은 민중의 아편이었다. 그런데 민중은 다행히도 중독 치료를 위해 얌전하고 생기 없는 방법을 택하지 않았다. 그들은 마약의 종류를 바꾸어 이제 보다 다양하고 순간적인 효력을 지닌 흥분제를 취한다. 우리는 지금 여러 불확실한 믿음과 일시적인 열광을 경험하고 있는 것이다. 사람들은 우리에게 무력감에 대해 말하고, 또 이 포기 상태를 두고 현 시대를 나무라지만, 이것들은 개방성과 유연성의 또 다른 얼굴에 불과하다. 욕구는 어느 한 신에게 집중되는 대신 분산된다. 그것이 체제를 전복시키려는 욕구라 할지라도 말이다. 에너지는 혁명의 공간을 떠나 버렸다. 대부분의 경우 가공의 전쟁을 치렀던 옛 전사들은 이제 혐오감을 느끼며 "더이상 아무것도 없다"고 선포한다. 일찍이 혁명과 유토피아가 있었다. 하나는 성공을 거둔 독선적인 프로젝트였고, 다른 하나는 우리가 추방시켜 버린 독선적인 프로젝트였다. 그러나 이제는 모험이 있을 것이다. 즉 내용물 없는 프로젝트, 우연에 대한 사랑, 강렬함의 순수한 욕구가 있을 것이다.

Caca(똥)+pipi(오줌)+tata(아줌마)=cacapipitalisme(자자본본주의)

> "평생 동안 나는, 내가 그 속에서 살고 싶지 않은 사회의 도래를 위해 싸웠다."
>
> 사르트르.

"철학자들은 여러 상이한 방법으로 세상을 해석하기만 했다. 그러나 이제는 세상을 변혁시켜야 할 때이다." 이처럼 그럴듯한 마르크스주의적 관점에서 본다면 이 결함투성이 모험가들은 경멸할 만한 인간들로 여겨진다. 변화보다는 사건을 좋아하고, 구원의 임무를 몇몇 하찮은 일들과 맞바꾼다면 결국 체제에 동의하고 마음을 빼앗김이 아닌가? 이 체제를 전복시키고자 노력하는 대신에 말이다. 그렇다면 모험이란 즐거운 단념이 아니고 무엇인가?

체제. 혁명의 담론이 예외 없이 문제로 삼는 것은 바로 이처럼 끈질기게 우리를 따라다니며 달래 재우는 이 말이다. 부르주아지, 자본, 국가 다음으로 절대적인 적의 최종적 화신이 된 것은 체제이다. 그것은 이제 얼굴 없는 불가사의한 적이 되었다. 보이지 않기에 더욱 뚜렷이 현존하는 적, 그리고 광폭한 착취와 감시 기능, 부드러운 조건화를 조장하기에 더욱 피해 갈 수 없는 대상이다. 체제를 어떻게 묘사할 수 있을까? 그것의 이름은 '노바디(Nobody)'이며, 그 폭력은 도처에 널려 있다. 일하는 사람들의 창백한 얼굴에 피로의 기색이 깃들어 있다면 바로 그것 때문이다. 저마다 정확히 시간을 엄수하는 데에도 그것이 들어와 있다. 늘 더 많은 것을 축적하면서 초라한 행복을 느낀다면 거기에도 체제가 존재한다. 놀라운 재능을 지닌 그것은 항상 자신의 희생물들의 동의를 얻어낸다. 반항의 형태나 불화의 형태를 막론하고 말이다. 이 이중성을 지닌 흡혈귀는 착취를 통해 인간들의 피를 먹고 살며, 인간들의 투지를 자신에게 유리하도록 이용하면서 양분을 섭취한다.

이것이 바로 마르크스와 생 쥐스트[1767-1794, 프랑스 혁명을 주도한 인물 가운데 한 명]의 현대적 계승자들이 확신하는 바이다. 하지만 청렴한 이 사람들에게 체념에 대한 비난이 돌아가야 한다. 결국 그들은 이같은 확신을 통해 체제를 신성화하는 셈이며, 그렇게 함으로써 모든 형태의 행위를 좌절시키기 때문이다. 우리는 운명주의의 미덕을 설파하지 않는다. 또 사회를 있는 그대로 받아들이고 거기서 성공하라고 말하지도 않는다. 우리는 체제라고 불리는 실체에 신의 전능과 사탄의 교활함을 부여하기를 멈추라고 말할 따름이다. 우리가 체제에 대해 알고 있다고 생각하는 것은 우리가 그렇게 믿은 결과에 지나지 않는다. 그러니 이 음흉한 신성에 대한 경배를 이제 집어치워야 한다. 체제에 대한 진정한 존중은, 비밀스럽고 준엄하며 흠 없는 논리가 우리의 운명을 지배한다고 가정하는 데 있다. 요컨대 세상을 변화시키겠다는 숭고한 과업을 떠맡았던 우리는 해석의 영역을 떠나지 못하고 있었으며, 오히려 해석을 정신착란의 상태로까지 몰아갔었다. 우리는 안간힘을 쓰며 세부 사항에서 전체로, 결과에서 원인으로, 부분에서 전부로 거슬러 올라가곤 했다. 사건이 생겨나기 무섭게 우리는 그것을 총체적인 문제점과 연결짓고, 저변에서 무엇이 짜여지고 있는지 알고자 했었다. 아무리 특별한 경우라도 우리가 이 집단적인 운명, 즉 '체제 혹은 혁명'을 피해 가도록 해주는 대립은 없었다. 매반란마다 우리는 그 진정성을 세밀히 검토했었다. 그 반란이 '훌륭한 투쟁'이라는 철저히 패쇄된 클럽에 받아들여지려면 '역사'의 방향으로 진행되어야 하고, 노동 계급의 승리에 기여해야 하며, 반동 세력이 절대적으로 용인할 수 없는 것이어야 했다. 우리는 역사의 숨겨진 동력을 발견하는 기술을 갖고 있었다. 또 외관상의 전복이 실상은 가장 위험한 수정주의를 은폐한다는 사실을 증명하는 방법을 그 누구보다 잘 알고 있었다. 우리는 급진주의를 표방한 무능한 투쟁을 멈출 준비가 늘 되어 있었으며, 정치의 감시병들, 체제의 강자들이었다. 우리는 병역을 마친 자들이었기 때문이다.

그러나 혁명이라는 개념의 쇠퇴와 연관되어 오늘날에는 체제라는 개념의 쇠퇴가 이어진다. 세상의 혼돈 속에서 반복의 집요한 질서를 간파하려면 초극이라는 엄청난 요구에 의해 자극되어야 했었다. 메시아니즘은 '새것'의 임박한 도래를 알렸으며, 여기와 현재를 매우 오래된 멜로디의 반복으로 축소시키는 또 다른 방법이었다. 만사가 혁명이라는 휴지(休止)로 인해 전복되려면, 이 단절 이전에는 아무것도 바뀌지 말아야 했다. 요컨대 체제는 그 비방자들을 비판적인 관점이라는 쾌적한 상태에 두었다. 이처럼 철저한 외부인의 입장은 사실 쾌적한 것이었다. 구세계에 대한 격렬한 비판자들은 신의 권좌에 앉아 끔찍한 분노가 되살아나게 했기 때문이다. 소돔과 고모라의 타락한 주민들을 소금 기둥으로 바꾸어 놓았던 분노였다. 혁명의 언어는 저주의 옛 화법과 공통점을 드러냈었다. 체제에 대해 말한다는 것은 전체 사회를 '지배'라는 그 본질 속에 고정시킴을 의미하기 때문이다. 그것은 또한 자본주의 서구를 얼어붙게 하고 화석화시키고 코팅함으로써, 우리가 그 유연성을 믿을 만큼 순진하지 않다는 사실을 드러내었다. 그리고 자본주의 서구와 우리 사이에 어떤 타협도 가능치 않다는 사실을 보여주었다.

이렇게 해서 이상한 논리가 득세하게 된다. 즉 우리가 이론적으로 혁명적일수록 분석에 있어서는 보수적이어야 한다는 논리이다. 우리는 사건이 지니는 얼굴을 미리부터 알고 있었으며, 그리하여 이 얼굴을 드러내지 않는 사건들은 모두 거짓 혹은 무가치한 것으로 치부되었다. 아! 이데올로기라는 개념은 얼마나 편리한가! 이 융통성 있는 개념 덕분에 우리는 자신이 바보가 아니라는 사실을 증명할 수 있었다. 또 체제는 변화의 외관 밑에서 영속되며 자체의 추한 현실을 늘 더 어설프게 감춘다는 사실을 증명하였다. 다시 말해 두 세기 동안 노동 계급은 똑같은 착취를 당해 왔으며, 세상이 순수하고 사회가 가부장적일 때 여성들은 똑같은 노예 상태를 겪어 온 것이다. 그 나머지——생활 수준의 향상, 개혁, 승리를 거둔 투쟁들——는 모두 허상이자 허풍이었으며, 연막 혹은 눈가리개에 불과했다는 것이다. 그렇다면 반체제적이고 전복적이기 위한 오직 한 가지 방법이 있었다. 즉 사람들이 바닥 없는 철저한 불행에 빠져 있음을 증명하는 것이었다. 요컨대 어떤 담론이 진짜 혁명적인지 알기 위해 경합을 벌일 경우, 최악의 불평꾼에게 어김없이 승리의 영광이 돌아갔다.

"자본주의는 인간에 대한 인간의 착취이며, 사회주의는 그 반대이다." 오늘날 동구권 국가들에서 사람들의 입에 오르내리는 이 경구는 앞서 말한 담론을 단번에 분쇄시켜 버린다. 예전에는 어떤 투쟁이 있으면, 사람들은 그 투쟁이 마땅히 취했어야 할 모습을 제시하면서 비난을 가할 수 있었다. 또 미래를 내세우며, 현존하는 일상의 현실을 단숨에 말소시킬 수 있었다. 그러나 이제는 그 무엇도 현재를 이처럼 평가절하할 수 없게 되었다. 사회주의는 이미 구식이 되어 버렸다. 우리는 해결책에 대한 열정을 훨씬 덜 느끼게 된 것이다. 현존하는 모든 해결책들은, 어떤 해악도 미치지 못하는 사회에서의 생활 방식을 갈망하기 때문이다. 체제에는 더이상 어떤 '절대 타자'가 없다. 그러므로 체제를 파괴하려면 체제를 떠나서 다른 곳에 자리잡으면 된다. 그렇다면 어디에 자리잡는다는 말인가? 어떤 약속의 땅에 자리잡는다는 말인가? 준거점들은 사라지고, 버팀대들도 부족하며, 우리는 이제 우리가 사는 세계를 조망할 수 없게 되었다. 그 누구도 이 세계의 전모를 파악할 수 없으며, 악의 없이는 총체적으로 미워할 수도 없다. 사람들은 부분적인 목표들을 위해 동원되며, 그때그때 닥치는 대로 맞서 싸우는데, 이것은 오래전부터 분명한 사실이었다. 그렇다면 누가 감히 그들을 가르치려 들겠는가? 혁명의 움직임은 항상 전체 구조의 변화를 요구하는 반면, 민중이 지닌 변화의 욕구는 늘 단편적이다. 그리고 이 단편적이라는 본질 때문에 이 욕구가 비난받을 수도 없게 되었다. 전체에 대한 세부 사항의 복수, 대전략의 총체적인 관점에 대한 그날그날 이루어지는 전략의 복수이다.

체제와 혁명이 우리에게 짝을 이루어 공포를 가해 오던 시절에, 제한된 야망들의 투쟁을 부끄럽게 만드는 두 가지 단어가 있었다. 즉 혁명의 소명을 포기한 투쟁의 배신 행위를 가리켜 우리는 '개혁' 혹은 '회복'이라는 말을 사용한 것이다. 그런데 이런 맥빠진 수정주의와 비타협적인 혁명의 공통 개념이 오늘날 평가절하당하고 있다. 다시 말해 역사는 어딘가로 향하고 있으며, 마침내 가닿게 될 종착점과 어떤 의미를 지니고 있다는 개념이다. 그것은 완만하고 체계적인 진보라고 혹자는 말하고, 갑작스런 결렬이라고 또 다른 이들은 처방을 내렸다. 하지만 그들은 똑같은 역사적 모델에 충성을 바쳤으며, 그 성급함에 있어서만 차이를 지녔을 뿐이다. 그런데 우리가 '역사'라는 말을 일직선상의 전진 · 정복 · 상승의 움직임으로 이해하든지, 아니면 똑같은 걸음걸이로 최상을 향해 나아가고 있다는 확신으로 이해한다면, 이때 '역사'는 존재하지 않는다. 이런 역사는, 끊임없이 종말을 고하고 있는 19세기의 대신화들 가운데 마지막 신화에 불과하기 때문이다. 개혁? 혁명? 여러 시대에 걸쳐 지식인들을 진땀나게 했던 이런 대립은 더이상 아무 의미가 없다. 그것이 어떤 의미를 가지려면 사회에 대하여 '완성'이라는 관점을 취해야 하는데, 그것이 이제 불가능해졌다는 사실을 우리는 알고 있다.

　보다 최근에 부각된 '회복'은 더 우스꽝스런 개념이다. 거기서는 순전한 망상이 밖으로 표출되기 때문이다. 요컨대 이같은 관점은 오직 두 가지 종류의 투쟁을 내포한다. 첫째는 자본에 치명적인 타격을 가해 절대로 재기할 수 없도록 하는 순수한 투쟁이다. 그리고 둘째는 체제를 강화하는 불순한 투쟁으로서, 이것은 투쟁이 이 체제에 의해 프로그램화되지 않았을 때 가능하다. 그러므로 투사에게는 끊임없는 경계 태세와 무수한 주의 사항이 요구된다. 타락하지 않기 위해, 또 기존 질서가 그에게 허락하는 빵 부스러기를 마침내 받아들이는 일이 없도록 하기 위해서이다. 그러나 이 순수주의는 충돌의 현실과 어긋나 있다. 전복의 요구는 절대로 대중의 마음을 움직일 수 없으며, 따라서 이런 기준에 따라 대중을 판단코자 한다면 터무니없는 일이다. 어쨌거나 우리는 삶의 조건들을 개선하기 위해 싸운다. 그리고 회복은 모든 투쟁의 공공연한 욕구라는 사실을 증명하며 부끄러워할 이유가 없다.

혁명의 그럴듯한 논리에 따르면, 부분적인 목표는 대혼란이라는 총체적인 관점 속에 자리잡을 수 있어야 했다. 그렇지 않을 경우, 즉 반항기 있는 세부 사항처럼 이 목표가 전체로부터 떨어져 나와 자체에 몰두하게 된다면 끔찍한 결과로 치닫게 되리라고 여겨졌다. 이 목표는 편을 바꾸어 신조를 배반하고, 체제의 거부라는 영역을 떠나 오히려 그 정비를 한몫 거들게 되리라고 말이다. 그런데 오늘날에는 다름 아닌 이 총체성을 문제삼게 되었다. 그 어떤 움직임도 총체적인 이론(異論)들을 통합했노라고 뽐낼 수 없게 된 것이다. 파편화된 세계에서 '전체'라는 것은 존재하지 않으며, 혁명의 원칙조차 더이상 자체의 일관성을 과시하지 못한다. 우리는 분산되어 있는 투사들을 한데 모아 하나의 사회 집단으로 발전시킬 힘을 상실하고 말았다. 혹은 혁명의 개념이 부과하는 단일한 규범에 대해 다양한 소수 집단이 승리를 거두었다고 말할 수 있을지 모른다. 각각의 대립은 일반 법칙이 적용되지 않는 특별한 경우이며, 투쟁은 저마다 고립되어 존재한다. 매맞는 여자들을 성난 브르타뉴 여자들의 범주에, 실업자들을 이민자들의 범주에, 동성연애자들을 수감자들의 범주에, 바다표범을 털 없는 동물들의 범주에 통합시킨다 해도, 이 전체가 균질된 모습을 드러내지는 않는다. 복수 혹은 단수의 이 무정부 상태는 더이상 충동의 온상이나 중심축을 갖고 있지 않다. 거부 행위는 모두 소수 집단에 의해 주도되며(계급 투쟁 역시 마찬가지이다), 부분적이다. 오늘날에는 전면적인 거부의 구실을 찾기가 어렵기 때문이다. "유일한 해결책, 그것은 혁명이다"라고, 1973년경 일부에서는 외쳤다. 그러자 그 적수들은 더 큰 목소리로 대응했다. "유일한 해결책, 그것은 공동의 프로그램이다"라고 외치면서 말이다. 이 슬로건들을 통해, 동일한 중앙 집권제의 두 가지 버전이 우스꽝스럽게 대치했다. 그러나 그 어디에도 중심점이 없는 정치적 공간에서 우리는 복수에서 하나로 나아갈 수 없게 되었다. 다양한 투쟁을 추가적인 차원에서 지나치게 코드화할 수 없게 된 것이다. 전통적인 좌파의 차원이든, 전복의 차원이든, 일체의 위계질서가 동결되고, 일체의 종속이 불가능해졌기 때문이다.

삶은 항상 확대경을 통해 경험되고 세부 사항 속에서 길을 잃는다면, 전체 풍경을 보여주는 대이동 촬영인 혁명은 끊임없이 이같은 근시안적 관행을 비난한다. 그런데 단일한 시선 속에 일체를 포착하려 할 때 사람들은 세상을 균질화시키는 한편 아무것도 보지 않으려 하게 된다는 사실을 우리는 이제 알고 있다. 그러므로 우리는 더이상 콤플렉스를 갖지 않게 되었고, 우리 자신이나 우리의 근시안에 대해 부끄러워하지 않는다. 혁명적 개념의 시신 위로 온갖 극소화된 전략이, 축소된 전투적 태도가 피어난다. 그 합목적성에 있어서 미성년이지만 그 방법론에 있어서는 성인인 태도이다. 그것은 더이상 중심을 존중하지 않으며, 아버지의 법정에 근거해 자체의 목표와 결과를 설정하지도 않는다. 계급이든 정당이든, 아니면 보다 추상적으로 어떤 운동이든, 그 모든 것을 막론하고 말이다. 체제에 대한 집착(그리고 체제의 전복에 대한 집착)이 사라져 갈 때 사람들의 삶에는 정치가 동시에 더 많이, 그리고 덜 개입하게 된다. 정치적 에너지가 가공의 한 목표에 집중되지 않는다는 점에서, 더 많이 개입한다. 그리고 삶의 본질적인 부분이 정치적 담론의 지배를 벗어난다는 점에서, 덜 개입한다.

새로운 인간을 위한 레퀴엠

매일 아침, 혁명가는 사람들이 자살하지 않는 걸 보고, 혹은 무기를 들지 않는 걸 보고 놀란다. 투사는 주변의 수많은 개인들이 쩨쩨한 삶 속에서 망가진 채 투쟁의 시급성에 완전히 눈감고 있는 모습을 보면서 어이없어한다. 그는 "여보게, 어떻게 그렇게 즐거워할 수 있나? 로렌에서 노동자들이 그렇게 해고당하고 있는데 말이야"라고 묻는다. 이런 일상의 반역 행위를 가리켜 우리는 지금도 간혹 '프티부르주아적 개인주의'라는 말을 쓴다. 사실 이 말은 표현의 중복에 지나지 않는다. 프티부르주아말고 누가 자신을 개인주의의 덫에 걸리도록 내버려둘 수 있단 말인가? 중간 계급에 속해 있는 그는, 삶의 본질적인 부분은 계급 투쟁 너머에서 전개된다는 사실을 아주 자연스럽게 믿고 있다. 그는 정치보다는 자기 자신에게 더 관심이 많다. 그는 사회적 충돌의 온전한 주동자가 아니라는 말이다. 그는 어느 누구와도 직접적으로 대립하지 않으므로, 대립의 힘과 영향력을 과소평가하는 경향이 있다. 부차적인 인물이기에 에고이스트인 이 프티부르주아는 말하자면 역사로부터 소외된 계층이다. 두 사람이 등장하는 멜로드라마에서 그는 기식자의 자리를 차지한다. 관념적인 차원에서 그는 프롤레타리아와는 달리 무(無)에 불과하다. 그는 인간의 구원이라는 임무를 떠맡지 않았기 때문이다. 이데올로기의 차원에서도 그는 보잘것없는 존재이다. 자본가와는 반대로 그는 늘 사회적 총체성이라는 망상을 지니고 있기 때문이다. 도덕적으로도 그는 비난받아 마땅하다. 프티부르주아는 정치의 반(反)영웅으로서 자기 자신을 더 좋아하기 때문이다. 실제로 '프티부르주아'에는 우선 '프티'(작은)라는 말이 들어 있지 않은가. 그렇긴 해도 혁명의 논리는 이 초라한 사람이 구원받을 수 있는 여지를 남겨둔다. 그는 노동자 계급의 편에 가담함으로써 자신의 잘못을 인정할 수도 있다. 이 무용한 인간들을 위해 행동에 나선다는 것은, 아무짝에도 쓸모없는 인간으로서 역사의 변방에서 떠도는 자신에 대해 용서를 구하는 행위이기 때문이다. 사회주의 이데올로기는 속죄의 전투적 태도라는 잊을 수 없는 발명물로 정치를 풍요롭게 했다. 적극적인 행동주의는 일종의 참회이다. 체제에 의해 인격적인 삶을 무자비하게 박탈당한 사람들인 프롤레타리아들을 위해, 여가를 즐기는 이 작은(프티) 계급의 참회하는 일원들이 헌신해야 하는 것이다. 그런데 이 같은 가담은 필요 불가결한 동시에 불가능한 것이기도 하다. 이들에게는 절대로 충분한 권리가 주어지지 않으며, 이들은 항상 빚진 자로서 전투적인 태도를 항상 결하고 있기 때문이다. 뿐만 아니라 이 사람들은 미심쩍은 쾌락의 충족을 위해 주의주장의 요구를 언제라도 버릴 준비가 되어 있다.

권태롭고 싫증나는 괴물, 우울한 독재. 노동자 계급 지도자들의 비범한 엄격주의는 사회주의를 이렇게 만들어 버렸다. 그런데 이런 도덕적 경직성은 공산주의가 지닌 본디 모습의 탈선이나 사고가 아니다. 혁명은 자체의 정숙한 태도를 발명해 내기까지 했다. 빅토리아 시대 사람들은 사회 질서와 몸의 건강, 그리고 미덕의 이름으로 음란을 힐책했다. 그런데 이런 사람들이 레닌주의자일 경우에는 훨씬 가혹해진다. 그들은 자신의 투사들이나 시민들에게 개인적인 역사가 배제된 삶을 영위하도록 요구하는 것이다. '역사'는 늘 그들의 사소한 삶 너머에서 전개되기 때문이다. 그들은 사생활에 대하여 군대식 관점을 갖고 있다. 즉 방탕한 인간은 역사에 가담시킬 수도, 동원할 수도 없다는 입장이다. 또한 개개인이 영위하는 사생활의 비도덕성은 벌레처럼 밟아

없애야 한다고 그들은 생각한다.

교회는 죄인들과 맞서 싸웠다. 의사들은 성도착자들을 몰아세웠다. 혁명가들의 적은 게으름뱅이들이다. 그러므로 자기 영혼의 상태에 몰두해 있는 심미가들과, 문란한 삶을 영위하는 자유 사상가들은 동류로 취급되었다. 이들은 저마다 자기 방식대로 일인칭의 삶을 영위하며, '우리'보다는 '나'를 더 자주 언급한다. 그리고 자신들의 나태한 관능을 충족시키면서 프롤레타리아를 기만한다. 전투적인 견지에서 보면 이런 불성실보다 더 큰 잘못은 없다. 프롤레타리아는 계급이 아니라 그리스도적 인물이기 때문이다. 자신의 고유한 이데올로기도, 재산도, 조국도 없는 그는 그 무엇에도 소속되어 있지 않으며, 인류의 가장 순수한 대변인으로서, "다양한 형태를 지닌 완전한 부정의 전달자, 결정적인 진리를 알리는 자"[4]이다. 부르주아 사회의 끔찍한 모습들에 동화되지 않은 이 프롤레타리아는 자신 속에서 순진무구한 자와 영웅이라는 두 가지 형상을 결합시킨다. 예수와 마찬가지로 그는 바로 전쟁의 형태로 자신의 사랑의 메시지를 세상에 전한다. 그는 양날검의 언어를 사용하며, 그 자신을 통해 인류가 겪은 고통에 대한 복수를 준비한다. 요컨대 전투가 벌어지고 있는 상황에서 사사로운 바보짓들에 몰두함은 단지 이상을 배반하고 타락에 몸을 맡기는 것일 뿐 아니라, 한마디로 말해 '인간'을 배반하는 행위인 것이다. 크메르 무장 단체의 지도자 키우 삼판이, 혁명을 성공시키지 않는 한 여자에게 손도 대지 않겠다고 선언했을 때,[5] 그는 캄보디아 체제의 향후 광기를 이미 드러내고 있었다. 사회주의 도덕 자체에 대한 과도한 복종으로부터 초

---

4) *L'Homme révolté*에서 카뮈가 마르크스를 보는 관점.
5) Jean Lacouture의 *Survivre le peuple cambodgien!*(Le Seuil, coll. 〈intervention〉, p.52)을 참조하라.

래되는 묘한 불안이다.

그러나 적어도 서구에서는 모든 도덕적 엄격주의가 좌초당하면서 이런 불안도 같은 운명을 맞았다. 아리(Harris)와 세두이(Sédouy)에 의해 의문이 제기된 바 있는 자네트 베르메르슈(1936년 프랑스 젊은 여성 연합을 창설함)는 담대한 몸짓으로 음울한 노래를 계속 부르며 이렇게 선포했다. "정부(情婦)를 둔 투사는 자유 시간을 필요로 한다. 그가 기혼자라면 더욱 그렇다"라고. 그리고 나무랄 데 없는 사생활은, 에너지와 시간을 낭비하게끔 만드는 방탕보다 혁명의 신조를 더 잘 섬긴다고 덧붙였다. 그렇다면 자네트 베르메르슈는 누구인가? 그녀는 화석화된 유물로서, 그녀에게 있어 세상은 20년 전에 정지한 상태이다. 그녀의 '동지들'도 이제는 그녀가 입을 다물어 주기를 바랄 것이다. 그녀가 성취한 신통찮은 결과물들이 수치스럽게 여겨지기 때문이다. 모리스 토레즈(1900-1964, 프랑스의 공산당 지도자) 곁에서 당당하게 군림했던 이 50년대의 여왕이 이제는 시대에 뒤떨어진 괴물처럼 보인다. 이것이 누구나 받는 느낌이다. 노동자의 초자아는 죽었기 때문이다. 또 전통으로부터 물려받은 도덕적 명령은 물론 사회주의적 질서와도 타협하지 않는 개인주의적 프티부르주아가 도처에 퍼져 있기 때문이다. 이것은 마르크스주의 신화가 프롤레타리아라고 칭하는 이들에게도 똑같이 적용된다. 지난 반세기 동안 노동사는 무엇으로 이루어졌는가? 그것은 사회주의 이데올로기가 부여한 이미지, 즉 스타하노프 운동(1935년부터 노동 생산성을 향상시키기 위해 구소련에서 실시된 운동)식의 체계적이고 교훈적이며 전투적인 이미지에 맞서 노동자들이 벌인 격렬한 저항과 무수한 계략으로 이루어진 역사이다. 이처럼 프롤레타리아 계급의 첫 배반자는 프롤레타리아 자신이다. 그는 자신의 삶을 잊을 정도로 섬겨야 한다고 주입받은 명분을 위해 결코 동원될 수 없었던 것이다. 그리스도는 하늘에 머물러 있었으며, 노동자 계급은 마르크스주의가 내포했던 구속의 개념을 육화하고 싶어 하지 않았다. 오늘날에는 칭송할 만한 '근대화'를 거친 마르크스주의가 노동자 계급의 현실에 적응코자 노력한다. 우리는 이제 전인(全人)에 대해 말하지 않는다. 사회주의적 대항 의식은 더이상 환상을 품지 않게 되었다. 전투적인 노동자들은 소리 없이 역사의 쓰레기통으로 던져졌으며, 그들의 거대한 대리석상들은 박물관 지하실 속에 처박히게 되었다.[6] 소위 말하는 스탈리니즘은 두 가지 요소를 내포하고 있었다. 즉 프롤레타리아적 서정성과 경찰 국가, 신화와 공포였다. 그 가운데 일상의 감시는 지금도 남아 있지만, 시는 죽고 말았다. 오늘날엔 아무도 프롤레타리아를 믿지 않기 때문이다.

공산당이 프롤레타리아 계급의 독재라는 개념을 포기하자, 사람들은 그것이 완전히 딴 모습을 취하게 되었다고(혹은 그 진열창으로 손님들을 끌게 되었다고) 믿었다. 경멸적인 의미를 띨 수밖에 없는 이 '독재'라는 말을 벗어던짐으로써 말이다. 하지만 이처럼 눈에 띄는 제스처에 정신이 팔려 진정으로 의미심장한 포기는 미처 보지 못한 상태였다. 실제로 노동자당은 '관습의 변화'를 인정하는 한편, 모두의 뒤를 이어 자신들 역시 프롤레타리아 계급이라는 범주 자체를 포기하고 만 것이다. 또한 사회주의가 번성하던 시기에 그들이 누렸던, 종교적이라 할 만한 경외심 어린 숭배 역시 포기하기에 이르렀다.

---

6) Wajda의 매우 훌륭한 영화 〈대리석 인간〉을 참조하라.

취향과 문제점을 넘어

60년대말에 예기치 못한 결합이 생겨났다. 프티부르주아의 가치들이 혁명의 언어를 사용하게 된 것이다. 사회 참여는 욕망의 말살과 오랫동안 동일시되어 왔었다. 그런데 이제 오르가슴, 양성애, 공동체의 리비도가 자체의 전투적인 태도를 탄생시키게 된 것이다. 오만한 충동들이 프롤레타리아가 가해 오는 공포를 대체했다. 전인(全人)의 이미지가 대폭 수정되어, 그는 주먹과 동시에 남근을 쳐들게 되었다. 그러나 양편 모두 공포심을 불러일으키기는 마찬가지였다. 결과적으로 새로운 좌파는 과거의 좌파가 걸었던 길을 부지중에 그대로 답습하게 되었다. 사람들이 몹시 중요하게 여겼던 '성 개방'이란 실질적으로 위협의 양상이 바뀐 것에 불과하다. 노동자의 초자아에 이어 오르가슴의 초자아가 등장한 것이다. 향락가는 상 혹은 벌을 주기 위해, 그리고 열등생이나 시시한 인간들을 부끄럽게 하기 위해 자신들의 성공에 기댔다.

오늘날 사람들이 '취향'에 대해 그처럼 많은 말을 하는 것은, 이런 오만한 행동들에 싫증이 났기 때문이다. 각각의 욕구는 그것이 욕구인 한 정당하다고, 취향은 말한다. 개인들의 수만큼 '감정'의 수도 많으며, 더이상 누가 누구의 잘못을 지적할 수도 없다. 취향은 모든 몰입이 절대적으로 동등하다고 선포한다. 저마다 자신의 정원에서 환희를 느낄 자유가 있는 것이다. 이것이 바로 새로운 도덕이다. 오늘날만큼 사람들이 죄의식에서 벗어나 있었던 시대는 없었다. 최근까지도 보편적인 가치, 혹은 적어도 집단의 가치가 있었으며, 그 가치에 비추어 볼 때 나는 잘못을 저지른 사람일 수 있었다. 그러나 이제 받아들여질 수 있는 유일한 가치는 내 자신의 확신이다. 자아들의 사회, 평등한 자들의 사회, 이 취향의 사회는 그 무엇에 대한 배척도 선포하지 않는다. 자기 집 발코니에 무공해 당근을 재배하는 환경보호론자, 마약 중독에서 헤어나지 못하는 자, 가죽 옷 입은 오토바이족, 책 냄새를 사랑하는 지식인, 오렌지빛 머리털 속에 달콤한 장미빛 감수성을 감추어 둔 펑크족. 이들 중 어느 하나를 선택하기는 불가능하다. 세상은 공존의 공간으로서 스스로를 읽을거리로 내어준다. 일인칭으로 사는 것을 더이상 부끄러워하지 않아도 된다. 어떻게 나 자신이 정당화되는 것일까? 스스로를 정당화하는 것은 바로 자기 자신이다. 요컨대 나의 정신 생활을 마음대로 할 권리를 지닌 자는 다름아닌 나 자신임을 깨닫는 것, 이것이 취향이다. 나는 더이상 자기 변명을 할 필요가 없다. 이제 내가 누군가에게 설명을 하고 싶다면 '나' 야말로 유일한 법정이기 때문이다.

신이 모든 이를 위해 존재하지 않는다면, 각자가 자기 자신을 위해 살 수밖에 없다. 취향이란 고독한 혁명이다. 혁명이 여러 사람이 공유한 취향이었듯이 말이다. 그렇다면 탈선한 취향, 제거되지 않는 취향은 무엇인가? 그것은 '문제점'이다. 이제는 만사가 개개인의 요령으로 귀착된다. 그러므로 불행한 자, 끊임없이 의기소침해지는 자를 두고 우리는 그가 좀 편집광이며 강박 관념에 빠져 있다고, 악성 우울증 환자라고 말할 것이다. 혹은 권력과의 관계를 해결하지 못했다고 말할 것이다. 우리는 인정사정없이 그를 신경증 환자로 취급하며, 그에게 적절한 치료를 권할 것이다. 투사들의 테러는 이제 보편화된 '무관심주의'로 희석되었다. 사람들은 더이상 스스로를 정당화할 수 없게 되었으며, 대신 자신들의 작은 불안 덩어리를 자신만을 위해 간직하도록, 그로 인해 다른 사람들을 괴롭히지 말도록 요구된다. "그건

심리학의 은밀한 매력

　현실의 격렬한 리듬에 맞추어 살아가고픈 욕구를 가끔이라도 느껴 보지 않았던 사람이 누굴까? 공백이라고는 없는 알찬 삶, 예측 불가능한 일상을 꿈꾸어 보지 않은 사람이 누구일까? 어쨌거나 이런 환상으로부터 일기(journal intime, 내면의 기록)를 쓰려는 수많은 소명이 날마다 탄생한다. 내가 일기를 쓰는 이유는, 내 삶을 문서로 보존하며 내 자아의 수많은 영역들을 탐구하기 위해서인 듯싶다. 그러나 결국 기억과 자기 성찰은 조사의 수단이라기보다 달력에 대한 도전 수단이다. 나는 주목할 만한 느낌과 사건들로 한 해 동안 일기장의 페이지들을 채워 간다. 활기 없이 침울하게 이어지는 일상에 일기는 끊임없이 솟구치는 영혼의 상태를 부과한다. 이것은 물론 나르시시즘이지만, 이 나르시시즘은 자아에 대한 찬미라기보다는 일종의 시간에 대한 과대 망상증이다. 즉 우리가 거리를 둘 수 있다는 증거, 또 우리 스스로 자신의 매체이기 위한 충분한 소재를 갖고 있다는 증거이다.

　그렇다면 왜 '내면의(intime)' 기록인가? 표면이 온통 규율과 반복에 지배당하고 있을 때 진짜 삶은 깊숙한 곳에 존재하기 때문이다. 사건은 심리 분석의 대상으로서 겉모습으로는 파악이 안 되며 내면 속으로 숨어든다. 무대의 전면에는 아무것도 없지만, 무대 뒤 보이지 않는 곳에서 무언가 부단히 이루어지고 있다. 이처럼 무한히 큰 것을 무한히 작은 것과 경합시키려는 의지, 주체가 자신에게 보내는 이 전보는 이상한 광증이다. 그는 마치 자신의 자아 속에 거주하는 특파원처럼 보인다. 이것은 하찮은 광기인지 모른다. 그러나 우리는 그 극단적인 솔직함을 통해 심리학의 은밀한 매력을 엿보게 된다. 그런데 철저한 정주자인 우리에게 가변적인 것이라고는 마음의 상태와 기분밖에 없다. 환상은 이같은 우여곡절의 공간으로서 우리를 평생 지배한다는 사실을 그 누구도 반박하지 못한다. 그 위상은 불가항력적으로 상승

한다. 우리가 무의식이나 그 욕구들에 매료당한다면, 그것은 일상 사회가 우리 안에 태어나게끔 한 무의식의 놀라운 욕구를 들어주기 위해서이다. 우리 안에 도사린 열정들을 읽어내기. 심리학은 이런 원초적인 열정으로서, 우리를 우리 자신의 모험적인 부분에 가닿게 한다. 소설적인 것이 일상의 단조로움을 능가하는, 움직이고 동요하는 영역에 이르도록 하는 것이다. 우리는 모두 문제에 직면한 청소년들이다. 우리는 엠마 보바리의 눈으로 프로이트를 읽는다. 우리의 삶이 부동성과 단순성을 띠게 된 이후로, 우리의 눈에 자신이 이렇게까지 현기증나도록 복잡한 존재로 비친 적도 없었다.

내 알 바(내 문제) 아니야." 이것이 우리가 무심코 내뱉는 새로운 표현("그건 내 취향이야"라는 말의 정반대인)이다. 이렇게 해서 경청을 직업으로 삼는 이들이 생겨나며 정신분석가들이 번성한다. 우리 사회는 그다지 우호적이지 못하므로 전문가 집단을 파견해서 그들에게 이 사회 구성원들의 탄식을 듣고 해결해 주는 수고를 맡긴다. 속내이야기, 이제 이 속내이야기를 들어주는 박사들도 존재한다. 그러나 취향은 개인을 모든 영향력으로부터 해방시키며, 개인 자신만의 작은 게토에 단단히 가두어둔다.

혁명·취향·치료의 시도. 이 모든 경험의 잔해 위에서 모험은 프로젝트로 다시 태어날 수 있다. 우리는 '나'라고 말할 수 있는 권리를 힘들게 얻어냈다. 우리는 이 '나'가 비어 있고, 이 권리는 바로 아무것도 아닐 수 있는 자의 권리임을 깨달았다. 즉 모든 불확실한 움직임에 개방된 채 고정 관념에 매이지 않고 가능성에 유연하게 대처할 수 있는 자의 권리였다. 이것을 프티부르주아의 개인주의라고 부를 수 있을까? 그렇다. 우리가 스스로를 송두리째 바칠 만큼 가치 있는 주의 주장이 더이상 존재하지 않는다는 의미에서 말이다. 그렇지 않다고도 할 수 있다. 사람들이 이제 자기 내면의 부(富)를 신뢰하지 않게 되었다는 의미에서이다. 보통 사람들, 이들은 바보도, 획일적인 인간도 아니며, 무어라 규정지을 수 없고, 결코 만족할 줄도 모르는 사람들이다. 그들은 고질적으로 늘 망설이며, 자신들의 감정을 알지 못해 마음을 정하지 못한다. 그런가 하면 어떤 계기가 지닌 매력이나 유행에 굴복해 취향을 바꾸거나 스스로를 배반하고 만다. 이제 일체의 신조가 사라지고, 자아의 신조마저 사라졌다. 모험은 '나는 존재한다'라는 개념과 함께 획득된 자유이다. 놀라움에 대한 욕구인 모험은 혼돈의 시대에 활짝 피어난다. 이때 개인들은 자신들의 왕성한 에너지를 어디에 쏟아야 할지 알 수 없게 되어 버리며, 변덕스런 나르시시즘이 자아에 대한 숭배를 대체한다. "자아를 모색하지 않는 자만을 우리는 참으로 존경할 수 있다."(괴테)

"우리 자신이 일종의 혼돈이 되어 버렸다"

침묵하는 다수의 권리를 되찾아 주어야 한다. 비난의 대상인 이 침묵도 실제로는 이들의 말을 가로막고자 하는 부조리한 횡설수설이 존재함을 말해 줄 따름이다. 이같은 결함은 일군의 사람들로 하여금 스스로를 보호하도록, 늘 보다 밀집된 집단으로 보이도록 한다. 또 그들은 최악의 순간에 공포의 반응을 보이고 안전을 추구함으로써 이 결함을 미화한다. 이 결함에는 긍정적인 측면이 있다. 범인(凡人)의 시시함이 지니는 위대함, 이것은 얼마 안 되는 위업보다 사람들의 진짜 삶과 더 잘 어울리기 때문이다. 프랑스인들은 모두 바보라고, 한 군인은 말했다. 왜 이 시대가 영웅적이고 긴장된 인류보다는 이런 보통의 동물성을 선호하는지 생각해 보지 않고서 말이다. 소수 집단들을 위해 계속 투쟁해야겠지만, 그렇다고 결집된 다수 집단에 속해 있는 소수, 약하고 억압받는 이들을 무시해서는 안 된다(아웃사이더들이나 세례받은 자들은 자기들 시간의 절반은 침묵하는 다수처럼 살고, 절반은 이 침묵하는 다수를 비판하는 데 보낸다). 그러므로 다수 집단을 예우해야 한다. 그들은 패자이기에, 또 자신들의 초라한 기쁨과 고통으로 수세기의 진정한 신화를, 말단이자 무명인 삶들의 신화를 기리기 때문이다.

보통 사람. 상점 주인과 해적을 결합시킨 이 인물은, 19세기로부터 물려받은 온갖 범주가 뒤섞이며 중요한 가치 체계들이 돌이킬 수 없이 해체되는 순간에 탄생한다. 우선 그가 잃어버린 것은 소속감이다. 오늘날에도 부와 계급의 불평등이 있지만, 그래도 아주 뚜렷하거나 철저히 부동적인 성격을 띠지는 않으므로 더이상 사회의 구심점이라고 할 수 없다. 각각의 계급은 다른 계급들과 접근하여 뒤섞이며, 계급 내의 구성원들도 서로에게 무관심하여 마치 이방인들 같다. 현대 서구 사회에서는 프티부르주아, 즉 보편적인 인간——거만한 사장에서 양성공에 이르기까지——이 어찌보면 이런 현상을 벗어나 있지만 말이다. 실제로 사회 계급은 최근까지도 가족과 국가 다음으로 우리가 뿌리내리고 있는 땅이었다. 그러나 이제는 어떤 계급도 견고하고 강력한 덩어리를 이루지 않으며, 다른 계급들에 조금씩 참여한다. 말하자면 우리가 여전히 좀더 많은 혼돈을 바랄 수밖에 없는 혼돈의 사회이다. 설령 프티부르주아들이 존재한다고 해도, 프티부르주아라는 계급은 존재하지 않는다. 프티부르주아들은 어떤 전통도, 공통의 희망도 갖지 않았기 때문이다. 지체는 있지만 몸은 없으며, 저마다 사회와 출생이 그를 위해 마련해 둔 역할을 저버린다. 그렇다면 보통 사람은 특징 없는 사람인가? 아니, 그보다는 너무도 모순되는 특징들로 이루어져 그 초상화를 그릴 수 없는 사람이 아닐까? 무심하다기보다 모순적인 그는, 단호하지 못한 인간이라기보다 안정성 없는 인간, 말하자면 개성 없는 인간이다. 대대로 우리는 프티부르주아에게 그들의 침울한 삶, 비좁은 확신들이 지니는 어리석음, 쩨쩨한 포부를 꾸짖어 왔었다. 부르주아적 사고라는 것은 자신의 좁은 영역에 한정되어 있는 방어적 사고이다. 부르주아라는 존재는 자신과 다른 것에는 알레르기 반응을 보이는 존재이다. 덧문을 닫은 집안에서 배가 터지게 먹고, 수상쩍은 침입자에게 총 방아쇠를 당기는 프랑스의 부끄러운 이미지이기도 한다. 그러므로 프티부르주아의 소멸을 시도한다는 것은 이같은 알레르기 반응을 줄이거나, 아니면 적어도 위기에 빠뜨린다는 의미이다. 그렇다면 여러 금기에 갇혀 이타성에 둔감해져 버린 라이히(Wilhelm Reich, 1897-1957)의 '소시민'과 오늘날 이들 대신 등장한 보통 사람 사이에는 어떤 차이가 있을까? 그 차이는 이렇다. 즉 불확실성의 시대는 교만하지 않은 시대라는 점, 옹호해야 할 것이 아무것도 없는 우리는 그들처럼 경직되어 있지 않다는 점이다. 불일치가 우리의 조건이며 동질성 자체가 미심쩍고 고통스러운 것이 되어 버린 터에, 이타성(異他性)에 대한 적대감도 줄어들었다.

요컨대 내 안에 조상의 복합적인 유산, 다시 말해 여러 본능 및 모순되는 가치 판단들이 감추어져 있다면 나는 보통 사람이다. 또 나 자신이라는 전쟁에 종지부를 찍지 않고 온갖 분산된 욕망들이 내 안에 축적되며 머리를 쳐들도록 내버려둔다면, 나는 보통 사람이다. 오늘날 각자의 내부에는 봄과 가을이, 쿠스쿠스가 로스트비프와 전대미문의 공존 양상을 보이며 맞닿아 있음을 우리는 발견하게 된다. 바로 이 순간, '왜?'라는 새로운 질문, '어떻게?'라는 새로운 질문이 떠오른다. 그리고 과거의 삶이 눈가림과 비좁음 속에서 지속될 수 있도록 해주었던 공동의 처방전이 효력을 잃는다. 무지는 호기심과 밀접한 관계를 갖기 때문이다. 그리고 인종차별주의와 경계심은 보다 덜 천박한 열망들에 의해 상대적으로 궁지에 몰려 풀이 꺾인다. 개인적 혹은 민족적 가치를 지니는 조국 · 가정 · 국토의 개념이 오늘날 비교적 쇠퇴해 가고 있다. 그리고 우리의 가장 일상적인 생활 속으로 비서구적인 규범 · 개념 · 행동 · 희망 · 이미지들이 침투하고 있다. 요가, 당수, 쿵후, 식이요법, 선(禪), 그리고 알코올과 경합을 벌이게까지 된 다양한 마약들이 들어와 있다. 유행이나 요리처럼 경박하지만 호소력이 강한 현상들을 통해 이국적인 것이 우리에게 영향력을 휘두른다. 그렇다고 도덕적 · 정치적 '페탱주의'〔나치에 영합하여 프랑스를 통치한 비시 정권의 수장 페탱의 노선〕의 위험이 제거되었다고 볼 수는 없으며, 다음의 사실을 드러낼 따름이다. 즉 현대 유럽인은 자신의 관습을 외국 문명에서 빌려온, 구속에서 벗어난 인간이라는 것이다. 그는 자신이 소유하지 않은 믿음의 제스처를 쓰는 인간, 자신의 정신적 혼란과 내면의 혼돈에 기대서만 타인들에게 조금이나마 저항할 수 있는 부유하는 인간이다. 기술이 제공하는 물질적 수단들은 이 인간을 풍요롭게 하는 대신 헐벗게 했다. 그는 이렇게 상대적으로 헐벗은 상태에서, 그의 부모나 조부모가 물리쳤다고, 혹은 영원히 파괴해 버렸다고 믿었던 문화들의 영향을 좋든 싫든 받아들인다. 모범이나 척도가 전반적으로 위기에 처하면서 삶은 야영지가 되어 버렸다. 사고, 상태, 감정, 이 모두가 변덕스럽고 낯설게 느껴진다. 최고의 순간이나 최선의 의도도 부차적인 성격을 띠며, 우리는 사랑, 정열, 여행, 혹은 젊음 속에 자리잡는다. 하지만 그와 나란히 최악의 반응이나 더없이 추잡한 편견들도 제한된 수명을 지니며, 추악한 범죄 역시 은총만큼이나 우발적인 성격을 띠게 되었다. 사람들은 깊이를 잃고 우둔화와 타성의 위험에 빠질 수 있지만, 반면 기동성과 다양성을 얻기도 한다. 예측된 바를 제외하고 무든 일이든 닥칠 수 있으며, 어느 누구도 자신이 계획한 대로 삶을 마치지는 않는다. 이것이 바로 우리 시대의 기적이다. 우리는 의심의 여지 없이 '근사한 시대'를 살고 있으며, 이 사실을 역설 없이 받아들여야 한다. 가장 흥미진진한 시대들은 어김없이 큰 불확실성과 불안의 시대, 다시 말해 심각한 대결의 시대이다. 바로 여기서 최악의 것, 가장 추한 것은 물론 최상의 것이 나올 수 있으며, 양자간 전대미문의 결합이 생겨날 수도 있다.[7]

작은 사건, 작은 음모, 작은 열정, 또 아주 작은 계획들. 그런데 이처럼 '작은' 것에 경도되어 있는 인간이라고 반드시 쩨쩨한 인간이라고 하겠는가? 중간 계급의 승리는 오랫동안 모든 사건의 축소화를 의미했었다. 단정한 품행, 정돈된 생활 방식, 단순한 습관, 절도 있는 취향을 특징으로 하는 프티부르주아는 모든 과도함의 적이다."(토크빌) 안락의 취향을 제외한 모든 점에서 절제된 정신을 지닌 그는 중간치 세상의 중간치 존재, 미지근함에 있어서 탁월한 자이다. 그런데 이 점에서 우리는 중심과 범용을 혼동하고 있다. 중간에 자리한 인간이라고 해서 반드시 양극단의 중간을 점한 중용의 존재는 아니다. 평화와 절도의 중간 지대는 또한 불순한 혼합물들의 지대, 뒤섞임과 융합의 지역이다. 이곳에서 우리는 발육이 나쁜 허약한 개인을 기대했지만,

---

7) 죽어가는 세계와 저물어 가는 서구의 음악을 우리는 비통하게 여기지 않는다. 서구는 오로지 그 황혼녘에만 아름답게 보이기 때문이다. 거칠고 편협한 승리의 절정에서는 지닐 수 없었던 다소의 섬세함과 너그러움을 획득하는 것도 바로 이 순간이다. 서구적 가치들의 쇠락이야말로 고급 문명이 탄생할 수 있는 기회이기도 하다.

실제로 마주치는 것은 비합리적인 요구를 하는 사람, 혹은 모순되는 전제들 사이에서 찢기는 무질서한 영혼의 사생아이다. 또 그 삶이 마구잡이로 기운 조각들과 찌꺼기들로 이루어진 '끼워맞춘' 존재이다. 즉 보통 사람이란 단지 타인의 눈에 비친 그런 존재는 아니라는 말이다. 그의 내부에는 적어도 프뤼돔(1839-1907, 프랑스의 시인이며 최초의 노벨 문학상 수상자. 서구 문명의 잔인한 합리주의와 위선적인 도덕에 대해 가차없는 비판을 가함)의 윤리와 모험가의 윤리가 공존한다. 이 책벌레 속에는 호전적인 인간이 숨어 있으며, 관리의 허름한 복장 속에는 용감한 장수가 도사리고 있다. 이런 대치가 서로 화해하지 못한 채 한 인간 속에서 적대적으로 공존한다. '외출을 싫어하는 인간의 위대함'이 우리 시대의 소산인 것도 이렇게 해서 설명된다. 정말로 빛을 원하는 것도 어둠을 원하는 것도 아닌 시대의 작은 위대함이다. 이 시대는 생생한 갈등의 장소로 남아, 명암의 심오한 대립을 고백한다. 영원한 애도와 영원한 희망이 함께하는 대립이다.

우리는 '둘 사이'라는 왕국(중앙 왕국이 아니라)에 거주한다. 모험은 평범의 가면을 쓰고 있기 때문이다. 이런 대립이야말로 모험이 그 신중함을 감추고 있는 진정한 변장이 아닐까? 이 말은 단지 이런 무기력한 모습 밑에 수많은 움직임과 동요가 침투해 있다는 의미는 아니다. 그보다는 무기력한 모습 자체가 우리가 보지 못한 작은 혼돈, 미묘한 움직임이라는 뜻이다. 이렇게 사건은 몹시 섬세하고 정교해져 거칠고 투박한 일상 속에 매장됨으로써 우리가 알아볼 수 없는 것이 된다. 그리하여 범용은 매개물이라는 두번째 의미를 제시한다. 말하자면 평범은 일시적으로 끓어오르는 모든 변덕스런 기분을 억누르는 차폐물인 것이다. 그러나 또한 중개물이기도 해서, 여기서 빛을 발하는 예기치 못한 사건들과, 전도성의 칙칙한 빛이 솟구친다. 보다 철학적인 용어로 말해 평범은 '······이기 때문에'이기도 한 '······임에도 불구하고'이며, 보호막이자 번식하는 결합 조직이다. 모험을 가로막는 것은 어이없게도 모험의 출현을 결정짓는 그것이다. 모험을 한정 짓고 결과적으로 부정하는 형태들에 의해서만 모험은 진정한 모험일 수 있다. 그러므로 끔찍한 단조로움과 범용은 동시에 절대적인 기회, 희망의 이유가 되어 준다.

요컨대 사건은 사람들의 눈길을 따돌리고, 변장을 하고, 자신의 책략과 가장 능력을 음미한다. 그리고 단순화와 가면, 외투를 갈망하는 한편, 위험과 영웅주의를 추구하는 과거의 성향을 거부한다. 정복 취미와 화려함에 마음을 빼앗긴 성향을 말이다. 모두 비슷비슷하며 똑같이 범용한 인간들——집단을 이루는 인간, 유용하고 근면하며 다양한 방식으로 사용 가능한 재주 있는 인간들——의 등장을 대대적으로 초래한 현대의 상황들은 우연히도 이 양떼 속의 양 한 마리 한 마리를 특별한 존재로 만들기에 매우 적합하다. 그들은 시간제로 일하며 특별한 소명을 지니지도 않은 사람들인 동시에, 더없이 매력적이고 무모한 사람들이기도 하다. 그 누구도 어떤 계급이나 그룹, 특권층에 속해 있다고 해서 다른 사람보다 모험의 위험한 불똥을 경험할 더 많은 권리를 갖지는 않는다. 이제 예정된 운명은 없으며, 저마다 속(俗)을 매개로 성(聖)과 단도직입적으로 교류하며 사소한 일화를 통해 황홀경을 경험한다. 모험은 어떤 고정된 프로그램도, 경직된 운명도 갖고 있지 않다. 비슷비슷한 날들의 어둠 속에서 여기저기 깜박이는 빛, 이런 모험은 다름아닌 간헐적인 중단의 에너지이다.

현대의 영웅 역시 그러하다. 그는 과거에 우리가 다소 순진하게 묘사했던 일차원적인 인간이 아닌 '유럽의 혼혈아'이다. 그의 안에서 수많은 전통이 충돌하고 분리되며, 그의 정체성은 여러 이물질을 기반으로 형성된다. 이 사람이야말로 특별한 스타일이 없는 평범한 존재, 눈에 띄지 않는 존재이다. 무기력한 상태와 활기가 교차되는 그의 삶은 침묵과 범용의 긴 해안과, 때로 이 정적을 깨는 번개와 광기로 이루어진다. 전통적으로 '소외'란 모든 개인을 획일화하는 사회적 발전 과정의 영향으로 정체성을 상실함을 의미했었다. 그런데 사회가 파편화되고 더이상 단일한 이미지를 제공하지 않게 된 오늘날에 와서는, 우리를 어떤 소외에 끼워맞춰야 할지 다행히도 잘 알 수 없게 되었다. 넘쳐나는 관심거리, 표상, 관행들로 인해 우리의 모방 능력은 사방으로부터 자극을 받으며, 우리는 단지 무언가에 순응한다기보다 과도하게 순응적인 태도를 취하게 된다. 보통 사람, 즉 이 우유부단한 사람은, 일관성도 화해 가능성도 없는 여러 체계들에 준거하면서 모순된 태도를 보인다. 그는 불성실하며, 당파심보다는 의무감에 의해 스스로를 부인한다. 그는 복수(複數)의 법칙에 복종하며, 체계를 인정하지 않는 차별의 감각을 소유한다. 그는 그 무엇도 자신의 믿음과 일치시키지 않는 걸까? 하지만 그는 아무것도 믿지 않는다고도 할 수 있다. 수많은 신화와 편견들로 가득 찬 그는 이제 무엇에 대고 약속해야 할지 모르게 되었다. 비타협적인 완고함의 전형이자 부드러운 안락함의 상징인 그는, 균형잡힌 인간들의 충족된 허영심과 도망자·탈선자들의 불안한 자만심을 동시에 즐긴다. 상대성의 세계에 달라붙어 있는 그에게, 이제까지 신의 수호를 받았던 '역사'는 작은 이야깃거리들로, 충동에 좌우되는 어리석은 짓거리들로, 작은 비극들로 희석된다. 과거 세대가 '보편적인 것'을 지향했다면 그는 극소를 향해 피어난다. 복잡하게 뒤얽혀 있었던 정치적 삶, 그 방황 혹은 우스꽝스럽거나 잔인한 탈선, 이런 것들에 대한 반대급부로 사생활은 최근까지도 극도로 단순하게 취급되었다. 그러나 바야흐로 상황이 뒤바뀜으로써 정치적 사회는 극도로 위축된 반면, 각자의 옹색한 사생활이 풍부한 색채를 부여받게 되었다. 평범함도 진부함도 없는 위대하고 숭고한 세계는 어디에 있는 것일까? 이제 강렬한 삶의 천국에 대한 환상을 잃은 우리는 모든 것을 포용할 수도 없게 된 만큼, 단편적·부분적인 것만을 진정한 것으로 여기게 되었다. 또 세속적·물질적인 것의 위상을 높이는 한편, 환멸감을 주는 거짓 약속들 및 거짓 신들을 깎아내리게 되었다.

진정으로 무미건조하지도, 진정으로 흥미진진하지도 않은 우리의 삶으로부터, 교훈의 철저한 부재 외에 어떤 가르침을 끌어낼 수 있을까? 과거에는 개인의 사회적 운명을 해석하는 방법들을 통해 외관 밑의 표지를 간파하고 각자를 자기 자리(부르주아, 프롤레타리아)로 돌려보냄으로써 일체의 이상주의를 피할 수 있도록 했다. 그러나 오늘날에는 남녀의 삶에서 무언가가 유보되었으며, 더이상 의미를 묻지도 않게 되었다. 사전에 주어지는 것은 아무것도 없으며, 부르주아나 프롤레타리아로 태어났다고 해서 반드시 이 사회 계급에 남게 되지도 않는다. 이제 개인을 그의 직업이나 가족의 일원으로 축소시킬 수는 없다. 척도나 평가의 도구들도 믿을 수 없게 되었다. 각자는 경박하고 평범하며 단순할 권리가 있다. 보잘것없는 사람도 스스로가 주인임을 자처하며, 위계질서는 흐려진다. 삶은 여러 차원에서 존재하며, 인정받기 위하여 가치로 구축될 필요도, 정당화될 필요도 없다. 보통 사람, 즉 분류와 지정을 초월하는 이 범주는 역사적 총합의 존재로서, 그의 안에는 봉건 영주의 오만과 발자크가 묘사한 부르주아의 천박함, 상점 주인의 탐욕과 혁명가의 분개가 집결되어 있다. 그는 자신 안에 온갖 부조화를 품고 있다(항구한 사회의 소멸을 의미하는 자본주의 대신, 자신이 집어삼킨 모든 세계를 자체 내에 병치시키는 부가적인 자본주의의 이미지를 택해야 할지 모른다. 어쩌면 이것이 자본주의가 말하는 '축적'의 원래 의미일 것이다. 20세기 한복판에서 중세식 행동 방식을 만나게 되는 것도 이 때문이다. 지나간 모든 시대가 우리의 현재를 사로잡고 있는 만큼, 야만도 미신도 시대착오적 현상이 아니다). 자신들의 범용한 행복을 즐기려는 침묵하는 다수의 이 끈질긴 무언의 열망을 경시한다면 잘못이다. 범용한 행복이란 없으며, 일상적인 몸짓의 이 단조로운 웅성임을 초라한 무엇으로 간주한다면 오만이기 때문이다. 시리우스성(星)의 고고한 시점에서 본 존재는 단순히 원근과 비례의 오류일 수 있다는 말이다. 삶의 양태들을 위기에 빠뜨려야 한다면, 그건 이 양태들이 너무도 많은 가치를 내포하며 스스로 모범이 되고자 하기 때문이지 결코 가치가 결핍되어서가 아니다.

현대의 역설은 우리가 모험과 평범 양편에 나란히 발을 들여놓고 있다는 사실이다. 일상과 우연은 더이상 반의어가 아니며, 그것들은 우리의 세계를 위기와 질서로 정의내린다. 그리하여 소위 말하는 '대중'은 획일성을 상실하고, 수많은 개인들의 무리를 의미하게 되었다. 그들의 다양한 비애와 환희 역시 믿음과 희망이라는 단순한 공식으로 해결 불가능하게 되었다. 신과 맞서는 영웅의 경직된 비장감이 이제 우리에게는 없다. 우리는 충족된 행복이라는 소진의 개념 역시 상실했기 때문이다. 그런데 이런 이중의 결렬에는 한 가지 요행이 따른다. 즉 자아를 단념하지 않을 수 없게 된 우리는, 포기하거나 다시 시작할 수밖에 없다는 사실이다. 예전에 우리가 확실하다고 여겼던 모든 것이 이제 믿을 수 없게 되었기 때문이다. 삶은 과거 여러 세대 동안 시도되어 온 방식과는 전혀 다르게 평가되고 있다. 삶의 매순간 주위로 후광이 형성되어, 이 순간에 대한 해석을 어렵고 난처하게 만든다. 그것이 선(善)인지 무기력인지 결정지을 수 없기 때문이다. 달리 말해 우리는 가변적인 개인들의 시대, 혼돈과 미확정의 시대로 접어든 것이다. 그렇다면 이 보통 사람, 사라져 가는 프티부르주아는 누구인가? 실험적인 담대함을 지닌 존재인가, 아니면 자폐적인 존재인가? 야비한 푸자드주의자(사회·경제 발전에 반대하고 편협한 권리 주장을 하는 우익적인 태도를 가진 자)인가, 싸움질을 찾아다니는 뚜쟁이인가, 재산을 움켜쥐고 놓지 않는 소자본가인가, 무적의 정복자인가? 대리석 인간인가, 진흙 인간인가? 그는 이 모두인 동시에 그 누구도 아니며, 게다가 누구라고 단정지을 수도 없는 인간이다.

보름달이 뜬 밤이면 졸고 있는 대도시에 피리 부는 남자가 지나간다. 이 신비로운 사내는 주민들에게 마술을 걸어 여자, 아이, 노인, 도둑, 은행가, 이 모든 사람이 거리로 나오도록 한다. 이들은 시간과 장소의 구애 없이 탐욕스레 상대방과의 접촉을 구한다. 쥐들도 땅에서 나와 축축한 보도 위에서 고양이들과 친구가 된다. 그 어떤 음악보다 근사한 가능성의 바람을 담은 이 음악에 취해 수많은 몽유병자들이 이 보도 위를 걸어다닌다. 그러나 동이 트자 이 가늘고 높은 피리 소리는 먼 외곽 지대로 사라진다. 이 소리는 다른 곳, 또 다른 장소들로, 도시의 광기와 유희의 미래라는 복음을 전하러 가는 것이다.

교활한 반란

오늘날 우리는 모험을 위한 모험을 사랑한다. 이런 모험은 이유 없는 권태, 권태를 위한 권태, 요컨대 일상을 재생하는 체계에 불과한 체계에 부합하기 때문이다. 모험은 수단이기를, 즉 다른 무언가가 진행되어 가도록 하기 위한 수단(무언가에 대한 입문이나 지식)이기를 그치고, 자체가 목적이 되어 버린다. 현대 사회에서 일상이 되어 버린 이 끝없는 합목적성을 모험은 자체의 영역에서 철저히 패러디화함으로써 부인한다. 극단적 합리주의의 광기에 사로잡힌 세계, 전체적으로 공리성을 띤 세계가 확장되고 자리잡을 때, 모험은 프로젝트로서 탄생한다. 자본이 정복적 이미지를 드러냈을 때 그것은 자체의 생존 양식이 가난한 계급에게 이상적인 목표가 되도록 할 수 있었다. 또한 사회 계층을 출세욕이라 불리는 무모한 동화(同化)의 전략으로, 모험 가득한 여정으로, 바꾸어 놓을 수 있었다(라스티냑〔플로베르의 《감정 교육》의 주인공〕, 기업가들, 대사업가들의 시대가 그랬다). 그런데 이 모험의 욕구가 관료화되고 개인의 창의성을 고갈시키게 되자, 그것은 완전한 무상성(無償性)으로 치장하는 한편, 어떤 효율성도 내세울 수 없는 미성숙한 욕구의 형태를 취한다. 이렇게 출현한 욕구는 더이상 예전처럼 여러 규정에 종속되지 않으며, 그 새로운 목표는 '목표 설정 거부'이다. 일에 매여 있는가 하면 그럭저럭 게으름도 피우고 공손하게 순종할 줄도 아는 우리는 위대한 유랑자들의 방랑을 꿈꾼다. 그리고 늘 무언가에 도전하는 개방된 삶으로서 부랑자들의 사기 행각을 꿈꾼다. 모험은 위반이 아니라——모험은 그 무엇도 전복시키거나 넘어뜨리려 하지 않는다——이탈이 되었다. 모험은 질식당하고 박해받고 감금되고 금지당하는 삶의 모습으로 말하지 않고, 우리에게 손짓하고 호소해 오는 바깥 세계의 이름으로 늘 말을 걸어온다. 그것은 도피이지 충돌이 아니며, 합리적 소명을 지닌 사회에서 어렴풋한 대상에게로 쏠리는 평범한 모험, 그리고 필요와 이성에 맞서는 모험이다. 가치 기준들은 포위망을 풀었으며, 늘 같은 욕구와 같은 만족을 반복하는 기계, 구원의 기계로 간주되었던 삶 또한 마찬가지이다. 후세에 그 이름이 알려지지 않은 어떤 유대인 의사는 금세기 동유럽의 한 작은 마을에서 쾌락의 원칙과 현실의 원칙을 구분지은 바 있다. 즉 쾌락의 원칙이 가해 오는 유치하고 성가신 요구들을 현실의 원칙이 평생에 걸쳐 수정한다고 그는 보았던 것이다. 다소 단순화된 이같은 분리에 아마도 세번째 원칙을 첨가해야 할 것이다. 즉 '외재성의 원칙'이다. 다양성의 왕국으로서의 현실, 우리와는 절대적으로 다른 무엇, 현재 존재하는 것이 주는 그윽한 맛과 기쁨이다. 외부 세계의 다채로움을 향해 이끌리는 이 모험은 비가시적인 것, 영원한 것을 향해 문을 열어 두지 않는다. 그것은 우리를 다시 땅으로 내려서도록 하며, 행복은 이 세상의 것임을 확인케 한다. '사건'이 가볍고 온화해지면서 가시적 세계에 응해 올 때 사소한 일들이 우리에게 닥치는 식으로 말이다. 이것이 바로 현대인의 육감, 유치하고도 매혹적인 무책임성이다. 그것은 매우 사소한 이탈에도 예민하게 반응하며, 또 매순간 미지의 것이 새어들어올 수 있는 온갖 틈새를 살핀다. 사회의 모든 조직에 퍼져 끓어오르는 그것은, 행복한 우연과 관능적인 대재앙에 대한 감각이기도 하다. 그런가 하면 가벼운 바람의 충고와 빛의 초청에 미리부터 항상 양보할 줄도 안다. 보통 사람은 다양성 속에서, 그리고 다양성을 기뻐하며, 무한히 다양한 공간 속에 펼쳐진 있는 그대로의 세상을 즐기며 직접적으로 생생한 쾌락을 맛본다. 그의 모든 관심은 사람과 사물, 색채의 차이 속에 있다. 우리는 모든 사람의 내면에, 심지어 그리스어나 라틴어 교사, 구태의연한 행정 관리에게도, 얼마나 큰 용기와 담력의 가능성이 숨어 있는지 깨닫는다. 우리 모두는 범용의 바다에 빠진 채 똑같은 시간표에 매여 똑같은 구속을 받으며, 따라서 누구라도 모험을 향한 영감을 받을 수 있기 때문이다. 이같은 '기능'이 결코 몇몇 사람들의 전유물로 간주되어서는 안 된다. 모든 남녀는 자신들이 이런 유형의 경험에 자발적으로 나서기 위한 절대적 가능성을 지녔음을 확신

해도 좋다. 이 경험은 저지와 방해를 받는 소명이기에 우리 시대에 더욱 아름답게 느껴진다. 모험. 그 어떤 말보다도 가볍고 경쾌하게 사용되어야 할 말이다. 우리는 모험을 아무 데서나 만날 수 있기 때문이다. 지하철의 두 역 사이에서, 혹은 음료수를 마시거나 어린아이에게 웃음 짓다가, 카드 놀이를 하다가. 그렇다면 왜 그것을 빼앗겨야 하나? 이 혜택을 왜 몇몇 특권자들에게만 넘겨주어야 하는가 말이다. 상드라르 · 모랑 · T. E. 로렌스 · 말로 · 말라파르테 · 마코를랑 · 헤밍웨이, 이런 등대들이 어리석고 메마르고 겁많은 군중 위로 우뚝 솟아 있다고 믿어야 하는가 말이다. 아무도 그날그날의 어쩔 수 없는 단조로움 속에 갇혀 있지는 않으며, 누구나 모험을 하며 산다. 모험이란 홀로 존재하며 인색하게 분배되는 커다란 금강석이 아니라, 모든 이들에게 흩뿌려지는 반짝이는 먼지이다. 마치 우리 세계는 일상의 눈에는 보이지 않는 또 다른 세계와 연결되어 있는 듯싶다. 그런데 예기치 못한 순간에 이루어지는 이 세계의 산발적인 개입만이 우리 세계를 획일성으로부터 구해 낼 수 있다.

모험이 위업과는 점점 더 연관성이 없어지는 것도 이 때문이다. 우선 우리는 눈부신 용맹이라는 미심쩍은 이미지에 집착하지 않게 되었고, 사건 역시 운명과 겨루려는 영웅적 의지보다는 평상시와는 다른 무엇으로부터 생겨난다. 몇몇 인간들이 심연을 마주하고 느끼는 이 끔찍한 쾌락이 나날이 드물어지고 있다. 총체적인 보험의 혜택이 주어지는 우리 사회에서는 저마다 좋은 집에서, 좋은 음식을 먹고, 좋은 보살핌을 받는다. 더이상 영웅주의가 발휘될 대상이 없으며, 과거에 사람들이 안전을 돈으로 구입했듯이 위험도 돈으로 구입된다. 위험은, 지나친 유복함과 안락함에 싫증이 난 응석받이 아이들의 사치가 된 것이다. 시장에서 구입할 수 있는 여느 물건과 마찬가지로 위험 역시 돈으로 지불되고, 프로그램화되고, 소비된다. 사람들은 물리적인 노력을 통해 그가 속한 집단과 결속되는 것이 아니다. 그보다는 '하면 된다'는 보이 스카우트식의 경직된 태도와 늘 유사성을 지니는 낯선 지구력 및 허영의 윤리를 통해 그렇게 된다. 요컨대 삶의 곡예사들은 이제 위험을 무릅쓰기 위해 돈을 지불해야 한다는 말이다. 현란한 폭력이 신문의 사회면 기사들로 인해 진부해져 버렸듯이, 숭고한 죽음 역시 웃음거리로 전락해 조롱당한다. 오늘날 우리는 운전을 하다가 혹은 오토바이에 치여 죽거나, 혼돈과 절망 속에서 죽는다. 주말 통계에 나타난 단순한 숫자, 우스꽝스럽고 부적절한 이 죽음은 과거 대학살의 영웅적인 공포가 누렸던 혜택조차도 누리지 못한다. 달리 말해 위업이 상품으로, 죽음이 단순히 잘못 내디딘 걸음으로 축소됨으로써, 현대인은 이제 자기 행동을 비장하게 과장할 수 없게 되었다. 또 자신의 용맹을 의기양양하게 과시할 수도, 전통적인 영웅처럼 허풍을 떨며 거드름을 피울 수도 없게 되었다. 우리는 모험과 위험의 태곳적부터의 결합이 종말을 맞고 있음을 경험한다. 우리는 이제 자신을 초극하기보다 길을 잃고자 하기 때문이다. 경찰, 군인, 용병, 갱의 위협도 단조로울 수 있다. 암초와 심연에 끊임없이 부딪쳐야 하는 삶도 권태로울 수 있으며, 모험을 주먹과 엽총, 권총과 연결지어 상상하는 이들은 좀 순진한 물신숭배주의자일 수 있다. 하지만 모험은 본질적으로 우리가 그것을 포착하거나 구체화시키려 하면 사라져 버리는 무엇이다. 원한다면 돛단배나 자전거를 타고 세계 일주를 떠나도 좋다. 자전거로 6만 7천6백18킬로미터를 달리며 악천후와 갈증, 배고픔, 의심 많은 경찰들, 성마른 불한당들, 접근 불가능한 코스로 시달려야 했던 한 브르타뉴 남자처럼 말이다. 자기 자신에게 강인함을 증명하기 위해서라면 그렇게 해도 좋다. 그렇다고 그것을 모험이라 부르며 스스로를 모험가로 내세우지는 말자! 물론 위업이 다시 출현할 수도 있지만, 그 양상은 부드럽고 유연해졌다. 추가적 즐거움, 다소 위험한 놀이, 좀 두려운 행동, 경미한 타락, 가벼운 경솔함이라고 해야 할까? "엄청난 위험에 대한 예감은 나를 몹시 불쾌하게 만든다. 하지만 파슬리 한 줌 같은 위험은 늘 삶의 대다수 행위들에 내가 첨가할 수 있는 최상의 조미료처럼 보였다."(토크빌)

　인생에서 많은 체험을 하고 고통을 겪음으로써 자신들의 모험을 통해 인생을 더 많이 알게 되었다고 믿는 이 남자들 혹은 여자들에게 우리는 등을 돌린다. 우리가 범용 속에 빠져 있는 동안 자신들은 이 모험 덕분에 먼 나라와 끔찍한 세상들을 알게 되었다고 확신하는 이 사람들은 이제 아무 설득력도 갖지 못한다. 호전적인 이들의 과묵한 오만도 우스꽝스럽다. 선택받은 자, 심오한 교리를 전수받은 자, 특별한 운명을 부여받은 자, 뼈아픈 경험을 통해 자신이 숭고해졌다고 확신하는 이런 사람들의 자만에도 우리는 관심이 없다. 문학 전통은 모험을 늘 교육적인 모범과 연관지어 왔음이 사실이다(삶의 습득, 경험이 주는 교훈, 우리에게 새로운 인성을 부여하는 미지의 세계와의 접촉. 이것이 미국 신화와 좌익 서부극(《말이라 불리는 남자》)에서 카스타네다〔미국의 인류학자. 1960년대에 돈주앙이라는 이름의 인디언 무속인에게서 가르침을 받고 마술사가 되었으며 이 가르침을 바탕으로 일련의 저서를 씀〕에 이르기까지 인디언이 담당하는 통과의례적 역할이다). 혹은 군대식 모범과 연관지었다(나를 역경과 맞서게 하는 전투). 다시 말해 모든 모험의 이야기들은 하나의 구조를 따르며, 거기서는 우연이 단단히 한몫 하게 된다. 어른의 모험은 우연을 지식이나 집단적 권력, 혹은 상징적인 힘(시련으로 인해 커진 위엄, 추가적 권위)으로 전환시킴을 전제로 한다. 예측 불허의 것이 교환되고, 최종적인 소득이 있으며, 항상 '사건'을 회수하게 된다. 이것이 전통적인 모험의 도식이다. 그러나 우리가 사는 세계는 인간과 환경 간 이 조화의 법칙들을 파괴했을 뿐 아니라, 우리의 갈등을 청산하거나 아니면 적어도 무대에 올리기 위한 정체성이나 체제를 갖고 있지도 않다. 또한 잡다한 모범을 둔 이 사회는 인간의 운명에 대한 일관된 이미지를 제공하지도 않는다. 그러므로 '사건'에 이르기 위한 통과의례적 이득을 기대한다는 것은 헛되며 부당하기까지 하다. 오늘날의 모험은 통과의례(소년들이 물리적인 시련을 통해 여자들의 사회에서 남자들의 사회로 건너가는 과정)와 아무 관계가 없다. 그것이 어떤 교육학적 프로젝트와도 관련이 없듯이 말이다. 우리 시대에는 이미 마련된 사회화의 여정을 따라가는 일이 더이상 존재하지 않기 때문이다. 그런데 모험을 지식으로 해석하는 한편 이 말에 울림과 영원성을 부여하려는 의지, 하나의 섬광을 화석화시키려는 시도는 본질적으로 어른의 정신으로부터 유래한다. 이처럼 깨달음과 힘으로 이득을 챙기고 자체의 여정을 마무리짓는 행위야말로 어쩌면 성숙한 단계에 이른 욕구인지 모른다(예컨대 모험을 성적(性的)이며 에로틱한 모험들로 축소시키는 오늘날의 경향을 보라. 애석하게도 이렇게 해서 우연의 의미가 빈곤해지며, 욕구의 대상도 드물어진다. 그러므로 이제 사랑과 섹스라는 두 축을 벗어나는 순간 모험과 우연의 세계로 들어간다는 명제를 제시할 수 있을 정도이다). 이 경우, 어린 시절에서 성숙으로 건너감은 다음과 같은 의미를 지닌다. 즉 도전적인 태도의 제한, 불확실성의 감소, 방황의 끝, 그리고 성장을 멈춘 환상들을 존중하도록 세상에 대고 애원하기. 이것들은 하나의 합목적성과 내용물(어렴풋하고 복합적이며 탐욕스런 감정이 강박증으로 변하게 된)을 지니게 된다("어린 시절은 성(性)이 없다"라는 이 어이없는 사실을 새삼스레 되짚어 보아야 할 것 같다. 어린 시절은 몸을 생식 기관화하지 않으며, 훌륭한 성 규범도 이해하지 못한다. 그것은 바로 호기심에 가득 차 움직이는 미결정과 미확정의 시기이기 때문이다). 그렇다면 눈부신 행위를 과시해 보임으로써 자신들의 소중한 소(小)자아를 다듬어 나가는 자들, 위업을 뽐내는 이 우스꽝스러운 사람들에게 우리는 이제 다음의 사실을 상기시켜야 한다. 즉 모험을 통한 앎은 일체의 고정점이 상실되는 헐벗음이라는 사실. 지평선 저편에는 어떤 확신도 진리도 존재하지 않으며, 똑같이 불확실한 또 다른 지평이 열린다는 사실이다. 소위 말하는 '사건'을 경험한 자들은 나중에 만들어지며, 위대한 인간들이란 사후에 작곡된 심술궂은 짤막한 광시곡들에 불과하다. 쥘 베른과 아동 도서관의 책들을 보라. 너무도 오랫동안 모험은 교육이라는 알약을 삼키는 데 필요한 보형제였다. 그러나 모험을 보다 진지한 정보에 대한 경박한 보조물 정도로 여긴다면 지나친 과소평가가 될 것이다. 모험의 신비는 일시적이며 부분적인 무지가 아닌 영원한 무지, 무한한 당혹감과 연관되어 있기 때문이다.

성인의 나이에 도달함을 전제로 하는 모든 성장 소설과는 반대로 19세기의 도식을 거꾸로 해석하는 또 다른 이야기를 상상해 볼 수 있다. 옛날에 아주 나이가 많은 노인이 펠리카선을 몰래 훔쳐 타고 세상 구경을 하면서 온갖 시련을 다 겪는다. 그리고 여러 해가 지나 집으로 돌아왔을 때 그는 젊음을 되찾은 민첩한 청년이 되어 있었다는 것. 전통적인 모험이 내포하고 있었던 구속적인 목적론은, 잡다하고 혼돈스럽고 방향 없는 공간 앞에서 차츰 사라진다. 더 많음과 더 적음, 노쇠와 젊음으로 동시에 나아가는 공간이다. 지속적인 이 반(反)통과의례의 시공간에서 사람들은 늙은이로 태어나 젊은이로 죽는다. 선하고 아름다운 삶 덕분이다. 보통 사람은 끊임없이 다시 태어나고 불안정해지고자 한다. 성년에 이르렀을 때 이미 상한 과일이 되어 이른 노쇠를 맞고 싶지 않은 것이다. 그러므로 한 시기만 존재하는 진리들을 요구함이 그의 의무이다. 그는 '나'라고 말하면서 폭과 다양성 속에 자신의 위대함을 두며, 또한 단기적으로 살기를 선택하기 때문이다.

모험이란 어린 시절로 다시 떨어지기, 거꾸로 된 교육, 과거로 거슬러 올라가는 시간이다. 미숙함에 오염된 성인들 혹은 소외 계층의 행동 방식이 점차 몸에 배도록 내버려두는 다수파의 방향 전환이다. 우리의 신화들이 더이상 역사적이거나 서사적이지 않고 사적이며 유치한 것도 이 때문이다. 우리는 아버지와 경쟁하겠다는 생각을 버렸으며, 성인의 욕구를 포기한다. 또 보이지 않는 우연의 도약, 혹은 예측 불허의 잔인성이나 호의를 보이는 바다에 이 모든 욕구를 맡긴다. 엠마 보바리식의 모험이 혁명의 모험을 능가하는 것이다. 잭 런던·스티븐슨·망드랭(1724-1755, 프랑스의 의적)·비도크(1775-1857, 파리에 세계 최초의 탐정 사무소를 세운 인물. 괴도 신사 뤼팽의 모델로 알려짐)·로빈후드·레 슈트룸프(프랑스 로렌 지방의 공원)가 레닌·생쥐스트·로베스피에르보다 우리를 더욱 꿈꾸게 한다. 모험 소설. 무책임한 장르이자 일종의 무상성(無償性)에 대한 요구인 이런 소설을 우리는 다시 좋아하게 되었다. 그 줄거리를 메시지로, 더없이 자유로운 이야기를 교훈으로 바꾸기를 거부하면서, 모험 소설은 바로 진리와 진지함의 페이소스에 역행하기 때문이다. 약 10년 전에 전위문학은, 이야기가 죽고 사건의 전개가 중요치 않음을 떠들썩하게 예견했었다. 그런데 투명한 베일과도 같은 부차적인 세부 사항이 이렇게까지 큰 호의를 되찾게 된 적도 없다(대중 소설, 괴기 소설, 탐정 소설, 온갖 종류의 연작 소설과 소설화된 전기물들이 얼마나 왕성하게 읽혀지는지 보라). 우리는 심리학적 진리들——아무것도 가르치는 바가 없거나, 우리에게 무언가를 가르친다는 것을 전제로 하는——에 싫증이 났기 때문이다. 우리는 또한 문체 훈련으로 전환되는 형식에 대한 경험에도 싫증이 났다. 그보다는 미지의 대상이 주는 전율, 장엄한 플롯, 숭고한 제스처를 선호한다. 모험이 놀랍고 즉흥적인 것에 비중을 둔다면, 심리적인 것은 운명이나 불가피한 반복을 중시한다. 그러나 이제 중요한 것은, 아는 것이 아니라 존재하는 것이다. 어둠은 빛의 원인이며, 해결책이 발견되면 문제가 시작된다. 바로 이곳에 끼여드는 방해물은 자체의 유희를 들여놓으며 전복과 변신을 부추긴다. 요컨대 우리는 알고 싶다기보다는 느끼고 싶어한다. 이해하기 위해 힘겨운 노력을 들이지 않아도 되는 작품들이 찬양받는다. 우리가 절대 타자를 경험하는 시험에 부쳐졌을 때 이같은 경험을 결정적인 표현 형태로 구체화할 필요가 있을까? 그 경험을 침묵으로 감싸고 그저 경이로운 출현으로 받아들일 수는 없는가 말이다. 모험을 통해 우리가 찾는 대상은 우리의 어린 시절이 아니다. 자서전에서 어김없이 지루하게 묘사되곤 하는 환경, 우리가 소중한 어린 시절을 보냈던 푸른 낙원이 아니다. 우리는 이상적인 상태, 영원한 미성숙을 의미하는 어린 시절을 구하고 있다(그리스의 소피스트들이나 노승들의 천진난만한 어릿광대짓을 생각해 보라). 아이들 역시 몹시 순응적이고 따분한 태도를 보일 수 있지만 그래도 젊음은 원래 '선입견'이 없기 때문이다. 모험은 어린 시절의 독서를 그리워함이 아니다. 또 정말로 위험한 시도에 몸을 던지고, 새로운 고장에 접근하고, 신선한 체험——이미 보고 들어 변질되어 버린 체험이 아닌——을 받아들임이 아직 가능했던 그 시절을 그리워함도 아니다. 모험은 새로움과 참신함에 대한 욕구도 아니며, 그 어디서도 찾을 수 없는 순진무구를 구하는 것도 아니다. 모험은 어떤 사건을 통하기만 하면 반드시 부활하고야 마는 순진무구의 수수께끼이다. 또한 우리가 전혀 예상치 못했을 때 우리에게 다가서며, 우리가

잡으려 하기 무섭게 달아나 버리는 변덕스런 순간이다. 보통 사람, 열정과 냉정의 조합인 이 모험가는 노스탤지어를 느끼는 인간이 아니다. 과거에 볼 수 있었던 단호한 혁명가와는 반대로, 그는 장난기 있는 교활한 반역자로서 그 무엇을 보고도 쉽게 감동한다. 지나가는 나날의 균일한 응집력을 해체시키는 이 우연의 힘이 그를 열광시킨다. 실제로 완고하고 냉혹한 모습의 공중인 사무소 서기나 아주 평범한 관료의 외관 밑에도 경이에 찬 어린아이가 숨어 있을 수 있다. "난 죽는 순간까지 살아 있기를 바란다"고 폴랑(Paulhan)은 말했다. 우리 역시 노년에 이를 때까지 젊어지기를 바란다. 보통 사람은 지나가는 순간의 존재로서 사건 속에 말려드는 데에도, 빠져나오는 데에도 신속하다. 그는 소란스런 젊은이의 열정과, 똑같이 되풀이되는 일상 사이에서 끊임없이 흔들린다. 그 역시 노쇠의 겨냥을 피해 갈 수 없지만 그가 더 두려워하는 것은 외부와의 친밀감 상실이다. 어린 시절의 혼 자체라 할 수 있는 세상의 숨겨진 힘들과의 조화를 잃게 될까 봐 그는 더 두려워한다. 그가 경험하는 모험이 퇴폐적이건, 아니면 조용하고 부드러운 성격을 띠건, 이 세상이나 세계관을 뿌리째 뒤흔들어 놓지는 않을 것이다. 그럼에도 불구하고 모험은 그의 마음을 완전히 사로잡으며 독특한 위상을 차지한다. 모험은 그의 삶을 정지시키며 시작되기에, 바로 그렇기 때문에 그에게 삶을 되돌려준다. 초라하고 평범한 남자, 공무원, 아버지, 가정주부인 이 사람도 영웅 못지않게 스스로를 신으로 만드는 경이로운 기술과 힘을 갖고 있다. 그리고 어떤 신도 다른 신을 부정하거나 모독하지 않는다. 그는 자기밖에 모르는 정상인의 경직된 일신론을 신봉하지 않는다. 그의 만신전은 자신에게 닥치는 세속의 사건들의 총합으로 이루어져 있다. 때로 불규칙하게나마 스스로 반신(半神)이 되는 그는 모험을 일련의 기적적인 부활 사건으로서 음미하며,

"두 번 태어나는 것이 한 번 태어나는 것보다 더 놀라울 것도 없다" (비베스코 공주)는 말을 이해한다. 그는 미지의 것, 모든 미지의 것을 기다린다. 그리고 들릴락말락 속삭여대는 사건들을 기다린다. 이 사건들은 그가 세상과 맺고 있는 관계의 망을 돈독히 해주는 한편, 삶이 자체의 색깔들을 간직하고 하루하루가 동요를 유지토록 한다. 이것은 그가 일을 통해 단번에 배운 것이 아니며, 오히려 은총과 우연의 갑작스런 방문이다. 예측 불허의 사건은 어떤 기술을 통해서도 습득될 수 없기 때문이다. 물론 떠들썩하고 요란한 삶, 격렬한 삶을 그가 경험하게 될 가능성은 거의 없다. 그러나 지극히 일상적인 자신의 삶 속에 그는 아주 작은 문을, 호기심과 신비, 유혹과 현기증을 위한 문을 열어둔다. 그의 심장이 뛰고, 독특한 비전들로 꿈을 키우고, 큰 깨달음의 희망을 간직하기에 충분한 통로이다. 이 비현실적인 원형 쿠션, 한가로이 슬리퍼를 신고 있는 곡예사, 이것이 바로 당신과 나, 그리고 우리 모두이다. 사람들은 나중에 우리 시대를 두고 말할 것이다. 1970년대의 남녀들은 아주 평범한, 평범한 모험가들이었어라고.

역자 후기

파스칼 브뤼크네르와 알랭 팽키엘크로는 국내 독자들에게도 더이상 낯선 이름이 아니다. 《길모퉁이에서의 모험》은, 나중에 각각 프랑스에서 주목받는 소설가·에세이스트로, 그리고 철학자로 자리매김하게 될 두 저자가 서른 혹은 서른을 갓 넘긴 나이(1979년)에 공저를 시도한 책으로서, 두 사람은 이미 1977년에 《사랑의 새로운 무질서》라는 탁월한 에세이를 함께 저술한 바 있다. 본서의 특유하게 경쾌한 문체 속으로 빈틈없고 신랄한 내용을 따라가다 보면 우리는 소용돌이에 휘말리는 듯한 혼돈의 느낌을 받는데, 그 속에서 저자의 의도를 파악하고 씨앗을 건져내는 일은 독자 저마다의 몫이 될 것이다. 그러는 과정에서 문장 곳곳에서 마주치는 우리 자신의 모습에 당황하거나 때로 웃음짓지 않을 수 없는데, 그건 더 나중에 씌어진 브뤼크네르의 다른 저서들에서도 어김없이 맞닥뜨리는 경험이다.

먼저 책의 목차를 훑어본 독자는 일·월·화·수·목·금·토라는 묘한 장(章) 구분에 호기심이 일 텐데, 사실 이 일곱 개의 장은 따로 떼어 순서 없이 읽어도 좋은 '현대에 대한 분석'이다. 각 장에서 다루어진 내용의 주제를 구태여 챙겨 본다면, 일상·여행·커플들·속도·평범의 가치·도시·모험이라고 할 수 있을까? 사람들이 날마다 다니는 길은 다름아닌 '일상'이며, 대로가 아닌 그 길의 모퉁이는 타인들의 눈에 잘 띄지 않는 곳, 어쩌면 우리의 내면으로까지 숨어 버린 장소이다. 이제 모든 것이 보여지고 모든 떠남이 무의미하다는 의식이 번져 가는 현대에 이르러 우리에게 단 하나 남은 모험의 지대가 바로 이곳인지도 모른다. 길, 모퉁이, 그리고 모험. 얼핏 보아 몽상을 부추기는 듯싶은 제목의 이 세 단어가 실은 책 속에서 적극적이고 진지한 비평의 키워드로 사용되고 있음을 우리는 차츰 이해하게 된다.

오늘날 우리에겐 영웅이 된다는 게 그리 부럽게 여겨지지만은 않는다. 누구나 예외 없이 독립된 개체로 살다가 혼자 외롭게 죽음을 맞아야 한다는 사실만으로도 영웅이라 불릴 수 있을 테니 말이다. 이데올로기나 집단을 위해 생명을 바치는 것도 이제는 불가능해졌으며, 돌보아야 할 유일한 대상이 있다면 그건 '자기 자신'일 것이다. 우리는 자유롭고 자율적이기를 원하며, 주인으로서, 나의 멋대로 살고자 한다. 이 과정에서 우리는 수정을 거치거나 필연적으로 변화될 수밖에 없기에 개방성과 유연성을 필요로 한다. 브뤼크네르의 책들에서 끊임없이 다루어지는 문제도 바로 이것이다.

그러나 '현대'라는 시점에서 기존의 수다한 가치 체계와 이념을 거부하고 주인임을 자처하게 된 우리가 진짜 주인인가에 대한 답변은 그리 낙관적이지만은 않다. 우리의 이처럼 덧난 상처를 건드리며 비판의 날을 세운 글들이 바로 《순진함의 유혹》(1995), 《영원한 황홀》(2000) 같은 책이었다. 사람들이 물질적·감각적 풍요를 누리는 동시에 책임을 면제받으면서 무한한 욕망을 실현코자 할 때 어떻게 유아적 행동 경향과 이기적인 잔인성이 드러날 수 있는지, 그는 위험을 경고한 바 있다. 그리고 현대 사회(특히 미디어와 광고, 여성 잡지를 통해 드러나는)에서 '행복'이라는 말이 어느 정도까지 이데올로기 혹은 집단적 마취제가 되어 우리를 옭아매는지를 폭로했었다. 오로지 건강과 섹스를 통해 행복이 평가되고 불행이 비도덕적으로 간주되는 현상에 대한 그의 비판의 화살은, 베스트셀

러로 포장된 영성의 시장, 불교의 방부 처리된 다이제스트, 또 달라이 라마를 위시한 세속의 수퍼 구루들 및 파울로 코엘료라는 이름까지 겨냥한다. 그러면서 우리가 행복하지 않아도 부끄럽지 않을 수 있고 또 자신이 원하는 대로 행복할 수 있는 자유가 있어야 한다고, 또 인간들이 행복하기 위해 필요한 것은 독립 상태이며, 고통과 더불어 혹은 대항하면서 살 수 있는 법을 배워야 한다고 말하며 그는 불행에 대한 지성을 강조했었다.

우리에게는 《사유의 패배》(1987)의 저자로 알려진 팽키엘크로가 그의 저서들을 통해 이야기하는 것도 맥락을 같이한다. 즉 그는 현대의 탈근대 정신을 인간 해방의 도구로 보지 않고 차라리 통제 기구로 보면서, 오늘날 기술 시대에는 '거대한 야만'이 문화라는 이름으로 사회를 장악했다고 생각하는 것이다. 이 시대의 산물인 레저 산업으로 인해 인간 정신이 피폐해져 문화 유산이 싸구려 오락거리로 변질되고, 과거에 정신이 주도하던 삶이 집단 히스테리로 전락되었다는 관점이다. 《사유의 패배》는 즉물성과 유치성을 본질로 하는 대중문화의 횡포를 극복하기 위한 방향을 제시하는 책이었다.

《길모퉁이에서의 모험》을 읽는 독자는 이 책이 출간된 해가 1979년이라는 사실을 염두에 두어야 하는 한편, 이 책에 씌어진 일체는 서구와 서구의 주민들에게만 해당한다고 명시되어 있는 대목에도 주목해야 한다. 오늘날에는 어떤 보편적인 이론도 발설할 수 없다고, 또 모험이란 지역에 따라 의미가 달라지는 개념이며 정치의 비정신화와 평범의 지배는 유럽의 현실이라고, 저자 자신이 밝히고 있기 때문이다. 실제로 저자의 이런 해명은 책이 씌어진 당시 한국의 상황에서라면 필요했을 것이다. 그러나 지금 한국의 독자들에게 이 서구의 현실이 생소해 보인다고만 할 것인가? 결코 그렇지 않다는 데 동의하지 않을 수 없다. 이 모두는 명백한 우리의 현실이거나 적어도 코앞에 닥친 현실이다. 물론 이 모두가 지구의 저편에서는 여전히 낯선 상황일지 모르지만 말이다.

브뤼크네르의 저서들을 꿰뚫는 공통분모가 있다면 그건 '탈신화화 작업' 이다. 정치나 경제(《번영의 비참》, 2002)는 물론 순수함이나 행복이라는 가치를 두고서도 그는 이 작업을 감행했었다. 본서에서 저자는 모험을 탈신화화하여, 일체의 유토피아에 맞선, 누구도 침해할 수 없는 배신의 권리로서 '일상' 을 요구한다. 혁명의 이름으로 자행되는 온갖 범죄의 잘못은 바로 혁명 자체에 있으며, 다름아닌 혁명의 담론에 야만이 깃들어 있다고, 저자는 말한다. 이처럼 탈신화화의 출발점에는 어김없이 전체주의에 대한 거부가 있다. 평범과 일상, 보통 사람에게 바쳐진《길모퉁이에서의 모험》 역시 이런 거부의 몸짓으로서, 그 안에서는 심지어 진부함을 찬양하는 목소리까지 들려온다. 모험의 지배를 법령으로 강요하는 체제라면 그 어떤 모험도 가능하지 않다는 것. 호전적인 자세를 취하건, 졸고 있건, 우리 좋을 대로 내버려두어야 한다는 것. 또 누가 우리 대신에 무엇이 텅 빈 시간이고 무엇이 살아 있는 시간인지 결정짓는 것도 우리는 용납할 수 없다는 것. 책의 골자를 이루는 이 말은 나중에 정확히 《영원한 황홀》에서 변주되어 전개되는 주제이기도 하다.

저자는 본서를 두고, "이 책은 우리를 유혹하는 수많은 것들, 우리에게 기쁨을 주고 우리를 땅 위에 붙잡아 두려 하는 것들에 대해 이야기하는 사랑의 책이다"라고 밝히고 있다.

삶에서 마지막으로 남는 말이 있다면 '기쁨' 이 아닐까?

이 단순한 기쁨에도 역사가 있었으며, 고된 훈련이 있었다는 사실. 현대인에게서 이제 그 매너가 어떻게 표출되고 있는지, 그리하여 우리의 몸이 얼마나 가볍고 유연하게 되었는지, 이 책을 번역하며 생각해 보았다.

그리고 낯선 것, 나와 다른 것을 포함해서 모든 것이 아름다울 수 있는 시대가 또한 우리의 시대일 수도 있지 않을까, 감히 추측해 본다.

2006년 1월 이 창 실

이창실
이화여자대학교 영어영문학과 졸업
프랑스 스트라스부르대학 응용언어학 과정 이수
이화여자대학교 통번역대학원 한불과 졸업
역서: 《글렌 굴드, 피아노 솔로》《번영의 비참》
《누보 로망, 누보 시네마》《프란츠 카프카의 고독》
《키에르케고르》 등

길모퉁이에서의 모험

초판발행 : 2006년 1월 5일

東文選

제10-64호, 78. 12. 16 등록
110-300 서울 종로구 관훈동 74
전화 : 737-2795

편집설계 : 李姃昊

ISBN 89-8038-561-7 04100
ISBN 89-8038-000-3 (문예신서/세트)

東文選 現代新書 14

사랑의 지혜

알랭 핑켈크로트
권유현 옮김

수많은 말들 중에서 주는 행위와 받는 행위, 자비와 탐욕, 자선과 소유욕을 동시에 의미하는 낱말이 하나 있다. 사랑이라는 말이다. 그러나 누가 아직도 무사무욕을 믿고 있는가? 누가 무상의 행위를 진짜로 존재한다고 생각하는가? '근대'의 동이 터오면서부터 도덕을 논하는 모든 계파들은 어느것을 막론하고 무상은 탐욕에서, 또 숭고한 행위는 획득하고 싶은 욕망에서 유래한다는 설명을 하고 있다.

이 책에서 묘사하는 사랑의 이야기는 타자와 나 사이의 불공평에서 출발한다. 즉 사랑이란 타자가 언제나 나보다 우위에 놓이는 것이며, 끊임없이 나에게서 도망가는 타자로부터 나는 도망가지 못하는 것이다. 그리고 사랑의 지혜란 이 알 수 없고 환원되지 않는 타자의 얼굴에 다가가기 위해 애쓰는 것이다. 저자는 이 책에서 남녀간의 사랑의 감정에서 출발하여 타자의 존재론적인 문제로, 이어서 근대사의 비극으로 그의 철학적 성찰을 이끌어 가기 때문이다. 그러나 우리가 이웃에 대한 사랑을 이상적인 영역으로 내쫓는다고 해서, 현실을 더 잘 생각한다는 법은 없다. 오히려 우리는 타인과의 원초적 관계를 이해하기 위해서, 또 그것에서 출발하여 사랑의 감정뿐 아니라 다른 사람에 대한 미움의 감정까지도 이해하기 위해서, 유행에 뒤진 이 개념, 소유의 이야기와는 또 다른 이야기를 필요로 할 수 있다.

알랭 핑켈크로트는 엠마뉴엘 레비나스의 작품에 영향을 받아서 근대가 겪은 엄청난 집단 체험과 각 개인이 살아가면서 맺는 '타자'와의 관계에 대해서 계속해서 질문을 던진다. 이것은 철학임에 틀림없다. 그렇기는 하지만 구체적인 인물에 의해 이야기로 꾸민 철학이다. 이 책은 인간에 대한 인식의 수단으로 플로베르·제임스, 특히 프루스트를 다루며, 이들의 현존하는 문학작품에 의해 철학을 이야기로 꾸며 나간다.

東文選 現代新書 44,45

쾌락의 횡포

장 클로드 기유보

김웅권 옮김

섹스는 생과 사의 중심에 놓인 최대의 화두 가운데 하나라고 할 수 있다. 성에 관한 엄청난 소란이 오늘날 민주적인 근대성이 침투한 곳이라면 아주 작은 구석까지 식민지처럼 지배하고 있는 것이다. 이제 성은 일상 생활을 '따라다니는 소음'이 되어 버렸다. 우리 시대는 문자 그대로 '그것' 밖에 이야기하지 않는다.

문화가 발전하고 교육의 학습 과정이 길어지면 길어질수록 결혼 연령은 늦추어지고 자연 발생적 생식 능력과 성욕은 억제하도록 요구받게 되었지 않은가! 역사의 전진은 발정기로부터 해방된 인간을 금기와 상징 체계로부터의 해방으로, 다시 말해 '성의 해방'으로 이동시키며 오히려 반문화적 현상을 드러내고 있다. 저자는 이것이 서양에서 오늘날 일어나고 있는 현상이라고 말한다. 서양에서 60년대말에 폭발한 학생 혁명과 더불어 본격적으로 시작된 '성의 혁명'은 30년의 세월을 지나 이제 한계점에 도달해 위기를 맞고 있다. 성의 해방을 추구해 온 30년 여정이 결국은 자체 모순에 의해 인간을 섹스의 노예로 전락시키며 새로운 모색을 강요하고 있는 것이다. 인간은 '섹스의 횡포'에 굴복하고 말 것인가?

과거도 미래도 거부하는 현재 중심주의적 섹스의 향연이 낳은 딜레마, 무자비한 거대 자본주의 시장이 성의 상품화를 통해 가속화시키는 그 딜레마를 어떻게 극복할 것인가? 저자는 역사 속에 나타난 다양한 큰 문화들을 고찰하고, 관련된 모든 학문들을 끌어들이면서 폭넓게 성 문제를 조명하고 있다.

東文選 現代新書 81

영원한 황홀

파스칼 브뤼크네르

김웅권 옮김

"당신은 행복해지기 위해 사는가?"

당신은 왜 사는가? 전통적으로 많이 들어온 유명한 답변 중 하나는 "행복해지기 위해서 산다"이다. 이때 '행복'은 우리에게 목표가 되고, 스트레스가 되며, 역설적으로 불행의 원천이 된다. 브뤼크네르는 그러한 '행복의 강박증'으로부터 당신을 치유하기 위해 이 책을 썼다. 프랑스의 전 언론이 기립박수에 가까운 찬사를 보낸 이 책은 사실상 석 달 가까이 베스트셀러 1위를 지켜내면서 프랑스를 '들었다 놓은' 철학 에세이이다.

"어떻게 지내십니까? 잘 지내시죠?"라고 묻는 인사말에도 상대에게 행복을 강제하는 이데올로기가 숨쉬고 있다. 당신은 행복을 숭배하고 있다. 그것은 서구 사회를 침윤하고 있는 집단적 마취제다. 당신은 인정해야 한다. 불행도 분명 삶의 뿌리다. 그 뿌리는 결코 뽑히지 않는다. 이것을 받아들일 때 당신은 '행복의 의무'로부터 해방될 것이고, 행복하지 않아도 부끄럽지 않게 될 것이다.

대신 저자는 자유롭고 개인적인 안락을 제안한다. '행복은 어림치고 접근해서 조용히 잡아야 하는 것'이다. 현대인들의 '저속한 허식'인 행복의 웅덩이로부터 당신 자신을 건져내라. 그때 '빛나지도 계속되지도 않는 것이 지닌 부드러움과 덧없음'이 당신을 따뜻이 안아 줄 것이다. 그곳에 영원한 만족감이 있다.

중세에서 현대까지 동서의 명현석학과 문호들을 풍부하게 인용하는 저자의 깊은 지식샘, 그리고 혀끝에 맛을 느끼게 해줄 듯 명징하게 떠오르는 탁월한 비유 문장들은 이 책을 오래오래 되읽고 싶은 욕심을 갖게 한다. 독자들께 권해 드린다.　　　　　　　― 조선일보, 2001. 11. 3.

東文選 現代新書 96

근원적 열정

뤼스 이리가라이

박정오 옮김

　뤼스 이리가라이의 《근원적 열정》은 여성이 남성 연인을 향한 열정을 노래하는 독백 형식의 산문시로 이루어져 있다. 이 글에서는 여성이 담화의 주체로 등장하지만, 남성 중심으로 이루어진 현존하는 언어의 상징 체계와 사회 구조 안에서 여성의 열정과 그 표현은 용이하지도 자유로울 수도 없다.

　따라서 이리가라이는 연애 편지 형식을 빌려 와, 그 안에 달콤한 사랑 노래 대신 가부장제 안에서 남녀간의 진정한 결합이 왜 가능할 수 없는지를 역설적으로 보여 주려 애쓴다. 연애 편지 형식의 패러디는 기존의 남녀 관계에 의문을 제기하고 교란시키는 적절한 하나의 전략이 되고 있는 것이다.

　서구의 도덕적 코드가 성경 위에 세워지고, 신학이 확립되면서 여신 숭배와 주술은 주변으로 밀려났다. 이리가라이는 그 뒤 남성신이 홀로 그의 말과 의지대로 우주를 창조하고, 그의 아들에게 자연과 모든 피조물을 통치하게 하는 사고 체계가 형성되면서 여성성은 억압되었다고 지적한다. 또한 그녀는 남성신에서 출발한 부자 관계의 혈통처럼, 신성한 여신에게서 정체성을 발견하고 면면히 이어지는 모녀 관계의 확립이 비로소 동등한 남녀간의 사랑과 결합을 가능케 해준다고 주장한다.

　이리가라이는 정신과 육체의 이분법적인 서구 철학의 분류에서 항상 하위 개념인 몸이나 촉각이 여성적인 것과 연관되어 있다는 점을 인식하고 타자로 밀려난 몸에 일찍부터 주목해 왔다. 따라서 《근원적 열정》은 여성 문화를 확립하는 일환으로 여성의 몸이 부르는 새로운 노래를 찾아나선 여정이자, 여성적 글쓰기의 실천 공간인 것이다.

결별을 위하여

가브리엘 마츠네프

최은희 · 권은희 옮김

　당신이 연인과의 관계를 끝내거나 그녀가 당신을 떠나거나, 부인에게 이혼을 요구하거나 부인이 먼저 헤어지자고 요구하거나, 친구와 사이가 틀어지거나, 몹시 소중히 여기는 물건을 도둑맞거나, 폭식가인 당신이 식이요법을 감행하거나, 세속적인 당신이 수도 생활을 시작하거나, 친척 중의 누군가가 죽거나 아니면 당신이 죽음을 준비하거나간에 당신은 결별이라는 시련을 피할 수 없을 것이다. 삶에서 결별이 아닌 것은 없다. 마음의 준비를 하라.

　보통 결별이라고 하면 사랑의 결별을 의미한다. 그러나 탄생에서부터 죽음에 이르기까지 삶에서 결별이 아닌 것은 없다. 연인과의 관계를 깨뜨리는 것 외에 이혼하는 것, 친구와 사이가 틀어지는 것, 소중한 물건을 잃어버리는 것, 다이어트를 하는 것, 수도원에 들어가는 것, 가까운 사람의 죽음을 겪는 것 등도 일종의 결별이다. 가브리엘 마츠네프는 자신의 대자에게 보내는 편지글의 형식을 빌려 이러한 다양한 결별들에 대해 살펴보고, 그 고통을 치유하는 방법들을 제시한다.

　사랑의 결별을 겪을 경우와 그 대처 방법에 대해 가장 많은 부분을 할애하여 설명하고 있으며, 철저히 남성적인 시각에서 바라보고 있다. 우선 남자가 잘못한 게 없는데도 여자가 떠난 경우, 펜을 들어 그 잔인한 배신자를 모욕하는 편지를 써보내라고 한다. 남자의 날카로워진 신경이 진정되고 배신자에게는 양심의 가책을 느끼게 함으로써 일석이조라고 할 수 있다. 그러나 떠나간 여자가 다시 돌아오리라고 기대해서는 안 된다. 그 어떤 합리적인 설득도 한번 마음이 떠난 여자에게는 통하지 않는다. 그리고 남자의 잘못으로 여자가 떠난 경우 “세상에 널린 게 여자야”라는 말로 냉소해서는 안 된다. 이제는 끝나 버린 아름다운 사랑과 그 자신을 모욕하는 것이 되어 버리기 때문이다. 그 대신 반성하는 의미에서 고통을 견뎌내고 정신적 성숙으로 이르도록 해야 한다.

이젠 다시
유혹하지 않으련다

피에르 쌍소

서민원 옮김

섬세하고 정교한 글쓰기로 표현된, 온화하지만 쓴맛이 있는 이 글의 저자는 대체 누구를 더 이상 유혹하지 않겠다고 선언하는가? 여성들, 신, 삶, 아니면 그 자신인가?

여자를 유혹하는 남자들이 점점 사라져 가고 있다. 느림의 철학자 피에르 쌍소는 유혹자로서의 자신의 경험을 소설 같은 에세이로 만들어 그 궤적을 밟는다. 물론 또 다른 조류에 몸을 맡기기 전까지 말이다. 그것은 정겨움과 관대함으로 타인을 바라보는 신비의 조류이다. 이 책은 여성과 삶을 사랑하는 작가의 매우 유려한 필치로 쓰여진, 입가에 미소가 맴돌게 하면서도 무언가 생각하게 하는 책이다. 결국 우리로 하여금 보다 잘 성찰하고, 보다 잘 느끼며 더욱 사랑하라고 속삭인다.

"40년 전에는 한 여성이 유혹에 진다는 것은 정숙함과 자신의 평판을 포기한다는 것을 의미했습니다. 오늘날의 여성은 그럴 필요를 느끼지 않으니 자신을 온전히 내주지도 않지요. 유혹이 너무 일반화되어 그 비극적인 면을 잃고 말았어요. 반대로 누군가의 마음을 사로잡는다는 것, 서로 같은 조건에서 그에게 주의를 기울인다는 것은 유혹이나 매력 같은 것보다 한 단계 위의 가치입니다."

"이 세상의 아름다움과 미소를 함께 나누는 행복을 위해서라도 마음을 사로잡는 일은 누구에게나 하나의 의무라고 봐요. 타인은 시간과 더불어 그 밀도와 신비함을 더해 가고, 그와 나의 관계에서 풍기는 수수께끼는 거의 예술작품에 가까워지지요. 당신의 존재에 겹쳐지지만 투사하지는 않는 것, 그것이 바로 완전한 유혹이 아닐까요."

자기를 다스리는 지혜

한인숙 (東文選 편집주간)

■ 500여 명의 성공인들이 털어놓은 증명된 지혜

흔히 사람들은 돈·명예·성공을 바라 마지않으면서 그것을 얻는데에 필요한 지혜를 먼 곳에서만 찾으려 한다. 남보다 더 먼저 더 멀리 나아가야 더 많은 것을 얻을 수 있다고 생각한다. 그러나 알고 보면 그 지혜란 것은 의외로 가까운 우리 곁에 있다.

여기에 실린 글들은 모두가 이 시대 각 분야에서 나름대로의 성공을 거둔 이들의 입말에서 그 엑기스만을 가려뽑아 묶은 것들이다. 따라서 옛 시대의 공허한 논리가 아니고, 또한 금방이라도 떼돈을 벌어줄 것만 같은 비아그라 같은 처방약도 아니다. 보통 사람이 감히 흉내낼 수 없는 고도의 전문적인 지식을 필요로 하는 그런 것은 더더욱아니다. 오히려 누구나가 당장이라도 실천할 수 있는 극히 단순한 것들이며, 이미 그 **성공이 입증된 이 시대의 살아 있는 지혜**들이다.

본서는 1981년부터 지금까지 23년에 걸쳐 메모해 온 것들 중 여러 신문과 잡지들에 실린 수천 명의 성공한 인물, 혹은 화제의 인물들과의 인터뷰 속에서 철학이 담긴 말들을 엮은이가 가려뽑아 묶은 것이다. 학자, 사상가, 과학자, 재벌회장, 시인, 소설가, 종교인, 경영인, 음악인, 배우, 가수, 자원봉사자, 식당주인…… 등등 각 분야에서 나름대로의 성공을 거둔 이들의 **체험에서 우러나온 삶의 밑천이 된 진실된 '말 한마디'**를 모았다.

널리 알려진 위대한 성현들과 대학자들의 수많은 명언이나 격언들은 제외하였다. 대신 실제 체험에서 우러나온 살아 있는 입말들 중 이 시대에 그 효용이 확인된 말들만 가려 모은 것이다. **같은 말이라도 누가 했느냐에 따라 그 신뢰성과 현실감의 무게가 달라지기 때문**이다.

東文選 文藝新書 252

일반교양강좌

에릭 코바
송대영 옮김

　본 《일반 교양 강좌》는 오늘날 발생하고 있는 시사 문제에 접근하기 위한 **기본 입문서**인 동시에, 대부분의 시험에서 채택하는 '철학 및 교양' 구술시험을 위한 요약 정리 참고서로도 도움이 되도록 하였다. 따라서 시험에 임박해 있거나, 이 과목에 많은 시간을 투자할 수 없는 수험생들이 이용하기에 알맞을 것이다. 이 책의 내용은 사고(思考)의 방향을 제시하기보다는 사고 작용을 돕도록 구성된 것이며, 각 주제들——권위·교외·행복·형벌·계약·문화…… 노동·노령——를 4단계로 나누어 구성하였다.

　먼저 **정의하기** 항목에서는 기존의 개념에 대한 역사적이고 언어학적인 접근을 시도하였다.

　두번째 **내용 구성하기** 항목에서는 문제 제기에 대해 논술 요약 형식으로 간결하게 내용을 전개하고자 한다.

　세번째 **심화하기** 항목에서는 전적으로 주제에 대한 기존 시각에서 소개된 철학 서적에서 주제의 내용과 직접적으로 연관된 세부 내용을 인용하고자 한다.

　마지막으로 **시사화하기** 항목에서는 우리의 연구에 합당한 개념을 담고 있는 '놀랄 만한' 철학적 모티프를 현재 일어나고 있는 시사 문제 속에서 찾고자 할 것이다.